D1724330

INFO Verlag

Adelheid · Kaiserin und Heilige · 931 bis 999

Adélaïde · impératrice et sainte · 931 à 999

adelheid

KAISERIN UND HEILIGE · 931 BIS 999

IMPERATRICE ET SAINTE · 931 A 999

adélaïde

INFO VERLAG KARLSRUHE

Herausgegeben von der Volkshochschule Karlsruhe
in Zusammenarbeit mit dem INFO Verlag Karlsruhe.

INFO-Reihe
Dokumente zur Geschichte
herausgegeben von
Thomas Lindemann

Idee, Konzeption und Redaktion
Dr. Hansjörg Frommer

Beiträge von
Prof. Dr. Maria Pia Andreoli Panzarasa, Universität Pavia
Dr. Rainer Brüning, Generallandesarchiv Karlsruhe
Dipl. Päd. Elisabeth Loffl-Haag, Karlsruhe
Prof. Dr. Franz Staab, Universität Landau

Übersetzung
Liliane Obreiter

Gestaltung
Thomas Lindemann

dtp-Realisation
Christoph Morlok

Mitarbeit
Dr. Bernd Villhauer

Druck
Engelhardt & Bauer, Karlsruhe

Titelmotiv
Schlußstein in der Adelheid-Kapelle
der Kirche Seltz, etwa 1481

Die Deutsche Bibliothek – CIP-Einheitsaufnahme
Adelheid : Kaiserin und Heilige, 931 bis 999 = Adélaïde /
hrsg. von der Volkshochschule Karlsruhe. Idee, Konzeption und
Red. Hansjörg Frommer. Übers. Liliane Obreiter. - Karlsruhe : INFO-Verl., 1999
(INFO-Reihe Dokumente zur Geschichte)
ISBN 3-88190-234-1

Folgende Einrichtungen haben zur
Durchführung dieses Projektes beigetragen:
Arbeitsamt Landau (ABM-Maßnahme)
Badischer Gemeindeversicherungsverband
Centre Culturel Français de Karlsruhe
Energie Baden-Württemberg
Generallandesarchiv Karlsruhe
Karlsruher Lebensversicherung
Stadt Karlsruhe, Kulturreferat

Postfach 3367 · 76019 Karlsruhe
Käppelestraße 10 · 76131 Karlsruhe
Telefon 0721 / 617888 · Fax 0721 / 621238
ISDN Leonardo 0721 / 9613850
info-verlag-karlsruhe@t-online.de

ISBN 3-88190-234-1

Inhalt · Table des matières

Vita sancte Adelhaydis.

HEINZ FENRICH
OBERBÜRGERMEISTER VON KARLSRUHE
MAIRE DE KARLSRUHE
VORSITZENDER DER VOLKSHOCHSCHULE
PRÉSIDENT DE L'UNIVERSITÉ POPULAIRE

Was veranlasst gerade Karlsruhe, eine junge Großstadt, die 1999 erst an ihr 284. Gründungsjahr erinnert, der Kaiserin Adelheid und ihres Todes in der Nacht vom 16. zum 17. Dezember 999, wenige Tage vor der ersten Jahrtausendwende, zu gedenken? Da ist zunächst eine regionale Verbundenheit. Adelheid, die Europäerin, am Genfer See geboren, in Pavia oder Rom ebenso zuhause wie in Aachen oder Magdeburg, hat sich den Oberrhein für ihren Alterssitz ausgesucht und unsere Landschaft damit zu einem Zentrum der Reichspolitik gemacht. So trafen sich die Mächtigen zu Weihnachten 994 in der Pfalz Erstein und ein zweites Mal am 18. November 996 zur Weihe des von ihr gegründeten Klosters in Seltz. Dort, an ihrer letzten Wirkungsstätte, fand sie auch ihr Grab und wurde schon bald als Heilige verehrt. Wir finden zwar Hinweise auf die heilige Adelheid im ganzen Bereich ihrer früheren kaiserlichen Macht, aber für das Land am Oberrhein war sie in besonderer Weise die Patronin.

Es gibt aber noch andere Verbindungen zwischen Adelheid und Karlsruhe. Das Karlsruher Generallandesarchiv hütet als Treuhänder den kostbaren Schatz von 22 Urkunden der Kaiserin, ihr Privatarchiv, das von Seltz über das kurpfälzische Archiv zu uns gewandert ist. Und im Jahre 1516 wurde bei Nikolaus Keibs in Durlach, heute ein Stadtteil von Karlsruhe, ein lateinisches Lebensbild "Vita Sancte Adelhaydis" gedruckt. Es ist in nur zwei Exemplaren erhalten und im vorliegenden Band als Faksimile aufgenommen.

Ausschlaggebend für dieses Projekt Adelheid war aber auch das Engagement der Volkshochschule und die intensive Beziehung, die ihr Mitarbeiter Dr. Hansjörg Frommer zu dieser bedeutenden Persönlichkeit des Mittelalters entwickelt hat.

Qu'est-ce qui peut inciter une ville comme Karlsruhe, encore récente, puisqu'en 1999, elle en est seulement à sa 284e année, à évoquer le souvenir de l'impératrice Adélaïde et à commémorer sa mort survenue dans la nuit du 16 au 17 décembre 999, quelques jours avant le début du second millénaire? C'est en premier lieu une affinité régionale. Adélaïde, l'Européenne, née aux bords du lac Léman, qui était chez elle à Pavie ou à Rome, de même qu'à Aix-la-Chapelle ou à Magdebourg, a choisi le Rhin supérieur comme lieu de résidence pour ses vieux jours, faisant alors de notre région un centre de la politique impériale. Ainsi, les Grands se réunirent en 994 pour fêter Noël dans le palais d'Erstein, puis une seconde fois, le 18 novembre 996, pour la consécration de l'abbaye fondée par Adélaïde à Seltz. Ce fut là qu'elle fut enterrée et bientôt vénérée comme une sainte. Nous trouvons certes des références à sainte Adélaïde dans tout l'Empire, mais elle fut surtout la patronne de la région du Rhin supérieur.

Mais, il y a encore d'autres liens entre Adélaïde et Karlsruhe. Les Archives régionales de Karlsruhe conservent le précieux trésor des 22 actes de l'impératrice, ses archives personnelles, qui nous sont parvenues de Seltz après être passées par les Archives du Palatinat électoral. Et en 1516, un portrait biographique en latin "Vita Sancte Adelhaydis" fut imprimé chez Nikolaus Keib à Durlach, maintenant un quartier de Karlsruhe. Cette biographie n'existe plus qu'en deux exemplaires, et elle figure dans ce volume en fac-similé.

Toutefois, ce fut l'engagement de l'Université populaire qui donna l'impulsion déterminante à ce projet, et en particulier les relations intenses que son collaborateur, Dr. H. Frommer, a nouées avec cette importante personnalité du Moyen Âge.

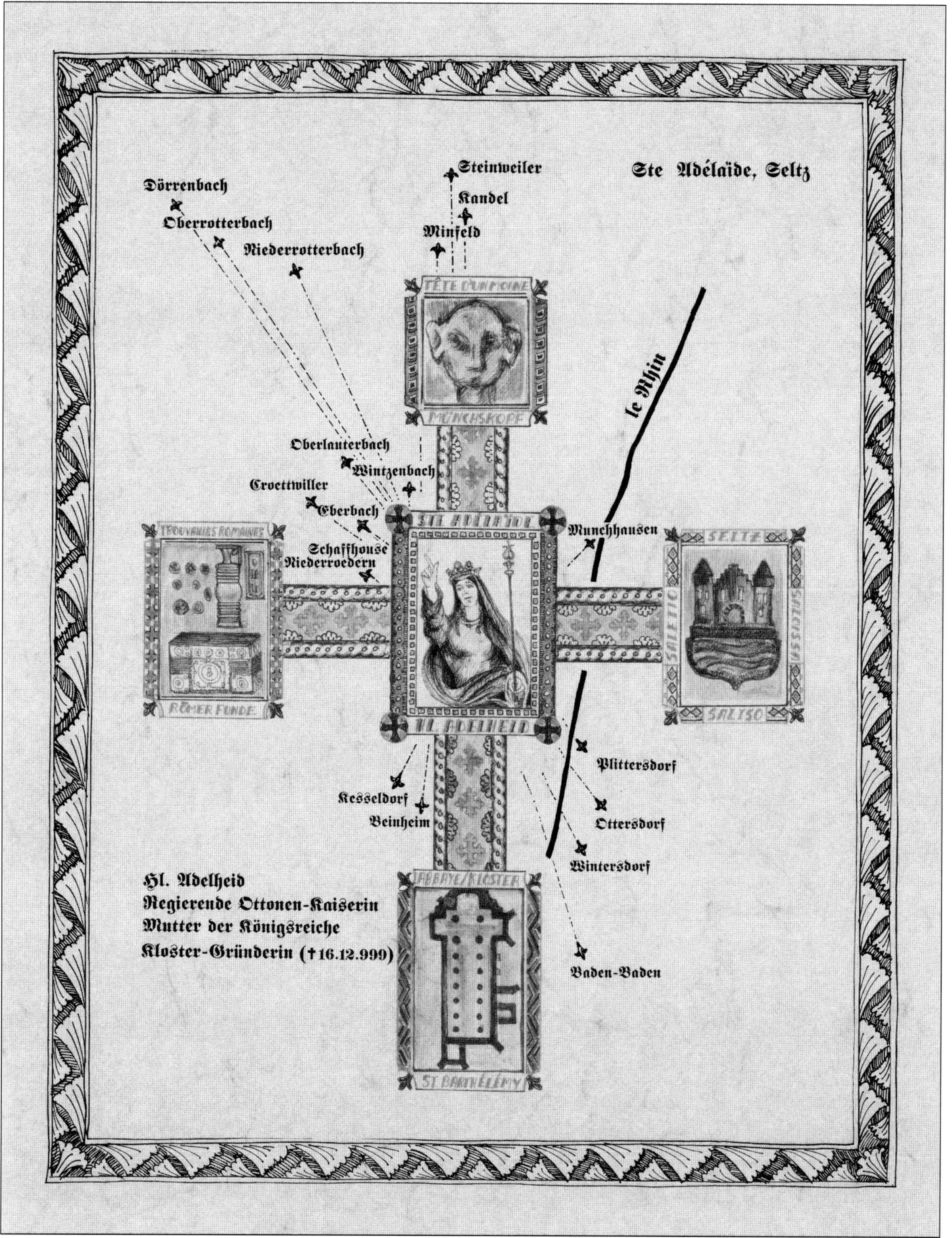

Candace Carter, Heilige Adelheid
Farbige Grafik, Seltz 1999

Candace Carter, Sainte Adélaïde
Estampe en couleurs, Seltz 1999

HUGUES KRAEMER
BÜRGERMEISTER VON SELTZ
MAIRE DE SELTZ

Die Gemeinde Seltz erinnert in diesem Jahr an den tausendsten Todestag ihrer Patronin, der Kaiserin Adelheid, die hier am 17. Dezember 999 gestorben ist und seither als Heilige verehrt wird. Sie war eine große europäische Persönlichkeit, die romanischen und germanischen Geist miteinander verband. Von ihrer Weisheit und Frömmigkeit zeugen die intensiven Auseinandersetzungen mit den Äbten von Cluny ebenso wie die von ihr gegründeten Klöster in Payerne, Pavia und bei uns in Seltz.

Leider sind die Natur und die Geschichte nicht immer gut mit ihrem Andenken umgegangen. 1307 vernichtete ein Rheinhochwasser ihr Kloster und ihr Grab, so gründlich, dass wir heute nicht einmal wissen, wo es sich genau befand. Auch das zweite wiederaufgebaute Kloster steht nicht mehr, aber Ausgrabungen haben uns gezeigt, was für ein gewichtiges Bauwerk hier entstanden war, und vielleicht können wir irgendwann die Grundmauern freilegen und konservieren und so wenigstens einen Eindruck von der Bedeutung dieser Anlage vermitteln. Als Heilige wurde sie in der ganzen Region verehrt, aber Reformation, Kriege und Gleichgültigkeit haben hier viel zerstört. Die Seltzer Kirche, ihrer Patronin immer besonders verbunden, wurde im Zweiten Weltkrieg weitgehend zerstört und modern wiederaufgebaut.

Auch wenn die äußeren Spuren verwischt sind, steht die heilige Adelheid nicht nur als Statue auf dem Platz vor der Kirche, sondern ist als Patronin von Seltz im Herzen der Bürger verwurzelt. Die Erinnerung an sie verbindet die Seltzer heute mit Gemeinden in der Pfalz und in Baden, und so kehren wir tausend Jahre später, an der Schwelle zum dritten Jahrtausend, zu dem die Grenzen überwindenden europäischen Geist zurück, der für Adelheid selbstverständlich war.

Le 16 décembre 999, Adélaïde, reine d'Italie, première impératrice du Saint Empire romain germanique, s'éteignit à Seltz, dans le monastère qu'elle y avait fondé. Vénérée comme sainte depuis sa canonisation par le pape Urbain II, elle est devenue la patronne de notre communauté. Personnalité d'exception, elle comprit l'indispensable complémentarité de ces deux facettes de l'Empire d'alors, de l'Europe d'aujourd'hui: la latinité et la germanité.

Femme de sagesse et de piété, elle fut de son vivant l'amie et le soutien de l'abbé de Cluny, Odilon, comme de Gerbert d'Aurillac, le pape Sylvestre II, pape de l'an Mil. Elle ne ménage pas son soutien aux communautés monastiques, Payerne, en Suisse, Pavie, sa capitale en Italie, Seltz, qu'elle a fondée sur ses terres pour y reposer. Les signes visibles de son passage dans notre communauté sont modestes: les caprices du Rhin, les ravages des guerres ont fait disparaître jusqu'aux traces de son tombeau. L'abbaye, plusieurs fois reconstruite, ne subsiste plus que dans le nom de lieux-dits: peut-être, un jour, découvrirons-nous les vestiges ou les fondations de ces édifices que les textes nous présentent comme imposants ... Seule subsiste, témoin de la vénération des paroissiens, cette statue moderne sur le parvis de l'église, martyrisée et reconstruite après la dernière guerre.

Raviver aujourd'hui la mémoire, rappeler mille ans après le souvenir de cette impératrice visionnaire, retrouver le chemin des pèlerins qui, cinq siècles durant vinrent vénérer son tombeau, n'est pas faire œuvre passéiste. A l'aube du troisième millénaire, unir dans le même souvenir les habitants de Seltz, ceux du Palatinat et ceux du Pays de Bade, de Magdebourg, de Suisse ou d'Italie, c'est célébrer l'unité de notre culture européenne qu'incarna si fortement cette femme de Foi et de Paix.

Adelheid von Burgund verabschiedet sich von Abt Odilo von Cluny

Relief von Adam L'Aîné für die Kapelle im Schloß von Versailles, 1742 (eine Tochter Ludwigs XV. hieß Adelheid).

Les adieux de sainte Adélaïde à l'abbé Odilon de Cluny

Relief d'Adam L'Aîné pour la Chapelle du Château de Versailles, 1742 (une des filles de Louis XV s'appelait Adélaïde).

FRANZ STAAB

Kaiserin der Jahrhunderte

Das neuere Bild Adelheids

Kaiserin Adelheid, die heilige Adelheid, gehört zu denjenigen historischen Persönlichkeiten, die zu allen Zeiten Aufmerksamkeit und schriftlichen Widerhall gefunden haben. Dies gilt nicht erst für die gegenwärtige Hochkonjunktur weiblicher Gestalten der Geschichte[1], die sich unter anderem gerade daran ablesen lässt, dass bei manchen Publikationen erst eine Neuauflage oder ein Fortsetzungsband schließlich unsere Kaiserin mit berücksichtigte.[2] Ebenso durfte man es erwarten, dass anlässlich der großen Ausstellung des Jahres 1991 in Köln zum Gedenken an die Kaiserin Theophanu in einem der Begleitbücher ein grundsätzlicher Beitrag über die Rolle der Herrscherin in der Epoche der Ottonen und Salier zu finden sein würde, in dem Adelheid ihrer Schwiegertochter Theophanu gegenübergestellt, letztere aber – wie bei diesem Anlass fast selbstverständlich – stark in den Mittelpunkt gerückt wurde.[3] Ebenso schlägt man die große, verschwenderisch illustrierte französische Geschichte der christlichen Heiligen auf, um auch hier die Stifterin des Klosters Seltz und Wohltäterin der Armen an ihrem gebührenden Platz zu finden.[4]

Die umfangreichste literarische Auseinandersetzung mit ihr veröffentlichte allerdings Gertrud Bäumer (1873-1954) in einem 640 Seiten starken Roman 1936, der sich eng an historische Quellen, aber auch an persönliche Reiseeindrücke der Autorin anlehnt. Die seinerzeit sehr bekannte Exponentin der deutschen Frauenbewegung, die an der Ausarbeitung der Weimarer Verfassung beteiligt war, 1933 aller Ämter enthoben wurde, von da an bis zum Kriegsende sich in schöngeistige Themen der Vergangenheit flüchtete und als sehr zugkräftige Autorin und Rednerin galt, ist heute nur noch wenigen bekannt.[5] Ihre Vorstellung von Adelheid

L'impératrice à travers les siècles

L'image récente d'Adélaïde

L'impératrice Adélaïde, sainte Adélaïde, compte parmi ces personnalités historiques qui ont retenu l'attention et ont trouvé un écho dans la littérature à toutes les époques. Ceci ne se vérifie pas seulement depuis le boom actuel des grandes femmes de l'histoire qui révèle, entre autres, que pour certaines publications, notre impératrice n'était prise en considération que lors d'une nouvelle édition ou d'un deuxième volume. De même, à l'occasion de la grande exposition commémorant l'impératrice Théophano en 1991 à Cologne, on pouvait s'attendre à trouver, dans l'un des volumes d'accompagnement, un article important sur le rôle de la souveraine à l'époque des Ottoniens et des Saliens, dans lequel Adélaïde y était mise en parallèle avec sa belle-fille Théophano, cette dernière (ce qui était presque naturel vu les circonstances) occupant une place centrale. On feuillette également la grande histoire française des saints chrétiens, illustrée avec prodigalité, pour y trouver encore la fondatrice de l'abbaye de Seltz et la bienfaitrice des pauvres à une place qu'elle mérite.

Toutefois, la plus volumineuse réflexion littéraire se consacrant à Adélaïde fut publiée par Gertrud Bäumer (1873-1954) en 1936 dans un roman de 640 pages, qui suit de près les sources historiques, mais qui s'appuie aussi sur des impressions de voyage personnelles de l'auteur. La représentante du mouvement féminin allemand était très connue à l'époque; elle participa à l'élaboration de la constitution de Weimar, fut relevée de toutes ses fonctions en 1933, se réfugia ensuite, jusqu'à la fin de la guerre, dans des thèmes esthétiques du passé et était considérée comme une femme de lettres et une oratrice à succès, mais aujourd'hui

war gewiss zunächst der borussischen Tradition verpflichtet, welche es geliebt hatte, "ihre" Ottonen, die man als Vorläufer der Hohenzollern in Anspruch nahm, als markig und bodenständig deutsch darzustellen, ebenso auch die Gemahlin Ottos des Großen, die zumindest einen verständlichen Namen trug. Desto wirkungsvoller konnte man sie dann von der fremdländischen Byzantinerin Theophanu abheben. Aber auch die – heute von Feministinnen wieder vertretene – Grundidee Bäumers, dass eine Humanisierung der Gesellschaft letztlich nur von den Frauen zu erwarten sei, verbunden mit der Verurteilung von staatlicher Bosheit und Gigantomanie, kommt in ihrem Werk deutlich zum Ausdruck. In einem begleitenden Bildbändchen fasste sie die Ziele zusammen, welche sie Adelheid unterstellte: "Dieser Auftrag geht auf ein sinngebundenes Machtgebilde. Nicht auf irgendein Imperium, so groß wie möglich, so reich wie möglich, so waffenstarrend wie möglich, sondern auf ein Reich mit der Bestimmung, dem kostbarsten Gut der Menschheit, dem Evangelium, auf Erden die Stätte zu bereiten."[6] Solche Worte bezogen sich nur wenig auf das 10. Jahrhundert, sehr jedoch auf das, dem Gertrud Bäumer angehörte. Sicherlich hatte Alfred Döblin recht, wenn er diejenigen, die in den Jahren zwischen 1933 und 1945 im historischen Roman ihr Betätigungsfeld suchten, vor leicht erhobenen Vorwürfen der Feigheit in Schutz nahm.[7] Auch Bäumers Roman gehört zu jenen – nicht immer vollständig gelungenen – Versuchen, sich durch Wahl und Behandlung eines historischen Stoffes der Verstrickung in die Tyrannei zu entziehen.

Wer in die Barockzeit zurückgeht, trifft unsere Kaiserin in völlig anderer Umgebung, im Musiktheater wieder. Ihre dramatische Jugend, Verheiratung im Jugendalter mit König Lothar von Italien, früher Verlust des Ehemanns, Einkerkerung durch König Berengar auf der Rocca di Garda, abenteuerliche Flucht, Schutz durch Otto den Großen, der sie schließlich heiratet und an dessen Seite sie in Rom 962 Kaiserin wird, gab einen herrlichen Opernstoff ab. Er wurde von dem Venezianer Pietro Dolfin in ein heroisches Libretto mit den nötigen Verwicklungen und Intrigen gegossen. Sein in dieser Epoche berühmter Landsmann Antonio Sartorio, der auch 1666 bis 1675 Kapellmeister in Hannover war, komponierte die

elle n'est connue que de très peu de personnes. Tout d'abord, sa conception d'Adélaïde respectait certes la tradition borussienne qui avait aimé représenter "ses" Ottoniens, en qui ils voyaient les précurseurs des Hohenzollern, comme des personnes énergiques, aux racines germaniques; il en était de même de l'épouse d'Otton le Grand laquelle portait au moins un nom compréhensible. Elle s'en différenciait d'autant mieux de Théophano, la Byzantine étrangère. Mais l'idée fondamentale de Bäumer (reprise aujourd'hui par les féministes), selon laquelle une humanisation de la société ne pouvait en fin de compte venir que des femmes, ainsi que la condamnation de la méchanceté et de la gigantomanie de l'Etat, s'expriment clairement dans son oeuvre. Dans son petit volume illustré d'accompagnement, elle résumait les objectifs qu'elle imputait à Adélaïde: "Cette mission aspire à la création d'un pouvoir sensé. Non pas à un univers aussi grand que possible, aussi riche que possible, aussi hérissé d'armes que possible, mais à un empire ayant pour vocation de préparer une place sur terre pour le bien le plus précieux de l'humanité, à savoir l'Evangile". De telles paroles s'appliquaient très peu au Xe siècle, mais beaucoup au siècle dans lequel vivait Gertrud Bäumer. Alfred Döblin avait sûrement raison de prendre la défense de ceux qui, entre 1933 et 1945, cherchaient une sphère d'activité dans le roman historique et auxquels on reprochait facilement d'être lâches. Le roman de Bäumer fait aussi partie de ces tentatives (pas toujours tout à fait réussies), de se dérober à l'implication dans la tyrannie en choisissant et en traitant un sujet historique.

Si on remonte à l'époque baroque, on retrouve notre impératrice dans un milieu tout à fait différent, dans le théâtre musical. Sa jeunesse dramatique: mariage avec le roi Lothaire d'Italie à un jeune âge, perte prématurée de son époux, incarcération au Rocca de Garde par le roi Bérenger, fuite rocambolesque, protection d'Otton le Grand qui l'épouse ensuite et aux côtés duquel elle devient impératrice en 962 à Rome, a fourni un splendide sujet d'opéra que le Vénitien Pietro Dolfin a enrobé dans un libretto héroïque avec les imbroglios et les intrigues nécessaires. Son compatriote Antonio Sartorio, célèbre à l'époque, qui fut aussi chef d'orchestre à Hanovre de 1666 à 1675, composa la musique. Celle-ci plaisait tellement par son

Musik. In ihr gefiel die dramatische Ouvertüre und die Verwendung einer Trompete im Instrumentarium so sehr, dass die Oper nicht allein 1672 in Venedig, sondern auch 1681 in Brüssel aufgeführt wurde.[8] Wie eine Operndiva, in rauschendem Gewand und mit bewegtem Gestus auf ihrer letzten Reise im Jahre 999 von Abt Odilo von Cluny unter Tränen Abschied nehmend, präsentierte der lothringische Bildhauer Jacques Sigisbert Adam (1670-1747, genannt "der Ältere", weil auch seine beiden Söhne als Bildhauer hervortraten) die Kaiserin auf dem ihr in der Schlosskapelle von Versailles im Jahre 1742 geweihten Altar.[9] Die große Relieftafel gehört zu den reifsten und zugleich glänzendsten Werken des Künstlers.

ouverture dramatique et l'utilisation d'une trompette parmi les intruments que l'opéra ne fut pas seulement représenté à Venise en 1672, mais aussi à Bruxelles en 1681. L'impératrice, telle une vedette d'opéra, dans un somptueux habit, le geste ému, faisant en pleurs ses adieux à l'abbé Odilon de Cluny lors de son dernier voyage en 999, voilà comment la représenta le sculpteur lorrain Jacques Sigisbert Adam (1670-1747, nommé "l'Aîné", parce que ses deux fils furent aussi connus comme sculpteurs) sur l'autel qui lui fut dédicacé en 1742 dans la chapelle du château de Versailles. Le grand tableau en relief est l'une des oeuvres les plus mûres et aussi les plus brillantes de cet artiste.

Ein bedeutender Vorläufer des deutschen Humanismus, Lupold von Bebenburg (1297-1363), gestorben als Bischof von Bamberg, verfasste ein dem Herzog Rudolf I. von Sachsen-Wittenberg (1298-1356) zugeeignetes Werk über den christlichen Eifer der deutschen Fürsten in früheren Zeiten. Darin widmete er ein Kapitel der Kaiserin Adelheid, wobei er sich auf die von Odilo von Cluny verfasste Lebensbeschreibung der Heiligen stützte. Lupold hatte offensichtlich umfassende Nachforschungen wegen dieser Schrift, die er ausgiebig benützte, angestellt, denn er konnte vermerken, sie sei in verschiedenen Kirchen Deutschlands und Burgunds zu finden.[10] Leider zählte er die Kirchen nicht im Einzelnen auf, denn es wäre für uns heute schon wichtig zu wissen, wo er seine Textzeugen gefunden hatte, insbesondere, ob – wie eigentlich anzunehmen – auch die Abtei Seltz noch einen solchen besaß. Von Adelheid selbst war Lupold so sehr angetan, dass er wenigstens nicht versäumte zu erwähnen, es geschähen selbst noch zu seiner Zeit Wunder an ihrem Grab.[11]

Un important précurseur de l'humanisme allemand, Lupold von Bebenburg (1297-1363), qui mourut évêque de Bamberg, écrivit une oeuvre dédiée au duc Rodolphe Ier de Saxe-Wittenberg (1298-1356) et traitant de l'ardeur chrétienne des princes allemands à une époque antérieure. Il y consacrait un chapitre à l'impératrice Adélaïde en s'appuyant sur la biographie de la sainte rédigée par Odilon de Cluny. Apparemment, Lupold avait fait des recherches intenses sur cette biographie dont il se servit abondamment, car il nota qu'elle se trouvait dans différentes églises d'Allemagne et de Bourgogne. Malheureusement, il n'a pas énuméré ces églises, car il serait important pour nous aujourd'hui de savoir où il avait trouvé ses témoignages écrits, et en particulier si l'abbaye de Seltz, comme on peut le supposer, en possédait encore un exemplaire. Lupold était tellement sous le charme d'Adélaïde qu'il n'oublia pas de mentionner que des miracles avaient encore lieu à son époque sur la tombe de l'impératrice.

Freundes- und Wirkungskreis

Damit kommen wir von den jüngeren Jahrhunderten endlich zur Epoche der Kaiserin selbst zurück, aus der die *Epitaphium* genannte Erinnerungsschrift des Abtes Odilo von Cluny (962-1048, Abt seit 994) sicherlich das bemerkenswerteste Dokument zur Lebensgeschichte Adelheids darstellt. Daneben sind die zahlreichen Urkunden ihres Gemahls, ihres Sohnes und Enkels nicht zu

Ses amis et son champ d'action

Nous quittons les siècles plus récents, pour revenir enfin à l'époque de l'impératrice, dont l'oeuvre commémorative de l'abbé Odilon de Cluny (962-1048, abbé depuis 994) nommée *Epitaphium* représente sûrement le document le plus remarquable sur la biographie d'Adélaïde. Il ne faut pas oublier non plus les nombreux actes de son époux, de son fils et de son petit-fils, dans lesquels elle est

vergessen, in denen sie so oft erwähnt wird, dass sich daraus umfangreiche Nachrichten über ihre Aufenthaltsorte und ihre besonderen Verbindungen zu bestimmten Urkundenempfängern erheben lassen; darauf näher einzugehen, würde aber hier zu weit führen. Auch gibt es in der von der Forschung der letzten Jahre aufmerksam untersuchten Memorialüberlieferung recht persönliche Zeugnisse, die tiefe Einblicke in ihren Freundeskreis ermöglichen. So ließ sich feststellen, dass sie ein besonderes Totengedenken für den ermordeten Dogen Petrus Candianus IV. von Venedig (959 - 11.VIII.976), der mit ihrer Verwandten Waldrada verheiratet gewesen war, zu halten pflegte, ebenso für den Grafen Manegold († 991), einen besonderen Vertrauten, und für Abt Majolus von Cluny (934 - 11.V.994, Abt seit 954). Über sie fand es in die Memorialüberlieferung des Merseburger Doms Eingang.[12] Jener Manegold ist nun mit einer an Sicherheit grenzenden Wahrscheinlichkeit derjenige, der sich im Auftrag Adelheids mit der Gründung des Klosters Seltz befasst hatte, aber darüber gestorben war. Wenn die Kaiserin gerade ihn mit dieser Aufgabe betraute, darf man in ihm den Neffen des hl. Ulrich von Augsburg (890-973, Bischof seit 923) erkennen, der in dessen Lebensbeschreibung erwähnt wird. Adelheids Mutter Bertha war eine nahe Verwandte von Ulrichs Mutter gewesen, und sie selbst hatte sich mit Ulrich eng verbunden gefühlt.[13] Augsburg ist umgekehrt zu einem Zentrum der Adelheid-Verehrung geworden.[14]

Noch weiter geht eine Gedenküberlieferung der Trierer Domkirche zurück, welche den Tag ihrer Gefangennahme in Como (20.IV.951) und ihrer glücklichen Befreiung nach vier Monaten (20.VIII.951) festhielt.[15] Späte und trübe Informationen, wonach Erzbischof Ruotbert von Trier (931-956) entweder ein Bruder der Königin Mathilde, also von Adelheids Schwiegermutter, oder sogar von Adelheid selbst gewesen wäre, stellten sich als falsch heraus,[16] so dass über ihn die erwähnte ältere Familienüberlieferung nicht nach Trier gekommen sein kann.[17] Eher wird Erzbischof Dietrich von Trier (965-977) hier involviert gewesen sein, denn er wurde 961, als er noch Mainzer Dompropst war, ein Vertrauter Ottos I. genannt und auf Bitten Adelheids mit einem größeren Güterkomplex beschenkt, der ihm 966

si souvent mentionnée qu'on peut en retirer des informations importantes sur ses lieux de séjour et sur les relations particulières qu'elle entretenait avec certains destinataires de ces actes; mais cela nous emmènerait trop loin d'entrer ici dans ces détails. Dans le Mémorial que la recherche a étudié attentivement au cours des dernières années, on trouve des témoignages personnels qui permettent de mieux connaître le cercle de ses amis. On put ainsi constater qu'elle avait l'habitude de commémorer particulièrement le souvenir du doge assassiné, Petrus Candianus IV de Venise (959 – 11-VIII-976), qui avait été marié avec sa parente Waldrada; il en était de même pour le comte Manegold (+ 991), un confident qui occupait une place particulière, et pour l'abbé Maïeul de Cluny (934 – 11-V-994, abbé depuis 954). Ils furent mentionnés dans le Mémorial de la cathédrale de Merseburg. Ce Manegold est, selon toute vraisemblance, voire avec certitude, celui qui fut chargé par Adélaïde de la fondation du monastère de Seltz, mais qui mourut avant sa réalisation. Si ce fut justement à lui que l'impératrice confia cette tâche, on peut reconnaître en lui le neveu de saint Ulrich d'Augsbourg (890-973, évêque depuis 923), un neveu qui est mentionné dans la biographie de saint Ulrich. Berthe, la mère d'Adélaïde, avait été une proche parente de la mère d'Ulrich, et Adélaïde elle-même s'était sentie très proche de lui. Inversement, Augsbourg est devenu un centre de la vénération d'Adélaïde.

Un Mémorial de la cathédrale de Trèves remonte encore plus loin; il a retenu le jour de la capture d'Adélaïde à Côme (20-IV-951) et de son heureuse libération quatre mois plus tard (20-VIII-951). Des informations tardives et troubles, selon lesquelles l'archevêque Ruotbert de Trèves (931-956) aurait été soit un frère de la reine Mathilde, donc de la belle-mère d'Adélaïde, soit même un frère d'Adélaïde elle-même, se sont révélées fausses, c'est pourquoi ces notices familiales plus anciennes ne peuvent pas être venues à Trèves par l'intermédiaire de Ruotbert. C'était plutôt l'archevêque Dietrich de Trèves (965-977) qui était impliqué ici, car en 961, alors qu'il était encore prieur de la cathédrale de Mayence, il fut nommé confident d'Otton Ier et il reçut, à la demande d'Adélaïde, un assez grand complexe de biens qui

noch einmal auf ihre Intervention hin bestätigt wurde.[18] Da Dietrich in Mainz unter Erzbischof Wilhelm (954-968), der als Sohn Ottos des Großen über die besten familieninternen Informationen verfügen musste,[19] Dompropst gewesen war, können die erwähnten Notizen aus dem Leben Adelheids sehr leicht über ihn den Weg nach Trier gefunden haben.[20]

Odilo von Cluny, um wieder auf ihn zurückzukommen, gehört indessen zu ihren späten Freunden, die Adelheids frühere Jahre nur aus Berichten kannten, sie nicht selbst miterlebt hatten. Aus der Auvergne gebürtig, war er zunächst Kanoniker von St. Julien in Brioude gewesen, erst um 990 mit Cluny in Verbindung gekommen. Er machte damals mit Zustimmung seiner Mutter und seiner Brüder eine bedeutendere Schenkung an die burgundische Abtei[21] und trat wohl bald darauf in den Konvent ein. Als ein überaus seriöser, frommer und gewinnender Mann erwarb er sich nicht allein das Vertrauen seines Vorgängers Majolus und der Mönche von Cluny, sondern auch das der dreißig Jahre älteren Kaiserin, die ihm ausführlich über sich erzählt haben muss und in deren Sichtweise er sich gut einfühlte, bis hin zu einer leichten Abschätzigkeit, mit der sie Theophanu nicht als Kaiserin, Mitkaiserin oder Schwiegertochter bezeichnete, sondern als "die griechische Kaiserin" oder einfach "die Griechin". Es geht jedoch zu weit, Odilo wegen dieser Sehweise als bloßen "Lobredner" Adelheids zu disqualifizieren, um Theophanu in einem besseren Licht erscheinen zu lassen.[22] Das wird seinem rhetorisch anspruchsvollen und inhaltlich sehr ausgewogenen Epitaphium nicht gerecht. Odilo erkennt die Verdienste Theophanus vollkommen an und kritisiert nur ihren Antagonismus gegenüber der Schwiegermutter.[23] So löblich das ritterliche Bemühen der modernen Historiographie um die Ehrenrettung Theophanus auch sein mag, es sollte nicht zu sehr den Aussagen zeitgenössischer Quellen widersprechen.

Die erstaunliche Lebensleistung Adelheids aber fasste Odilo prägnant zusammen, von der frühen, mit sechzehn Jahren eingegangenen ersten Ehe über die Gefangenschaft, die abenteuerliche Befreiung, die Heirat und glanzvolle Zeit mit Otto dem Großen, schließlich die Kaiserkrönung ihres

lui fut encore confirmé en 966 sur l'intervention de l'impératrice. Comme Dietrich avait été prieur de la cathédrale de Mayence sous l'archevêque Guillaume (954-968) qui, en tant que fils d'Otton le Grand devait disposer des meilleures informations internes sur la famille, les notices déjà mentionnées sur la vie d'Adélaïde peuvent très facilement avoir trouvé le chemin de Trèves par son intermédiaire.

Odilon de Cluny, pour en revenir à lui, est du nombre des amis tardifs d'Adélaïde, qui ne connaissaient ses jeunes années que par des comptes-rendus, sans en avoir été directement les témoins. Odilon, originaire d'Auvergne, avait d'abord été chanoine de St-Julien à Brioude, et ce ne fut qu'en 990 qu'il entra en relations avec Cluny. Avec l'accord de sa mère et de ses frères, il fit alors une assez importante donation à l'abbaye bourguignonne et entra probablement peu après dans la communauté. Etant un homme très sérieux, pieux et engageant, il gagna non seulement la confiance de son prédécesseur Maïeul et des moines de Cluny, mais aussi celle de l'impératrice qui avait trente ans de plus que lui; celle-ci doit lui avoir raconté sa vie en détail, et il s'est bien identifié à ses idées, y compris à la façon légèrement méprisante dont elle désignait Théophano: ce n'était pas l'impératrice, ni la co-impératrice, ni sa belle-fille, mais "l'impératrice grecque" ou tout simplement "la Grecque". Mais ce serait aller trop loin que de disqualifier Odilon pour cette vision des choses et d'en faire un simple "panégyriste" d'Adélaïde dans le but de faire apparaître Théophano sous un meilleur jour. Cela ne rendrait pas justice à son Epitaphium, excellent sur le plan rhétorique et très équilibré quant au contenu. Odilon reconnaît parfaitement les mérites de Théophano, il critique seulement son antagonisme à l'égard de sa belle-mère. Aussi louables que soient les efforts chevaleresques de l'historiographie moderne pour sauver l'honneur de Théophano, ils ne devraient pas trop contredire les témoignages des sources contemporaines.

Odilon résuma de façon précise le bilan étonnant de la vie d'Adélaïde, depuis son premier mariage précoce à seize ans, en passant par sa captivité, sa libération rocambolesque, son mariage et l'époque brillante avec Otton le Grand, pour finir par le couronnement impérial de son petit-fils Otton III

Enkels Otto III. in Rom am 21. Mai 996, die Odilo gerade ihrem Verdienst zuschreibt.[24] Das hat auch Otto III. selbst so empfunden und sich nach dem feierlichen Akt bei seiner Großmutter brieflich für ihre Liebe, Mühe und Fürsorge bedankt.[25] Zu ihren bleibenden Erfolgen gehören selbstverständlich auch die Gründung der Klöster Peterlingen/Payerne in der französischen Schweiz, San Salvatore in Pavia, schließlich Seltz, aber auch die Unterstützung des Wiederaufbaus der Martinsbasilika in Tours, ihre Stiftungen für sächsische Kirchen im Verein mit ihrer Tochter Mathilde (954-999), der Äbtissin von Quedlinburg.[26]

Die Tragik einer Kaiserin, der Ruhm einer Heiligen

Wie angedeutet, lagen die Probleme des 9. und früheren 10. Jahrhunderts außerhalb von Odilos Erfahrungs-, aber auch Informationshorizont. Er wusste nichts mehr davon, dass Adelheids Großvater, König Rudolf I. von Hochburgund (888-911), vor dem ostfränkischen König Arnulf von Kärnten, so beschreibt es Regino von Prüm sehr anschaulich, wie eine scheue Gemse in die Alpen hatte flüchten müssen, um seinen Königstitel zu retten.[27] Für den Cluniazenser war Adelheid ohne Wenn und Aber einem königlichen und frommen Geschlecht entsprossen.[28] Ebensowenig berührt er die Herkunft von Adelheids Mutter Bertha aus dem schwäbischen Herzogshaus, den Übergang im ostfränkischen Reich im Jahre 919 zur neuen Dynastie der Liudolfinger, die prekäre Regierung Heinrichs I. (919-936) unter der Bedrohung der Ungarn, zunächst sogar des jungen Karl des Einfältigen (893-923) aus dem Westfrankenreich, den auch gegen Adelheid gerichteten Aufstand von Ottos I. älterem Sohn Liudolf und seinem Schwiegersohn Konrad dem Roten in den Jahren 953 und 954 oder die definitive Abwehr der Ungarn auf dem Lechfeld bei Augsburg 955. Selbst die schwere Krise der ottonischen Herrschaft nach Ottos II. katastrophaler Niederlage gegen die Sarazenen bei Cotrone in Kalabrien am 13. Juli 982 und seinem bereits am 7. Dezember 983 nachfolgenden Tod wird von Odilo nicht erwähnt. Damals rettete Adelheid zusammen mit ihrer Schwiegertochter Theophanu, wenigen Herzögen, vor allem aber mit der loyalen Hilfe von Erzbischof Willigis von Mainz und Bischof Hildebald von

à Rome le 21 mai 996, un événement qu'Odilon attribue justement à son mérite. Otton III a luimême été de cet avis et après la cérémonie solennelle, il a remercié sa grand-mère dans une lettre pour son amour, son engagement et son soutien. Parmi les succès durables obtenus par l'impératrice, on compte bien sûr aussi la fondation des monastères de Payerne (Peterlingen) en Suisse romande, de San Salvatore à Pavie, et finalement de Seltz, mais aussi son aide pour la reconstruction de la basilique St-Martin à Tours, ses fondations pour des églises de Saxe avec le concours de sa fille Mathilde (954-999), abbesse de Quedlinburg.

Le destin tragique d'une impératrice, la gloire d'une sainte

Comme nous l'avons laissé entendre, les problèmes du IXe et du début du Xe siècle sortaient de l'horizon d'Odilon autant sur le plan de l'expérience que sur celui de l'information. Il ne savait pas que le grand-père d'Adélaïde, le roi Rodolphe Ier de Bourgogne transjurane (888-911) avait dû fuir dans les Alpes comme un chamois farouche (ainsi que le décrit Réginon de Prüm de façon très expressive), pour échapper au roi de Francie orientale Arnulf de Carinthie et sauver son titre royal. Pour le Clunisien, Adélaïde était issue d'une famille royale et pieuse sans aucune restriction. De même, il n'aborde pas l'origine de la mère d'Adélaïde, Berthe, qui descendait de la maison ducale souabe, ni le passage à la nouvelle dynastie des Liudolfingiens dans le royaume franc oriental en 919, ni le gouvernement précaire d'Henri Ier (919-936) sous la menace des Hongrois, et aussi, auparavant, sous celle du jeune Charles le Simple (893-923) du royaume franc occidental, ni la révolte du fils aîné d'Otton Ier Liudolf et de son gendre Conrad le Roux en 953 et 954 qui était aussi dirigée contre Adélaïde, ni la victoire définitive sur les Hongrois au Lechfeld près d'Augsbourg en 955. Odilon ne mentionne même pas la grave crise du pouvoir ottonien après la défaite catastrophique d'Otton II contre les Sarrasins à Cotrone en Calabre le 13 juillet 982 et après sa mort qui survint peu après, le 7 décembre 983. A cette époque, Adélaïde avec le concours de sa belle-fille Théophano, de quelques ducs, mais surtout avec l'aide loyale de l'archevêque Willigis de Mayence et de l'évêque Hildebald de Worms,

Worms das Reich, dessen Grenzen nicht nur in Süditalien, sondern, noch viel bedrohlicher, auch an der Elbe zusammengebrochen waren.[29]

Im Zentrum von Odilos Darstellung stehen die Frömmigkeit und persönliche Anspruchslosigkeit der Kaiserin, vor allem aber ihre bis zur physischen Erschöpfung gehende Sorge für die Armen.[30] Die Quedlinburger Annalen, die den persönlichen Erfahrungen der Äbtissin Mathilde, der jüngeren Tochter Adelheids, verpflichtet sind, heben diese stets, ohne Aufsehen, fast im Geheimen von ihr praktizierte Hinneigung zu den Armen ebenso hervor.[31] Odilo maß dieser christlichen Tugend in anderen Schriften allgemein eine überragende Bedeutung für das Cluniazensertum seiner Epoche bei,[32] und es zeigt sich hier, wie die Kaiserin von solchen Idealen nicht bloß in der Weise beeinflusst wurde, dass sie als Klostergründerin hervortrat.

Schließlich macht Odilo die Tragik der letzten Jahre sichtbar. Wenn sie von ihrer Tochter Emma noch 986 als "Mutter aller Königreiche" angesprochen worden war,[33] der Cluniazenser Jotsald sie in seiner Lebensbeschreibung Abt Odilos als "Mutter der Ottonen" bezeichnete,[34] so musste sie selbst am Ende ihres Lebens doch erkennen, dass dieser Ruhm schon großenteils zerronnen war und ganz zu vergehen drohte. Emmas Sohn, der undankbare Ludwig V. von Frankreich (986-987), war 987 ohne Leibeserben durch einen Jagdunfall umgekommen, so dass dort die Königsherrschaft von den Karolingern auf die Kapetinger überging. Wenn Adelheid befürchtete, auch Otto III. könnte vor ihr sterben,[35] so geschah dies zwar nicht, aber ihre Vorahnung, dass mit ihm ihre königliche Nachkommenschaft ein Ende finden könnte, trat dennoch 1002 ein. Das Kaisertum übernahm zunächst mit Heinrich II. der bayerische Zweig der Ottonen, dann mit den Saliern und Staufern die Nachkommenschaft von Ottos I. erster Gemahlin Edgitha. So vermittelt die von Odilo geschilderte letzte Reise des Jahres 999 nach Payerne, St. Maurice, Genf, Lausanne, Orbe und zurück nach Seltz[36] nicht allein die Atmosphäre des Abschieds einer einzelnen Person von dieser Welt, sondern sogar den einer ganzen Linie eines Königshauses. Aber das Gedächtnis der klugen Herrscherin und die Verehrung der Heiligen dauerte an und entwickelte sich weiter bis heute.

sauva l'Empire dont les frontières s'étaient écroulées non seulement en Italie méridionale, mais aussi sur l'Elbe d'une façon encore plus inquiétante.

Au centre du récit d'Odilon, il y a la piété et la modestie personnelle de l'impératrice, mais surtout son assistance aux pauvres prodiguée jusqu'à l'épuisement physique. Les Annales de Quedlinburg, qui se réfèrent aux expériences personnelles de l'abbesse Mathilde, la plus jeune fille d'Adélaïde, soulignent aussi sa sympathie constante pour les pauvres, exprimée avec discrétion, presque en secret. Dans d'autres oeuvres, Odilon conféra en général à cette vertu chrétienne une importance primordiale pour le clunisianisme de son époque, et on voit bien ici que l'impératrice était influencée par de tels idéaux, et qu'elle ne se contenta pas de fonder des monastères.

Enfin, Odilon met en évidence le caractère tragique des dernières années de l'impératrice. Si, en 986, sa fille Emma s'adressait encore à elle comme à la "mère de tous les royaumes", si le clunisien Jotsald la qualifiait de "mère des Ottoniens" dans sa biographie de l'abbé Odilon, Adélaïde devait pourtant reconnaître, à la fin de sa vie, que cette gloire s'était déjà dissipée en grande partie et qu'elle menaçait de disparaître complètement. Le fils d'Emma, l'ingrat Louis V de France (986-987), avait déjà trouvé la mort dans un accident de chasse en 987 sans laisser d'héritier naturel, et la royauté passa alors des Carolingiens aux Capétiens. Si Adélaïde craignait qu'Otton III pût aussi mourir avant elle, cela ne se produisit pas certes. Mais son pressentiment, que sa propre descendance royale prendrait fin avec lui, se confirma pourtant en 1002. L'Empire fut d'abord assumé par la branche bavaroise des Ottoniens avec Henri II, puis par les descendants de la première épouse d'Otton Ier, Edith, avec les Saliens et les Staufen. C'est pourquoi dans le récit d'Odilon, le dernier voyage de l'an 999 à Payerne, St-Maurice, Genève, Lausanne, Orbe, et le retour à Seltz, ne traduisent pas seulement l'adieu d'un seul individu à ce monde, mais aussi celui de toute la lignée d'une maison royale. Mais le souvenir de la souveraine intelligente et la vénération de la sainte persistèrent et se prolongèrent jusqu'à nos jours.

1.) Beyreuther 1990, Folz 1993, Frommer 1993, Goez 1998, Hlawitschka 1997.
2.) Goez 1983, Goez 1998, Schnith 1990, Hlawitschka 1997.
3.) Erkens 1991.
4.) Corbet 1986/I.
5.) Bäumer 1936, cf. Grewen-Aschoff 1979, Killy 1995.
6.) Bäumer o. J. p. 10.
7.) Döblin 1947 p. 29.
8.) Mischiati 1963; col. 1419: auch eine anonyme Oper "Adelaide, regina d'Italia". – Literatur der Barockzeit cf. Paulhart 1962 p. 14.
9.) Corbet 1986/I p. 72; cf. Epitaphium cap. 18, ed. Paulhart 1962 p. 42.
10.) Lupold von Bebenburg 1564 fol. 63.
11.) Ibidem fol. 63 v.
12.) Althoff 1984 p. 138-139, 163-165, Glocker 1989 p. 14-15.
13.) Cf. Weitlauff 1993 p. 80-81, 132, Ehlen 1996 p. 164-165.
14.) Ehlen 1996 p. 161-167.
15.) Brower-Masen 1670, t. 1 p. 459: XII. KALEND. MAI CAPTA EST ADELHEIDIS IMPERATRIX CVMIS A BEREGARIO REGE XIII. KALEND. SEPTEMBRIS LIBERAVIT DOMINVS ADELHEIDAM REGINAM A VINCULIS; cf. Wimmer 1889 p. 16 (mit Literatur).
16.) Hlawitschka 1987 p. 36-45.
17.) ADELHEIDIS IMPERATRIX (!); cf. n. 15.
18.) Cf. Staab 1990 p. 90; Boshof 1972.
19.) Cf. Glocker 1989 p. 135-152.
20.) Cf. Brower-Masen 1670, I p. 470: PRID. ID. MART. MAHTHILT REGINA MATER OTTONIS IMP. V. ID. MAII. REINHILD MATER REG. MAHRTHILDIS. IIII. ID. IAN. FRIDERIM [Friderun!] SOROR MAHTHILT REGINAE. VIII. KALEND. IVNII BIA SOROR REG. MAHTILDIS. Erzbischof Wilhelm von Mainz und Mathilde: Regesta archiep. Magunt. 1 S. 113 no. 57. – Lechfeldschlacht am 9. August 955, Brower-Masen 1670, 1 p. 461: IIII. IDVS AVGVSTI MAGNVS OTTO IMP. DEI GRATIA VNGARIOS PROSTRAVIT.
21.) Bruel 1884 p. 82-83 no. 1838 (ca. 990).
22.) M. Uhlirz 1954 p. 141, Wolf 1991 p. 393.
23.) Epitaphium cap. 7, ed. Paulhart p. 35: Licet illa imperatrix greca sibi et aliis fuisset satis utilis optima, socrui tamen auguste fuit ex parte contraria.
24.) Epitaphium, ed. Paulhart 1962 p. 35 cap. 7.
25.) Briefsammlung Gerberts 1962 p. 256-257 no. 215, cf. Riché 1987 p. 166.
26.) Epitaphium, ed. Paulhart 1962 p. 36 cap. 9; cf. Glocker 1989 p. 201-206.
27.) Regino, ed. Kurze 1890, a. 888 p. 130, a. 894 p. 142.
28.) Epitaphium, ed. Paulhart 196, p. 29 cap. 1.
29.) Staab 1990 p. 64-66, 85-99.
30.) Epitaphium, ed. Paulhart 1962, p. 38f. cap. 11-13, p. 47 Miracula cap. 2; cf. Odilo, Vita B. Maioli, col. 956 B: diva Adaleida imperatrix Augusta, charitate sincerissima et devotione charissima.
31.) Annales Quedlinburgenses a. 999, S. 76.
32.) Fechter 1966 p. 74.
33.) Briefsammlung Gerberts 1966 p. 105 no. 74: non solum H(emmae) reginae, sed omnium dicamini mater regnorum.
34.) Jotsald, Vita s. Odilonis I 7, Sp. 902 B: Adeleida mater Ottonum.
35.) Epitaphium, ed. Paulhart 1962 p. 40 cap. 15.
36.) Ibidem p. 38-43 cap. 12-16, 18-20.
37.) Beatus Rhenanus 1531 p. 149, 167.

Adelheid und Theophanu

ZWEI KAISERINNEN
DES 10. JAHRHUNDERTS

Adelheids Herkunft, Kindheit und Jugend

Adelheid wurde 931 als Tochter König Rudolfs von Hochburgund geboren, vermutlich irgendwo in der Nähe des Genfer Sees. Das Königreich Burgund ist eine späte Folge der karolingischen Reichsteilungen, ein Bruchstück des 842 Lothar zugeteilten Zwischenreiches "Lotharingien", das vom Niederrhein bis nach Italien reichte und eigentlich zusammen mit der Kaiserwürde die Klammer für das Gesamtreich bilden sollte. Aber Lothar konnte diese Rolle nie ausfüllen. Sein Sohn Ludwig II. regierte bis 875 als König und Kaiser in Italien. Danach stritten sich verschiedene Familien und Dynastien mit karolingischen Erbansprüchen um die Herrschaft. Die inneren Kämpfe um Italien in Verbindung mit Einfällen der Ungarn und Sarazenen führten zu einem politischen Chaos, das zum Eingreifen geradezu aufforderte.

Rudolf von Hochburgund gehörte zu einer dieser Dynastien mit karolingischer Legitimität. Sein Herrschaftsbereich war nach allen Richtungen hin ungesichert. Im Norden kämpfte er im Schweizer Jura gegen den Herzog von Schwaben, im Westen war die Grenze mit dem späteren Frankreich strittig, der südliche Nachbar war das konkurrierende Königreich Niederburgund-Provence, und im Südosten lag Italien gleichzeitig als Verlockung und Gefahr, denn ein starker König von Italien konnte leicht Herrschaftsansprüche auch auf Burgund geltend machen.

919 wurde Rudolf bei Winterthur von Herzog Burkhard II. von Schwaben geschlagen. In der

Dieser Text ist zuerst erschienen in:
Hansjörg Frommer
"Spindel, Kreuz und Krone. Herrscherinnen des Mittelalters"
INFO Verlagsgesellschaft Karlsruhe, 1993

Adélaïde et Théophano

DEUX IMPÉRATRICES
DU X^E SIÈCLE

Les origines, l'enfance et la jeunesse d'Adélaïde

Adélaïde, fille de Rodolphe, roi de Bourgogne transjurane, est née en 931, probablement dans les environs du lac Léman. Le royaume de Bourgogne est une conséquence tardive du démembrement de l'Empire carolingien, un fragment du royaume du milieu attribué à Lothaire en 842, la "Lotharingie", qui s'étendait du Bas-Rhin jusqu'en Italie et qui, avec la dignité impériale, devait en fait assurer la cohésion de l'ensemble du territoire. Mais Lothaire ne put jamais remplir ce rôle. Son fils Louis II régna jusqu'en 875 comme roi et empereur d'Italie. Ensuite, diverses familles et dynasties, qui avaient des prétentions sur l'héritage carolingien, se disputèrent le pouvoir. Les luttes internes pour l'Italie, ainsi que les invasions des Hongrois et des Sarrasins, aboutirent à un chaos politique qui incitait vraiment à intervenir.

Rodolphe de Bourgogne transjurane appartenait à l'une de ces dynasties qui avaient une légitimité carolingienne. Ses territoires n'étaient protégés dans aucune direction. Au nord, il se battait dans le Jura suisse contre le duc de Souabe; à l'ouest, la frontière avec la future France était contestée; au sud, le voisin n'était autre que le royaume rival de Bourgogne cisjurane-Provence; et au sud-est, il y avait l'Italie, à la fois tentation et danger, car un roi d'Italie puissant pouvait facilement faire aussi valoir des droits sur la Bourgogne.

En 919, Rodolphe fut battu par le duc Bouchard II de Souabe à Winterthur. Par la suite, les deux

Ce texte a été publié pour la première fois dans:
Hansjörg Frommer
"Spindel, Kreuz und Krone. Herrscherinnen des Mittelalters"
INFO Verlagsgesellschaft Karlsruhe, 1993

Folge arrangierten sich die beiden Herrscher, und Rudolf heiratete 922 Burkhards Tochter Bertha. Nun wandten sie ihre vereinten Kräfte gegen Italien und konnten 924 Berengar I. von Friaul stürzen, der sich zum König und Kaiser aufgeworfen hatte. Aber ein anderer Mitbewerber, Hugo von Vienne, der König der Provence, machte ihnen Italien streitig. In den folgenden Kämpfen kam Burkhard von Schwaben 926 bei Novara ums Leben. Nach dem Tod seines Schwiegervaters verzichtete Rudolf zugunsten von Hugo von Vienne auf seine italienischen Ansprüche und durfte dafür die Provence seinem Königreich einverleiben. Der von ihm unterstützte Hugo konnte sich als König in Italien etablieren. Der hartnäckigste Gegner seiner Herrschaft war der Markgraf Berengar II. von Ivrea.

So wurde Adelheid als Tochter König Rudolfs und der schwäbischen Herzogstochter Bertha 931 in einer Zeit des Friedens und der Konsolidierung des väterlichen Königreiches geboren. Aber das änderte sich schnell, als Rudolf 937 starb und seine Herrschaft einem unmündigen Thronfolger, dem vor Adelheid geborenen Konrad, hinterließ. König Hugo von Italien meldete seine Ansprüche an. Er heiratete Rudolfs Witwe Bertha und verlobte die sechsjährige Adelheid mit seinem Sohn und Mitkönig Lothar. Konrad musste fliehen und fand Schutz beim deutschen König Otto I., der ihn 940 mit Heeresmacht in sein Erbe einsetzte. Damit hatte Otto sich als Gegner König Hugos erwiesen, und Berengar von Ivrea beeilte sich, sich unter den Schutz des fernen deutschen Königs zu stellen, um seine Position gegenüber Hugo zu verbessern.

Bertha und Adelheid lebten am Hof König Hugos in Pavia in einer wenig beneidenswerten Lage. Denn für Hugo waren sie Garanten für seine Ansprüche auf Burgund, also gegen Berthas Sohn und Adelheids Bruder, wenn sich die politische Lage einst wieder zu seinen Gunsten wenden sollte. In Italien wurde die Situation aber immer verzweifelter, denn Berengar gewann an Macht und musste an der Regierung beteiligt werden. In dieser vergifteten Atmosphäre mit zwei Machtzentren, die sich gegenseitig belauerten und auszuhebeln versuchten, wurde Lothar 947 mit Adelheid verheiratet.

souverains s'arrangèrent, et en 922, Rodolphe épousa Berthe, la fille de Bouchard. Ils unirent alors leurs forces contre l'Italie et en 924 ils parvinrent à renverser Bérenger Ier de Frioul qui s'était érigé en roi et empereur. Mais un autre concurrent, Hugues de Vienne, le roi de Provence, leur disputa l'Italie. Dans les combats qui suivirent, Bouchard de Souabe mourut devant Novare en 926. Après la mort de son beau-père, Rodolphe renonça à ses droits sur l'Italie en faveur de Hugues de Vienne et il put, en échange, rattacher la Provence à son royaume. Avec son soutien, Hugues put s'établir en tant que roi en Italie. L'adversaire le plus tenace de son règne fut le margrave Bérenger II d'Ivrée.

Adélaïde, fille du roi Rodolphe et de la fille du duc de Souabe, Berthe, naquit donc en 931 à une époque de paix et de consolidation du royaume paternel. Mais cela devait vite changer, lorsque Rodolphe mourut en 937, laissant le trône à un héritier mineur Conrad, le frère aîné d'Adélaïde. Hugues, le roi d'Italie, revendiqua ses droits. Il épousa Berthe, la veuve de Rodolphe, et fiança Adélaïde, âgée alors de six ans, à son fils et roi associé Lothaire. Conrad dut prendre la fuite et se réfugia chez le roi de Germanie Otton Ier qui l'installa, par les armes, dans son héritage en 940. Otton avait ainsi montré qu'il était l'adversaire du roi Hugues, et Bérenger d'Ivrée s'empressa de se mettre sous la protection du lointain roi de Germanie pour améliorer sa position face à Hugues.

Berthe et Adélaïde vivaient à Pavie, à la cour du roi Hugues dans une situation peu enviable. En effet, Hugues voyait en elles une garantie de ses droits sur la Bourgogne, donc contre le fils de Berthe et le frère d'Adélaïde, si les circonstances politiques tournaient à nouveau en sa faveur. Mais en Italie, la situation était de plus en plus désespérée, car Bérenger avait de plus en plus de pouvoir et sa participation au gouvernement était devenue inévitable. Ce fut dans cette atmosphère empoisonnée avec deux centres de pouvoir qui s'épiaient et essayaient de s'anéantir mutuellement, que Lothaire fut marié à Adélaïde en 947.

Adelheid hat also alles andere als eine behütete Kindheit gekannt. Ihr Leben stand von Anfang an im Spannungsfeld von Macht und Politik, und mit sechs Jahren kam sie, vermutlich gegen den Willen ihrer Mutter und ihren eigenen, an den italienischen Königshof. Die feindliche Umgebung, die Angst vor König Hugo und die allmählich größer werdende Angst vor der Bedrohung durch Berengar, das waren Rahmenbedingungen für ein heranwachsendes Mädchen, die großen Einfluss auf ihr Lebensgefühl und ihren politischen Verstand haben mussten. Über Adelheids "materielle" Erziehung sind wir nicht näher unterrichtet. Aber ihren späteren Zeitgenossen galt sie als besonders gebildet. Sie beherrschte offenbar alle drei gängigen Sprachen, das Volksgermanische, das Volksromanische und das Lateinische, das sie auch lesen und schreiben konnte. Was ihre "Mutter"sprache war, ist schwer zu sagen und interessierte damals auch nicht. Bildung war in der Regel kirchliche Bildung, Geistliche waren im Hofstaat immer verfügbar, und für ein interessiertes und aufgewecktes Kind war es nicht schwer, sich hier Zugänge zu öffnen. Lernen und Frömmigkeit waren dabei vielleicht auch eine Art Flucht aus der beängstigenden Wirklichkeit.

Adelheid, Königin von Italien

Adelheid und ihr erster Ehemann waren etwa gleich alt, sie wuchsen miteinander auf und lernten wohl auch gemeinsam. Sie hatte keinen Grund, sich vor Lothar zu fürchten, und wahrscheinlich war ihr Verhältnis zueinander gut und eng. Denn in einem päpstlichen Privileg, das Adelheid 972 für das von ihr gegründete Kloster San Salvatore bei Pavia erwirkte, wurde ausdrücklich auch auf das Andenken Lothars Bezug genommen. Anläßlich der Hochzeit und auch noch später wurde Adelheid von Lothar standesgemäß mit Besitzungen ausgestattet. Eine Urkunde Lothars von 950, jetzt im Bestand des Generallandesarchivs Karlsruhe, bezeichnet sie sogar als 'consors regni', als Teilhaberin an der Regierung, eine Formel, die zwar nicht viel über ihren tatsächlichen Einfluss sagt, wohl aber über ihren Rang. In der schwierigen Lage am königlichen Hof spricht viel dafür, dass Adelheid auch tatsächlich die Vertrau-

Adélaïde est donc loin d'avoir connu une enfance insouciante. Dès son plus jeune âge, elle a vécu dans le climat tendu du pouvoir et de la politique, et à six ans elle arriva à la cour d'Italie probablement contre la volonté de sa mère et contre son propre gré. Un entourage hostile, la peur qu'elle éprouvait envers le roi Hugues et la menace grandissante que représentait Bérenger, telles étaient les conditions dans lesquelles vivait cette adolescente, et elles eurent certainement une grande influence sur sa façon d'aborder l'existence et sur son sens politique. Nous n'avons pas d'informations sur l'éducation "matérielle" d'Adélaïde. Mais par la suite, ses contemporains la considérèrent comme particulièrement cultivée. Elle possédait apparemment les trois langues vernaculaires courantes: le germanique et le roman, ainsi que le latin qu'elle savait aussi lire et écrire. Quelle était sa langue "maternelle"? C'est difficile à dire, et c'était sans intérêt à l'époque. L'éducation était en règle générale une éducation religieuse. Les ecclésiastiques étaient toujours disponibles à la cour, et pour une enfant intéressée et éveillée, il n'était pas difficile de s'ouvrir à toute opportunité. Les études et la dévotion étaient peut-être aussi un moyen de fuir la réalité angoissante.

Adélaïde, reine d'Italie

Adélaïde et son premier mari étaient à peu près du même âge; ils grandirent ensemble et ils étudièrent vraisemblablement aussi ensemble. Elle n'avait aucune raison d'avoir peur de Lothaire. Ils avaient probablement de bons rapports et étaient sans doute très liés. En effet, dans un privilège papal qu'Adélaïde obtint en 972 pour le monastère San Salvatore qu'elle avait fondé près de Pavie, il fut fait expressément référence à la mémoire de Lothaire. A l'occasion du mariage et même encore plus tard, Adélaïde reçut de Lothaire des biens conformément à son rang. Un acte de Lothaire, daté en 950 et conservé aujourd'hui aux Archives régionales de Karlsruhe, la désigne même de "consors regni", associée au pouvoir, une formule qui ne renseigne certes pas beaucoup sur son influence véritable, mais qui montre bien son rang. Vu la situation difficile qui régnait à la cour royale, tout porte à croire qu'Adélaïde était bien la confidente

te und Beraterin Lothars war, denn es gab nicht mehr viele, auf die sich das junge Paar verlassen konnte.

Bald nach der Hochzeit starb nämlich König Hugo. Berengar hatte zwar Lothar anerkannt, aber gegen den jetzt alleinstehenden und unerfahrenen jungen König neigte sich die Waage zu seinen Gunsten, und je mächtiger er wurde, umso unverschämter benahm er sich dem Königspaar gegenüber. Unter diesen unerfreulichen Verhältnissen wurde 949 die nach Lothars Mutter Hemma genannte Tochter geboren. Ende 950 starb König Lothar, und seine junge Witwe war hilflos den Pressionen Berengars und seiner Gattin Willa ausgeliefert. Berengar erhob sich jetzt zum König, wie es schon sein Vater gewesen war. Um dieses Königtum auch gegenüber den Anhängern Hugos abzusichern und den Familienbesitz an sein Haus zu bringen, wollte er Adelheid mit seinem Sohn Adalbert verheiraten und diesen zum Mitkönig erheben. Aber Adelheid weigerte sich.

Natürlich hatten Adelheid und Lothar schon vorher nach Verbündeten gegen Berengars wachsende Ansprüche Ausschau gehalten, und Adelheids Bruder Konrad, der mit Hilfe des deutschen Königs Otto in sein Land zurückgekehrt war, mag ihnen diesen Helfer empfohlen haben. Aber auch die süddeutschen Herzöge, Heinrich von Bayern, der jüngere Bruder Ottos, und Liudolf von Schwaben, sein Sohn und Erbe, blickten nach Italien und erhofften sich dort eine Vergrößerung ihres Machtbereichs. Selbst wenn darüber keine Dokumente vorliegen, ist sicher, dass Adelheid, wie früher Berengar, beim deutschen König Hilfe suchte und ihm damit einen Grund zum Eingreifen in Italien lieferte.

Für Berengar wurde die Situation schwierig. Einem deutschen Angriff und einer inneren Opposition gleichzeitig war er nicht gewachsen. Von seinem deutschen Oberherren, dem er sich 941 unter anderen Voraussetzungen als Schutz gegen König Hugo unterstellt hatte, konnte seine Erhebung zum König auch als Verstoß gegen seine Dienstpflicht gewertet werden. So blieb ihm nur der verstärkte Druck auf Adelheid, damit sie seinen Sohn heiratete und so seine Machtübernahme wenigstens nach außen legalisierte. Er verfolgte

et la conseillère intime de Lothaire, car il n'y avait plus beaucoup de personnes sur qui le jeune couple pouvait compter.

Peu après le mariage, le roi Hugues mourut. Bérenger avait certes reconnu Lothaire, mais face au jeune roi désormais seul et inexpérimenté, la balance penchait à son avantage, et plus Bérenger devenait puissant, plus son comportement était impudent à l'égard de Lothaire et d'Adélaïde. Ce fut dans ces circonstances peu réjouissantes que vint au monde en 949 la fille du couple royal, prénommée Emma comme la mère de Lothaire. A la fin de l'année 950, le roi Lothaire mourut; sa jeune veuve fut livrée sans défense aux pressions de Bérenger et de son épouse Willa. Bérenger se promut alors roi. Pour protéger ce royaume également contre les partisans de Hugues et pour faire entrer les biens familiaux dans sa maison, il voulait marier Adélaïde à son fils Adalbert et promouvoir ce dernier au rang de roi associé. Mais Adélaïde refusa.

Bien sûr, Adélaïde et Lothaire avaient déjà cherché des alliés auparavant pour faire face aux revendications toujours plus pressantes de Bérenger. Le frère d'Adélaïde, Conrad, qui était rentré dans son pays avec l'aide du roi Otton de Germanie, leur a peut-être recommandé de faire appel à ce dernier. Mais les ducs du Sud du royaume, Henri de Bavière, le frère cadet d'Otton, et Liudolf de Souabe, son fils et héritier, avaient aussi les yeux rivés sur l'Italie et espéraient pouvoir y étendre leur pouvoir. Même s'il n'y a pas de documents à ce sujet, Adélaïde, tout comme Bérenger auparavant, a sûrement demandé l'aide du roi de Germanie, lui fournissant ainsi une raison d'intervenir en Italie.

Bérenger se trouvait maintenant dans une situation difficile. Il n'était pas de taille à affronter en même temps une attaque venant de Germanie et une opposition à l'intérieur du pays. Son suzerain germanique, à qui il s'était subordonné en 941 dans d'autres conditions pour se protéger du roi Hugues, pouvait aussi considérer qu'en s'élevant au trône royal, Bérenger avait manqué à ses devoirs. Donc, il ne lui restait plus qu'à exercer encore plus de pression sur Adélaïde pour qu'elle épousât son fils, ce qui lui permettrait de légaliser

ihre Anhänger und nahm ihr die Verfügungsgewalt über ihren Besitz, denn ohne Geld konnte sie keine Gefolgsleute werben, die neue Königin Willa trug ihren Schmuck, und als die junge Witwe immer noch nicht nachgeben wollte, wurde sie festgenommen und eingesperrt, der späteren Überlieferung nach auf der Burg Garda. Die Erniedrigungen und schließlich die Beugehaft sollten Adelheid gefügig machen. Ihr Tod hätte Berengar nur geschadet, aber er wollte und musste ihre Zustimmung zur Eheschließung erzwingen.

ainsi sa prise de pouvoir, tout au moins vers l'extérieur. Il poursuivit les partisans d'Adélaïde et lui prit le droit de disposer de ses biens, car sans argent, elle ne pouvait pas recruter de nouveaux fidèles; la nouvelle reine Willa portait les bijoux d'Adélaïde, et comme la jeune veuve ne voulait toujours pas céder, elle fut arrêtée et enfermée au château de Garda comme ce fut rapporté par la suite. Les humiliations et finalement la détention avaient pour but de faire plier Adélaïde. Sa mort aurait nui à Bérenger, mais il voulait et devait la forcer à accepter le mariage.

Offenbar hatte Berengar auch im eigenen Lager nicht nur Freunde, denn es gelang Adelheid, aus der Haft zu fliehen, angeblich durch einen selbstgegrabenen Gang. Die Lebensbeschreibung von Adelheid durch Odilo von Cluny, die auf Gesprächen mit der alten Kaiserin beruht und so fast autobiographische Züge aufweist, enhält auch darüber Einzelheiten, die sie selbst erzählt haben muss. Die kleine Gruppe verirrte sich im Sumpf:

Hier blieb sie Tage und Nächte lang ohne Speise und Trank, Gott um Hilfe flehend. Als sie in solcher Gefahr schwebte, kam plötzlich ein Fischer in einem Kahne, der in seinem Fahrzeug einen Fisch hatte, welcher Stör genannt wird. Als er die Frauen sah, fragte er, wer sie seien und was sie hier trieben. Sie antworteten ihm, ganz entsprechend ihrer bedrängten Lage: "Siehst du nicht, dass wir von menschlichem Rath abgeschnitten in der Irre umherwandern, und was noch schlimmer ist, durch Einsamkeit und Hunger gefährdet sind. Wenn du kannst, gieb uns etwas zu essen, sonst lass uns wenigstens nicht ohne Trost." Von Mitleid für sie ergriffen, sprach er wie Christus, der ihn gesandt hatte, einst zu den hungernden Armen in der Wüste: "Wir haben nichts zu genießen, als einen Fisch und Wasser." Er hatte Feuer bei sich nach Sitte derer, die aus dem Fischfang ein Gewerbe machen. Das Feuer wurde angefacht, der Fisch bereitet. Die Königin nahm Speise zu sich; der Fischer und die Dienerin warteten auf.

Anscheinend war bei der Organisation der Flucht etwas schief gelaufen. Aber nach dieser Stärkung trafen sie eine Schar Reiter, die die Königin in Sicherheit brachten. Die von ihren Leuten vorbereitete Flucht war geglückt, und Berengar hatte das Nachsehen.

Apparemment, Bérenger n'avait pas que des amis dans son propre camp, car Adélaïde réussit à s'enfuir, soi-disant par un tunnel qu'elle aurait creusé elle-même. Dans la Vie de l'impératrice Adélaïde, Odilon de Cluny qui se base sur des entretiens avec la vieille impératrice et nous livre ainsi un récit presque autobiographique, relate aussi sur cette fuite des détails qu'Adélaïde a dû raconter elle-même. Le petit groupe se perdit dans le marécage:

Elle resta là des jours et des nuits sans boire ni manger, priant Dieu qu'il lui vînt en aide. Alors qu'elle était ainsi en danger, un pêcheur arriva soudain dans une barque. Dans son embarcation, il avait un poisson appelé esturgeon. Quand il vit les femmes, il leur demanda qui elles étaient et ce qu'elles faisaient ici. La précarité de leur situation s'exprimait dans leur réponse: "Ne vois-tu pas que nous errons, perdues, coupées de tout conseil humain, et ce qui est encore plus grave, que la solitude et la faim nous menacent. Si tu le peux, donne-nous de quoi manger, sinon ne nous laisse pas au moins sans consolation." Pris de pitié pour elles, il parla comme le Christ qui l'avait envoyé autrefois auprès des pauvres mourant de faim dans le désert: "Nous n'avons rien d'autre qu'un poisson et de l'eau". Il avait du feu selon la coutume de ceux qui font de la pêche un commerce. Le feu fut attisé, le poisson préparé. La reine se restaura; le pêcheur et la servante la servirent.

Apparemment, l'organisation de la fuite n'avait pas été parfaite. Mais après cette collation, les femmes rencontrèrent un groupe de cavaliers qui mirent la reine en sécurité. La fuite, préparée par les gens d'Adélaïde, avait réussi, et Bérenger était le perdant.

Adelheid von Burgund wird durch den Diakon Martin aus dem Kerker des Kastells Garda befreit

Adélaïde de Bourgogne est libérée de la prison du château de Garda par le diacre Martin

Felice de Maurizio 1919
Pinacoteca, Castello Visconteo Pavia
Fotograf: Fiorenzo Cantalupi, Pavia

Als der deutsche König Otto im September 951 mit einem starken Heer über die Alpen kam, konnte er ohne Kampf in der Hauptstadt Pavia einziehen. Berengar unterwarf sich und durfte Markgraf von Ivrea bleiben. Die Legende will, dass Adelheid mit ihrem Kind auf dem Arm den König am Tor erwartete, um ihn um seinen Schutz zu bitten. Otto konnte ihrem Liebreiz nicht widerstehen und heiratete sie. In Wirklichkeit war die Ehe aber schon verabredet, bevor Otto und Adelheid sich zum ersten Mal trafen. Erst nach der Klärung aller anstehenden Fragen brachte eine deutsche Eskorte unter Herzog Heinrich von Bayern Adelheid von Reggio zur Eheschließung nach Pavia. Otto bezeichnete sich von seinem Einzug in Pavia an ohne förmliche Krönung als König von Italien. Sein gewichtigster Rechtstitel dazu war seine tatsächliche Machtstellung als Nachfolger und Erbe der Karolinger im ostfränkischen Reich. Aber erst die Ehe mit Adelheid, der Witwe des letzten anerkannten Königs von Italien, gab ihm auch eine formale Legitimität, einen Anspruch auf die Neugestaltung der politischen Verhältnisse in Italien. So war das Ehebündnis mit Otto für Adelheid die einzige Möglichkeit, sich dem Zugriff Berengars zu entziehen, für Otto war es eine Gelegenheit zur Ausweitung seines politischen Machtbereichs. Adelheid hatte sich Berengar gegenüber als hart erwiesen und ihn mit viel politischem Geschick ausmanövriert. Der Preis dafür war die Ehe mit einem Mann, den sie bisher nicht kannte, und der ihr vom Alter und der Herkunft her fremd war.

Lorsque le roi Otton de Germanie traversa les Alpes avec une forte armée en septembre 951, il put s'installer sans combat dans la capitale, à Pavie. Bérenger se soumit et put rester margrave d'Ivrée. Selon la légende que l'on doit à Roswitha de Gandersheim, Adélaïde, son enfant dans les bras, attendait le roi aux portes de la ville pour lui demander sa protection. Otton ne put résister à ses charmes et l'épousa. Mais en réalité, le mariage était déjà convenu avant la première rencontre entre Otton et Adélaïde. Après que tous les problèmes en suspens eurent été réglés, une escorte de Germanie sous les ordres du duc Henri de Bavière conduisit Adélaïde de Reggio à Pavie pour le mariage. Depuis son arrivée à Pavie, Otton se nommait roi d'Italie sans avoir toutefois été couronné officiellement. Sa principale prétention à ce titre venait de sa véritable position de force en tant que successeur et héritier des Carolingiens dans le royaume franc oriental. Mais c'était le mariage avec Adélaïde, la veuve du dernier roi d'Italie reconnu, qui lui donnait vraiment une légitimité formelle, le droit de réorganiser la situation politique en Italie. Ainsi, pour Adélaïde, le mariage avec Otton était la seule possibilité d'échapper à l'emprise de Bérenger; et pour Otton, c'était l'occasion d'étendre son pouvoir politique. Adélaïde s'était montrée dure à l'égard de Bérenger et l'avait évincé avec beaucoup d'habileté politique. Mais c'était au prix d'un mariage avec un homme qu'elle ne connaissait pas encore jusque là et qui lui était étranger autant par son âge que par ses origines.

König Otto

Otto wurde 912 geboren, im selben Jahr, in dem sein Vater Heinrich nach dem Tod des Großvaters Ottos des Erlauchten zum Herzog von Sachsen aufstieg. Ottos Mutter Mathilde führte ihre Familie auf den Sachsenführer Widukind zurück, der gegen Karl den Großen gekämpft hatte und schließlich 785 die Taufe genommen und sich dem fränkischen König unterworfen hatte. Herzog Heinrich stieg 919 in einem fränkisch-sächsischen Ausgleich zum deutschen König auf, und in den folgenden Jahren schaffte er es, auch von den Schwaben und Bayern als gemeinsamer König anerkannt zu werden. Die große Aufgabe, an der seine Vorgänger gescheitert waren, war die Abwehr

Le roi Otton

Otton naquit en 912, et ce fut pendant cette même année que son père Henri devint duc de Saxe après la mort du grand-père Otton l'Illustre. Mathilde, la mère d'Otton prétendait descendre du chef saxon Widukind qui, après s'être battu contre Charlemagne, se fit finalement baptiser en 785 et se soumit au roi franc. Le duc Henri devint roi de Germanie en 919 après un arrangement franco-saxon, et il parvint dans les années suivantes à être reconnu par les Souabes et les Bavarois comme leur roi commun. Le grand problème que ses prédécesseurs n'avaient pas réussi à résoudre, était de repousser les Hongrois qui envahissaient la Germanie et l'Italie presque chaque année. En

der Ungarn, die in fast jährlichen Raubzügen in Deutschland und Italien einfielen. Heinrich erreichte gegen Tributzahlungen eine neunjährige Waffenruhe, die zur Organisation von Abwehrmaßnahmen und zum Aufbau von Befestigungen genutzt wurde. 933 wurden die Ungarn aus Sachsen erfolgreich vertrieben.

échange de paiements de tributs, Henri obtint une trêve de neuf ans dont il profita pour organiser des mesures de défense et pour construire des fortifications. En 933, les Hongrois furent chassés de Saxe avec succès.

Otto hat diesen politischen Aufstieg seines Vaters von Anfang an begleitet. Eine formale Ausbildung erhielt er wohl nicht, und mit Latein wie mit Lesen und Schreiben fing er erst spät an und hatte dabei immer gewisse Schwierigkeiten. Aber in den Vorstellungen der sächsischen Adelswelt, in der er heranwuchs, hatte man dafür Geistliche, und bei einem zukünftigen Führer kam es auf andere Qualitäten an. Otto nahm an allen Unternehmungen Heinrichs teil und lernte dabei, Feldzüge zu planen und zu organisieren, Menschen auszusuchen und einzusetzen und politische Entwicklungen zu beobachten und zu beeinflussen. Denn sein Vater wollte ihn zu seinem Erben und Nachfolger erziehen. Heinrich verstand sein Amt nicht nur als "Notkönigtum", sondern als Auftrag und Chance für seine Familie. Seinen eigenen sächsischen Machtbereich dehnte er durch Kriege gegen die Slawen über die Elbe aus. Aus der Verbindung Ottos mit einer gefangenen Slawin aus vornehmer Familie wurde ein Sohn Wilhelm geboren, der für den geistlichen Stand erzogen wurde und bis zum Erzbischof von Mainz aufstieg.

Otton accompagna l'ascension politique de son père depuis le début. Il ne reçut probablement pas d'éducation officielle; il ne se mit que très tard à apprendre le latin de même qu'à lire et à écrire, et il eut toujours certaines difficultés dans ce domaine. Mais dans l'esprit de la noblesse saxonne où il grandissait, c'était aux ecclésiastiques de s'occuper de ces tâches; un futur chef devait, quant à lui, avoir principalement des qualités dans d'autres domaines. Otton prit part à tout ce qu'entreprit Henri; il apprit ainsi à planifier et à organiser des campagnes, à choisir ses gens et à leur confier des tâches, à observer et à influencer les événements politiques. Son père voulait en effet l'éduquer pour en faire son héritier et successeur. Henri considérait que ses fonctions ne consistaient pas seulement à gérer un "royaume de fortune", mais qu'elles représentaient aussi une mission et une chance pour sa famille. En faisant la guerre aux Slaves, il élargit ses propres propriétés saxonnes au-delà de l'Elbe. De la liaison d'Otton avec une Slave prisonnière, issue d'une famille de rang élevé, naquit un fils, Guillaume, qui reçut une éducation le destinant à une carrière ecclésiastique et qui devint archevêque de Mayence.

929 wurde der siebzehnjährige Otto vermählt, und zwar mit Edgitha, einer Schwester des angelsächsischen Königs Aethelstan (924-939), unter dessen Herrschaft England sich konsolidiert hatte und wieder in die europäische Politik zurückkehrte. Zwei Schwestern Edgithas waren ins westfränkische Reich verheiratet worden, eine mit dem karolingischen König Karl dem Einfältigen, die andere mit seinem schärfsten Konkurrenten, dem kapetingischen Herzog von Franzien. Diese gegenseitige Verschwägerung der führenden Familien weist auf eine größere politische Dimension. Heinrichs Blick richtete sich aber nicht nur nach Osten und Westen. Von König Rudolf von Hochburgund, dem Vater Adelheids, erwarb er die Heilige Lanze, angeblich die Lanze Kaiser Kon-

En 929, Otton, âgé de dix-sept ans, fut marié à Edith (Edgitha), une soeur du roi anglo-saxon Aethelstan (924-939), sous le règne duquel l'Angleterre s'était consolidée et revenait dans la politique européenne. Deux soeurs d'Edith avaient été mariées dans le royaume franc occidental, l'une avec le roi carolingien Charles le Simple, l'autre avec son rival le plus ardent, le duc capétien de Francie. Ces liens réciproques de parenté par alliance entre les familles dirigeantes révèlent une dimension politique de grande importance. Mais les regards d'Henri ne se dirigeaient pas seulement vers l'Est et l'Ouest. Par le roi Rodolphe de Bourgogne transjurane, le père d'Adélaïde, il acquit la Sainte Lance, qui était soi-disant la lance de l'empereur Constantin avec les clous de la croix du Christ, et

stantins mit Nägeln vom Kreuze Christi, die von da an ein wesentlicher Teil der deutschen Kroninsignien war. Der Erwerb dieser Lanze war aber nur sinnvoll, wenn an eine Erneuerung des römischen Reiches gedacht wurde, also an eine aktive Italienpolitik.

cette Lance devint, à partir de cette date, un élément essentiel des insignes germaniques de la couronne. L'acquisition de cette lance n'avait toutefois un sens que si on pensait à une restauration de l'Empire romain, donc à une politique active en Italie.

Wie immer wissen wir von den persönlichen Verhältnissen des jungen Paares nicht viel. Vom Alter her waren sie sich wohl ähnlich, ebenso von der Sprache und Erziehung her. Als Heiratsgut übertrug Heinrich der Schwiegertochter die Stadt Magdeburg. Das erwies sich als folgenreiche Entscheidung. Denn dem Aufbau und Ausbau Magdeburgs galt fortan Ottos besonderes Interesse. Es sieht so aus, als hätte Otto die Jahre bis 936 im wesentlichen in Magdeburg verbracht. Dort wurden seine Kinder geboren, 930 der Sohn Liudolf, 931 die Tochter Liutgard. Die Stadt wurde verlegt und befestigt, die Pfalz erweitert und der Dom begonnen. Die Mühe, die sich Otto für Magdeburg gegeben hat, seine "Häuslichkeit" in diesen Jahren, und auch sein späteres Verhältnis zu Magdeburg und zum Gedenken an Edgitha sind sichere Indizien dafür, dass diese Ehe glücklich war.

Comme toujours, nous n'avons pas beaucoup d'informations sur les relations personnelles du jeune couple. Par leur âge, ainsi que par leur langue et leur éducation, ils avaient probablement bien des points communs. Henri céda la ville de Magdebourg en dot à sa belle-fille, ce qui s'avéra être une décision riche en conséquences. Car dorénavant, Otton porta un intérêt particulier à la construction et à l'aménagement de Magdebourg. Il semblerait qu'Otton ait vécu essentiellement à Magdebourg jusqu'en 936. Ses enfants y naquirent: en 930 son fils Liudolf, en 931 sa fille Liutgarde. La ville fut déplacée et fortifiée, le palais fut agrandi et on commença à construire la cathédrale. Le fait qu'Otton se soit tant investi pour Magdebourg, qu'il ait été si "casanier" au cours de toutes ces années, ainsi que ses rapports ultérieurs avec Magdebourg et son comportement envers la mémoire d'Edith sont des indices sûrs qui montrent que ce mariage était heureux.

936 starb König Heinrich, und Otto wurde sein Nachfolger. Das war in der eigenen Familie nicht unumstritten. Denn Ottos jüngerer Bruder Heinrich, beim Tod des Vaters etwa fünfzehn Jahre alt, war "purpurgeboren", ein echtes Königskind, frühreif charmant, aber auch selbstüberzeugt und ehrgeizig, und der Liebling der Mutter Mathilde. Aber der Vater wünschte den älteren soliden Otto, den er angeleitet und ausgebildet hatte. 940 erhob Otto den unzufriedenen Heinrich zum Herzog von Lothringen, in der vergeblichen Hoffnung, seinen Ehrgeiz dadurch zu befriedigen. 941 war Heinrich der Kopf eines Mordkomplotts gegen Otto. In diesen Jahren, in denen er an verschiedenen Fronten um sein Königtum kämpfen musste, sah Otto wenig von Magdeburg. Edgitha mit den Kindern wird mehr dort gelebt haben als im Gefolge Ottos umhergezogen sein, denn als Edgitha 946 im Magdeburg starb, war die Trauer der Bevölkerung groß, und bald wurde sie dort auch als Heilige verehrt. Der durch ihren Tod tief erschütterte König ließ seine Gemahlin zunächst in einem

En 936, le roi Henri mourut et Otton lui succéda, ce qui était contesté même dans sa propre famille. Car Henri, le frère cadet d'Otton, âgé d'environ quinze ans à la mort du père, était "porphyrogénète", c'était un vrai enfant de roi, d'une précocité charmante, mais également sûr de lui et ambitieux, et le préféré de sa mère Mathilde. Mais le père avait choisi Otton, plus âgé, sérieux, qu'il avait instruit et formé. En 940, Otton éleva Henri, mécontent, au rang de duc de Lorraine, dans l'espoir vain de satisfaire ainsi ses ambitions. En 941, Henri fut à la tête d'un complot d'assassinat fomenté contre Otton. Au cours de ces années, où il devait défendre son royaume sur divers fronts, Otton ne vécut pas souvent à Magdebourg. Edith préféra sûrement rester avec les enfants dans cette ville que de suivre Otton partout; lorsqu'elle mourut en 946 à Magdebourg, le deuil de la population était très grand, et bientôt Edith y fut vénérée comme une sainte. Le roi, profondément affligé par sa mort, la fit d'abord inhumer dans un monastère, puis il fit construire la cathédrale à cet en-

Kloster beisetzen, später dort den Dom bauen, in dem er 973 an ihrer Seite begraben wurde.
Nach dem Tod seiner Frau ordnete Otto seine Angelegenheiten. Er designierte 947 den Sohn Liudolf, der mit der Tochter Herzog Hermanns von Schwaben verheiratet war und 948 dessen Nachfolge antrat, zu seinem Nachfolger. Zu dessen Stützen wählte er den fränkischen Adligen Konrad den Roten, den er mit seiner Tochter Liutgard vermählte und zum Herzog von Lothringen ernannte, und seinen Bruder Heinrich, der sich ihm endgültig unterworfen hatte und dafür 948 das Herzogtum Bayern übertragen bekam. Der Tod Edgithas, am Ende eines langen, letztlich erfolgreichen Kampfes um die Stärkung seines Königtums, ist ein tiefer Einschnitt in das Leben Ottos. Auch das läßt auf die Intensität der Beziehung zwischen Otto und Edgitha schließen. So war auch für Otto die Begegnung mit Adelheid keine erste Liebe, sondern eine politische Annäherung, die es ihm erleichtern sollte, eine Orientierung wieder aufzunehmen, die schon sein Vater mit dem Erwerb der Heiligen Lanze ins Auge gefaßt hatte.

droit et il y fut enterré à côté de son épouse en 973. Après la mort d'Edith, Otton mit ses affaires en ordre. En 947, il désigna son successeur en la personne de son fils Liudolf qui était marié à la fille du duc Hermann de Souabe (auquel Liudolf succéda en 948). Pour aider Liudolf, Otton choisit d'une part le noble de Franconie Conrad le Roux qu'il maria à sa fille Liutgarde et qu'il nomma duc de Lorraine, d'autre part son frère Henri qui s'était finalement soumis et qui reçut en échange le duché de Bavière en 948. La mort d'Edith, qui survint à la fin du combat long, mais victorieux pour consolider le royaume, marque une profonde césure dans la vie d'Otton. Cette constatation révèle également l'intensité des relations entre Otton et Edith. C'est pourquoi aussi, pour Otton, la rencontre avec Adélaïde n'avait rien d'un premier amour; c'était plutôt un rapprochement politique qui devait lui permettre de reprendre plus facilement une orientation que son père avait luimême déjà envisagée en acquérant la Sainte Lance.

Die Ehe von Adelheid und Otto

Dass der Eheschließung von Adelheid und Otto auf beiden Seiten nüchterne Berechnung zugrundelag, war an sich keine schlechte Voraussetzung für eine gute Ehe. Adelheid fand bei dem zwanzig Jahre älteren Mann, der in Deutschland in den vorausgehenden Jahren seine Herrschaft und seine Vorstellung von Herrschaft durchgekämpft und gefestigt hatte, eine Sicherheit und Stabilität, sowohl bei ihm persönlich als in seiner politischen Stellung, die sie in ihrem bisherigen Leben nicht gekannt hatte. Zum ersten Mal konnte sie die Stellung einer Königin von Italien wirklich ausfüllen. Wie es sich gehörte, übertrug Otto ihr als "Wittum", als Vorsorge für die Zeit, in der sie vielleicht als Witwe auf eigene Einkünfte angewiesen wäre, Besitzungen in Deutschland. Vor allem bestätigte er ihr aber ihre Güter in Italien, die sie von Hugo und Lothar zugewiesen bekommen hatte, und hier überließ er ihr auch die ganze Verfügungsgewalt, obwohl er als ihr Ehemann durchaus das Recht gehabt hätte, an ihrer Stelle zu handeln, wie er es ja als König von Italien auch tat. Schon dieses Vorgehen zeigt, dass Otto die Eigenständigkeit Adelheids achtete und anerkannte.

Le mariage d'Adélaïde et d'Otton

Le fait que l'union d'Adélaïde et d'Otton repose, pour l'un comme pour l'autre, sur un calcul prosaïque, n'était pas obligatoirement de mauvaise augure pour la réussite de leur mariage. Adélaïde trouvait auprès de cet homme, de vingt ans son aîné, qui, au cours des années précédentes, s'était battu pour affirmer et renforcer son pouvoir et sa conception du pouvoir en Germanie, une sécurité et une stabilité qu'elle n'avait pas connues jusqu'ici, et ce autant en la personne d'Otton luimême que dans sa position politique. Pour la première fois, elle était en mesure de remplir vraiment ses fonctions de reine d'Italie. Selon l'usage, Otton lui céda des biens en Germanie en tant que douaire, en prévision des années où elle serait peut-être veuve et tributaire de ses propres revenus. Mais surtout, il lui confirma ses propres biens en Italie qu'elle avait reçus de Hugues et de Lothaire et il lui laissa également le pouvoir d'en disposer pleinement; pourtant, étant son époux, il aurait parfaitement eu le droit d'agir à sa place, comme il le faisait aussi en tant que roi d'Italie. Cette manière de procéder montre déjà qu'Otton respectait et reconnaissait l'autonomie d'Adélaïde.

Für Otto war der Zug nach Italien ein politischer Neuanfang nach dem tiefen Einschnitt, den der Tod Edgithas bedeutete. Er kam hier mit einer ganz neuen Welt in Berührung. Seine bisherigen Erfahrungen beschränkten sich auf Sachsen und das übrige Deutschland. Vor allem in Sachsen war das lateinische und das mit ihm untrennbar verbundene christliche Erbe ein fremdes Element, das unter Karl dem Großen zusammen mit den fränkischen Eroberern ins Land gekommen war. Sicher waren die Sachsen inzwischen gute Christen geworden und hatten ihre Kirchen und Klöster reich ausgestattet und ihre Bedeutung mit mächtigen Bauten gewürdigt. Aber die Kluft zwischen Adelswelt und Kirche blieb doch größer, und von der christlichen Botschaft waren Erbsünde, Schuld des Menschen und Gericht Gottes prägender als die Liebe und Güte Gottes. Das zeigt etwa das Schicksal des sächsischen Grafensohnes Gottschalk, der wegen solcher Auffassungen von Hrabanus Maurus und später vom Reimser Erzbischof Hinkmar verfolgt wurde und 868 nach langer Haft im kirchlichen Gefängnis starb. Diese Kluft betraf aber auch die Bildung. Die traditionellen Bildungswerte der adligen Herrenwelt erstreckten sich auf ganz andere Bereiche als die Inhalte der klösterlichen Erziehung. Für eine moderne Staatsverwaltung reichten sie aber nicht mehr aus. Otto empfand diese "Bildungslücke" so stark, dass er nach dem Tod Edgithas anfing, Lesen und Schreiben zu lernen.

Pour Otton, la campagne d'Italie était un nouveau départ politique après la profonde césure que représentait la mort d'Edith. Il entrait ici en contact avec un monde tout nouveau. Jusqu'à cette date, ses expériences se limitaient à la Saxe et au reste du royaume de Germanie. L'héritage latin ainsi que l'héritage chrétien qui y était inséparablement associé, constituaient, surtout en Saxe, un élément étranger, qui était apparu sous Charlemagne avec les conquérants francs. Bien sûr, les Saxons étaient devenus entre-temps de bons chrétiens, ils avaient doté généreusement leurs églises et leurs monastères et rendu hommage à leur importance en construisant de splendides édifices. Mais le fossé qui existait entre la noblesse et l'Eglise se creusait, et le message chrétien était davantage marqué par le péché originel, la faute des hommes et le tribunal de Dieu que par l'amour et la bonté de Dieu. Le destin de Gottschalk, un fils de comte saxon en est un exemple; pour avoir professé des idées dans ce sens, celui-ci avait été poursuivi par Raban Maur, puis plus tard par l'archevêque de Reims Hincmar et il mourut en 868 après une longue détention dans la prison de l'Eglise. Ce fossé se retrouvait aussi dans l'éducation. Les valeurs traditionnelles d'éducation des nobles étaient totalement différentes du contenu de l'enseignement monastique. Mais elles ne suffisaient plus pour permettre une administration moderne de l'Etat. Otton ressentit si intensément cette "lacune" qu'il se mit à apprendre à lire et à écrire après la mort d'Edith.

Im romanischen Teil des ehemaligen Frankenreiches war Bildung kein Privileg der Kirche. Die Übergänge zwischen Volkssprache und Latein wie zwischen Kirche und Welt waren viel offener und fließender, denn hier entwickelten sich beide seit der spätrömischen Zeit in gegenseitiger Abhängigkeit. Die Amtsträger der Kirche waren viel tiefer in die weltlichen Angelegenheiten verstrickt und mit den weltlichen Machthabern versippt, verschwägert und durch Bündnisse und Intrigen verbunden oder getrennt. Sie betrachteten ihr Kirchenamt weniger als Verpflichtung und mehr als Quelle der Macht. Zu allen diesen Verhältnissen hatte Adelheid leichter Zugang, und sie konnte Otto in diese Welt und ihr anderes Lebensgefühl einführen. Die junge Frau war für Otto nach einer schweren Lebenskrise der Schlüssel zu einer ande-

Dans la partie romane de l'ancien royaume franc, l'éducation n'était pas le privilège de l'Eglise. Le passage de la langue populaire au latin, ainsi que de l'Eglise au monde temporel, était beaucoup plus ouvert et plus flexible, car depuis la fin de l'ère romaine, ces deux mondes s'y étaient développés en interdépendance réciproque. Les représentants de l'Eglise étaient bien plus impliqués dans les affaires séculières, ils étaient parents par alliance avec les dirigeants temporels et liés ou séparés par des pactes et des intrigues. Ils considéraient leur fonction ecclésiastique moins comme un engagement et plutôt comme une source de pouvoir. Adélaïde avait une approche plus facile de cette situation et elle pouvait introduire Otton dans ce monde et sa manière de vivre. Pour Otton qui venait de traverser une crise difficile, la jeune femme était la clé

ren Dimension, die er mit seinem Italienzug politisch angehen wollte, die aber zu einer sehr viel weitergehenden interkulturellen Begegnung führte. In Adelheid begegnete ihm eine Frau, die über eine ganz andere und viel umfassendere Bildung und Lebensart verfügte, als er sie von sich oder seiner ersten Frau her kannte. Otto war bereit, sich diesen neuen Einflüssen und Herausforderungen zu öffnen, und die immer wieder zitierte "ottonische Renaissance" ist eine Frucht dieser Begegnung. Sie brachte in Umkehrung der politischen Stoßrichtung eine Verstärkung und Revitalisierung des lateinisch-romanischen Einflusses in Deutschland. Adelheid war für Otto persönlich wie für die allgemeine Entwicklung die Brücke zwischen diesen beiden Welten.

Dass die Hochzeit zwischen Adelheid und Otto wohl vorbereitet war, zeigt die Prägung einer eigenen Münze, des Otto-Adelheid-Denars, in Magdeburg zu diesem Anlaß. Trotzdem wurde die Heirat nicht überall gern gesehen, vor allem nicht in Rom. Denn der Streit um das Königreich Italien in den letzten Jahrzehnten hatte dessen Machtbasis immer stärker auf Norditalien eingeengt, und Rom regierte sich selber durch den Senator Alberich, der aus seinem Anhang die Päpste auswählte und einsetzte. Alberich wollte keinen starken Mann in Italien. Deshalb kehrte eine Gesandschaft Ottos an den Papst, die über einen Romzug und damit auch eine Kaiserkrönung verhandeln sollte, unverrichteter Dinge zurück. Sich den Weg nach Rom und zum Kaisertum mit militärischer Macht zu öffnen, davon riet ihm vermutlich auch Adelheid in der gegenwärtigen Situation ab. Außerdem trafen aus Deutschland beunruhigende Nachrichten ein, an denen die Hochzeit mit Adelheid nicht unschuldig war.

Adelheid und die Familie Ottos

Adelheid hatte nicht einen alleinstehenden Witwer zum Mann bekommen, sondern in eine festgefügte Familie eingeheiratet. Die Familienmatriarchin war Ottos Mutter Mathilde, die Witwe König Heinrichs. Ottos Verhältnis zu ihr war nicht spannungsfrei, zum einen wegen ihrer Vorliebe für den jüngeren Sohn Heinrich, zum andern wegen ihrer

qui lui ouvrait une autre dimension; il voulait s'y consacrer politiquement par sa campagne d'Italie, mais il en résulta une rencontre interculturelle beaucoup plus approfondie. Avec Adélaïde, il était en présence d'une femme qui disposait d'une éducation et d'une manière de vivre bien différentes et beaucoup plus complètes que ce qu'il avait connu pour lui-même ou chez sa première femme. Otton était prêt à s'ouvrir à ces nouvelles influences et à ces nouveaux défis, et la "Renaissance ottonienne", si souvent citée, est le fruit de cette rencontre. En inversant l'orientation politique, elle renforça et revitalisa l'influence latino-romane en Germanie. Adélaïde servit de pont entre ces deux mondes pour Otton lui-même, mais aussi pour l'évolution générale.

Le mariage entre Adélaïde et Otton était bien préparé, ce que montre le denier Otton-Adélaïde, leur propre monnaie frappée à Magdebourg à cette occasion. Toutefois, ce mariage n'était pas vu d'un bon oeil partout, en particulier à Rome. En effet, la querelle pour le royaume d'Italie au cours des dernières décades avait de plus en plus restreint l'assise du pouvoir au Nord de l'Italie, et Rome se gouvernait elle-même par l'intermédiaire du sénateur Albéric qui choisissait et désignait les papes parmi ses partisans. Albéric ne voulait pas d'un homme fort en Italie. C'est pourquoi une délégation qu'Otton avait envoyée chez le pape pour négocier une expédition sur Rome et aussi un couronnement impérial, rentra bredouille. Vu la situation, Adélaïde déconseilla probablement à Otton de s'ouvrir, par la force militaire, le chemin menant à Rome et au titre impérial. Par ailleurs, des nouvelles inquiétantes arrivaient de Germanie, et le mariage avec Adélaïde y était pour quelque chose.

Adélaïde et la famille d'Otton

Adélaïde n'avait pas pris pour époux un veuf seul; par son mariage, elle était entrée dans une famille solidement constituée. Mathilde, la mère d'Otton, la veuve du roi Henri, était la matriarche de la famille. Les relations qu'Otton entretenait avec elle, étaient tendues, d'une part parce qu'elle préférait son plus jeune fils Henri, d'autre part à cause de sa

zunehmend unkontrollierten Frömmigkeit, aus der heraus sie große und von Otto nicht immer bestätigte Schenkungen an Kirchen und Klöster machte. Sie starb erst 968.

Der jüngste Bruder Ottos, Brun, war Geistlicher geworden und von 953 bis 965 Erzbischof von Köln und ein treuer Gefolgsmann des Königs. Schwieriger war der andere Bruder Heinrich. Seit seiner Begnadigung zum Weihnachstag 941 stand er zwar ohne Vorbehalte zu Otto, aber er war ein unruhiger Geist und schürte zumindest gern bei anderen. Im Alter stand er Adelheid um zehn Jahre näher als Otto, er führte sie 951 seinem Bruder als Braut zu, und zwischen Adelheid und Heinrich scheint es viel politische und persönliche Sympathie gegeben zu haben. Deswegen vertrug sich Adelheid auch gut mit ihrer Schwiegermutter. Zwei Schwestern Ottos waren in Frankreich verheiratet, die ältere, Gerberga, mit dem karolingischen König Ludwig IV., die jüngere mit dessen wichtigstem Rivalen Hugo von Franzien. Mit ihnen hatte Adelheid zunächst wenig zu tun.

Schon von der Sache her und auch persönlich auf Konflikt angelegt war das Verhältnis der neuen Stiefmutter zu den Kindern Edgithas, Liutgard und Liudolf. Beide waren etwa gleichaltrig mit Adelheid. Liutgard war mit dem fränkischen Grafen Konrad dem Roten verheiratet, der bei Otto großes Ansehen genoß und dem er deshalb das wegen der Grenzlage zu Frankreich schwierige Herzogtum Lothringen anvertraut hatte. Liudolf war Herzog von Schwaben und verheiratet mit Ida, einer spätgeborenen Halbschwester von Adelheids Mutter Bertha. Die Frau ihres Stiefsohns war also ihre Tante. Das Verhältnis Ottos zu seinem Sohn und dieser Schwiegertochter war offenbar sehr eng. Hrotsvit von Gandersheim berichtet, dass Otto das junge Paar immer in seiner Nähe haben und Ida wie eine Königin geehrt sehen wollte. Sie war also nach dem Tod Edgithas eine Art "First Lady". Aus eigener Erfahrung wußte Otto auch, wie wichtig eine klare und rechtzeitige Nachfolgeregelung und eine entsprechende Ausbildung und Erziehung des Nachfolgers war. Deshalb hatte er Liudolf zu seinem Erben und den Schwiegersohn Konrad zu dessen wichtigster Stütze bestimmt. Nun aber, nach der Heirat Ot-

dévotion de plus en plus incontrôlée qui lui faisait attribuer aux églises et aux monastères d'importants dons qu'Otton ne confirma pas toujours. Elle ne mourut qu'en 968.

Le frère cadet d'Otton, Brunon, était un homme d'Eglise; de 953 à 965, il fut archevêque de Cologne et un fidèle partisan du roi. L'autre frère, Henri, avait un caractère plus difficile. Après avoir été gracié le jour de Noël 941, il soutenait Otton certes sans réserves, mais c'était un esprit agité et il aimait pour le moins pousser les autres à la contestation. Par son âge, il était plus proche d'Adélaïde puisqu'il avait dix ans de moins qu'Otton; en 951, ce fut lui qui conduisit la fiancée, Adélaïde, à son frère; entre Adélaïde et Henri, il semble qu'il y ait eu beaucoup de sympathies politiques et personnelles. C'est pourquoi Adélaïde s'entendait bien également avec sa belle-mère. Deux soeurs d'Otton étaient mariées en France: la plus âgée, Gerberge, avec le roi carolingien Louis IV et la plus jeune avec le plus grand rival de ce dernier, Hugues de Francie. Adélaïde eut tout d'abord peu à faire avec elles.

Par la nature même des choses et aussi sur le plan personnel, les relations entre Adélaïde, la nouvelle belle-mère, et les enfants d'Edith Liutgarde et Liudolf annonçaient des conflits en perspective. Les enfants d'Edith avaient presque le même âge qu'Adélaïde. Liutgarde était mariée avec le duc de Franconie Conrad le Roux; Otton le tenait en si grande estime qu'il lui avait confié le duché de Lorraine, assez difficile à gouverner en raison de sa situation à la frontière avec la France. Liudolf était duc de Souabe et marié avec Itte, une demi-soeur (née tardivement) de Berthe la mère d'Adélaïde. La tante d'Adélaïde était donc en même temps la femme de son beau-fils. Les relations entre Otton et son fils et cette belle-fille étaient apparemment très étroites. Roswitha de Gandersheim rapporte qu'Otton voulait toujours avoir le jeune couple près de lui et qu'Itte fût traitée comme une reine. Donc, après la mort d'Edith, elle était en quelque sorte une "First Lady". Par sa propre expérience, Otton savait combien il était important que la succession fût réglée clairement et en temps voulu et que le successeur reçût une formation et une éducation en conséquence. C'est pourquoi il avait désigné Liudolf comme son héritier et son gendre

tos mit Adelheid, war diese Regelung plötzlich gefährdet, denn zu erwartende Kinder der beiden waren nicht nur "purpurgeboren", sondern hatten auch von ihrer Mutterseite her einen Erbanspruch auf Italien, der Liudolf fehlte.

Conrad comme le principal soutien de Liudolf. Mais maintenant qu'Otton était marié avec Adélaïde, cette réglementation était tout à coup compromise, car des enfants qui naîtraient probablement de cette union, seraient non seulement "porphyrogénètes", mais auraient aussi, de par leur mère, un droit héréditaire sur l'Italie que Liudolf n'avait pas.

Heinrich von Bayern hatte in dieser Regelung keinen besonders herausgehobenen Platz. Wohl deshalb scheint er Liudolf gedrängt zu haben, noch vor dem Italienzug Ottos mit seinem schwäbischen Anhang dort einzufallen und die italienische Krone als Kriegsbeute an sich zu reißen. Aber Liudolf scheiterte mit seinem Plan, auch weil Heinrich ihn an Berengar verriet. Otto gegenüber stellte Heinrich das Unternehmen Liudolfs als Untreue und Verrat heraus. Es kam zu keiner Aussprache zwischen Vater und Sohn, Liudolf kehrte bald nach Deutschland zurück und war bei der Hochzeit von Otto und Adelheid nicht anwesend. In Deutschland aber sammelte er Bundesgenossen gegen eine Neuregelung der Erbfolge und gegen den wachsenden Einfluss Heinrichs von Bayern, den er als den Urheber der ganzen Intrige ansah. Heinrich hatte also gute Gründe, wenn er sich auf die Seite der neuen jungen Königin stellte und so das Zerwürfnis zwischen Otto und seinen Kindern förderte. Auch Adelheid hatte eigentlich keine andere Wahl, denn sie musste sich für das Recht ihrer zukünftigen Kinder einsetzen, und das ging nur gegen die Kinder Edgithas.

Henri de Bavière n'occupait pas une place particulièrement privilégiée dans cette réglementation de la succession. C'est sans doute pourquoi il semble avoir poussé Liudolf, avant même la campagne d'Italie d'Otton, à pénétrer dans la péninsule avec ses partisans souabes et à s'emparer de la couronne italienne comme butin de guerre. Mais le plan de Liudolf échoua, en partie parce qu'Henri le trahit auprès de Bérenger. Henri fit comprendre à Otton que dans son entreprise, Liudolf avait fait preuve d'infidélité et de trahison. Il n'y eut pas d'explication entre le père et le fils; Liudolf rentra peu après en Germanie et il n'assista pas au mariage d'Otton et d'Adélaïde. Dans le royaume, il réunit des alliés qui étaient contre une nouvelle réglementation de la succession et contre l'influence croissante d'Henri de Bavière qu'il considérait comme l'auteur de toute l'intrigue. Henri avait donc de bonnes raisons de se ranger du côté de la nouvelle jeune reine pour favoriser ainsi le désaccord entre Otton et ses enfants. Quant à Adélaïde, elle n'avait en fait, elle non plus, pas d'autre alternative, car elle devait défendre les droits de ses futurs enfants, et elle ne pouvait y parvenir qu'en allant contre les intérêts des enfants d'Edith.

Otto befand sich nun in einer schwierigen Lage. Auf der einen Seite war er kein junger Mann mehr und hatte deshalb gut daran getan, seine Nachfolge zu regeln. Liudolf und Konrad hatten ihre Qualitäten bereits bewiesen, und sie standen ihm persönlich sehr nahe, auch als Vermächtnis seiner ersten Frau Edgitha. Dagegen drängten ihn sein Bruder und seine Frau zu einer Änderung zu Lasten Liudolfs und Konrads. Auf der anderen Seite hatte er schlechte Erfahrungen mit "Landesfürsten", die in einem starken Königtum, wie er es vertrat, eine Gefahr für ihre Eigenständigkeit sahen und sich schon mehrmals in Aufstände gegen ihn verstrickt hatten. Er wollte die aufkommenden Unruhen im Keim ersticken und kehrte deshalb

Otton se trouvait alors dans une situation difficile. D'une part, il n'était plus tout jeune, et il avait donc bien fait de régler sa succession. Liudolf et Conrad avaient déjà prouvé leurs qualités et ils étaient très proches de lui, également parce qu'ils représentaient pour lui un lien avec sa première femme Edith. Son frère et sa femme le poussaient par contre à opérer un changement au détriment de Liudolf et de Conrad. D'autre part, Otton avait fait de mauvaises expériences avec les "princes régnants" qui voyaient leur autonomie menacée dans un royaume fort comme le sien et qui s'étaient déjà impliqués plusieurs fois dans des insurrections dirigées contre lui. Il voulait étouffer dans l'oeuf les troubles qui commençaient à se

Anfang 952 mit seiner schwangeren Gemahlin nach Deutschland zurück. Konrad dem Roten wurden die weiteren Verhandlungen mit Berengar anvertraut.

Das Osterfest 952 wurde von Otto, Adelheid, Heinrich und Liudolf gemeinsam in Magdeburg begangen. Hier erschien auch Konrad mit Berengar und einem zwischen ihnen ausgehandelten Kompromiß, der uns inhaltlich nicht bekannt ist. Deutlich ist aber die geänderte Haltung Ottos. Er weigerte sich zunächst, Berengar überhaupt zu empfangen, und seinen Schwiegersohn Konrad brüskierte er, indem er die Verhandlungsergebnisse ablehnte und Berengar sogar verhaften lassen wollte. Auf einem Reichstag in Augsburg im Sommer 952 verzichtete Berengar dann auf den östlichen Teil seines Reiches, die Marken Verona und Aquileja. Sie wurden Herzog Heinrich von Bayern übertragen, der damit als der eigentliche Sieger aus dieser Auseinandersetzung hervorging. Als zum Jahresende Adelheid einen Sohn Heinrich bekam, ließ Heinrich von Bayern Liudolf und seine Anhänger deutlich spüren, dass die Nachfolge nunmehr anders geregelt würde. Adelheid, die die langen Jahre der Demütigung an Berengar zu rächen hatte und für ihren Sohn einen angemessenen Platz schaffen musste, hatte sich im Bund mit Heinrich von Bayern bei Otto durchgesetzt.

développer; c'est pourquoi il rentra en Germanie avec son épouse enceinte au début de l'année 952. Conrad le Roux se vit confier la suite des négociations avec Bérenger.

Otton, Adélaïde, Henri et Liudolf passèrent les fêtes de Pâques 952 ensemble à Magdebourg. Conrad y fit également une apparition; il était accompagné de Bérenger et avait un compromis qu'ils avaient négocié entre eux, mais dont nous ne connaissons pas le contenu. Toutefois, le changement de comportement d'Otton était manifeste. Il refusa tout d'abord de recevoir Bérenger, il offensa son gendre Conrad en rejetant les résultats des négociations et en voulant même faire arrêter Bérenger. Au cours d'une diète tenue à Augsbourg en été 952, Bérenger renonça alors à la partie orientale de son royaume, les Marches de Vérone et d'Aquilée. Elles furent cédées au duc Henri de Bavière qui était ainsi le véritable vainqueur de cette querelle. Lorsqu'à la fin de l'année, Adélaïde donna le jour à un fils prénommé Henri, Henri de Bavière fit clairement sentir à Liudolf et à ses partisans que la succession allait maintenant être réglée différemment. Adélaïde, qui avait à se venger de Bérenger pour les longues années d'humiliation et qui devait trouver une place appropriée pour son fils, était parvenue, avec Henri de Bavière pour allié, à s'imposer auprès d'Otton.

Der Liudolfinische Aufstand

Der Aufstand Liudolfs und Konrads gegen Otto war für diesen gefährlicher und belastender als die vorausgehenden, weil in der öffentlichen Meinung nicht die Herzöge vom richtigen Weg abgewichen waren, sondern der König selbst gegen das Herkommen und seine eigenen Festlegungen verstoßen hatte. So heißt es in einer abschließenden Bewertung Liudolfs bei Stälin:

Das ehrenvolle Zeugnis, welches einstimmig von allen Geschichtsschreibern über ihn ausgesprochen wird, gilt als ein schöner Beweis der öffentlichen Meinung über den Adel seines Charakters und wirft somit die Schuld der Empörung zum guten Theil auf die schlimme Umgebung König Otto's.

Le soulèvement liudolfien

Le soulèvement de Liudolf et de Conrad contre Otton était plus dangereux et plus accablant pour ce dernier que les précédents, car dans l'opinion publique, ce n'étaient pas les ducs qui s'étaient écartés du droit chemin, mais c'était le roi lui-même qui avait transgressé la tradition et ses propres dispositions. Stälin donne une appréciation finale sur Liudolf en ces termes:

Le témoignage honorable que tous les historiographes prononcent à l'unanimité à son égard, est une belle preuve du jugement que l'opinion publique portait sur la noblesse de son caractère et rejette ainsi la responsabilité de la révolte en grande partie sur l'entourage néfaste du roi Otton.

Liudolf und Konrad wollten vor Ostern 953 Otto mit Gewalt zwingen, auf Heinrich von Bayern als Ratgeber zu verzichten. Der Anschlag misslang, aber Otto fühlte sich so unsicher, dass er einen (nicht erhaltenen) Vertrag unterschrieb, der vermutlich die Ausschaltung Heinrichs und die Festschreibung der Thronfolge Liudolfs enthielt. Als Otto danach mit der übrigen Familie, auch mit seiner Mutter Mathilde, Ostern in Dortmund feierte, widerrief er seine Zustimmung zu diesem Vertrag, weil sie mit Gewalt erpresst worden sei. Die beiden Herzöge wurden vor einen Reichstag geladen und aufgefordert, ihre Mitverschworenen preiszugeben. Da die Herzöge nicht erschienen, wurde Konrad als Herzog von Lothringen abgesetzt. Otto übertrug das Amt seinem Bruder Brun, den er eben zum Erzbischof von Köln ernannt hatte.

Im Sommer kam es zum offenen Kampf. Die Schwaben hielten in dieser Auseinandersetzung zu Liudolf, während sich rasch zeigte, wie unbeliebt Heinrich in seinem Herzogtum Bayern war, denn das ganze Land ging zu Liudolf über. Erneute Verhandlungen Ende 953 scheiterten wieder an der Forderung der beiden Herzöge nach Straffreiheit für ihre Anhänger, die Otto nicht zugeben wollte. Als sich die Nachricht verbreitete, lief Ottos Heer auseinander, und er musste die Belagerung von Mainz aufgeben. In diesen Tagen starb auch Liutgard, die Schwester Liudolfs und Frau Konrads, die noch eine Brücke zwischen dem Vater und dem Bruder hätte sein können.

Otto wurde durch einen Einfall der Ungarn Anfang 954 gerettet, weil den Verschwörern vorgehalten wurde, sie hätten sie ins Land geholt, und weil sie wohl auch tatsächlich bei ihnen Unterstützung suchten. Die Anhängerschaft der Herzöge schrumpfte, und im Juni 954 kam es zu neuen Verhandlungen. Konrad und der Mainzer Erzbischof Friedrich unterwarfen sich, und Otto verzichtete auf die Bestrafung ihrer Mitkämpfer. Nur Liudolf, von Heinrich erneut aufgehetzt, entzog sich der Verhandlung und verschanzte sich in der bayrischen Hauptstadt Regensburg. Aber ein paar Wochen später unterwarf auch er sich in Thüringen seinem Vater. Konrad und Liudolf verloren ihre Herzogtümer, durften aber ihren Eigenbesitz behalten. Neuer Herzog von Schwaben wurde

Avant Pâques 953, Liudolf et Conrad voulaient contraindre Otton par la force à renoncer à Henri de Bavière comme conseiller. L'attentat échoua, mais Otton se sentait si peu en sécurité qu'il signa un contrat (non conservé) aux termes duquel Henri était probablement éliminé et la succession au trône fixée en faveur de Liudolf. Ensuite, lorsqu'Otton fêta Pâques à Dortmund avec le reste de la famille, y compris sa mère Mathilde, il révoqua ce contrat parce qu'il lui avait été extorqué par la force. Les deux ducs furent convoqués devant une diète et sommés de révéler l'identité de ceux qui avaient comploté avec eux. Comme les ducs ne comparurent pas, Conrad fut relevé de ses fonctions de duc de Lorraine. Otton conféra ce titre à son frère Brunon qu'il venait de nommer archevêque de Cologne.

En été, la lutte s'engagea ouvertement. Dans ce conflit, les Souabes étaient du côté de Liudolf, alors qu'il fut vite manifeste combien Henri était impopulaire dans son duché de Bavière, car tout le pays changea de camp pour soutenir Liudolf. De nouvelles négociations à la fin de l'année 953 échouèrent encore, parce que les deux ducs exigeaient l'impunité pour leurs partisans, ce qu'Otton ne voulait pas concéder. Lorsque la nouvelle se répandit, l'armée d'Otton se dispersa et il dut abandonner le siège de Mayence. Ce fut pendant ces événements que mourut Liutgarde, soeur de Liudolf et femme de Conrad, qui aurait encore pu rétablir les ponts entre son père et son frère.

Otton fut sauvé au début de l'année 954 par une attaque des Hongrois, parce qu'on reprocha aux conjurés de les avoir fait venir dans le pays et parce qu'ils essayaient probablement aussi d'obtenir effectivement leur soutien. Les ducs virent le nombre de leurs partisans diminuer; en juin 954, il y eut de nouvelles négociations. Conrad et l'archevêque de Mayence Frédéric se soumirent, et Otton renonça à punir leurs compagnons de lutte. Liudolf, poussé à nouveau par Henri, fut le seul à se dérober à la négociation et il se retrancha dans la capitale bavaroise de Ratisbonne. Mais quelques semaines plus tard, il se soumit également à son père en Thuringe. Conrad et Liudolf perdirent leurs duchés, mais ils purent conserver leurs biens personnels. Le nouveau duc de Souabe

Burkhard III., ein spätgeborener Sohn des 926 gefallenen Herzogs Burkhards II. und damit ein Bruder von Adelheids Mutter Bertha. Er wurde mit Hadwig, der Tochter Heinrichs von Bayern, verheiratet. Damit war die Partei von Adelheid und Heinrich mit einen neuen Machtzuwachs aus dem Aufstand hervorgegangen.

Trotzdem hat Otto am Ende dieses Konflikts mehr die Versöhnung als den Triumph gesucht. Die beiden Herzöge wurden nicht bestraft, ihre Anhänger nicht verfolgt. Ottos Bruder Brun als Erzbischof von Köln und Herzog von Lothringen ebenso wie Ottos ältester unehelicher Sohn Wilhelm als neuer Mainzer Erzbischof setzten sich für den Ausgleich ein. Unterstützt wurde diese Entwicklung durch die politischen Ereignisse. Denn im Frühjahr 955 brachen die Ungarn erneut mit großer Heeresmacht in Süddeutschland ein. Sie belagerten Augsburg, das von seinem kriegerischen Bischof Ulrich tatkräftig verteidigt wurde. Mit dem ganzen Heerbann aus Bayern, Schwaben, Franken und Sachsen schlug Otto die Ungarn im August auf dem Lechfeld so gründlich, dass sie danach ihre Raubzüge aufgaben und ein Teil des christlichen Abendlandes wurden. Die Schlacht war auf beiden Seiten sehr verlustreich. Zu den Toten gehörte Konrad der Rote, der als einer der Führer auch maßgeblichen Anteil am Sieg hatte. Dagegen nahmen weder Heinrich noch Liudolf an der Schlacht teil. Der Sieg über die Ungarn befestigte Ottos Stellung in Deutschland und unterstrich seinen Anspruch auf das Kaisertum.

Liudolf wurde 956 von seinem Vater damit beauftragt, die durch seinen Aufstand in Italien entstandene Lage wieder zu bereinigen. Dort starb er nach beträchtlichen Erfolgen 957 am Fieber. Seine tragische Gestalt hat Eingang in die Volkssagen um Herzog Ernst gefunden. Heinrich von Bayern starb bereits im November 955. Seiner Witwe Judith wurde die Regentschaft für den erst vierjährigen Sohn Heinrich übertragen. Adelheid gebar Ende 955 ihr viertes Kind aus der Ehe mit Otto, nach den früh gestorbenen Söhnen Heinrich und Brun und der Tochter Mathilde nun den dritten Sohn Otto, der der Nachfolger werden sollte.

fut Bouchard III, un fils tardif du duc Bouchard II mort au combat en 926, donc un frère de Berthe, la mère d'Adélaïde. Il fut marié à Hedwige, la fille d'Henri de Bavière. Ainsi, le camp d'Adélaïde et d'Henri était sorti de la révolte avec un regain de pouvoir.

Pourtant, à la fin du conflit, Otton avait davantage cherché la réconciliation que le triomphe. Les deux ducs ne furent pas punis et leurs partisans ne furent pas poursuivis. Le frère d'Otton, Brunon, archevêque de Cologne et duc de Lorraine, ainsi que le fils aîné naturel d'Otton, Guillaume, nouvel archevêque de Mayence, s'employèrent à la conclusion d'un arrangement. Cette démarche fut favorisée par les événements politiques. En effet, au printemps 955, les Hongrois pénétrèrent à nouveau dans le Sud du royaume avec une grande force armée. Ils firent le siège de la ville d'Augsbourg qui fut défendue énergiquement par Ulrich, son évêque combattant. Avec le ban et l'arrière-ban de Bavière, de Souabe, de Franconie et de Saxe, Otton infligea en août une défaite si cuisante aux Hongrois à la bataille du Lechfeld qu'ils abandonnèrent par la suite leurs incursions et devinrent une partie de l'Occident chrétien. La bataille avait causé de lourdes pertes de part et d'autre. Parmi les morts se trouvait Conrad le Roux qui, étant l'un des chefs, avait beaucoup contribué à la victoire. Par contre, ni Henri, ni Liudolf n'avaient participé à la bataille. La victoire sur les Hongrois renforçait la position d'Otton en Germanie et soulignait ses prétentions au titre impérial.

En 956, Liudolf fut chargé par son père de régulariser la situation que son soulèvement avait créée en Italie. Il y mourut de la fièvre en 957 après avoir remporté des succès considérables. Sa figure tragique est entrée dans les légendes populaires autour du duc Ernest. Henri de Bavière était déjà mort en novembre 955. La régence pour son fils Henri, qui n'était âgé que de quatre ans, fut confiée à sa veuve Judith. A la fin de l'année 955, Adélaïde mit au monde son quatrième enfant de son mariage avec Otton: après deux premiers fils Henri et Brunon morts jeunes, une fille Mathilde, ils avaient maintenant un troisième fils, Otton, qui devait être le successeur.

Entfremdung zwischen Adelheid und Otto

Das Ende des liudolfinischen Aufstandes und der Sieg gegen die Ungarn stellen den Höhepunkt von Ottos Regierungszeit in Deutschland dar. Von jetzt an herrschte er unangefochten. Äußerlich war es auch ein Sieg der Linie Adelheids und Heinrichs von Bayern, aber bei genauerer Betrachtung zeigen sich hier doch deutliche Unterschiede. Zunächst war Ottos Verhalten gegenüber den Verschwörern doch anders und versöhnlicher als 941. Konrad der Rote und Friedrich von Mainz durften sich auf dem Reichstag von Langenzenn im Juni 954 verteidigen und ihren Rechtsstandpunkt darlegen, und der endgültige Abschluß des Aufstandes war eher ein Kompromiß und gegenseitiges Nachgeben. Konrad und Liudolf wurden nicht von Reichsaufgaben ausgeschlossen. Schon in der Ungarnschlacht hatte Konrad wieder eine zentrale Funktion, und Liudolf war nicht verbannt, sondern hatte sich aus eigenem Antrieb zurückgezogen. Als ihn im folgenden Jahr sein Onkel Brun aus dieser selbstgewählten Isolation herausholte, übertrug der König ausgerechnet ihm den Oberbefehl über Italien. Otto war ein solider und rechtlich denkender Mann, aber weder leichtsinnig noch übermäßig vertrauensselig. Wenn er Konrad und Liudolf solche Funktionen übertrug, dann war er sicher, dass er sich auf sie voll und ganz verlassen konnte. Das heißt aber, dass der Ausgleich von 954 eine gegenseitige Annäherung und damit auch ein Eingeständnis Ottos war. Wahrscheinlich hat Otto unter der schiefen Situation und der Entfremdung von seinen Kindern mehr gelitten, als die neuen Ratgeber Adelheid und Heinrich ahnten. Eine innere Rückwendung des Königs musste aber zu einer Verschlechterung des Verhältnisses mit Adelheid führen. Dafür gibt es eine ganze Reihe von Anzeichen.

Zunächst ging es um den Ausbau von Magdeburg, dieser Lieblingsstadt Ottos. In Rom betrieb er die Herauslösung des Bistums aus der Erzdiözese Mainz und die Erhebung zu einem eigenen Erzbistum mit der Zuständigkeit für die Slawenmission und die neueroberten Gebiete. Nach der Kaiserkrönung im Februar 962 stimmte der Papst dieser Neugliederung schließlich zu. In Magdeburg selbst begann der Bau des Doms an der Stelle der

La détérioration des relations entre Adélaïde et Otton

La fin du soulèvement liudolfien et la victoire contre les Hongrois représentent l'apogée du règne d'Otton en Germanie. Désormais, il exerçait le pouvoir suprême sans être contesté. Vu de l'extérieur, c'était aussi une victoire de la ligne représentée par Adélaïde et Henri de Bavière, mais un examen plus approfondi de la situation montre pourtant de nettes différences. Tout d'abord, le comportement d'Otton à l'égard des conjurés avait bien changé et il était plus conciliant qu'en 941. Conrad le Roux et Frédéric de Mayence purent se défendre à la diète de Langenzenn en juin 954 et exposer la légitimité de leur point de vue; le soulèvement se terminait donc définitivement plutôt sur un compromis et sur des concessions réciproques. Conrad et Liudolf ne furent pas exclus des tâches du royaume. Conrad avait déjà retrouvé des fonctions importantes au cours de la bataille contre les Hongrois, et Liudolf n'était pas banni, mais il s'était retiré de son plein gré. Lorsque, l'année suivante, son oncle Brunon l'arracha à cette isolation délibérément voulue, ce fut précisément à lui que le roi confia le commandement suprême en Italie. Otton était un homme sérieux et respectant le droit, mais sa confiance n'était ni insouciante ni excessive. En chargeant Conrad et Liudolf de ces fonctions, il était sûr de pouvoir pleinement compter sur eux. Mais ceci signifie que l'arrangement de 954 était un rapprochement réciproque, donc qu'Otton reconnaissait aussi ses propres erreurs. Otton a vraisemblablement plus souffert de la situation fausse et du fait que ses enfants se détachaient de lui que ne l'ont supposé ses nouveaux conseillers Adélaïde et Henri. Toutefois, un revirement intérieur du roi allait obligatoirement détériorer ses relations avec Adélaïde. Toute une série de signes le confirme.

Tout d'abord, il y eut l'aménagement de Magdebourg, la ville préférée d'Otton. A Rome, il s'investit pour que l'évêché fût détaché de l'archevêché de Mayence et qu'il fût érigé en archevêché ayant pour compétences l'évangélisation des Slaves et les nouveaux territoires conquis. Après le couronnement de l'empereur en février 962, le pape finit par approuver cette restructuration. A Magdebourg même, on commença la construc-

Klosterkirche, in der Edgitha begraben war. Der neue Dom sollte auch Ottos Grabstätte werden, an der Seite Edgithas, aber ohne einen Platz für Adelheid.

Otto sorgte auch für das Andenken seiner Kinder. Liutgard wurde in der Kirche des St. Albansklosters in Mainz begraben, und als Liudolf in Italien starb, wurde sein Leichnam ebenfalls dorthin überführt. Im April 958 besuchte Otto zum ersten Mal die Grabkirche seiner Kinder. Bei dieser Gelegenheit machte er größere Schenkungen zu ihrem Gedenken. Dabei wird als Intervenientin, also als Mitveranlasserin für die Schenkung, "die verehrungswürdige Herrin Ida, die Witwe unseres Sohnes Liudolf" genannt. Otto hat diese Gräber immer wieder besucht, das letzte Mal 972 bei seiner Rückkehr aus Italien, als dort auch bereits sein ältester Sohn Wilhelm, bis zu seinem Tod 968 Erzbischof von Mainz, begraben war.

Otto hat also diesen Teil seiner Familie nie vergessen. Auch den Enkelkindern galt seine besondere Fürsorge. Aus der Ehe Liutgards mit Konrad dem Roten war ein um 950 geborener Sohn Otto da. Liudolf und Ida hatten eine 949 geborene Tochter Mathilde und einen 954 geborenen Sohn Otto. Dass die beiden Enkel, der zweite sogar während des liudolfinischen Aufstandes zur Welt gekommen, auf den Namen des Großvaters getauft wurden, sagt auch einiges über das Selbstverständnis der Aufständischen. Idas Tochter Mathilde wurde 961 mit 11 Jahren Äbtissin von Essen, Adelheids Tochter Mathilde 966 im gleichen Alter Äbtissin von Quedlinburg. Diese Gleichbehandlung der Enkel aus erster Ehe mit den Kindern aus zweiter Ehe ist auch für die drei Ottos zu vermuten, die im Alter so eng beieinanderliegenden Söhne Liutgards, Idas und Adelheids. Auch wenn es bei der Natur der Quellen dafür keinen Nachweis gibt, kann man davon ausgehen, dass auf Anweisung des Königs und zum Teil unter seiner Aufsicht diese drei Kinder gemeinsam aufwuchsen und erzogen wurden. Ihr enges Freundschafts- und Vertrauensverhältnis ist später für Otto II. einer der Tragpfeiler seiner Regierung.

Auf der anderen Seite verschwindet Adelheid nach der Schlacht auf dem Lechfeld und der Geburt Ot-

tion de la cathédrale sur l'emplacement de l'église du monastère où Edith était enterrée. La nouvelle cathédrale devait aussi être le lieu de sépulture d'Otton, à côté d'Edith, mais aucune place n'était prévue pour Adélaïde.

Otton veilla également à ce que la mémoire de ses enfants soit honorée. Liutgarde fut ensevelie dans l'abbatiale St-Alban à Mayence, et lorsque Liudolf mourut en Italie, son corps fut aussi transféré à Mayence. En avril 958, Otton se rendit pour la première fois à l'église où reposaient ses enfants. A cette occasion, il fit d'importants dons en leur mémoire. Et comme intervenante, donc comme co-initiatrice de ce don, on cite "l'honorable Dame Itte, la veuve de notre fils Liudolf". Otton se recueillit régulièrement sur ces tombes; la dernière fois qu'il s'y rendit, ce fut en 972, à son retour d'Italie, alors que son fils aîné, Guillaume, archevêque de Mayence jusqu'à sa mort en 968, y était également enterré.

Otton n'a donc jamais oublié cette partie de sa famille. Il se montra aussi plein de sollicitude à l'égard de ses petits-enfants. De l'union entre Liutgarde et Conrad le Roux était né un fils, Otton, vers 950. Liudolf et Itte avaient une fille Mathilde, née en 949 et un fils Otton, né en 954. Le fait que les deux petits-fils (le second étant même né pendant le soulèvement liudolfien) aient été prénommés comme le grand-père, en dit long sur l'état d'esprit des insurgés. Mathilde, la fille d'Itte, devint abbesse d'Essen à l'âge de 11 ans en 961 et Mathilde, la fille d'Adélaïde, abbesse de Quedlinburg au même âge en 966. Comme Otton a traité sur un pied d'égalité ses petits-enfants du premier mariage et ses enfants du second mariage, on peut penser qu'il en fut de même pour les trois Otton, les fils de Liutgarde, d'Itte et d'Adélaïde qui avaient presque le même âge. Même si, vu la nature des sources, il n'y a pas de document qui le confirme, on peut supposer que ces trois enfants grandirent et furent élevés ensemble sur ordre du roi et en partie sous sa surveillance. Leurs relations étroites d'amitié et de confiance constituèrent plus tard l'un des piliers du pouvoir d'Otton II.

Par ailleurs, après la bataille du Lechfeld et après la naissance d'Otton à la fin de l'année 955, Adélaïde

tos Ende 955 bis 960 fast völlig aus den Quellen. Zwischen 951 und 955 wurde sie bei verschiedenen Anlässen in der Begleitung Ottos erwähnt und war auch Intervenientin bei königlichen Schenkungen und Gnadenerweisen. Solche Interventionen mögen zum Teil formelhaft sein, aber sie weisen zumindest auf die Anwesenheit und irgendwie auch auf den Einfluss hin, der einer solchen Fürsprecherin zugetraut wird. Deshalb sind diese Interventionen wichtige Quellen für die Beteiligung der königlichen Frauen an der Regierung. Nach 955 und bis 960 war Adelheid an kaum einer solchen königlichen Handlung beteiligt. Es ist deshalb völlig unsicher, wie weit sie überhaupt bei Hof anwesend war, oder wo sie sich aufgehalten haben könnte. Beyreuther erklärt diese Ausfallzeit als eine Art Mutterschutz und Kindererziehungsjahre. Aber darauf wurde in jener Zeit in königlichen Haushalten keine Rücksicht genommen, und in den Jahren vorher hatte Adelheid trotz Schwangerschaften durchaus an der Politik Anteil genommen. Viel auffälliger ist, dass nach der Geburt Ottos Ende 955 von keiner weiteren Schwangerschaft Adelheids mehr die Rede ist, obwohl sie erst 25 Jahre alt war. Adelheid und Otto waren sich fremd geworden, und Adelheid war an den wichtigen politischen Entscheidungen nicht beteiligt, vielleicht überhaupt nicht im königlichen Gefolge, sondern in einer Art Verbannung oder freiwilligem Rückzug.

Einen deutlichen, wenn auch negativen Beweis für die groß gewordene Distanz zwischen Otto und Adelheid liefert die Lebensbeschreibung der Kaiserin durch Odilo von Cluny, der nach der ausführlichen Schilderung der Verfolgung Adelheids durch Berengar und ihrer wundersamen Errettung die langen Jahre an der Seite Ottos so zusammenfasst:

Was wir aber von ihr erzählen, das ist uns nicht durch Hörensagen, sondern durch den Augenschein und eigene Erfahrung kund geworden; viele Worte des Heils haben wir von ihr vernommen, häufige Geschenke empfangen. Denn die Geld bedurften, machte sie oft an Golde reich, und die, so kaum den täglichen Aufwand bestreiten konnten, erhob sie zu glänzenden Ehren. Zur Zierde der Welt mit dem ersten und größten Otto, dem berühmtesten Kaiser des Erdkreises, ver-

disparaît presque complètement des sources jusqu'en 960. Entre 951 et 955, elle fut mentionnée en compagnie d'Otton à diverses occasions et elle intervint aussi dans des donations et des grâces royales. De telles interventions peuvent parfois être protocolaires, mais elles signalent tout au moins la présence et aussi en quelque sorte l'influence dont une telle intervenante était jugée capable. C'est pourquoi ces interventions sont des sources importantes qui documentent la participation des femmes de la famille royale au pouvoir. Après 955 et jusqu'en 960, Adélaïde ne prit part pratiquement à aucune action royale de ce genre. On ignore donc totalement si elle était même présente à la cour, ou dans quel endroit elle aurait pu se trouver. Beyreuther explique cette période d'inactivité comme une sorte de congé de maternité ou de pause consacrée à l'éducation des enfants. Mais à cette époque, des considérations de cet ordre n'avaient pas cours dans les familles royales, et pendant les années précédentes, Adélaïde avait bien pris part à la politique malgré ses grossesses. Ce qui est encore plus frappant, c'est qu'après la naissance d'Otton à la fin de 955, il n'ait plus été question d'autre grossesse d'Adélaïde, bien qu'elle n'ait eu alors que 25 ans. Adélaïde et Otton étaient devenus des étrangers l'un pour l'autre, et Adélaïde n'était pas associée aux décisions politiques importantes; elle n'était peut-être même pas dans la suite du roi, mais plutôt dans une sorte d'exil ou de retraite volontaire.

Une preuve manifeste, bien que négative, de la distance qui séparait maintenant Otton et Adélaïde, nous est fournie par la Vie de l'impératrice relatée par Odilon de Cluny; après avoir décrit dans le détail comment Adélaïde avait été poursuivie par Bérenger, puis sauvée miraculeusement, il résume ainsi les longues années passées auprès d'Otton:

Mais ce que nous racontons à son propos, n'est pas fondé sur des ouï-dire; ce sont nos propres yeux et notre propre expérience qui nous l'ont fait découvrir. Nous avons entendu bien des paroles salutaires venant d'elle et reçu de nombreux présents. Car ceux qui avaient besoin d'argent, elle les rendait riches en or, et ceux qui pouvaient à peine subvenir aux dépenses quotidiennes, elle les élevait à des honneurs éclatants. Parure du monde, mariée avec le premier

mählt und zum Heile vieler die Mutter eines Kaisergeschlechtes, verdiente sie jenes Segens theilhaft zu werden, dessen Tobias, wie wir in dieses Vaters Buch lesen, sich rühmen durfte, dass er schauen solle die Kinder seiner Kinder bis ins dritte Glied.

Odilo, der die Erzählungen der Kaiserin als Hauptquelle für seine Lebensbeschreibung angibt, hat über Adelheid und Otto nicht mehr zu berichten. Der Hauptakzent liegt nicht bei der Gemahlin Ottos, sondern bei der Mutter des Kaisergeschlechts.

Italien und die Kaiserkrönung

Der Aufenthalt Adelheids in Deutschland hatte sich anders entwickelt, als sie es sich nach der Eheschließung mit Otto vorgestellt hatte. An der Sicherung der königlichen Stellung in Deutschland, die Otto in diesen Jahren betrieb, nach Osten durch Kriege gegen die Slawen und den Aufbau der Missionsarbeit, die von Magdeburg ausgehen sollte, nach Westen vor allem durch die Tätigkeit seines Bruders Brun, der als Herzog von Lothringen auch regulierend in die westfränkischen Verhältnisse eingriff, und nach innen durch die vermehrte Übertragung weltlicher Herrschaftsrechte auf Bischöfe und Reichsäbte, auf deren Auswahl er mehr Einfluss nehmen konnte und die weniger das Interesse ihrer Familie im Auge hatten, hatte die Königin keinen Anteil. Erst 960 scheint es wieder zu einer Annäherung gekommen zu sein, denn seit der Mitte dieses Jahres nehmen die Interventionen Adelheids nach Zahl und Bedeutung zu und lassen es als sicher erscheinen, dass Adelheid von da an den Hof auf allen Unternehmungen begleitete. Das hängt damit zusammen, dass die Zeit für ein erneutes Eingreifen in Italien reif war. Dazu war zum einen Adelheids Rat von Nutzen, ihre intime Kenntnis der politischen Mentalität, der Beziehungen und Verflechtungen, der Widerstände, mit denen eine von außen auftretende Macht rechnen musste. Zum andern verfügte Adelheid nicht nur über ansehnlichen Besitz in Italien, den sie selbständig verwaltete, sondern sie war die Verkörperung eines Rechtsanspruchs auf die italienische Krone. Otto hat nie genau festgelegt und so-

et le plus grand des Otton, le plus célèbre empereur de la terre, et mère d'une famille impériale pour le salut de beaucoup de gens, elle méritait d'avoir droit à cette grâce dont Tobie put se glorifier (comme nous pouvons le lire dans le livre de ce père), à savoir de voir les enfants de ses enfants jusqu'à la troisième génération.

Odilon qui indique que les récits de l'impératrice sont la source principale de sa biographie, n'a rien de plus à rapporter sur Adélaïde et Otton. L'accent principal n'est pas mis sur l'épouse d'Otton, mais sur la mère de la famille impériale.

L'Italie et la couronne impériale

Le séjour d'Adélaïde en Germanie avait pris une tournure bien différente de ce qu'elle avait imaginé après son mariage avec Otton. Au cours de ces années, Otton s'employait à la consolidation de la position royale dans son royaume: vers l'est en entreprenant des guerres contre les Slaves et en organisant le travail d'évangélisation qui devait partir de Magdebourg, vers l'ouest surtout par l'intermédiaire de son frère Brunon, qui en tant que duc de Lorraine intervenait aussi pour assurer le bon fonctionnement des relations avec le royaume franc occidental, et vers l'intérieur en cédant davantage de droits temporels aux évêques et aux abbés d'Empire, sur la nomination desquels il pouvait avoir plus d'influence, car ceux-ci étaient moins soucieux de l'intérêt de leur famille. Mais la reine ne prenait aucunement part à toutes ces activités. Ce n'est qu'en 960 qu'il semble y avoir eu un rapprochement, car à partir du milieu de l'année, les interventions d'Adélaïde augmentent en nombre et en importance et montrent de façon sûre qu'Adélaïde accompagnait maintenant la cour dans toutes ses entreprises. C'était dû au fait que le moment propice était venu pour intervenir à nouveau en Italie. Et pour cela, d'une part les conseils d'Adélaïde étaient de grande utilité, étant donné sa connaissance intime de la mentalité politique, des relations et des interdépendances, ainsi que de la résistance à laquelle devait s'attendre une puissance venant de l'extérieur. D'autre part, non seulement Adélaïde disposait en Italie de biens considérables qu'elle administrait elle-même, mais

gar bewusst offengelassen, auf welcher Grundlage er die Herrschaft über Italien beanspruchte, als Rechtsnachfolger der Karolinger oder als Adelheids Ehemann und Sachwalter. Aber er hat für Italien ganz offensichtlich ein stärkeres Mitsprache- und Mitwirkungsrecht Adelheids anerkannt und auf ihre Fachkompetenz als Landeskennerin gesetzt.

Bei der Stellung Ottos in Deutschland und Europa war klar, dass ein neuer Italienzug bis nach Rom und zur Kaiserkrönung führen musste. Im auseinanderbrechenden Karolingerreich war der Kaisertitel der Preis für alle diejenigen geworden, denen es gelang, wenigstens kurzzeitig die Herrschaft über Rom zu erringen. Zu ihnen gehörten der Sohn Lothars, Ludwig II., der westfränkische König Karl der Kahle als Karl II., die Söhne Ludwigs des Deutschen, Karlmann und Karl III., der Dicke, schließlich 896 sogar Arnulf von Kärnten, dazwischen Wido und Lambert von Spoleto oder 915 Berengar I. von Friaul. Aber trotz dieses Verfalls war mit dem Kaisertitel die Erinnerung an die Würde und Bedeutung des fränkischen Reiches unter Karl dem Großen verbunden, und ein starker Nachfolger im ostfränkischen Reich, der Europa von der Ungarnplage befreit hatte, die Slawenmission vorantrieb und von den anderen Königen als Schiedsrichter angesehen wurde, war auch der geeignete Erneuerer für das Kaisertum des Karolingers.

In Rom hatten sich seit 952 die Verhältnisse gründlich geändert. Der machtbewusste Senator Alberich war 954 gestorben. Er hatte die Römer schwören lassen, dass sie seinen Sohn Oktavian nicht nur als seinen Nachfolger akzeptieren, sondern auch zum Papst machen würden. Der Zwanzigjährige wurde 955 als Johann XII. das Haupt der lateinischen Kirche, aber ihm fehlte der starke Führungswille des Vaters ebenso wie jede geistliche Eignung. Als ihn die Anhänger seines Vaters verließen und im Bund mit Berengar von Ivrea, der seine Treueschwüre vergessen hatte und seine Machtstellung mit den härtesten Mitteln ausbaute, die Absetzung des Papstes vorbereiteten, wandte er sich an den deutschen König.

elle incarnait aussi une prétention légitime à la couronne italienne. En fonction de quoi Otton revendiquait-il le pouvoir en Italie? En tant que successeur légitime des Carolingiens ou en tant qu'époux et administrateur d'Adélaïde? Otton ne l'a jamais précisé, il a même consciemment laissé cette question en suspens. Mais de toute évidence, il a reconnu à Adélaïde un plus grand droit d'intervention et de participation et il a misé sur sa compétence en raison de sa connaissance du pays.

Etant donné la position d'Otton en Germanie et en Europe, il était clair qu'une nouvelle campagne d'Italie irait jusqu'à Rome et aboutirait à la couronne impériale. Dans l'Empire carolingien en plein démantèlement, le titre impérial était devenu la récompense de tous ceux qui parvenaient, ne serait-ce que pour une courte durée, à affirmer leur autorité sur Rome. Parmi eux, il y avait le fils de Lothaire Louis II, le roi des Francs occidentaux Charles le Chauve sous le nom de Charles II, les fils de Louis le Germanique Carloman et Charles III le Gros, finalement même en 896 Arnulf de Carinthie, et entre-temps Gui et Lambert de Spolète, ou Bérenger Ier de Frioul en 915. Mais malgré cette décadence, le titre impérial était lié au souvenir de la dignité et de l'importance de l'Empire franc du temps de Charlemagne; et un successeur puissant dans le royaume franc oriental, qui avait libéré l'Europe du fléau hongrois, qui faisait avancer l'évangélisation des Slaves et qui était considéré comme un arbitre par les autres rois, était bien le restaurateur qu'il fallait pour l'Empire du Carolingien.

Depuis 952, la situation avait radicalement changé à Rome. Le sénateur Albéric, imbu de pouvoir, était mort en 954. Il avait fait jurer aux Romains qu'ils accepteraient son fils Octavien non seulement comme son successeur, mais qu'ils le feraient aussi pape. En 955, à l'âge de 20 ans, Octavien devint le chef de l'Eglise latine sous le nom de Jean XII, mais il lui manquait la forte autorité de son père ainsi que toute aptitude spirituelle. Lorsque les partisans de son père l'abandonnèrent et que, alliés à Bérenger d'Ivrée qui avait oublié ses serments de fidélité et qui consolidait sa puissance avec les moyens les plus implacables, ils préparèrent la déposition du pape, celui-ci s'adressa au roi de Germanie.

Der Romzug wurde in Deutschland sorgfältig vorbereitet. Im Mai 961 wurde auf einem Reichstag in Worms Adelheids Sohn Otto zum König gewählt. In Aachen wurde die Wahlhandlung noch einmal feierlich wiederholt, weil die Lothringer in Worms nicht teilgenommen hatten. Dann wurde der Sechsjährige gekrönt und auf den Thron Karls des Großen gesetzt. Otto selbst hatte schon bei seiner Krönung 936 auf diesen Ort und diese Tradition besonderen Wert gelegt. Für Adelheid war es sicher eine Genugtuung, dass ihr Sohn offiziell und feierlich zum König gewählt und gekrönt wurde. Der junge König sollte in Deutschland bleiben und von seinem Halbbruder Wilhelm, dem Erzbischof von Mainz, erzogen werden, vermutlich zusammen mit den beiden Enkeln Ottos. Die Vertretung des Königs lag bei Ottos Bruder Brun, dem Erzbischof von Köln. So blieb die Verantwortung im engen Kreis der Familie.

Im August 961 brachen der Hofstaat mit Adelheid und das königliche Heer von Augsburg aus auf und zogen über den Brenner nach Italien. Es gab keinen nennenswerten Widerstand. Berengar zog sich mit seinen Anhängern in unzugängliche Bergfestungen zurück, und nach fast zehnjähriger Abwesenheit bezog Adelheid wieder ihre königliche Residenz in Pavia. Es muss für sie, die vorher immer im Süden gelebt hatte, nach neun Wintern in Deutschland und einer langen psychischen Kaltstellung wie eine Heimkehr gewesen sein. In diesem vertrauten Rahmen wuchs auch ihre politische Bedeutung. Zum ersten Mal wurde sie von Otto in königlichen Urkunden als *regni nostri consors*, als Mitherrscherin bezeichnet. Diese Formel hat zwar in italienischen Kanzleien eine gewisse Tradition, und sie war auch schon von Lothar für Adelheid verwendet worden. Aber in Deutschland war sie unüblich, und dass sie in der neugegründeten italienischen Kanzlei Ottos Verwendung fand, war sicher eine bewusste Entscheidung.

Von Pavia aus wurden die Verhandlungen mit dem Papst über die Kaiserkrönung in Rom aufgenommen. Wichtig dabei war die Formulierung der gegenseitigen Versprechungen und Garantien. Denn wie schon Karl der Große wollte Otto nicht den Eindruck entstehen lassen, dass der Papst den Kaiser macht. Der Papst leistete Otto gegenüber ei-

L'expédition de Rome fut préparée minutieusement en Germanie. En mai 961, Otton, le fils d'Adélaïde fut élu roi à une diète siégeant à Worms. Le vote fut renouvelé solennellement à Aix-la-Chapelle, parce que les Lorrains n'avaient pas été présents à Worms. Puis, l'enfant de six ans fut couronné et placé sur le trône de Charlemagne. Otton lui-même avait déjà accordé une importance particulière à cette ville et à cette tradition lors de son couronnement en 936. Adélaïde éprouvait sûrement une grande satisfaction de voir son fils élu roi et couronné d'une façon officielle et solennelle. Le jeune roi devait rester en Germanie et y être élevé (probablement avec les deux petits-fils d'Otton) par son demi-frère Guillaume, archevêque de Mayence. C'était Brunon, le frère d'Otton, archevêque de Cologne, qui était chargé de représenter le roi. Ainsi, les responsabilités restaient au sein même de la famille.

En août 961, la cour avec Adélaïde et l'armée royale partirent d'Augsbourg et passèrent le Brenner pour arriver en Italie. Il n'y eut aucune résistance notable. Bérenger se replia avec ses partisans dans des fortifications inaccessibles dans la montagne, et Adélaïde s'installa à nouveau dans sa résidence royale de Pavie après une absence de presque dix ans. Elle avait toujours vécu dans le Sud auparavant, aussi ce retour en Italie, après neuf hivers passés dans le royaume de Germanie et une longue exclusion psychique, dut-il lui donner le sentiment de "rentrer chez elle". Ce fut dans ce cadre familier que s'accrut aussi son rôle politique. Pour la première fois, Otton la qualifia de *regni nostri consors*, d'associée au pouvoir, dans des actes royaux. Cette formule correspondait certes à une certaine tradition dans les chancelleries italiennes, et Lothaire l'avait aussi déjà appliquée à Adélaïde. Mais elle n'était pas d'usage dans le royaume de Germanie, et si elle fut utilisée dans la nouvelle chancellerie italienne d'Otton, c'était sûrement une décision délibérée.

De Pavie, les négociations furent menées avec le pape en vue du couronnement de l'empereur à Rome. La formulation des promesses et des garanties réciproques occupaient une place importante dans ces pourparlers. Car, comme Charlemagne auparavant, Otton ne voulait pas donner l'impression que c'était le pape qui faisait l'empe-

nen Sicherheitseid, dass er treu zu ihm stehen (und nicht etwa wieder zu Berengar übergehen) würde, und dass alle zukünftigen Päpste vor ihrer Weihe einen solchen Treueid abzulegen hätten. Auch die Römer (eine wichtige, aber unklare und manipulierbare Größe, einmal die Führer der adligen Parteien, dann aber vor allem bei Unruhen auch der Pöbel) mussten ihrem neuen *Patricius* Treue schwören. Ein kaiserlicher *Missus* sollte den neuen Kaiser in Rom vertreten. Der Kaiser war also der weltliche Herr. Auf der anderen Seite erneuerte Otto in einem feierlichen Dokument, dem *Ottonianum* die Schutzversprechungen und Schenkungen seiner karolingischen Vorgänger für den Papst und die römische Kirche.

Ende Januar 962 zog Otto nach Rom, und am 2. Februar wurden er und Adelheid feierlich vom Papst, dem Klerus und dem römischen Volk in die Peterskirche geführt und dort gekrönt und gesalbt. Die gleichzeitige Krönung Ottos und Adelheids scheint bisher als Neuerung nicht genügend gewürdigt worden zu sein. Die Krönung von Königinnen war im Bereich des karolingischen Reiches an sich nicht üblich, und bei den wenigen Belegen lag meist ein besonderer Grund vor. So ließ Karl der Kahle 866 seine Gemahlin Hermintrudis, mit der er seit 842 verheiratet war, in der Hoffnung auf bisher fehlende Nachkommen zur Königin krönen. Ottos erste Frau Edgitha wurde auf jeden Fall nicht mit ihm zusammen gekrönt (nur Thietmar von Merseburg berichtet ohne Einzelheiten überhaupt von einer Krönung), und auch Adelheid war weder in Italien noch in Deutschland gekrönt worden. Bei den Kaisern war Ludwig der Fromme von seinem Vater auf einer Reichsversammlung in diesen Rang erhoben worden. Nach dem Tod Karls des Großen ließ sich der Sohn, der sich von seinem Vater vor allem durch seine Frömmigkeit unterscheiden wollte, zusammen mit seiner Gemahlin in Reims von dem eigens dazu angereisten Papst krönen. Bei den späteren römischen Kaiserkrönungen scheinen keine Frauen mitgekrönt worden zu sein. Allerdings finden wir bei Wido von Spoleto 891 für seine Frau Angeltrud die Bezeichnung *dilectissima coniux nostra Ageltruda imperatrix et consors imperii nostri*, also eine deutlich betonte Mitverantwortung und den Titel einer Kaiserin.

reur. Le pape prêta à Otton un serment de garantie, selon lequel il lui resterait fidèle (donc il ne changerait pas de camp pour soutenir encore Bérenger par exemple), et tous les futurs papes devraient prêter ce même serment de fidélité avant leur intronisation. Les Romains (un facteur important, mais incertain et manipulable, comprenant les chefs des partis nobles, mais aussi, surtout dans le cas de troubles, la populace) devaient également jurer fidélité à leur nouveau *Patricius*. Un *Missus* impérial devait représenter le nouvel empereur à Rome. L'empereur était donc le maître temporel. Par ailleurs, Otton renouvela dans un document solennel, *l'Ottonianum*, les promesses de défense et les donations faites par ses prédécesseurs carolingiens au pape et à l'Eglise romaine.

Fin janvier 962, Otton partit pour Rome, et le 2 février, lui et Adélaïde furent conduits solennellement à l'église Saint-Pierre par le pape, le clergé et le peuple de Rome pour y être couronnés et sacrés. Jusqu'ici, on ne semble pas avoir apprécié à sa juste valeur l'innovation que représentait le couronnement simultané d'Otton et d'Adélaïde. Dans l'Empire carolingien, le couronnement des reines était en fait inhabituel, et les rares fois où il se produisit, c'était souvent pour une raison particulière. Ainsi, en 866, Charles le Chauve fit couronner reine sa femme Ermentrude, avec laquelle il était marié depuis 842, dans l'espoir d'avoir les descendants qui n'étaient pas encore nés à cette date. Mais Edith, la première femme d'Otton, ne fut pas couronnée avec lui (seul Thietmar de Merseburg fait le récit d'un couronnement sans apporter toutefois de détails), et Adélaïde n'avait été couronnée ni en Italie, ni en Germanie. Chez les empereurs, Louis le Pieux avait été élevé à ce rang par son père lors d'une assemblée. Après la mort de Charlemagne, Louis le Pieux qui voulait se distinguer de son père surtout par sa dévotion, se fit couronner avec son épouse à Reims par le pape qui s'était déplacé spécialement à cette intention. Lors des couronnements ultérieurs d'empereurs romains, aucune femme ne semble avoir été couronnée en même temps. Toutefois, en 891, Gui de Spolète désignait sa femme Angeltrude par l'expression *dilectissima coniux nostra Ageltruda imperatrix et consors imperii nostri*, qui soulignait donc une coresponsabilité au pouvoir et comportait le titre d'impératrice.

Die gleichzeitige Krönung Adelheids und Ottos, über die es leider keinen genauen Bericht gibt, war also nicht Routine, sondern eine bewußte Akzentsetzung. Es wäre möglich, dass diese Lösung auch den Wünschen der päpstlichen Seite entgegenkam, weil Adelheid für sie eine gewisse Brücke zwischen der italienischen Welt und der deutschen darstellte, aber auf jeden Fall konnte diese Doppelkrönung nicht ohne den Willen Ottos geschehen. Das wird bestätigt durch die Kaiserurkunden der folgenden Jahre, in denen Adelheid mit Titeln wie *consors imperii nostri*, *consors regnorum nostrorum* oder auch *particeps imperii nostri* bezeichnet wird, vor allem in italienischen Urkunden, aber auch in deutschen. Die besondere Bedeutung, die Adelheid im Zusammenhang mit Italien für Otto hatte, fand in diesen Urkunden genauso ihren Ausdruck wie in der gleichzeitigen Krönung.

Le couronnement simultané d'Adélaïde et d'Otton, dont il n'existe malheureusement pas de compte rendu exact, n'était donc pas une simple routine, c'était un choix délibéré. Peut-être cette solution allait-elle au-devant de ce que désirait le camp du pape, parce qu'Adélaïde représentait pour lui une sorte de pont entre le monde italien et le monde germanique? En tout cas, ce double couronnement ne pouvait pas avoir lieu sans qu'Otton ne l'eût voulu, ce que confirment les actes impériaux des années suivantes, dans lesquels Adélaïde est qualifiée de titres tels que *consors imperii nostri*, *consors regnorum nostrum* ou aussi *particeps imperii nostri*; on retrouve ces termes surtout dans les actes italiens, mais aussi dans les actes germaniques. Pour Otton, Adélaïde était un atout particulier dans le contexte de l'Italie, ce qui s'exprimait dans ces actes comme dans le double couronnement.

In welcher Form die Krönung der Adelheid durchgeführt wurde, ist nicht überliefert. Aber in dieser Zeit entstand die *Benedictio Reginae*, die zum Bestand des Pontifikale Romano-Germanicum gehört und auch bei der Krönung der Theophanu Verwendung fand:

Rien ne relate comment se déroula le couronnement d'Adélaïde. Mais ce fut à cette époque qu'apparut la *Benedictio Reginae*, qui fait partie du pontifical romano-germanique et qui fut aussi utilisée lors du couronnement de Théophano:

Der Ordo besteht aus vier Gebetsformeln, von denen die beiden ersten am Eingang der Kirche und vor dem Altar über die Königin gesprochen werden und die beiden letzten ihre Salbung und Krönung begleiten. Während die beiden letzten Handlungen zu einer Herrschereinsetzung gehören und sich in vergleichbarer Form auch bei der Erhebung eines Königs oder Kaisers finden, sind die beiden ersten Formeln Segenswünsche, die über die Königin gesprochen werden.

L'ordo comporte quatre formules de prières dont les deux premières sont dites sur la reine à l'entrée de l'église et devant l'autel, et les deux dernières accompagnent son sacre et son couronnement. Alors que les deux dernières prières sont d'usage pour l'intronisation d'un monarque et se retrouvent sous une forme similaire pour le couronnement d'un roi ou d'un empereur, les deux premières formules sont des demandes de bénédiction prononcées sur la reine.

Ähnlich wie das *consors regni* der Urkunden drückt diese *Benedictio Reginae*, die so ähnlich wohl auch bei Adelheid verwandt worden ist, eine eigenständige, wenn auch eng mit der Person des Herrschers verbundene Rolle der Herrscherin aus.

Tout comme le *consors regni* des actes, cette *Benedictio Reginae*, qui a probablement été aussi utilisée de la même façon pour Adélaïde, exprime le rôle autonome joué par la souveraine, même s'il est étroitement lié à la personne du souverain.

Wie Adelheid selbst ihre Rolle gesehen hat oder gesehen haben wollte, verrät uns wieder Odilo von Cluny, der diese Zusammenhänge in ein kleines Gedicht fasst:

Odilon de Cluny nous révèle dans un petit poème résumant l'interférence de ces relations comment Adélaïde a vu elle-même son rôle ou comment elle voulait qu'on le vît:

Nemo ante illam
Nicht eine war vordem ihr gleich
Ita auxit rem publicam
So hob und mehrte sie das Reich.
Cervicosam Germaniam
Die trotzige Germania
Ac fecundam Italiam
Die fruchtbare Italia
Has cum suis principibus
Und ihre Fürsten untergab
Romanis subdidit arcibus.
Sie Romas Schwert und Herrscherstab.
Ottonem regem nobilem
Der edle König Otto dann
Rome prefecit cesarem
Durch sie den Kaiserthron gewann.
Ex quo genuit filium
Der Sohn auch, den sie ihm gebar,
Imperio dignissimum.
Des Reiches Stolz und Zierde war.

Nemo ante illam
Aucune autre auparavant
Ita auxit rem publicam
N'agrandit l'Empire autant.
Cervicosam Germaniam
La fière Germanie
Ac fecundam Italiam
Et la féconde Italie,
Has cum suis principibus
Avec leurs princes, elle les subordonne
Romanis subdidit arcibus.
A l'épée et au sceptre de Rome.
Ottonem regem nobilem
Ensuite, Otton, le très noble roi
Rome prefecit cesarem
Par elle le trône impérial reçoit,
Ex quo genuit filium
Et le fils qu'elle lui a donné
Imperio dignissimum.
Remplit l'Empire de fierté.

Vom ersten zum zweiten Italienzug

Johann XII. hatte sich in einer für ihn gefährlichen Lage an Otto gewandt, aber weder er noch der römische Stadtadel waren an einer starken Herrschaft von außen interessiert. Otto dagegen hatte die Absicht, die Verhältnisse in Italien genauso in den Griff zu bekommen wie vorher die in Deutschland. Deshalb konzentrierte er sich von Pavia aus zunächst auf die Befriedung der Lombardei und die endgültige Ausschaltung Berengars. Dessen Sohn Adalbert ging nach Rom, und es kam ohne Rücksicht auf die vorher geleisteten Sicherheitseide zu einer großen Koalition zwischen Papst, Stadtadel und Berengar. Deshalb musste Otto im Herbst 963 noch einmal gegen Rom ziehen. Als sich das kaiserliche Heer der Stadt näherte, packte der Papst den Kirchenschatz und floh mit Adalbert in die Campagna. Otto war wirklich wütend. Er ließ die Römer schwören, nie mehr einen Papst ohne Zustimmung des Kaisers zu wählen. Das war ein massiver Eingriff, denn die freie Papstwahl war bisher ein Privileg der Römer gewesen. Auf einer von Otto einberufenen und geleiteten Synode wurde der abwesende Papst wegen Unwürdigkeit abgesetzt. Im römischen Klerus einen würdigeren zu finden, war offenbar

De la première à la deuxième campagne d'Italie

Jean XII s'était adressé à Otton alors qu'il se trouvait dans une situation périlleuse, mais ni lui, ni la noblesse urbaine de Rome ne tenaient à une forte puissance venant de l'extérieur. Otton avait par contre l'intention de contrôler la situation en Italie, comme il l'avait fait auparavant dans son royaume de Germanie. De Pavie, il s'employa donc d'abord à pacifier la Lombardie et à se débarrasser définitivement de Bérenger. Adalbert, le fils de ce dernier, se rendit à Rome, et sans égard pour les serments de garantie prêtés auparavant, une grande coalition se constitua entre le pape, la noblesse urbaine et Bérenger. En automne 963, Otton dut donc entrer une nouvelle fois en campagne contre Rome. Lorsque l'armée impériale s'approcha de la ville, le pape prit le trésor de l'Eglise et s'enfuit avec Adalbert dans la Campagna. Otton était vraiment en colère. Il fit jurer aux Romains de ne plus élire un pape sans l'accord de l'empereur. C'était une intervention massive, car l'élection libre du pape avait été jusqu'ici un privilège des Romains. Dans un synode convoqué et dirigé par Otton, le pape absent fut déposé pour sa conduite indigne. Mais, apparemment, il n'était pas facile de trouver un pape plus digne dans le

nicht so einfach. So wurde ein angesehener Adliger von Otto zum Papst bestimmt, summarisch mit allen geistlichen Weihen versehen und am selben Tag als Leo VIII. inthronisiert. Zur selben Zeit musste Berengar in seiner Apenninenfestung kapitulieren und wurde in die Verbannung nach Bamberg geschickt. Otto hatte sich durchgesetzt.

Sein Durchgreifen war sicher berechtigt, aber vielleicht doch überzogen, weil es die Empfindlichkeiten der Römer zu wenig schonte. So endet die in dieser Zeit verfaßte Chronik des Mönchs von Soracte mit der Klage:

Wehe Rom! Denn von so vielen Völkern bist du unterdrückt und zertreten; du bist auch von dem Sachsenkönige gefangen, und dein Volk ist mit dem Schwert gerichtet, deine Stärke zu nichts geworden. Dein Gold und dein Silber tragen sie in Säcken fort. Du warst Mutter und bist zur Tochter geworden. Was du besaßest, verlorest du; deiner ersten Jugend bist du beraubt, zur Zeit des Papstes Leo bist du vom ersten Julius zertreten worden.

Bei dem insgesamt größeren Einfluss, den Adelheid auf die Gestaltung der kaiserlichen Politik in Italien hatte, spricht manches dafür, dass sie dieses harte Vorgehen mitgetragen und unterstützt hat, das sich ja immer auch gegen die Partei ihres alten Feindes Berengar richtete.

Rom war fortan in zwei Fraktionen gespalten, eine kaiserliche und eine antikaiserliche. Der neue Papst hatte keine eigene Anhängerschaft und war von der Protektion durch den Kaiser abhängig. Der alte Papst verfügte aber noch über beträchtliche Mittel und baute sich als Verteidiger römischer Rechte gegen die sächsische Fremdherrschaft auf. Noch zweimal musste Otto 964 seinen Papst mit Gewalt wiedereinsetzen, bevor er Ende des Jahres wieder nach Deutschland heimkehren konnte. Als Leo VIII. im Frühjahr 965 starb, schickte Otto zwei Bischöfe seines Vertrauens nach Rom, die die Wahl eines neuen Papstes vorbereiteten und überwachten. Der Gewählte stammte aus dem städtischen Adel und war damit eine Art Kompromissangebot an die Römer. Johann XIII. baute sich in der Familie der Crescentier eine eigene Partei auf. Aber Ende 965 wurde er durch einen von der anderen Seite inszenierten Volksaufstand vertrieben.

clergé romain. Un noble estimé fut alors désigné comme pape par Otton; il reçut sommairement toutes les consécrations religieuses et fut intronisé le jour même sous le nom de Léon VIII. Dans le même temps, Bérenger dut capituler dans sa forteresse de l'Apennin et fut exilé à Bamberg. Otton avait réussi à s'imposer.

Ses mesures énergiques étaient sûrement justifiées, mais peut-être aussi excessives, parce qu'elles ne ménageaient pas assez la sensibilité des Romains. La chronique du moine de Soracte, écrite à cette époque, se termine par la plainte suivante:

Pauvre Rome! Tant de peuples t'oppriment et t'écrasent; tu es aussi prisonnière du roi saxon, et ton peuple est exécuté par l'épée, ta force est anéantie. Ils emmènent ton or et ton argent dans des sacs. Tu étais mère, tu es devenue fille. Ce que tu possédais, tu l'as perdu; ta prime jeunesse t'a été volée, et à l'époque du pape Léon, tu as été écrasée par le premier Julius.

Etant donné l'assez grande influence qu'Adélaïde avait sur la politique impériale en Italie, de nombreux indices portent à croire qu'elle ait approuvé et soutenu la sévérité de ces mesures qui se dirigeaient aussi contre le parti de son ancien ennemi Bérenger.

Désormais, Rome était divisée en deux camps: un camp impérial et un camp antiimpérial. Le nouveau pape n'avait pas ses propres partisans et il dépendait de la protection de l'empereur. Mais l'ancien pape disposait encore de moyens considérables et il s'érigea en défenseur des droits romains contre la domination étrangère des Saxons. En 964, Otton dut faire usage de la force pour rétablir son pape dans ses fonctions encore à deux reprises, avant de pouvoir rentrer en Germanie à la fin de l'année. Lorsque Léon VIII mourut au printemps 965, Otton envoya à Rome deux évêques, en qui il avait confiance, avec pour mission de préparer et de surveiller l'élection d'un nouveau pape. Le pape élu était originaire de la noblesse urbaine, il représentait donc une sorte de compromis à l'adresse des Romains. Jean XIII se constitua son propre parti dans la famille des Crescent. Mais à la fin de l'année 965, il fut chassé par une insur-

Das Vorgehen Ottos hatte hier einen Unruheherd geschaffen, der die kaiserliche Autorität immer wieder in Frage stellte.

Otto und Adelheid kehrten Anfang 965 nach Deutschland zurück. In Heimsheim trafen sie im Januar nach dreieinhalb Jahren ihren noch nicht zehnjährigen Sohn, den jungen König Otto, und Erzbischof Wilhelm, in Worms im Februar Erzbischof Brun. Eine Reichsversammlung in Köln im Juni war gleichzeitig eine letzte glänzende Versammlung der Familie. Ottos Mutter Mathilde war anwesend, ebenso sein vierzehnjähriger Neffe Heinrich von Bayern und die beiden Söhne seiner Schwester Gerberga, König Lothar von Frankreich und sein jüngerer Bruder Karl. Für die beiden Töchter Adelheids wurden hier die Weichen gestellt. Die 949 aus der Ehe mit Lothar geborene Hemma wurde mit dem französischen König Lothar versprochen und heiratete ihn im folgenden Jahr, die elfjährige Mathilde wurde Äbtissin von Quedlinburg. In der Folgezeit standen wichtige Entscheidungen an. In Sachsen starb Markgraf Gero, der Sachwalter Ottos in der Ostpolitik und der Slawenmission, und sein Herrschaftsbereich wurde in sechs Marken aufgeteilt. Hier musste Otto sich auch um die Umsetzung der vom Papst genehmigten kirchlichen Neugliederung mit Magdeburg bemühen, gegen die sich vor allem sein Sohn Wilhelm als Erzbischof von Mainz und der Bischof von Halberstadt wehrten. Für die Ostmission ergaben sich neue Perspektiven, als sich 966 König Miseko von Polen unter dem Einfluss seiner christlichen Gemahlin taufen ließ. Ein schwerer Schlag war im Spätjahr 965 der Tod von Ottos Bruder und Vertrautem Brun, der als Erzbischof von Köln auch das Herzogtum Lothringen verwaltet hatte. Wie bei der Nachfolge Geros entschied Otto sich auch hier dafür, das Gesamtherzogtum nicht mehr zu besetzen.

Die Verhältnisse in Deutschland waren sicher und stabil, aber in Italien lag vieles im Argen. In Norditalien kämpften immer noch Anhänger Berengars oder eher Gegner der strafferen deutschen Königsherrschaft überhaupt, der Papst rief um Hilfe gegen die Römer, die ihn vertrieben hatten, und südlich von Rom waren die Verhältnisse völlig

rection populaire organisée par l'autre camp. La manière d'agir d'Otton avait donc créé ici un foyer de troubles qui remettait toujours en question l'autorité impériale.

Otton et Adélaïde rentrèrent en Germanie au début de l'année 965. En janvier, ils retrouvèrent à Heimsheim, après trois ans et demi de séparation, le jeune roi Otton, leur fils qui n'avait pas encore dix ans, ainsi que l'archevêque Guillaume; en février, ils rencontrèrent l'archevêque Brunon à Worms. Une assemblée, qui se tint à Cologne en juin, fut également la dernière réunion resplendissante de la famille. Mathilde, la mère d'Otton était présente, ainsi que Henri de Bavière, le neveu d'Otton, âgé de quatorze ans, et les deux fils de sa soeur Gerberge le roi Lothaire de France et son frère cadet Charles. L'avenir des deux filles d'Adélaïde fut ébauché à cette occasion. Emma, née en 949 du mariage avec Lothaire, fut promise au roi de France Lothaire et l'épousa l'année suivante; Mathilde, âgée de onze ans, devint abbesse de Quedlinburg. Des décisions importantes étaient ensuite à l'ordre du jour. En Saxe, le margrave Géron, le représentant d'Otton pour la politique orientale et pour l'évangélisation des Slaves, mourut et son territoire fut divisé en six marches. Otton devait aussi s'efforcer de réaliser la restructuration ecclésiastique de Magdebourg, autorisée par le pape et à laquelle s'opposaient en particulier son fils Guillaume en tant qu'archevêque de Mayence et l'évêque de Halberstadt. Quant à l'évangélisation de l'Est, de nouvelles perspectives se présentèrent lorsque le roi Mieszko de Pologne, sous l'influence de son épouse chrétienne, se fit baptiser en 966. La mort en automne 965 de Brunon, le frère et conseiller intime d'Otton, qui avait aussi administré le duché de Lorraine en tant qu'archevêque de Cologne, fut un véritable coup dur. Otton décida, comme il l'avait fait lors de la succession de Géron, de ne plus pourvoir la totalité du duché.

La situation était sûre et stable dans le royaume de Germanie, mais en Italie elle n'était guère reluisante. Dans le Nord de l'Italie, des partisans de Bérenger, ou plutôt des adversaires de la sévère royauté germanique, se battaient encore; le pape demandait de l'aide contre les Romains qui l'avaient chassé; et au sud de Rome, la situation

unübersichtlich. Sizilien und Teile von Süditalien waren islamisch, die Sarazenen hatten sogar einen Stützpunkt in Fraxinetum in den provenzalischen Alpen, und sie waren jederzeit bereit, sich allein oder im Bund mit anderen an Raub- und Eroberungszügen zu beteiligen. Zwischen den sarazenischen Gebieten und Rom lagen die ehemals langobardischen Fürstentümer von Spoleto, Capua, Benevent und Salerno, die sich der Anerkennung einer Oberherrschaft geschickt entzogen hatten, und ganz im Süden waren die beiden zum oströmischen Kaiserreich gehörenden Verwaltungsbezirke Kalabrien und Apulien. Eine Klärung der Machtverhältnisse in diesem Raum konnte also auch zu einem Konflikt mit Byzanz führen.

était complètement confuse. La Sicile et des parties de l'Italie méridionale étaient islamiques; les Sarrasins avaient même une base au Fraxinetum dans les Alpes provençales, et ils étaient prêts à tout moment à prendre part, seuls ou alliés à d'autres, à des expéditions de pillage et de conquête. Entre les territoires sarrasins et Rome se trouvaient les principautés jadis lombardes de Spolète, Capoue, Bénévent et Salerne, qui s'étaient dérobées adroitement à la reconnaissance d'une souveraineté; et tout au sud, il y avait les deux circonscriptions administratives de la Calabre et de la Pouille qui appartenaient à l'empire romain d'Orient. En éclaircissant les rapports de force, on pouvait donc aboutir aussi à un conflit avec Byzance.

Im Spätherbst 966 begann der dritte Italienzug. Weihnachten verbrachte die kaiserliche Familie bereits in Rom. Die Anführer des Aufstandes gegen den Papst wurden hingerichtet, oppositionelle Adlige nach Deutschland verbannt. Im April 967 fand in Ravenna unter der Führung des Kaisers eine große Reichs- und Kirchenversammlung statt. Hier erhob der Papst Magdeburg endgültig zum Erzbistum. Aber erst ein Jahr später, nach dem Tod des Mainzer Erzbischofs und des Halberstadter Bischofs, konnten die Diözesangrenzen neu geregelt werden. Nach Ottos Vorstellungen sollte der neue Erzbischof Adalbert den linksrheinischen Erzbischöfen gleichgestellt sein und rechtsrheinisch den Ehrenvorrang haben. Im Rahmen dieser Versammlung übertrug Otto dem Papst die Verwaltung des Exarchats Ravenna, ohne aber damit seine Oberherrschaft in Frage zu stellen. Denn der Papst gab seine Rechte an die Kaiserin Adelheid weiter, die wiederum ihren Gatten mit der Verwaltung beauftragte. Die Übertragung war also nur eine formale Verbeugung vor dem Papst, und der ganze Vorgang sagt mehr über die gestiegene Bedeutung Adelheids bei der Neuordnung Italiens.

La troisième campagne d'Italie commença en automne 966. La famille impériale passa déjà Noël à Rome. Les chefs de l'insurrection contre le pape furent exécutés et les nobles opposants exilés en Germanie. En avril 967 se tint une grande assemblée de l'Empire et de l'Eglise à Ravenne sous la direction de l'empereur. Le pape y érigea définitivement Magdebourg en archevêché. Mais ce ne fut que l'année suivante, après la mort de l'archevêque de Mayence et de l'évêque de Halberstadt, que les frontières du diocèse purent être réorganisées. Selon Otton, le nouvel archevêque Adalbert devait être mis sur un pied d'égalité avec les archevêques de la rive gauche du Rhin et il devait avoir la primauté honorifique sur la rive droite du Rhin. Lors de cette assemblée, Otton céda au pape l'administration de l'exarchat de Ravenne, sans mettre pour autant sa propre souveraineté en question. Le pape retransmit en effet ses droits à l'impératrice Adélaïde qui chargea à son tour son époux de l'administration. La cession n'était donc qu'une révérence formelle devant le pape, et toute cette démarche est éloquente quant à l'influence accrue exercée par Adélaïde dans la réorganisation de l'Italie.

Die Verhandlungen mit Byzanz

Die byzantinischen Kaiser hatten das neue fränkische Kaisertum im Westen nie gerne gesehen, weil sie sich als die einzigen rechtmäßigen römischen Kaiser verstanden. Deshalb war ihnen auch die Er-

Les négociations avec Byzance

Les empereurs byzantins n'avaient jamais vu le nouvel Empire franc d'un bon oeil, car ils se considéraient comme étant les seuls empereurs romains légitimes. Aussi, la restauration de l'Empire

neuerung des Kaisertums durch Otto 962 nicht geheuer. Der byzantinische Kaiser dieser Zeit war Romanos II. aus der makedonischen Dynastie. Diese war 867 mit dem Emporkömmling Basileios I. durch einen Staatsstreich auf den Thron gelangt, aber inzwischen durch lange Herrschaftsausübung legitimiert. Dabei war immer wieder an die Seite des offiziell regierenden Kaisers ein tüchtiger Zweitkaiser getreten, der die wirkliche Verantwortung trug. Byzanz hatte unter dieser Führung den Kampf gegen den Islam wieder aufgenommen und in Kleinasien große Erfolge errungen, und 960 wurde auch Kreta nach anderthalb Jahrhunderten zurückerobert. Als Romanos II. 963 nach kurzer Regierungszeit starb, heiratete seine Witwe Theophano, angeblich eine Schankwirtstochter, den siegreichen Feldherrn Nikephoros Phokas und machte ihn formal zum Mitkaiser für ihre beiden kleinen Söhne. Nikephoros Phokas war ein Angehöriger des Militäradels, ein großer Feldherr und ein fanatischer Gegner des Islam.

par Otton en 962 leur paraissait-elle inquiétante. L'empereur byzantin de cette époque était Romain II de la dynastie macédonienne. Celle-ci était arrivée sur le trône en 867 par le coup d'état d'un parvenu, Basile Ier, mais elle avait entre-temps été légitimée par la durée de son pouvoir. Aux côtés de l'empereur régnant officiellement, il y avait toujours un second empereur qualifié qui assumait la véritable responsabilité. Sous cette direction, Byzance avait repris la lutte contre l'Islam et obtenu de grands succès en Asie Mineure; en 960, la Crète fut aussi reconquise après un siècle et demi. Lorsque Romain II mourut en 963 après un règne de courte durée, sa veuve Théophano, soi-disant une fille de cabaretier, épousa le général victorieux Nicéphore Phokas et le proclama formellement empereur associé pour ses deux jeunes fils. Nicéphore Phokas appartenait à la noblesse militaire, il était un grand général et un adversaire fanatique de l'Islam.

Aber auch dem weströmischen Kaisertum stand er ablehnend gegenüber. 967 erschien in Ravenna eine byzantinische Gesandtschaft bei Otto. Sie verlangte wohl die Anerkennung der byzantinischen Oberhoheit. Ottos Antwort, vor allem das Angebot eines Ehebündnisses, waren offenbar so wenig befriedigend, dass Ottos Gegengesandter den byzantinischen Kaiser Nikephoros Phokas in Makedonien schon auf dem Marsch nach Italien traf, wo er den Kampf um das Kaisertum aufnehmen wollte. Der Gesandte versicherte, dass Otto die Integrität des byzantinischen Kaiserreiches achten werde. Diese Erklärung verstand Phokas als Verzicht Ottos auf Süditalien. Deshalb wandte er sich wieder dem syrischen Kriegsschauplatz zu, wo 969 schließlich Antiochia nach dreihundert Jahren zurückerobert wurde.

Mais il avait aussi une attitude négative vis-à-vis de l'Empire romain d'Occident. En 967, une délégation byzantine se présenta chez Otton. Elle demanda probablement la reconnaissance de la souveraineté byzantine. La réponse d'Otton, surtout la proposition d'un mariage, était apparemment si peu satisfaisante que l'émissaire d'Otton, envoyé en retour, rencontra l'empereur byzantin Nicéphore Phokas en Macédoine, déjà en marche vers l'Italie où il voulait engager le combat pour l'Empire. L'émissaire assura qu'Otton respecterait l'intégrité de l'empire byzantin. Pour Phokas, cette déclaration signifiait qu'Otton renonçait au Sud de l'Italie. Il se consacra donc à nouveau au théâtre des opérations militaires en Syrie où Antioche fut finalement reconquise, en 969, après trois cents ans.

Am Hof Ottos konnte man sich offenbar nicht vorstellen, dass das Angebot eines Ehebündnisses in Byzanz fast als Beleidigung verstanden wurde. Als mögliche Braut dachte man an die Prinzessin Anna, eine allerdings erst 963 geborene Tochter Romanos' II., also eine "Purpurgeborene". Deshalb musste auch der Bräutigam, der junge König Otto, rangmäßig aufgewertet werden. Im Oktober 967 traf er Vater und Mutter in Verona, und

A la cour d'Otton, on ne pouvait apparemment pas s'imaginer que Byzance eût considéré la proposition d'un mariage presque comme un affront. On pensait à la princesse Anna comme éventuelle fiancée, une fille de Romain II, née toutefois seulement en 963, donc une princesse "porphyrogénète". Le rang du fiancé, le jeune roi Otton, devait donc être élevé en conséquence. En octobre 967, celui-ci rencontra son père et sa mère à Vérone, et

zu Weihnachten wurde er in der Peterskirche vom Papst zum Kaiser gekrönt. Ein solches Mitkaisertum war in Byzanz durchaus üblich, in der deutschen Kaisergeschichte ist es einmalig, und es war eindeutig eine Vorleistung für die byzantinische Hochzeit.

In Verkennung der tatsächlichen Stimmung in Byzanz schickte Otto 968 eine Gesandtschaft nach Byzanz, die über Süditalien und über die Heirat verhandeln sollte. Gleichzeitig begann er aber, in Süditalien auch militärisch einzugreifen. Die Belagerung von Bari, das offiziell zu Byzanz gehörte, sollte diesen Verhandlungen wohl Druck machen. Der Führer dieser Gesandtschaft war Liutprand von Cremona, der einen mit spitzer Feder geschriebenen Bericht über die Zustände in Konstantinopel, den Kaiser und den Ablauf der Verhandlungen hinterlassen hat. Tatsächlich sah Nikephoros Phokas die ganze Angelegenheit als Zumutung an und behandelte die Delegation eher als verdächtige Spione und Gefangene, bevor er sie nach vier Monaten wieder zurückschickte.

Der Umschwung erfolgte schließlich in Byzanz. Nikephoros Phokas hatte sich viele Feinde gemacht, und die Kaiserin verbündete sich mit dem anderen großen Feldherrn, dem Armenier Johannes Tzimiskes. Phokas wurde im Dezember 969 ermordet, und Tzimiskes installierte sich als neuer Mitkaiser der makedonischen Dynastie. Daraufhin erneuerte Otto sein Friedensangebot. Ende 971 kam eine deutsche Zeremonialgesandtschaft nach Konstantinopel, und im April kehrte sie mit einer byzantinischen Prinzessin zurück, allerdings nicht mit der "purpurgeborenen" Anna, sondern mit Theophanu, einer Nichte des neuen Kaisers Johannes Tzimiskes. Die richtige griechische Namensform ist Theophano, aber bei uns hat sich mehr die latinisierte Form Theophanu durchgesetzt, die deshalb auch hier durchgängig verwendet wird.

Die Herkunft der Theophanu

Der deutsche Hof wollte ursprünglich eine purpurgeborene Kaisertochter. Schon damals gab es die Meinung, die westlichen Unterhändler hätten sich hereinlegen lassen, als sie stattdessen Theo-

à Noël le pape le couronna empereur dans l'église Saint-Pierre. A Byzance, une telle association au trône impérial était tout à fait usuelle; dans l'histoire impériale de l'Allemagne, elle est unique, et c'était manifestement une prestation préalable en vue du mariage byzantin.

Se méprenant sur l'ambiance réelle qui régnait à Byzance, Otton y envoya une délégation en 968 pour négocier à propos du Sud de l'Italie et du mariage. Mais, en même temps, il commença à intervenir militairement en Italie méridionale. Le siège de Bari, qui appartenait officiellement à Byzance, avait probablement pour but de faire pression sur les négociations. Le chef de cette délégation était Liutprand de Crémone; il a laissé un rapport, écrit d'une plume mordante, sur la situation régnant à Constantinople, sur l'empereur et sur le déroulement des négociations. Effectivement, Nicéphore Phokas estimait que toute l'affaire était une impudence et il traita la délégation comme des espions suspects et des prisonniers, avant de les renvoyer quatre mois plus tard.

Le revirement se produisit finalement à Byzance. Nicéphore Phokas s'était fait de nombreux ennemis, et l'impératrice s'allia à l'autre grand général, l'Arménien Jean Tzimiskès. Phokas fut assassiné en décembre 969, et Tzimiskès s'installa comme nouvel empereur associé de la dynastie macédonienne. Otton renouvela alors sa proposition de paix. A la fin de l'année 971, une délégation cérémonielle de Germanie se rendit à Constantinople, et en avril elle rentra avec une princesse byzantine, mais pas avec Anna, la princesse "porphyrogénète", mais avec Théophano, une nièce du nouvel empereur Jean Tzimiskès. Théophano est la forme grecque du nom, Théophanie sa forme latine (en Allemagne, c'est la forme latine, Theophanu, qui est la plus usitée).

Les origines de Théophano

La cour de Germanie voulait initialement une princesse "porphyrogénète". Déjà à l'époque, on était d'avis que les négociateurs de l'Occident s'étaient fait duper en acceptant Théophano dont

phanu akzeptierten, deren genaue Herkunft nicht bekannt und deshalb vielleicht auch nicht vornehm genug war. Denn in der Hochzeitsurkunde steht nichts über ihre Eltern, sie ist nur die Nichte des Kaisers Johannes Tzimiskes. Man hat in ihr auch eine weitere Tochter Romanos' II. sehen oder mit anderen kühnen Konstruktionen ihren kaiserlichen Rang belegen wollen. Die heute als gesichert geltende Herkunft hat zuerst Henry Benrath 1937 in den Vorarbeiten zu seinem Theophanu-Roman ausfindig und plausibel gemacht. Ein wesentlicher Anhaltspunkt war, dass die zweite Tochter der Theophanu, die der Sitte nach auf den Namen ihrer Mutter getauft wurde, Sophia hieß. Mit dieser zusätzlichen Angabe ließ sich die Verbindung zur Familie der Skleroi herstellen, neben den Phokaides und den Tzimiskes der dritte Pfeiler der Militäraristokratie. Die drei Familien waren auch durch Eheschließungen eng miteinander verbunden. Bardas Skleros war der führende Feldherr dieser Familie, seine Schwester Maria die erste Frau von Johannes Tzimiskes, und sein jüngerer Bruder Konstantin Skleros war mit Sophia Phokas, einer Nichte des Nikephoros Phokas verheiratet. Theophanu wurde zwischen 956 und 959 als Tochter aus dieser Ehe geboren. Sie war damit eine Großnichte des Nikephoros Phokas und eine Nichte des Johannes Tzimiskes. Ihre Patin und Namensgeberin war vermutlich die Kaiserin Theophano. Das zeigt, wie sehr auch dem regierenden Kaiserhaus an einem guten Verhältnis zu dieser Militäraristokratie gelegen war.

Diese Klarstellung ist aus zwei Gründen wichtig. Zum einen zeigt sie, dass die Gesandten Ottos sich nicht mit einer unbedeutenden Braut abfinden ließen, sondern in der politischen Situation die richtige Entscheidung trafen. Denn die Skleroi standen im Kampf um die Macht auf der Seite des Tzimiskes und gehörten nach seiner Thronbesteigung 969 zu seinem engsten Beraterkreis. Für die deutsche Seite war es aber jetzt sinnvoller, sich mit der Verwandtschaft des neuen starken Mannes zu verbinden als mit der nur noch formal an der Macht beteiligten makedonischen Dynastie. In dieser Konstellation war nicht die "purpurgeborene" Anna die erste Wahl, sondern die aus der engeren Umgebung des neuen Kaisers stammende Theophanu. Ein weiteres biologisches Argument für die neue Braut war das Alter. Denn eine Hei-

les origines exactes n'étaient pas connues; elle n'était donc peut-être pas d'un rang assez élevé. L'acte de mariage ne mentionne rien sur ses parents; elle est seulement la nièce de l'empereur Jean Tzimiskès. On a également voulu voir en elle une autre fille de Romain II ou démontrer son rang impérial dans d'autres constructions audacieuses. Les origines, qui sont considérées aujourd'hui comme sûres, ont été découvertes et rendues plausibles par Henry Benrath, en 1937, dans les travaux préliminaires à son roman sur Théophano. Il y avait un point de repère capital: la seconde fille de Théophano qui, selon la coutume, devait recevoir au baptême le nom de sa grand-mère maternelle, se prénommait Sofia. Grâce à cette indication supplémentaire, on pouvait établir un lien avec la famille des Skléros qui, outre les Phokas et les Tzimiskès, représentait le troisième pilier de l'aristocratie militaire. Ces trois familles étaient aussi étroitement liées par des mariages. Bardas Skléros était l'éminent général de cette famille, sa soeur Maria était la première femme de Jean Tzimiskès, et son frère cadet Constantin Skléros était marié avec Sophia Phokas, une nièce de Nicéphore Phokas. Théophano naquit de cette union entre 956 et 959. Elle était donc une petite-nièce de Nicéphore Phokas et une nièce de Jean Tzimiskès. Sa marraine, à qui elle devait son nom, était probablement l'impératrice Théophano. Ceci montre combien la maison impériale régnante tenait à avoir de bonnes relations avec l'aristocratie militaire.

Cette mise au point est primordiale pour deux raisons. D'une part, elle montre que les émissaires d'Otton ne s'étaient pas contentés d'une fiancée insignifiante, mais qu'ils avaient pris la bonne décision étant donné la situation politique. En effet, dans la lutte pour le pouvoir, les Skléros étaient du côté de Tzimiskès, et ils furent du nombre de ses conseillers les plus proches après son accession au trône en 969. Or, pour le royaume de Germanie, il était maintenant plus judicieux de se lier avec la famille du nouvel homme fort que de s'unir avec la dynastie macédonienne qui ne participait plus au pouvoir que de manière formelle. Dans cette constellation, ce n'était pas la "porphyrogénète" Anna qui était de premier choix, mais Théophano, parce qu'elle provenait du proche entourage du nouvel empereur. Il y avait un autre argument d'ordre

rat mit der erst 963 geborenen Anna wäre nur ein Wechsel auf die Zukunft gewesen, während Theophanu und Otto annähernd gleichaltrig waren und die Ehe bald vollzogen werden konnte. Daran musste dem alten Kaiser Otto ebenso gelegen sein wie dem byzantinischen Johannes, der sich mit diesem Ehebündnis elegant eines von seinem arroganten Vorgänger unnötig geschaffenen zusätzlichen Konfliktherdes entledigte.

biologique en faveur de la nouvelle fiancée, à savoir son âge. En effet, un mariage avec Anna, née seulement en 963, aurait été une option sur l'avenir, alors que Théophano et Otton étaient approximativement du même âge et que le mariage pourrait bientôt être consommé. Cet argument devait être aussi important pour le vieil empereur Otton que pour Jean le Byzantin qui, par ce mariage, se débarrassait élégamment d'un foyer de conflits supplémentaire, que son arrogant prédécesseur avait créé inutilement.

Zum andern sagt uns diese Herkunft der Theophanu auch viel über ihr familiäres Umfeld, ihre Erziehung und ihr Verhältnis zur Politik. Sie war eben nicht in der vergifteten und ungesunden Atmosphäre des kaiserlichen Palastes mit seinen Parteiungen und Intrigen aufgewachsen, wie sie beispielhaft von der anderen Theophano, der Witwe Romanos' II., der Ehefrau des Nikephoros Phokas und Anstifterin zu seiner Ermordung und schließlich auch der Mörderin des Johannes Tzimiskes dargestellt wird. Theophanu stammte aus einer hochadligen Familie und wurde sicher in einem entsprechenden Luxus, aber auch mit gebührender Sorgfalt erzogen. Nach der Machtergreifung des Nikephoros Phokas 963 gehörte sie damit im weiteren Sinne auch zum kaiserlichen Palast. Der Stand ihrer formalen Bildung, Griechisch und Latein, Lesen und Schreiben, klassische und christliche Autoren war sehr hoch. Ihr Vater, sein Bruder und sein Schwager waren hohe Militärführer und damit gleichzeitig politische Würdenträger, die das Spiel um die Macht beobachten und mitmachen mussten, wenn sie nicht unter die Räder kommen wollten. Für ein begabtes und interessiertes Mädchen wie Theophanu konnte der vertraute Umgang mit diesen Männern eine hohe Schule der Politik sein, die sie offensichtlich genutzt hat, wenn man von ihrem späteren souveränen Umgang mit der Macht rückschließt.

D'autre part, ces origines de Théophano nous fournissent aussi de nombreuses indications sur son entourage familial, son éducation et ses relations avec la politique. Elle n'avait donc pas grandi dans l'ambiance empoisonnée et malsaine du palais impérial avec ses partis divisés et ses intrigues, comme ce fut par exemple le cas de l'autre Théophano, veuve de Romain II, épouse de Nicéphore Phokas et instigatrice de son assassinat et enfin meurtrière de Jean Tzimiskès. Théophano descendait d'une famille de haute noblesse, et elle fut donc sûrement élevée dans le luxe, mais aussi avec la circonspection requise. Ainsi, lorsque Nicéphore Phokas prit le pouvoir en 963, elle faisait également partie du palais impérial au sens large du terme. Son éducation formelle (le grec et le latin, la lecture et l'écriture, les auteurs classiques et chrétiens) était d'un niveau très élevé. Son père ainsi que le frère et le beau-frère de son père étaient de grands chefs militaires, donc également des dignitaires politiques qui devaient observer la course au pouvoir et y participer s'ils ne voulaient pas être eux-mêmes anéantis. Pour une jeune fille douée et intéressée comme l'était Théophano, la fréquentation familière de ces hommes pouvait être une grande école de politique; et elle en a apparemment tiré profit si on en conclut par la maîtrise avec laquelle elle sut se servir du pouvoir par la suite.

Empfang, Hochzeit und Krönung der Theophanu

Theophanu war zwischen dreizehn und fünfzehn Jahre alt, als sie nach einer Seereise über die Adria im März 972 in Benevent von Bischof Dietrich von Metz im Auftrag ihres zukünftigen Schwie-

Accueil, mariage et couronnement de Théophano

Théophano avait entre treize et quinze ans, lorsqu'elle traversa l'Adriatique et fut accueillie sur le sol de l'Empire romain d'Occident, en mars 972, à Bénévent, par l'évêque Dietrich de Metz, qui

gervaters und ihres Bräutigams auf weströmischem Boden begrüßt wurde. Wir wissen nicht, wann genau und wie sie in Rom von ihrer neuen Familie begrüßt und aufgenommen wurde und welchen Eindruck die eine Seite von der anderen bekam. Aber man kann sich ausmalen, was hier aus politischen Erwägungen einem jungen Mädchen zugemutet wurde. Sie wurde ohne einen nennenswerten Hofstaat, also praktisch allein in ein fremdes Land und eine fremde Familie gegeben, die aus byzantinischer Sicht, und nach den Nachrichten der letzten Jahrzehnte über Italien und Rom nicht ganz zu Unrecht, als barbarisch, heruntergekommen, ungebildet und nicht gerade gleichrangig galten. Betroffene wurden bei solchen Arrangements selten um ihre Zustimmung gefragt, vor allem, wenn es sich um Kinder handelte, aber für die junge Theophanu könnte der Reiz dieses Aufbruchs in eine unbekannte Zukunft in der Möglichkeit des Aufstiegs zur Kaiserin gelegen haben. Die byzantinischen Kaiserinnen hatten zuweilen großen Einfluss, und in Byzanz hätte sie diese Chance nicht gehabt.

Wahrscheinlich gestaltete sich der Kontakt zu dem zukünftigen Ehemann am einfachsten. Die Eltern hatten dafür Sorge getragen, dass Otto II. eine möglichst sorgfältige Erziehung erhielt. Latein war eine beiden gleich geläufige Sprache, damit war die erste Fremdheit leicht überwunden. Im Alter standen sie sich nahe, und beide waren vornehm und für größere Aufgaben erzogen worden. Vermutlich war Theophanu angenehm überrascht, weil sie einen "barbarischeren" Ehemann erwartet hatte. Auch vom Aussehen her war Otto kein "germanischer" Recke, sondern eher klein, schlank und zartgliedrig, dabei aber kein introvertierter Stubenhocker, sondern auch körperlich durchtrainiert und aktiv. Für den aufgeweckten und interessierten jungen Kaiser war Theophanu die Botin aus einer anderen Welt, die er bisher nur ganz theoretisch und von außen kannte. Ihr späteres Verhältnis legt nahe, dass Otto und Theophanu sich von Anfang an gut verstanden.

Otto I., schon damals voller Verehrung auch "der Große" genannt, war inzwischen 60 Jahre alt und trug seit 36 Jahren die politische Verantwortung.

avait été chargé de cette mission par le futur beau-père et le fiancé de Théophano. Nous ne savons pas quand exactement, ni comment elle fut accueillie et reçue à Rome par sa nouvelle famille; et nous ignorons quelles furent les impressions réciproques des parties en présence. Mais on peut s'imaginer ce que, pour des raisons politiques, on a exigé là d'une jeune enfant. Elle fut envoyée sans cour notable, donc pratiquement seule dans un pays étranger et dans une famille étrangère, lesquels, du point de vue byzantin et d'après les nouvelles qui avaient circulé au cours des dernières décades sur l'Italie et Rome, étaient considérés (non sans raison) comme barbares, décadents, incultes, et n'appartenant pas vraiment au même rang. Dans de tels arrangements, on demandait rarement l'accord des personnes concernées, surtout lorsqu'il s'agissait d'enfants. Mais pour la jeune Théophano, ce départ vers un avenir inconnu pouvait aussi être tentant, car il lui donnait la possibilité de s'élever au trône impérial. Les impératrices byzantines avaient parfois une grande influence et à Byzance, Théophano n'aurait pas eu cette opportunité.

Le plus facile fut probablement la prise de contact avec son futur époux. Les parents avaient veillé à ce qu'Otton II reçût une éducation très sérieuse. Le latin était une langue qui leur était pareillement familière, la première barrière était ainsi facilement surmontée. Ils étaient presque du même âge, ils étaient tous les deux d'un rang élevé et leur éducation les avait préparés à assumer de grandes tâches. Théophano fut sans doute agréablement surprise, parce qu'elle s'était attendue à trouver un époux "barbare". Par son physique, Otton n'était pas non plus un "guerrier germanique"; il était plutôt de petite taille, mince et avait les membres délicats; par ailleurs, il n'était pas un casanier introverti, il était en bonne condition physique et actif. Pour le jeune empereur éveillé et intéressé, Théophano était l'ambassadrice d'un autre monde qu'il ne connaissait jusqu'ici que par la théorie et de l'extérieur. Leurs relations ultérieures portent à croire qu'Otton et Théophano s'entendirent bien dès le début.

Otton Ier, que l'on nommait avec vénération Otton le Grand déjà à cette époque, avait entretemps 60 ans et il assumait la responsabilité poli-

Seit sechs Jahren hielt er sich unter nicht einfachen Bedingungen in Italien auf. Sicher war ihm das Alter und die Last der Verantwortung anzumerken, ebenso aber die unangefochtene Überlegenheit seiner Stellung in Deutschland und Italien. Der große Altersunterschied und auch gewisse Verständigungsschwierigkeiten, denn trotz aller Mühen war Latein für ihn eine Fremdsprache geblieben, auch wenn er damit umgehen konnte, verhinderten wahrscheinlich eine größere emotionale Nähe zu der neuen Schwiegertochter, die ihm aber sicher mit Ehrfurcht begegnete.

Mit der neuen Schwiegermutter war es wahrscheinlich von vorneherein anders. Die vierzigjährige Adelheid wird Theophanu mit der überlegenen Herzlichkeit der Mutter, der erfahrenen und eingeweihten Politikerin und der Vertreterin des lateinischen Erdkreises gegenübergetreten sein, der ja Ostrom gegenüber dieselben Vorurteile hatte wie umgekehrt. Wenn Theophanu Antennen für feine Schwingungen hatte, dann spürte sie auch schon, dass Adelheids Einfluss auf ihren Sohn Otto größer und direkter war als auf ihren Ehemann, und dass dieses Mutter - Sohn - Verhältnis noch zu Konflikten führen konnte. Und bei aller Herzlichkeit wird auch Adelheid die Schwiegertochter daraufhin taxiert haben, wie weit sie ihr beim Einfluss auf den Sohn ins Gehege kommen könnte. Denn eine baldige Alleinregierung Ottos II. war ja durchaus im Bereich der Möglichkeiten.

Am 14. April wurde Theophanu vom Papst in der Peterskirche mit Otto II. verheiratet und gleichzeitig zur Kaiserin gekrönt. Diese großartige und prächtige Demonstration der Erhöhung und Gleichstellung Theophanus war vielleicht nicht im Sinne Adelheids, aber als Konsequenz ihrer eigenen Kaiserinnenkrönung ein logischer Abschluss der Verhandlungen mit Byzanz, denn damit war die gegenseitige Anerkennung und auch Abgrenzung offiziell geworden. Zu diesem Anlaß wurde von Otto II. eine Urkunde ausgestellt, in der er seiner Frau Besitzungen in Italien und Deutschland als Heiratsgut übertrug. Von dieser "Heiratsurkunde" wurde wahrscheinlich auf Wunsch der Theophanu eine besonders prächtige Ausfertigung mit reicher ornamentaler Gestaltung hergestellt, die als schönste Urkunde des Mittelalters überhaupt gilt.

tique depuis 36 ans. Depuis six années, il séjournait en Italie dans des conditions difficiles. Son physique reflétait certainement son âge et le poids de ses responsabilités, mais aussi la supériorité incontestée de sa position en Germanie et en Italie. La grande différence d'âge et aussi certaines difficultés de communication (car malgré tous ses efforts, le latin était resté une langue étrangère pour Otton, même s'il savait s'en servir) empêchèrent probablement qu'il se rapprochât davantage émotionnellement de sa nouvelle belle-fille qui éprouvait sûrement du respect à son égard.

Tout fut sans doute différent d'emblée avec la nouvelle belle-mère. Adélaïde, âgée alors de quarante ans, s'est certainement présentée à Théophano avec la cordialité supérieure de la mère, de la femme politique expérimentée et initiée et de la représentante du monde latin, lequel avait les mêmes préjugés à l'égard de la Rome de l'Orient qu'inversement. Si Théophano avait des antennes sensibles, elle devait bien remarquer qu'Adélaïde avait une influence plus grande et plus directe sur son fils Otton que sur son époux, et que ces relations mère-fils pouvaient mener à des conflits. Et en toute cordialité, Adélaïde a sûrement jaugé sa belle-fille pour voir jusqu'à quel point celle-ci pouvait l'entraver dans l'influence qu'elle avait sur son fils. Il était en effet très possible qu'Otton II fût bientôt amené à régner seul.

Le 14 avril, Théophano fut mariée à Otton II par le pape à l'église Saint-Pierre et en même temps couronnée impératrice. Cette démonstration magnifique et splendide de l'élévation et de l'égalité de rang de Théophano n'était peut-être pas dans l'esprit d'Adélaïde, mais en tant que conséquence de son propre couronnement impérial, c'était une conclusion logique des négociations avec Byzance, car la reconnaissance mutuelle et aussi la délimitation réciproque étaient ainsi devenues officielles. A cette occasion, Otton II fit dresser un acte dans lequel il cédait en dot à sa femme des biens en Italie et en Germanie. Un exemplaire particulièrement splendide de cet "acte de mariage", avec de riches décorations ornementales, fut probablement réalisé à la demande de Théophano, et il est considéré comme étant le plus bel acte de tout le Moyen Âge.

Heimkehr und Tod Ottos des Großen

Nach der Kaiserkrönung und dem feierlichen "Beilager" der Neuvermählten am 17. April bereitete der kaiserliche Hof seine Rückkehr nach Deutschland vor. Ende Mai war er in Ravenna, Ende Juli in Mailand und am 14. August 972 in St. Gallen. Bei dieser Gelegenheit ließ sich Otto II. die Klosterbibliothek zeigen.

Dies nun wagte der Abt nicht zurückzuweisen; doch gab er den Befehl zum Öffnen erst nach dem scherzhaften Vorbehalt, dass ein so mächtiger Räuber Kloster und Brüder nicht ausplündern dürfe. Jener aber ließ sich von den gar prächtigen Büchern verlocken und trug mehrere mit sich fort; allerdings gab er einige davon auf Ekkehards Bitten später wieder zurück.

Von dort aus zog der Hof weiter an den Rhein nach Ingelheim und Mainz, wo Otto zum letzten Mal an den Gräbern seiner Kinder – Liutgard, Liudolf und jetzt auch Wilhelm von Mainz – stand. Hier wird es auch zum Zusammentreffen mit den beiden Enkeln Ottos gekommen sein, die wahrscheinlich nicht mit Otto II. nach Italien gegangen waren, sonst hätten sie in diesen Jahren bei Hof doch irgendwo einmal Erwähnung gefunden.

In Ingelheim wurde im September eine Reichsversammlung und Synode unter dem Vorsitz der beiden Kaiser abgehalten. Weihnachten verbrachte der Hof in Frankfurt, und Anfang des neuen Jahres erreichte er Magdeburg. Die langsame Reise wirkt wie ein Abschied Ottos von seiner Welt, und Adelheid mag sich hier schmerzlich an ihr Ausgeschlossensein erinnert haben, vor allem in Magdeburg, wo Otto seine zukünftige letzte Ruhestätte an der Seite Edgithas besuchte.

Im März kam der Hof nach Quedlinburg. Dort feierte die Kaiserfamilie das Osterfest. Auf einem letzten großen Hoftag ordnete Otto noch eine Reihe von sächsischen und kirchlichen Angelegenheiten, vor allem auch in Bezug auf die Slawenmission und die Stellung Magdeburgs. Am 7. Mai starb er in seiner Pfalz Memleben.

Retour et mort d'Otton le Grand

Après le couronnement de l'impératrice et la "nuit de noces" solennelle des jeunes mariés le 17 avril, la cour impériale prépara son retour pour la Germanie. Fin mai, elle était à Ravenne, fin juillet à Milan et le 14 août 972 à Saint-Gall. A cette occasion, Otton II se fit montrer la bibliothèque de l'abbaye.

L'abbé n'osa pas refuser; mais il ne donna l'ordre d'ouvrir qu'après avoir émis en plaisantant une réserve, à savoir qu'un brigand si puissant ne devait piller ni l'abbaye ni les frères. Mais Otton se laissa tenter par les livres si splendides et en emporta plusieurs; il en rendit toutefois quelques-uns plus tard à la demande d'Ekkehard.

Ensuite, la cour se dirigea vers le Rhin pour se rendre à Ingelheim et à Mayence où Otton se recueillit pour la dernière fois sur la tombe de ses enfants: Liutgarde, Liudolf et également Guillaume de Mayence, mort depuis peu. Ce fut sans doute ici qu'eut lieu la rencontre avec les deux petits-fils d'Otton; ils n'étaient probablement pas allés en Italie avec Otton II, sinon leur présence à la cour pendant cette période aurait été mentionnée quelque part.

En septembre, une assemblée et un synode se tinrent à Ingelheim sous la présidence des deux empereurs. La cour passa Noël à Francfort et arriva à Magdebourg au début de la nouvelle année. Ce voyage lent, par étapes, est comme un adieu progressif d'Otton à son univers; quant à Adélaïde, elle doit s'être souvenue douloureusement de son exclusion, surtout à Magdebourg où Otton se rendit à sa future dernière demeure, prévue à côté d'Edith.

En mars, la cour parvint à Quedlinburg. La famille impériale y passa les fêtes de Pâques. Lors d'une dernière grande réunion à la cour, Otton régla une série d'affaires saxonnes et ecclésiastiques, relatives en particulier à la mission d'évangélisation des Slaves et à la position de Magdebourg. Le 7 mai, il mourut dans son palais de Memleben.

Adelheid und Otto II.

Direkte Thronkämpfe waren nach dem Tod Ottos des Großen nicht zu erwarten, denn die Thronfolge war seit langem klar geregelt. Aber dennoch war eine starke Klammer weggefallen, der junge Kaiser musste seine Eigenständigkeit erst noch beweisen, die alten Ratgeber ersetzen und neue finden. Wie groß die Trauer Adelheids war, ist nicht zu sagen. Sie war seit 960 und vor allem in Italien zur Beraterin und Mitherrscherin aufgestiegen, aber ihr tatsächlicher Einfluss war nicht so groß, wie sie es gern gewollt hätte, und eine enge emotionale Bindung war die Ehe schon lange nicht mehr. Der Tod des Gatten traf sie sicher nicht unvorbereitet. Jetzt sah sie ihre Aufgabe und auch ihre Verpflichtung ihm gegenüber darin, den jungen Otto an der Hand zu nehmen und für ihn die entscheidenden Weichen zu stellen. Die ersten Urkunden Ottos II., die dem Andenken seines Vaters gewidmet sind, so etwa die Bestätigung der Rechte des Erzbistums Magdeburg, beziehen sich ausdrücklich auf eine *admonitio*, eine Mahnung seiner Mutter. Auch tritt sie in der ersten Zeit sehr stark als Intervenientin in Erscheinung.

Dabei kehrte Adelheid aber in die alten Bahnen ihrer Deutschlandpolitik zurück, die einst zum liudolfinischen Aufstand geführt hatten. Sie verband sich wieder mit dem bayerischen Zweig der Königsfamilie, mit Judith, der Witwe Heinrichs von Bayern, ihrem zweiundzwanzigjährigen Sohn Heinrich mit dem vielsagenden Beinamen "der Zänker", für den die Mutter lange Jahre als Vormund das Herzogtum verwaltet hatte, und mit Judiths Tochter Hadwig, der Gattin des altgewordenen schwäbischen Herzogs Burchard. Nicht ohne Vermittlung Adelheids war Herzog Heinrich der Schwiegersohn ihres Bruders Konrad von Burgund geworden. Als im Juli der ehrwürdige Bischof Ulrich von Augsburg, der Mitsieger der Ungarnschlacht auf dem Lechfeld, starb, setzte Adelheid bei Otto II. entgegen den Wünschen des Verstorbenen und der Augsburger Geistlichkeit die Ernennung eines Neffen Judiths durch. Dabei nutzte sie wohl ihre Vertrauensstellung aus, um in Augsburg den Eindruck zu erwecken, dass Otto die Wahl Heinrichs auf jeden Fall wolle, so dass

Adélaïde et Otton II

Après la mort d'Otton le Grand, des luttes directes pour le trône étaient peu probables, car la succession était clairement réglée depuis longtemps. Mais un facteur puissant de cohésion avait pourtant disparu; le jeune empereur devait commencer par faire la preuve de son autonomie, remplacer les anciens conseillers et en trouver de nouveaux. On ne peut dire exactement si Adélaïde fut très affligée par ce deuil. Depuis 960 et surtout en Italie, elle était parvenue jusqu'au rang de conseillère et de souveraine associée, mais son influence réelle n'était pas aussi importante qu'elle l'aurait souhaité; par ailleurs, ce mariage n'était plus une union très émotionnelle depuis longtemps. La mort de son époux ne la prit sûrement pas au dépourvu. Maintenant, elle considérait que sa mission et son devoir à l'égard du défunt consistaient à prendre le jeune Otton par la main et à amorcer pour lui les choix décisifs. Les premiers actes d'Otton II qui étaient consacrés à la mémoire de son père, par exemple la confirmation des droits de l'archevêché de Magdebourg, sont en rapport formel avec une *admoniti*o, un avertissement de sa mère. Elle intervint aussi très intensément dans les premiers temps.

Mais dans ses démarches, Adélaïde revint aux anciennes lignes de sa politique germanique qui avaient abouti au soulèvement liudolfien par le passé. Elle se lia à nouveau avec la branche bavaroise de la famille royale, avec Judith, la veuve de Henri de Bavière, avec leur fils de vingt-deux ans Henri, surnommé le Querelleur ce qui en dit long, (sa mère en tant que tutrice avait longtemps administré le duché pour lui), ainsi qu'avec la fille de Judith, Hedwige, l'épouse du duc de Souabe Bouchard lequel avait entre-temps pris de l'âge. C'était bien grâce à l'intervention d'Adélaïde si le duc Henri était devenu le gendre de Conrad de Bourgogne, frère d'Adélaïde. Lorsque l'honorable évêque Ulrich d'Augsbourg, le covainqueur de la bataille du Lechfeld contre les Hongrois, mourut en juillet, Adélaïde réussit à faire accepter à Otton II, contre les désirs du défunt et du clergé d'Augsbourg, la nomination d'un neveu de Judith. Adélaïde se servit probablement de sa position de confiance, pour qu'à Augsbourg, on eût l'impression qu'Otton voulait à tout prix l'élection

dort schließlich unter Protest dieser Heinrich gewählt wurde, und nun musste Otto ihn bestätigen.

Damit hatte die bayerische Partei eine wesentliche Machtposition hinzugewonnen. Eine neue Möglichkeit ergab sich, als im November Herzog Burkhard von Schwaben starb. Seine junge und ehrgeizige Witwe Hadwig sah sich mit der Unterstützung Adelheids schon in der Rolle der Herzogsmacherin, und damit hätte die bayerische Herzogsfamilie mit Bayern, Schwaben, dem Bistum Augsburg und der burgundischen Verschwägerung den Zugang nach Italien kontrolliert und die zukünftige Italienpolitik bestimmen können. Über dieser Frage scheint es zum ersten Bruch zwischen Adelheid und Otto gekommen zu sein. Denn Otto vergab das Herzogtum Schwaben an seinen Neffen Otto, den Sohn Liudolfs, dem er vertraute, und der auf jeden Fall kein Freund der bayerischen Linie war.

Ein anderer Konfliktherd war das Verhältnis zu Frankreich. Der französische König Lothar war ein Neffe Ottos des Großen, der Sohn seiner Schwester Gerberga, und er war seit 966 mit Adelheids Tochter Hemma verheiratet, gehörte also ihrer Ansicht nach wie die Bayern zur "Familie". Er schützte und unterstützte aber die lothringischen Grafen Reginar und Lambert, die noch der alte Kaiser Otto als Aufrührer des Landes verwiesen hatte. Sie fielen Ende des Jahres in Lothringen ein, und gegen sie führte Otto II. im Januar 974 seinen ersten Feldzug.

Ihren Interventionen nach war Adelheid noch bis Mitte 974 am Hof, aber ihren Einfluss auf den jungen Kaiser hatte sie verloren. Sie reiste dann über Burgund, wo sie ihren königlichen Bruder Konrad besuchte, in ihre alte Residenz nach Pavia und vertrat dort in den folgenden Jahren die königliche Gewalt. Wie sie selbst diesen Bruch empfand, dafür ist wieder die "Selbstdarstellung" bei Odilo von Cluny aufschlußreich:

Als nun der kaiserliche Otto den Weg alles Fleisches gegangen war, leitete die Kaiserin lange Zeit mit ihrem Sohne glücklich die Herrschaft des römischen Reiches. Als aber nach göttlicher Fügung gerade durch der Kaiserin Verdienst und Betriebsamkeit der

d'Henri; ainsi, Henri y fut finalement élu sous la protestation, et Otton dut alors le confirmer.

Le camp bavarois avait donc considérablement renforcé sa position. Une nouvelle opportunité se présenta à la mort du duc Bouchard de Souabe en novembre. Hedwige, sa veuve, jeune et ambitieuse, se voyait déjà dans le rôle de faiseuse de ducs avec le soutien d'Adélaïde, et la famille ducale bavaroise aurait ainsi pu, avec la Bavière, la Souabe, l'évêché d'Augsbourg et sa parenté avec la Bourgogne, contrôler l'accès de l'Italie et déterminer la future politique italienne. C'est sur ce point que la première rupture semble s'être produite entre Adélaïde et Otton. Car Otton céda le duché de Souabe à son neveu Otton, le fils de Liudolf, en qui il avait confiance, et qui n'était en aucun cas un ami de la ligne bavaroise.

Les rapports avec la France représentaient aussi une source de conflits. Le roi de France Lothaire était un neveu d'Otton le Grand, puisqu'il était le fils de sa soeur Gerberge; depuis 966, il était marié avec Emma, la fille d'Adélaïde; donc selon celle-ci, il faisait partie de la "famille" comme les Bavarois. Mais il protégeait et soutenait les comtes lorrains Régnier et Lambert que le vieil empereur Otton avait à l'époque chassés du pays comme fauteurs de troubles. Ils pénétrèrent en Lorraine à la fin de l'année, et ce fut contre eux qu'Otton II mena sa première campagne en janvier 974.

A en juger par ses interventions, Adélaïde était encore à la cour jusqu'au milieu de 974, mais elle avait perdu son influence sur le jeune empereur. Elle quitta alors la cour, passa par la Bourgogne où elle rendit visite au roi Conrad, son frère, pour s'installer ensuite dans son ancienne résidence de Pavie où elle représenta l'autorité royale dans les années qui suivirent. Comment ressentit-elle elle-même cette rupture? L'"autoportrait" d'Odilon de Cluny nous renseigne encore à ce sujet:

Lorsque l'empereur Otton eut subi le sort de tout être vivant, l'impératrice dirigea longtemps les destinées du royaume romain avantageusement avec son fils. Mais quand, par la volonté de Dieu et justement grâce aux mérites et à l'activité de l'impératrice, la

Vorrang des römischen Kaiserthums fest begründet war, fehlte es nicht an schlechten Menschen, die unter ihnen Zwietracht zu säen sich bemühten. Getäuscht durch ihre Schmeichelei wandte das Herz des Kaisers von seiner Mutter sich ab.

Theophanu und die neue Regierung

Zu den engsten Vertrauten des Kaisers gehörten neben Theophanu Otto von Schwaben, der Kanzler Willigis und, mit einigem Abstand, Otto, der Sohn Liutgards, nach seinem Besitz Otto von Worms genannt, der spätere Herzog von Kärnten. Otto II. und Otto von Schwaben, die gleichaltrigen Jugendfreunde, über längere Zeit gemeinsam erzogen, standen sich sehr nahe, und der Kaiser hatte zu seinem Neffen uneingeschränktes Vertrauen, obwohl Otto von Schwaben der nächste Thronerbe war, solange Otto und Theophanu keinen Sohn hatten. Auch Theophanu und der neue Herzog scheinen von Anfang an eine gute und vertrauensvolle Beziehung zueinander gehabt zu haben, nach späteren Gerüchten sogar eine zu gute. Willigis gehörte ebenfalls zu den Jugendfreunden. Er ist eine Ausnahme in dieser vom Hochadel geprägten Zeit, denn er stammte aus einer nichtadligen sächsischen Familie, und Otto der Große, dem das aufgeweckte Kind aufgefallen war, hatte ihn zum Spiel- und Schulkameraden seines Sohnes bestimmt, weil er nicht wollte, dass dessen Erziehung sich zu weit von der Lebenswelt der einfachen Leute entfernte. Da der "formale" Teil der Bildung unter geistlicher Führung stand, lag es für Willigis nahe, die kirchliche Laufbahn zu ergreifen, und seine Nähe zum Hof und seine Tüchtigkeit bewirkten, dass Otto der Große ihn 971 zum Kanzler machte. Der Kanzler war nicht in erster Linie ein politischer Berater, sondern der Leiter der Kanzlei, die für die Erstellung aller schriftlichen Dokumente zuständig war. Aber Kanzler war eine besondere Vertrauensstellung, mit der viel politischer Einfluss verbunden sein konnte. Willigis wurde 975 von Otto II. zum Erzbischof von Mainz und Erzkanzler gemacht. In dieser Funktion war er in den großen kommenden Krisen die tragende Stütze der Reichspolitik.

So war aus dem Erziehungskonzept, das Otto der Große für seinen Sohn und die beiden Enkel ent-

suprématie de l'Empire romain fut bien ancrée, il ne manqua pas de mauvaises gens qui essayèrent de semer la discorde entre eux. Trompé par leur flatterie, le coeur de l'empereur se détourna de sa mère.

Théophano et le nouveau gouvernement

Parmi les conseillers les plus intimes de l'empereur, en plus de Théophano, il y avait Otton de Souabe, le chancelier Willigis et, moins directement, Otton, le fils de Liutgarde, nommé Otton de Worms en raison de ses biens, le futur duc de Carinthie. Otton II et Otton de Souabe, amis de jeunesse du même âge, élevés ensemble pendant un certain temps, étaient très proches l'un de l'autre, et l'empereur avait une confiance illimitée en son neveu, bien qu'Otton de Souabe fût le prochain héritier du trône, tout pendant qu'Otton et Théophano n'avaient pas de fils. Théophano et le nouveau duc semblent aussi avoir eu, d'emblée, de bonnes relations basées sur la confiance, et même, selon des bruits qui circulèrent plus tard, de trop bonnes relations. Willigis comptait aussi parmi les amis de jeunesse. Il représente une exception dans cette époque dominée par la haute noblesse, car il descendait d'une famille saxonne qui n'était pas noble; Otton le Grand, qui avait remarqué cet enfant éveillé, l'avait désigné pour être le camarade de jeu et d'étude de son fils, parce qu'il ne voulait pas que l'éducation de ce dernier s'éloignât trop du monde des gens simples. Etant donné que la partie "formelle" de l'éducation était sous la direction des religieux, il semblait naturel que Willigis fit une carrière ecclésiastique, et comme il était proche de la cour et qu'il avait des aptitudes, Otton le Grand le nomma chancelier en 971. Le chancelier n'était pas en premier lieu un conseiller politique, il dirigeait la chancellerie qui était chargée d'établir tous les documents écrits. La fonction de chancelier était toutefois une position de confiance particulière qui pouvait impliquer une grande influence politique. En 975, Otton II nomma Willigis archevêque de Mayence et archichancelier. Et dans l'exercice de ces fonctions, il fut un soutien essentiel de la politique impériale dans les grandes crises qui suivirent.

Ainsi, le plan d'éducation qu'Otton le Grand avait élaboré pour son fils et ses deux petits-fils, avait

wickelt hatte, der innere Kern für die Regierung seines Nachfolgers herausgewachsen. Theophanu mit ihrem klaren politischen Verstand fügte sich in dieses Team nahtlos ein und wurde wahrscheinlich im Lauf der Zeit so etwas wie der lenkende Kopf im Hintergrund. In den ersten Jahren ist das bei den Interventionen noch nicht nachvollziehbar, aber auf der anderen Seite ist es klar, dass sich Außenstehende von einer landfremden Kaiserin, die noch ein junges Mädchen war und keine verwandtschaftlichen Beziehungen am Hof hatte, weniger an Einfluss erwarteten als von der Kaiserinwitwe Adelheid. Auch war Theophanu von ihrer Art her zurückhaltender und hielt sich aus dem Geklüngel der großen Familien heraus, das für Adelheid ein wesentlicher Teil der Politik war.

engendré le noyau du gouvernement de son successeur. Théophano avec son esprit politique clair s'intégra immédiatement dans cette équipe, et elle devint sans doute, au cours du temps, la tête pensante qui dirigeait à l'arrière-plan. Ce n'est pas encore évident dans les interventions des premières années, mais il est clair par ailleurs que des observateurs non-initiés s'attendaient à moins d'influence d'une impératrice étrangère (qui était encore une jeune fille et qui n'avait pas de liens de parenté à la cour) que d'Adélaïde, la veuve de l'empereur. Théophano était aussi de nature plutôt réservée et elle se tenait à l'écart de l'esprit de clique des grandes familles, qui constituait un élément essentiel de la politique d'Adélaïde.

Die schwächste Stelle in dieser neuen Führung war der Kaiser selber. Otto II. hatte viele gute Eigenschaften. Aber er neigte zur Ungeduld und Selbstüberschätzung. In seiner engsten Umgebung war er harmoniebedürftig und scheute Konflikte. Deshalb ließ er sich leicht beeinflussen. Hatte er aber das Gefühl, von jemand ausgenutzt oder falsch geführt worden zu sein, dann konnte er in heftigsten Zorn ausbrechen und war zu ungerechten und unberechenbaren Reaktionen fähig. So ließ er 979 den sächsischen Markgrafen Gero ohne einsehbaren Grund hinrichten, weil er von dessen Gegnern entsprechend präpariert worden war. Einige seiner Günstlinge am Hof, so der zur Familie gehörende Bischof Dietrich von Metz, wussten diese Schwächen für ihre Zwecke und ihre Stellung zu nutzen.

Le point faible de ce nouveau pouvoir était l'empereur lui-même. Otton II avait beaucoup de qualités. Mais il avait tendance à être impatient et à se surestimer. Il avait besoin d'harmonie dans son plus proche entourage et il redoutait les conflits. Il se laissait donc facilement influencer. Toutefois, s'il avait le sentiment d'avoir été exploité ou mal conseillé par quelqu'un, il pouvait avoir un accès de colère très violent et était alors susceptible de réactions injustes et imprévisibles. Il fit ainsi exécuter, sans raison apparente, le margrave saxon Géron, en 979, parce qu'il avait été conditionné en conséquence par les adversaires du margrave. Quelques-uns de ses favoris à la cour, comme l'évêque Dietrich de Metz qui faisait partie de la famille, surent utiliser ces faiblesses pour servir leurs intérêts et conforter leur position.

Im Sommer 974 versuchte der Dänenkönig Harald Blauzahn sich von der deutschen Oberherrschaft zu lösen. Gleichzeitig nahm Heinrich der Zänker Kontakt zu Boleslaw von Böhmen und Miseko von Polen auf, denen er größere Unabhängigkeit versprach, wenn sie ihm behilflich wären, deutscher König zu werden. Die Verschwörung war dilettantisch. Otto lud Heinrich vor Gericht nach Sachsen, wo er den Feldzug gegen Dänemark vorbereitete. Otto von Schwaben sorgte dafür, dass Heinrich sich nicht in Bayern verstecken konnte. Heinrich erschien vor Otto und wurde in vorläufige Haft nach Ingelheim geschickt. Der Dänenfeldzug war typisch für Otto. Als das deutsche Heer im Anmarsch war, wollte der Dänenkö-

En été 974, le roi du Danemark Harald "Dent bleue" tenta de se libérer de l'hégémonie germanique. Dans le même temps, Henri le Querelleur prit contact avec Boleslav de Bohême et Mieszko de Pologne auxquels il promit une plus grande indépendance s'ils l'aidaient à devenir roi de Germanie. La conjuration était dilettante. Otton convoqua Henri devant la justice en Saxe où il préparait la campagne contre le Danemark. Otton de Souabe veilla à ce qu'Henri ne pût se cacher en Bavière. Henri comparut devant Otton et fut envoyé en détention provisoire à Ingelheim. La campagne contre les Danois fut caractéristique de la personnalité d'Otton. Lorsque l'armée impériale approcha, le roi danois voulut se soumettre, cependant

nig sich unterwerfen, aber sein Angebot ging dem Kaiser nicht weit genug, er wollte die Entscheidungsschlacht, in der er aber geschlagen wurde. So musste ein zweites Heer gesammelt werden, das dann im Herbst die deutsche Oberherrschaft endgültig durchsetzte.

Immerhin hatte Otto in diesem ersten Jahr seine Stellung in Lothringen und gegen die Dänen gefestigt und die erste Revolte Heinrichs des Zänkers niedergeschlagen. Deshalb blieb es 975 ruhig. Im Sommer führte Otto einen Feldzug gegen Boleslaw von Böhmen, um ihn für seine Teilnahme am bayerischen Aufstand zu bestrafen. Jetzt kam es endlich zur Einrichtung des lang geplanten Bistums Prag, das dem Erzbistum Mainz unterstellt wurde. Aber die Böhmen wurden nicht entscheidend geschlagen, sie fielen noch im Herbst plündernd in Bayern ein, und der neue Prager Bischof, der Sachse Thietmar, den Willigis von Mainz in Brumath im Elsass geweiht hatte, konnte sein Amt nicht antreten. Ein neues Eingreifen in Böhmen war damit für 976 vorprogrammiert.

Heinrich der Zänker sah seine Stunde gekommen. Er entfloh aus der Haft in Ingelheim. Er fand Anhänger in Bayern, allerdings keineswegs das ganze Herzogtum, und in Sachsen. Otto führte sein Heer nach Bayern und belagerte die Hauptstadt Regensburg. Heinrich konnte nach Böhmen fliehen. Er wurde nun offiziell abgesetzt. Vom bisherigen Herzogtum wurde die Ostmark, das spätere Österreich, als eigenes Herzogtum abgetrennt und dem Babenberger Liutpold übertragen. Ebenso wurden Kärnten und die Marken Verona und Aquileja, die seit 955 zu Bayern gehörten, zu einem eigenen Herzogtum zusammengefasst, mit dem zur Versöhnung Heinrich, ein Angehöriger der alten bayerischen Herzogsfamilie und damit ein Verwandter der Mutter Heinrichs des Zänkers, belehnt wurde. Das verkleinerte Herzogtum Bayern kam an Otto von Schwaben, dessen Vertrauensstellung beim Kaiser so auch äußerliche Anerkennung fand. Aber der zweite böhmische Feldzug Ottos war erfolglos, und Heinrich der Zänker konnte von Prag aus ungehindert seine Fäden spinnen. So kam es 977 zum Aufstand der drei Heinriche, neben dem Zänker seine Verwandten Heinrich von Kärnten und Bischof Heinrich von Augsburg. Kaiser Otto

ses propositions n'étaient pas suffisantes aux yeux de l'empereur qui voulait une bataille décisive, mais il y fut battu. Il fallut donc rassembler une deuxième armée qui parvint, en automne, à imposer définitivement l'hégémonie germanique.

Au cours de cette première année, Otton avait toutefois renforcé sa position en Lorraine et face aux Danois, et il avait réprimé la première révolte d'Henri le Querelleur. Aussi l'année 975 fut-elle calme. Pendant l'été, Otton mena une campagne contre Boleslav de Bohême pour le punir d'avoir participé à la révolte bavaroise. Maintenant, l'évêché de Prague, prévu depuis longtemps, put enfin être créé; il fut placé sous l'autorité de l'archevêché de Mayence. Mais la victoire sur la Bohême n'était pas décisive, et en automne, des expéditions de pillage venant de Bohême touchèrent encore la Bavière; le nouvel évêque de Prague, le Saxon Thietmar, que Willigis de Mayence avait sacré à Brumath en Alsace, ne put prendre ses fonctions. Une nouvelle intervention en Bohême était donc ainsi programmée d'avance pour l'année 976.

Henri le Querelleur vit son heure venue. Il s'évada de sa prison de Ingelheim. Il trouva des partisans en Bavière, sans pouvoir toutefois rallier tout le duché, ainsi qu'en Saxe. Otton emmena son armée en Bavière et fit le siège de Ratisbonne, la capitale. Henri put s'enfuir en Bohême. Il fut alors destitué officiellement. La Marche orientale, la future Autriche, fut détachée de l'ancien duché et devint un duché à part entière qui fut cédé à Léopold de Babenberg. De même, la Carinthie et les Marches de Vérone et d'Aquilée, qui appartenaient à la Bavière depuis 955, furent réunies pour former un duché à part entière qui fut octroyé, à titre de réconciliation, à Henri, un membre de la vieille famille ducale bavaroise, donc un parent de la mère d'Henri le Querelleur. Le duché de Bavière, qui se trouvait diminué territorialement, fut attribué à Otton de Souabe, qui voyait ainsi sa position de confiance auprès de l'empereur reconnue concrètement. Mais la seconde campagne de Bohême d'Otton échoua, et Henri le Querelleur put, de Prage, tisser sa toile librement. Et en 977, on assista alors au soulèvement des trois Henri, à savoir Henri le Querelleur et deux membres de sa famille Henri de Carinthie et l'évêque Henri d'Augsbourg. L'empereur Otton dirigea son ar-

führte sein Heer zum dritten Mal nach Böhmen und zwang Boleslaw diesmal zur Unterwerfung. Otto von Schwaben und Bayern belagerte die Aufständischen in Passau. Als der Kaiser von Prag aus mit seinem Heer erschien, mussten sie kapitulieren. Heinrich der Zänker kam in Haft zum Bischof von Utrecht. Heinrich von Kärnten musste sein neues Herzogtum an Otto von Worms abtreten. Bischof Heinrich von Augsburg unterwarf sich und war fortan kaisertreu.

Das Kaisertum Ottos war endlich auch gegenüber den Ansprüchen Heinrichs des Zänkers fest etabliert, aber der Preis dafür war hoch. Die ständige Unruhe in Deutschland ließ König Lothar von Frankreich Hoffnung schöpfen. 977 griff Otto deshalb zu gewagten Maßnahmen. Er setzte die beiden aufständischen Grafen Reginar und Lambert wieder in ihre Besitzungen ein und ernannte den Bruder des französischen Königs zum Herzog von Niederlothringen. Seit dem Tod des Kölner Erzbischofs Brun war das Herzogtum nicht mehr besetzt worden, weil für einen Herzog von Lothringen die Versuchung groß war, seine Eigenständigkeit durch ein Pendeln zwischen dem westfränkisch-französischen und dem ostfränkisch-deutschen Königtum zu vergrößern. Die Vorgänge in Lothringen zeigten aber, dass auch der lothringische Adel von dieser Versuchung nicht frei war. Die Ernennung Karls zum Herzog von Lothringen war sinnvoll, weil Karl in einem heftigen Gegensatz zu seinem älteren Bruder Lothar und vor allem zu dessen Gattin Hemma, der Adelheid-Tochter, stand, die er offen des Ehebruchs mit einem Bischof bezichtigte. Das ließ vermuten, dass Karl treu zu Otto stehen würde. Im Juni 978 zog Lothar mit einem Heer nach Lothringen. Er versuchte, Otto II. in Aachen zu überfallen und gefangenzunehmen, aber der Anschlag mißlang. Auf einem Reichstag in Dortmund im Juli wurde eine Heerfahrt nach Frankreich beschlossen. Sie führte Otto bis vor Paris, aber es kam zu keiner Entscheidung. Im Mai 980 wurde bei einem Treffen des Kaisers mit dem König an der Grenze der alte Zustand anerkannt, dass Lothringen zum Ostreich gehörte.

In der bayerischen Frage wie gegenüber Frankreich hatte sich die klare Linie der neuen Regierung durchgesetzt, die auf Adelheid und ihre Ver-

mée pour la troisième fois contre la Bohême et contraignit cette fois Boleslav à se soumettre. Otton de Souabe et de Bavière fit le siège des insurgés à Passau. Lorsque l'empereur apparut avec son armée venant de Prague, ils durent capituler. Henri le Querelleur fut emprisonné chez l'évêque d'Utrecht. Henri de Carinthie dut céder son nouveau duché à Otton de Worms. L'évêque Henri d'Augsbourg se soumit et fut désormais fidèle à l'empereur.

L'Empire d'Otton avait enfin conforté sa position, même face aux prétentions d'Henri le Querelleur. Mais cette réussite coûtait cher. Les troubles permanents en Germanie redonnèrent espoir au roi Lothaire de France. En 977, Otton dut donc prendre des mesures hasardeuses. Il réintégra les deux comtes insurgés Régnier et Lambert dans leurs biens et nomma le frère du roi de France duc de Basse-Lorraine. Depuis la mort de Brunon, l'archevêque de Cologne, le duché n'avait plus été pourvu, car la tentation était grande pour un duc de Lorraine d'accroître son indépendance en oscillant entre le royaume français des Francs occidentaux et le royaume germanique des Francs orientaux. Mais les événements en Lorraine montraient que la noblesse lorraine n'était pas insensible à cette tentation. Il avait été judicieux de nommer Charles duc de Lorraine, parce que Charles était fortement opposé à Lothaire, son frère aîné, et surtout à Emma, la femme de celui-ci, la fille d'Adélaïde, qu'il accusait ouvertement d'adultère avec un évêque. Ceci laissait supposer que Charles serait fidèle à Otton. En juin 978, Lothaire partit pour la Lorraine avec une armée. Il essaya d'attaquer Otton II à Aix-la-Chapelle et de le faire prisonnier, mais l'attaque échoua. Dans une diète qui siégea à Dortmund en juillet, il fut convenu de lancer une expédition vers la France. Otton parvint ainsi jusqu'aux portes de Paris, mais cette intervention n'apporta aucune décision. En mai 980, lors d'une rencontre de l'empereur avec le roi à la frontière, le statu quo fut reconnu, à savoir que la Lorraine faisait partie du royaume oriental.

Sur la question bavaroise comme dans l'attitude face à la France, la ligne claire du nouveau gouvernement, qui ne tenait compte ni d'Adélaïde, ni

wandtenpolitik keine Rücksicht nahm. Theophanus Einfluss ist dabei nicht im einzelnen nachzuweisen. Aber ihr Itinerar, die Rekonstruktion ihrer Aufenthaltsorte aus Hinweisen in erzählenden Quellen, Interventionen und anderen Nennungen, zeigt, dass sie bei den meisten Bewegungen Ottos dabei oder wenigstens in der Nähe war. In den Urkunden Ottos wird sie als *dilectissima coniunx nostra*, *amantissima Theophanu augusta*, *carissima nostra contectalis*, *imperatrix augusta* oder auch *Theophanu augusta et imperii consors* bezeichnet. Mitte 977 wurde wohl in Diedenhofen in Lothringen die erste Tochter geboren und nach der Mutter des Vaters auf den Namen Adelheid getauft. In der Zeit des Dortmunder Reichstags im Juli 978 kam die zweite Tochter, nach der Mutter der Mutter Sofia genannt, auf die Welt. Wahrscheinlich im September des folgenden Jahres war die Geburt der dritten Tochter Mathilde, und im Juli 980 in Cleve am Niederrhein wurden Zwillinge geboren, eine bald verstorbene Tochter und der lang ersehnte Sohn Otto. Das Itinerar wie die Geburt der Kinder und die sehr persönlichen Nennungen in den Urkunden weisen auf einen engen Zusammenhalt des Ehepaars hin und machen damit einen ausschlaggebenden Einfluss Theophanus auf die politische Linie dieser Jahre wahrscheinlich.

de sa politique de parenté, avait réussi à s'imposer. L'influence de Théophano ne peut pas être démontrée dans le détail. Mais son itinéraire, c'est-à-dire la reconstruction des endroits où elle a séjourné à partir d'interventions, de mentions diverses et d'indications contenues dans des sources narratives, montre qu'elle était avec Otton dans la plupart de ses déplacements, ou tout au moins à proximité immédiate de lui. Dans les actes d'Otton, elle est qualifiée de *dilectissima coniunx nostra*, *amantissima Theophanu augusta*, *carissima nostra contectalis*, *imperatrix augusta* ou aussi de *Theophanu augusta et imperii consors*. Au milieu de l'année 977 naquit la première fille probablement à Thionville en Lorraine et elle reçut au baptême le prénom de sa grand-mère paternelle, Adélaïde. La seconde fille vint au monde pendant la diète de Dortmund en juillet 978 et elle fut prénommée Sofia comme sa grand-mère maternelle. La naissance de Mathilde, la troisième fille, eut probablement lieu en septembre de l'année suivante; et en juillet 980, des jumeaux virent le jour à Clèves sur le Rhin inférieur: une fille qui mourut peu après et Otton, le fils tant attendu. L'itinéraire, ainsi que la naissance des enfants et les qualificatifs très personnels mentionnés dans les actes montrent que le couple était très uni, ce qui porte à croire que Théophano eut, selon toute vraisemblance, une influence déterminante sur la ligne politique de ces années.

Adelheid und die Italienpolitik Ottos II.

Sieben Jahre nach dem Tod Ottos I. war die Stellung seines Sohnes in Deutschland so weit gefestigt, dass er sich wieder den Verhältnissen in Italien zuwenden konnte. Dort hatte vermutlich seine Mutter Adelheid für ihn die Geschäfte geführt. Ihr Aufenthalt zwischen 974 und 980 ist nicht immer genau auszumachen, aber am deutschen Hof war sie wohl nicht mehr, und den größten Teil dieser Zeit dürfte sie in ihrer Residenz in Pavia verbracht haben, wo sie etwa 976 zwischen zwei venezianischen Parteien vermittelte. Wenn Otto in Italien erscheinen und politisch wirksam werden wollte, war ein Zusammentreffen mit seiner Mutter und eine Art von Versöhnung unausweichlich. Die Verhandlungen dazu wurden dem Abt Majolus von Cluny übertragen. Das Gefolge Ottos II.

Adélaïde et la politique italienne d'Otton II

Sept ans après la mort d'Otton Ier, la position de son fils dans le royaume de Germanie était si consolidée que ce dernier pouvait à nouveau se consacrer à l'Italie. Sa mère Adélaïde y avait probablement géré les affaires en son nom. Le lieu de séjour d'Adélaïde entre 974 et 980 ne peut pas toujours être déterminé avec exactitude, mais elle n'était vraisemblablement plus à la cour de Germanie. Pendant la plus grande partie de cette période, elle a sans doute séjourné dans sa résidence de Pavie où elle servit par exemple de médiatrice, en 976, entre deux parties vénitiennes. Si Otton voulait être présent en Italie et y exercer une action politique, une rencontre avec sa mère et une réconciliation étaient inévitables. Les négociations préalables furent confiées à l'abbé Maïeul de

Versöhnung von Otto II.
mit seiner Mutter Adelheid von Burgund

Réconciliation entre Otton II
et sa mère Adélaïde de Bourgogne

Francesco Hayez
XIX. siècle/Jahrhundert
Pinacoteca Dell'Ottocento
Castello Visconteo, Pavia
Fotograf: Fiorenzo Cantalupi, Pavia

mit Theophanu und dem neugeborenen Sohn sammelte sich im Oktober und traf Anfang Dezember in Pavia ein. Aufschlußreich für das Zusammentreffen mit Adelheid ist auch hier die Schilderung bei Odilo von Cluny:

Auf den Rath so gewichtiger Männer traf denn zu Pavia die Mutter mit dem Sohne zur festgesetzten Zeit zusammen. Als sie nun gegenseitig sich erblickten, warfen sie seufzend und weinend mit ganzem Körper sich auf den Boden und fingen an, sich in Demuth zu begrüßen; der Sohn demüthig und reuevoll, die Mutter bereitwillig zu verzeihen. Stets blieb zwischen beiden von nun an das unauflösliche Band eines dauernden Friedens.

Die Versöhnung war zunächst ein notwendiger politischer Akt, aber diese Schilderung zeigt nicht nur, wie Adelheid den Vorgang auffaßte – ihr Sohn hatte zu bereuen, sie war bereit zu verzeihen –, sondern deutet auch auf klare Konsequenzen hin. Wenn zwischen den beiden von da an dauernder Friede herrschte, dann hatte Otto sich in wesentlichen Fragen die Standpunkte seiner Mutter zu eigen gemacht und ihr neuen Einfluss auf seine Entscheidungen eingeräumt. Das bedeutete aber, dass Otto sich von seinen bisherigen Beratern entfernte, das heißt von Otto von Schwaben und Theophanu, denn Willigis von Mainz war als sein Vertreter in Deutschland geblieben. Die große politische und persönliche Veränderung, die 981 bei Otto festzustellen ist, geht also auf eine neue Abhängigkeit von seiner Mutter Adelheid zurück. Wir haben über das innere Verhältnis zwischen Adelheid, Otto und Theophanu naturgemäß keine genauen Quellen, nur Andeutungen in Adelheids Lebensbeschreibung wie bei anderen Autoren. Aber für den Wechsel des Einflusses auf Otto II. und die wachsende Entfremdung zwischen ihm und Theophanu spricht auch, dass ihnen nach 980 keine Kinder mehr geboren wurden.

Zunächst sollte oder wollte Otto seine kaiserliche Stellung als Oberhaupt der westlichen Welt demonstrieren. Im Januar 981 leitete er ein Streitgespräch über die richtige Philosophie zwischen zwei berühmten Theologen, dem kaiserlichen Kapellan Ohtrich und Gerbert von Aurillac. Von März bis Juli weilte der ganze Hof in Rom. Dort feierte der Kaiser Ostern im Kreis seiner großen

Cluny. La suite d'Otton II avec Théophano et leur fils nouveau-né se réunit en octobre et arriva à Pavie début décembre. Le récit d'Odilon de Cluny est riche en renseignements sur la rencontre avec Adélaïde:

Sur le conseil d'hommes si importants, la mère rencontra donc son fils à Pavie au moment fixé. Lorsqu'ils s'aperçurent, ils se jetèrent de tout leur corps sur le sol en soupirant et en pleurant et ils commencèrent à se saluer avec humilité; le fils humble et repentant, la mère prête à pardonner. A partir de cet instant, ils furent toujours réunis par le lien indissoluble d'une paix durable.

La réconciliation était tout d'abord un acte politique nécessaire, mais ce récit montre non seulement comment Adélaïde concevait l'événement – son fils devait se repentir, elle était prête à pardonner –, mais il annonce aussi des conséquences claires. Si, désormais, une paix durable régnait entre eux, c'était qu'Otton avait adopté le point de vue de sa mère sur des questions importantes et qu'il lui avait accordé une nouvelle influence sur ses propres décisions. Mais cela signifiait aussi qu'Otton se détachait des conseillers qu'il avait eus jusqu'ici, à savoir d'Otton de Souabe et de Théophano, Willigis de Mayence étant, quant à lui, resté en Germanie pour le représenter. Le grand changement politique et personnel, qui se constate chez Otton en 981, s'explique donc par le fait qu'il dépendait à nouveau de sa mère Adélaïde. Nous n'avons naturellement aucune source précise sur les relations personnelles entre Adélaïde, Otton et Théophano; nous trouvons seulement de vagues allusions dans la biographie d'Adélaïde et chez d'autres auteurs. Mais le fait qu'Otton et Théophano n'eurent plus d'enfants après 980 est également significatif de la nouvelle influence à laquelle Otton II était soumis et de la détérioration croissante de ses relations avec Théophano.

Tout d'abord, Otton devait ou voulait démontrer sa position impériale en tant que chef du monde occidental. En janvier 981, il dirigea un débat sur la véritable philosophie entre deux célèbres théologiens, le chapelain impérial Ohtrich et Gerbert d'Aurillac. De mars à juillet, toute la cour resta à Rome. L'empereur y fêta Pâques au sein de sa

Verwandtschaft, mit seinem Onkel, dem König von Burgund, dessen Frau Mathilde eine Schwester des französischen Königs und Nichte Ottos des Großen war, als vornehmstem Gast. Auch Herzog Hugo Capet, der Gegenspieler des französischen Königs, machte seine Aufwartung. Die großen Ereignisse konnten zeigen, dass der Kaiser der Mittelpunkt der Macht wie der gelehrten Welt war. Diese Veranstaltungen, die dem Stil Adelheids entsprachen, verfehlten sicher nicht ihre Wirkung auf Otto II., und mit ihrer langen und intimen Kenntnis der politischen Landschaft in Italien erreichte die Kaiserinwitwe, dass der Kaiser sich mit ihren Ansichten identifizierte und sich für ihre Verwandten und Günstlinge einsetzte.

Aber ihr großes Ziel war es, den Kaiser zu einem massiven Eingreifen in Süditalien zu bewegen. Dort ging es um zwei Machtbereiche, einmal die Sarazenen in Sizilien, die einen starken Rückhalt in Nordafrika hatten und nur mit einer gleichzeitigen Seeblockade zur Kapitulation hätten gezwungen werden können. Die Sarazenen griffen immer wieder auf das italienische Festland über. Das aber waren südlich von den ehemaligen langobardischen Fürstentümern die byzantinischen Verwaltungsbezirke von Apulien und Kalabrien. An sich hätte der Kampf gegen die Sarazenen ein gemeinsames Anliegen des westlichen und des östlichen Kaisertums sein sollen, und ein militärisches Zusammengehen wäre auch sinnvoll und aussichtsreich gewesen, insbesondere weil Byzanz eine Flotte zur Verfügung hatte. Aber es ging Adelheid weniger um die Sarazenen als um die Wahrung eines kurzfristigen Vorteils zur Inbesitznahme ganz Italiens. Wie später bei den Kreuzzügen verschmolz auch hier schon der Hass gegen den Islam mit der Ablehnung der fremden griechisch-byzantinischen Welt. Adelheid stand aber in enger Verbindung mit der kirchlich-lateinischen Bewegung. Und dass sie damit die Welt der ungeliebten Schwiegertochter treffen und ihren Einfluss auf den Sohn zurückgewinnen konnte, musste dieses Spiel für Adelheid noch interessanter machen. Otto war für solche Gedankengänge, die seine Überlegenheit und die Überlegenheit seiner lateinischen Welt zum Inhalt hatten, empfänglich. Seinen Titel *imperator augustus* änderte er jetzt und nannte sich wie die byzantinischen Kaiser *romanorum imperator augustus*.

grande famille, avec comme hôte le plus illustre son oncle, le roi de Bourgogne, dont la femme Mathilde était une soeur du roi de France et une nièce d'Otton le Grand. Le duc Hugues Capet, le rival du roi de France, fit aussi une visite de courtoisie. Les grands événements pouvaient montrer que l'empereur était le centre du pouvoir ainsi que le centre du monde érudit. Ces manifestations qui correspondaient au style d'Adélaïde, ne manquèrent pas de faire leur effet sur Otton II, et comme la veuve de l'empereur avait une longue connaissance intime du paysage politique en Italie, elle réussit à ce que l'empereur s'identifiât avec ses idées et qu'il s'investît pour les parents et favoris de sa mère.

Mais le grand objectif d'Adélaïde était d'inciter l'empereur à intervenir massivement dans le Sud de l'Italie. Deux sphères d'influence étaient en présence. Il y avait les Sarrasins en Sicile qui avaient un soutien considérable en Afrique du Nord et qui n'auraient pu être contraints à capituler que si un blocus maritime avait été mis en place en même temps. Les Sarrasins envahissaient sans cesse le continent italien. Ils visaient les circonscriptions administratives byzantines de la Pouille et de la Calabre, au sud des anciennes principautés lombardes. En fait, la lutte contre les Sarrasins aurait pu être une affaire commune de l'empire occidental et de l'empire oriental, et une action militaire conjointe aurait aussi été judicieuse et prometteuse de succès, en particulier parce que Byzance disposait d'une flotte. Mais les Sarrasins n'étaient pas la principale préoccupation d'Adélaïde; ce qui comptait surtout pour elle, c'était de garder un avantage à court terme pour prendre possession de toute l'Italie. Comme ce fut plus tard le cas lors des croisades, la haine contre l'Islam s'amalgamait déjà ici avec le refus du monde étranger gréco-byzantin. Adélaïde était, quant à elle, très liée au mouvement ecclésiastique latin. Et comme elle pouvait ainsi toucher le monde de sa belle-fille mal aimée et reprendre de l'influence sur son fils, l'enjeu ne devait en être que plus intéressant. Otton était sensible à de tels raisonnements qui exprimaient sa supériorité et la supériorité de son monde latin. Il modifia son titre d'*imperator augustus* pour se nommer maintenant *Romanorum imperator augustus* comme les empereurs byzantins.

Die Lage in Byzanz schien zu einem raschen Zugreifen einzuladen. Denn der Kaiser und Feldherr Johannes Tzimiskes war 976 gestorben oder wahrscheinlicher ermordet worden, und die Mutter der beiden Titularkaiser aus der makedonischen Dynastie hatte die Macht übernommen. Die Armee hatte gegen sie Theophanus Onkel Bardas Skleros zum Kaiser ausgerufen, war aber damit gescheitert. Der junge Kaiser Basileios II., der sich auch als Feldherr bewähren wollte, erlitt gegen die Bulgaren eine schwere Niederlage. So war Byzanz offenbar innerlich geschwächt und äußerlich bedroht, Süditalien war weit weg und schwer zu verteidigen, und ein kluger und geschickter Poltiker musste die Chance nutzen, die das Schicksal ihm hier bot.

Man hat früher angenommen, dass auch Theophanu hinter diesen Plänen stand, war doch Johannes Tzimiskes der gewesen, der sie in den Westen geschickt hatte, und ihr Onkel der gescheiterte Gegenkaiser. Der Angriff auf das byzantinische Italien hätte dann eine Art Rachefeldzug oder ein legitimistischer Anspruch auf das Ostreich sein können. Aber dagegen spricht einiges. Der Angriff auf Süditalien war nicht von langer Hand in Deutschland geplant und vorbereitet worden, sonst hätte der Kaiser von vorneherein auf eine größere Unterstützung gedrängt. Otto hatte zur Sicherung der Stabilität in Deutschland alle Erzbischöfe und die meisten Herzöge und großen Adligen zurückgelassen, nur der unentbehrliche Otto von Schwaben und Bayern begleitete ihn. Auch kannte Theophanu die Kraftreserven und Möglichkeiten der byzantinischen Politik besser als die anderen, und sie wußte, dass ein Angriff auf byzantinisches Reichsgebiet alles mobilisieren würde. Für Byzanz waren die Verwaltungsbezirke Apulien und Kalabrien kein beliebiger Außenposten, sondern geschichtlich und ideologisch ein wichtiger Teil des Imperium Romanum und strategisch eine wesentliche Basis zum weiteren Kampf gegen den Islam. Nach der Niederlage des Basileios hatte sich die Familie der Skleroi mit ihm ausgesöhnt und so zur Konzentration aller Kräfte beigetragen. Theophanu kannte also die Risiken, und mindestens ein zeitgenössischer Bericht besagt, dass sie gegen Otto und seine Kriegsführung heftige Vorwürfe erhoben hat.

La situation qui régnait à Byzance semblait inciter à une intervention rapide. En effet, l'empereur et général Jean Tzimiskès était mort en 976, ou plus vraisemblablement il avait été assassiné, et la mère des deux empereurs titulaires de la dynastie macédonienne avait pris le pouvoir. L'armée avait proclamé contre elle l'oncle de Théophano, Bardas Skléros, empereur, mais elle avait échoué. Le jeune empereur Basile II, qui voulait aussi faire ses preuves en tant que général, essuya une lourde défaite contre les Bulgares. Ainsi, Byzance était apparemment affaiblie à l'intérieur et menacée à l'extérieur; l'Italie méridionale était bien loin et difficile à défendre; tout stratège politique intelligent et adroit se devait donc de profiter de la chance que le destin lui offrait ici.

On a autrefois supposé que Théophano défendait également ces plans, étant donné que c'était Jean Tzimiskès qui l'avait envoyée en Occident et que son oncle était l'anti-empereur qui avait échoué. L'attaque contre l'Italie byzantine aurait donc pu être une sorte d'expédition de vengeance ou une prétention légitime à l'empire oriental. Mais beaucoup d'indices prouvent le contraire. L'attaque contre le Sud de l'Italie n'avait pas été prévue et préparée de longue main en Germanie, sinon l'empereur aurait insisté a priori pour avoir un plus grand soutien. Afin de garantir la stabilité dans son royaume, Otton y avait laissé tous les archevêques et la plupart des ducs et des grands nobles; seul l'indispensable Otton de Souabe et de Bavière l'accompagnait. Théophano connaissait aussi, mieux que quiconque, les réserves en forces et les possibilités de la politique byzantine, et elle savait qu'une attaque sur un territoire byzantin mobiliserait toutes les énergies. Pour Byzance, les circonscriptions administratives de la Pouille et de la Calabre n'étaient pas un quelconque poste extérieur, elles représentaient, du point de vue historique et idéologique, une partie importante de l'Imperium Romanum et sur le plan stratégique une base essentielle pour pouvoir continuer le combat contre l'Islam. Après la défaite de Basile, la famille des Skléros s'était réconciliée avec lui et avait ainsi contribué à une concentration de toutes les forces. Théophano connaissait donc les risques, et au moins un compte-rendu contemporain révèle qu'elle avait émis de violents reproches à l'adresse d'Otton et sur sa façon de faire la guerre.

Theophanu war demnach gegen die süditalienische Expedition, und sie hatte bei Otto II. erheblich an Einfluss verloren. Das zeigt sich auch daran, dass Bischof Dietrich von Metz, der in dieser Zeit zu seinen engsten Vertrauten zählte, der Kaiserin gegenüber ein unverschämtes Betragen an den Tag legte. Der Feldzug wurde im Lauf des Sommers 981 in Rom beschlossen und vorbereitet, und Weihnachten verbrachte der Hof bereits in Salerno.

Vom Feldzug in Süditalien bis zum Tod Ottos II.

Militärstrategisch war eigentlich klar, dass ein sinnvoller Verdrängungskrieg gegen die Sarazenen nur im Verbund mit einer starken Flotte geführt werden konnte. Aber Otto II. hatte keine Flotte und auch keine Erfahrung in der kombinierten Führung eines Krieges zu Land und zur See. Der ganze Feldzug war dilettantisch vorbereitet. Er richtete sich gegen zwei Gegner, die byzantinischen Besitzungen und die Sarazenen, die beide den Nachschubweg über die See offen hatten, und die durch den Angriff von Norden zur kurzzeitigen Zusammenarbeit geradezu herausgefordert wurden. Selbst die Landtruppen, die der Kaiser anführte, waren für einen nachhaltigen Erfolg zu schwach. Anfang 982 zog er mit diesen Truppen vor die byzantinische Stadt Tarent und belagerte sie. Wahrscheinlich verschleiern die Quellen, dass Otto die Stadt nicht einnehmen konnte, aber alle dort ausgestellten Urkunden geben als Ort nur "vor Tarent" an. Von Tarent aus zog das Heer um den inneren Rand des Stiefels nach Osten und traf auf der gegenüberliegenden Seite auf die Sarazenen. Das erste Treffen verlief für die Deutschen erfolgreich, der Führer der Sarazenen fiel im Kampf und seine Leute begannen zu fliehen. Um sie zu verfolgen, lösten die Deutschen ihre Schlachtordnung auf. Nun brachen die sarazenischen Truppen über die einzelnen deutschen Abteilungen herein und fügten ihnen eine vernichtende Niederlage zu.

Die Schlacht von Cotrone oder Kap Colonne oder Squillace vom 13. Juli 982, ungenügend vorbereitet und dilettantisch geführt, wirft kein gutes Licht

Par conséquent, Théophano était contre l'expédition en Italie méridionale, et elle avait perdu considérablement d'influence sur Otton II. Un autre indice est également révélateur: l'évêque Dietrich de Metz, qui comptait à cette époque parmi les conseillers les plus intimes d'Otton, affichait une attitude insolente à l'égard de l'impératrice. La campagne fut décidée et préparée à Rome pendant l'été 981, et la cour passa déjà les fêtes de Noël à Salerne.

De la campagne en Italie méridionale à la mort d'Otton II

Sur le plan de la stratégie militaire, il était clair qu'une guerre visant à repousser les Sarrasins ne pouvait être menée ingénieusement qu'avec le soutien d'une flotte puissante. Mais Otton II ne disposait pas de flotte et il n'avait aucune expérience sur la façon de diriger les hostilités en combinant les actions sur terre et sur mer. Toute la campagne était préparée avec dilettantisme. Elle se dirigeait contre deux adversaires, les possessions byzantines et les Sarrasins, qui avaient, l'un et l'autre, une voie d'accès pour se ravitailler par la mer, et que l'attaque venant du nord poussait pratiquement à coopérer pour quelque temps. Même les troupes terrestres, dirigées par l'empereur, étaient trop faibles pour obtenir un succès durable. Au début de l'année 982, Otton II conduisit ces troupes jusqu'aux portes de la ville byzantine de Tarente dont il fit le siège. Les sources dissimulent probablement qu'il ne parvint pas à prendre la ville, mais tous les actes, qui furent établis ici, mentionnent seulement "devant Tarente" comme lieu d'expédition. De Tarente, l'armée contourna le bord intérieur de la botte pour se diriger vers l'est et elle rencontra les Sarrasins de l'autre côté. Elle sortit victorieuse du premier combat; le chef des Sarrasins mourut pendant la bataille et ses soldats commencèrent à s'enfuir. Pour les poursuivre, l'armée impériale cassa sa formation de combat. Les troupes sarrasines attaquèrent alors les différents groupes germaniques et leur infligèrent une défaite écrasante.

La bataille de Crotone ou du Cap Colonne ou de Squillace le 13 juillet 982, insuffisamment préparée et menée de façon dilettante, montre les qua-

auf die strategischen Fähigkeiten des Kaisers. Otto II. selbst wurde durch einen Juden gerettet, der ihn auf ein griechisches Schiff brachte. Otto von Schwaben und Bayern wurde schwer verwundet, eine Vielzahl der anderen deutschen Herren und Fürsten kam ums Leben. Theophanu und ihr Sohn entgingen nur knapp der Gefangennahme. Auch die Sarazenen erlitten schwere Verluste. Der eigentliche Gewinner war Byzanz, denn die Trümmer des deutschen Heeres mussten jeden Gedanken an eine Sicherung der bisherigen Eroberungen aufgeben und sich auf Reichsgebiet zurückziehen. Am 18. August war der Hof wieder in Salerno, und dort verbrachte er auch das Weihnachtsfest 982. Otto von Schwaben und Bayern starb am 31. Oktober in Lucca an den Folgen seiner Verwundungen. Der Tod dieses Weggenossen hat wohl Theophanus Situation weiter verschlechtert, denn Otto II. war geneigt, die Niederlage eher anderen als der eigenen Unfähigkeit zuzuschreiben, und wurde in dieser Haltung von der Gruppe um Dietrich von Metz und Adelheid bestärkt. Die deutschen Quellen sprechen daher auch gern von Hinterlist und Hinterhalt der Sarazenen.

Zu Pfingsten 983 berief Otto II. einen allgemeinen Reichstag nach Verona, den ersten gemeinsamen für Deutschland und Italien. Dort wurden wichtige Entscheidungen getroffen. Der noch nicht dreijährige Otto wurde zum König gewählt und dem Erzkanzler Willigis anvertraut, der ihn über die Alpen bringen und an Weihnachten in Aachen feierlich krönen lassen sollte. Die Erziehung des jungen Königs wurde dem Erzbischof Warin von Köln und dem Erzbischof Johannes von Ravenna übertragen. Als Nachfolger Ottos in Schwaben wurde Konrad eingesetzt, in Bayern der 977 als Herzog von Kärnten abgesetzte Heinrich. Konrad stammte aus einer rheinfränkischen Adelsfamilie, die schon mit Herzog Hermann, dem Schwiegervater Liudolfs und Großvater Ottos, einen Schwabenherzog gestellt hatte. Die Familie gehörte zu den treuen Anhängern der ottonischen Dynastie. Ein Bruder Konrads, Udo, hatte zu den Opfern der Sarazenenschlacht gehört. Die Ernennung Heinrichs war dagegen ein Abgehen von der klaren Linie Ottos II. mit Theophanu und Otto von Schwaben gegen die Verschwörer von 977. Auch scheint eine gewisse Aufwertung Adelheids stattgefunden zu haben, eine Stärkung ihrer Statt-

lités stratégiques de l'empereur sous un jour peu favorable. Otton II fut, quant à lui, sauvé par un Juif qui l'emmena sur un bateau grec. Otton de Souabe et de Bavière fut grièvement blessé, un grand nombre de seigneurs et de princes de Germanie périt. Théophano et son fils parvinrent de justesse à ne pas être capturés. Les Sarrasins subirent aussi de lourdes pertes. Le véritable vainqueur était Byzance, car les débris de l'armée germanique durent abandonner tout espoir de protéger les conquêtes antérieures et ils se retirèrent sur le territoire de l'Empire. Le 18 août, la cour était à nouveau à Salerne où elle passa les fêtes de Noël 982. Otton de Souabe et de Bavière mourut le 31 octobre, à Lucca, des suites de ses blessures. La mort de ce compagnon de route a certainement encore aggravé la situation de Théophano, car Otton II était enclin à attribuer la responsabilité de la défaite à d'autres plutôt qu'à sa propre incapacité, et le groupe formé autour de Dietrich de Metz et d'Adélaïde le confortait dans cette attitude. C'est pourquoi aussi les sources germaniques parlent volontiers de la fourberie et de la sournoiserie des Sarrasins.

A la Pentecôte 983, Otton II convoqua à Vérone une diète générale, la première qui fût commune pour la Germanie et l'Italie. Des décisions importantes y furent prises. Le jeune Otton, qui n'avait pas encore trois ans, fut élu roi et confié à l'archichancelier Willigis qui devait lui faire traverser les Alpes et le faire couronner solennellement à Aix-la-Chapelle à Noël. L'archevêque de Cologne Warin et l'archevêque de Ravenne Johannes furent chargés de l'éducation du jeune roi. Pour succéder à Otton, ce fut Conrad qui fut désigné en Souabe, et Henri en Bavière, ce dernier avait été destitué en 977 en tant que duc de Carinthie. Conrad descendait d'une famille noble de Francie rhénane qui avait déjà fourni un duc de Souabe en la personne du duc Hermann, le beau-père de Liudolf et grand-père d'Otton. Cette famille comptait parmi les partisans fidèles de la dynastie ottonienne. Udo, un frère de Conrad, faisait partie des victimes de la bataille contre les Sarrasins. Par contre, la nomination d'Henri s'écartait de la ligne clairement définie par Otton II avec Théophano et Otton de Souabe contre les conjurés de 977. De même, Adélaïde semble avoir bénéficié d'un regain d'influence, son gouvernement en Italie fut renforcé,

halterschaft in Italien, denn sie vermittelte den Frieden zwischen den streitenden Parteien in Venedig.

car elle négocia la paix entre les parties adverses à Venise.

Der Reichstag von Verona war vermutlich politisch wie persönlich ein Tiefpunkt für Theophanu. Die Wahl ihres Sohnes zum König bedeutete gleichzeitig, dass das Kind ihr entzogen und nach Deutschland gebracht wurde, wenn auch in der Obhut des treuen Willigis. Am kaiserlichen Hof stand sie allein, und politisch beschloss der Reichstag, den Krieg in Süditalien mit verstärkten Kräften weiterzuführen. Theophanu wußte, dass das nur zu einer langen und verlustreichen Auseinandersetzung mit Byzanz führen würde, die an den anderen Grenzen zur Schwächung führen musste, aber ihre Warnungen wurden als Parteinahme für Byzanz und als Verrat verstanden. Dabei zeigten die Ereignisse in Deutschland, wie recht sie hatte, denn auf die Nachrichten von der kaiserlichen Niederlage in Süditalien hin kam es im Sommer 983 an der dänischen und slawischen Grenze zu schweren Unruhen und Einbrüchen. Hamburg, Havelberg und Brandenburg wurden zerstört.

La diète de Vérone était probablement une période où la bonne étoile de Théophano était au plus bas autant sur le plan politique que personnel. L'élection de son fils au trône royal signifiait aussi que l'enfant lui était enlevé pour aller en Germanie, même si c'était sous la protection du fidèle Willigis. Elle se retrouvait seule à la cour impériale, et la diète prit la décision politique de continuer la guerre en Italie méridionale avec des forces accrues. Théophano savait que cela n'aboutirait qu'à un long conflit sanglant avec Byzance, donc à un affaiblissement aux autres frontières; mais ses avertissements furent interprétés comme une prise de parti pour Byzance et comme une trahison. Pourtant, les événements en Germanie montraient combien elle avait raison, car après que se fût répandue la nouvelle de la défaite impériale dans le Sud de l'Italie, de graves troubles et des incursions se produisirent en été 983 à la frontière danoise et slave. Les villes de Hambourg, Havelberg et Brandebourg furent détruites.

Otto II. erhielt diese Nachrichten in Rom, wo er gerade Johannes XIV., den bisherigen Erzkanzler der italienischen Kanzlei, als Papst inthronisierte. Er wollte nun wohl den Krieg in Süditalien zurückstellen und nach Deutschland gehen, aber eine Malariaerkrankung hinderte ihn daran. Da ihm die Heilung nicht schnell genug ging, nahm er eine starke Überdosis des von den Ärzten verschriebenen Aloë und starb am 7. Dezember 983 an dieser Vergiftung, in Anwesenheit des Papstes und seiner Gemahlin Theophanu. Er wurde in der Vorhalle der Peterskirche beigesetzt. Am 25. Dezember wurde in Aachen, wo die Nachricht vom Tod des Vaters noch nicht bekannt war, sein dreieinhalbjähriger Sohn Otto III. zum König gekrönt.

Otton II reçut ces nouvelles à Rome, où il intronisait le pape Jean XIV, l'ancien archichancelier de la chancellerie italienne. Sans doute voulait-il maintenant remettre à plus tard la guerre en Italie méridionale et rentrer d'abord en Germanie, mais il en fut empêché car il souffrait de la malaria. Comme il ne guérissait pas assez vite à son goût, il prit une forte surdose d'aloès que les médecins lui avaient prescrit, et mourut de cette intoxication le 7 décembre 983 en présence du pape et de son épouse Théophano. Il fut enseveli dans le narthex de l'église Saint-Pierre. Le 25 décembre, à Aix-la-Chapelle où la nouvelle de la mort d'Otton n'était pas encore parvenue, son fils âgé de trois ans, Otton III, fut couronné roi.

Die Auseinandersetzung um die Regentschaft

Eine klare rechtliche Regelung für die Regentschaft gab es nicht. Auch ein minderjähriger König regierte theoretisch selbstverantwortlich, hatte allerdings privatrechtlich einen Vormund. Das konnte der nächste männliche Verwandte, der

La querelle au sujet de la régence

Il n'y avait pas de réglementation juridique claire pour la régence. Un roi, même mineur, assumait théoriquement lui-même les responsabilités du pouvoir, mais sur le plan du droit privé il avait un tuteur, qui pouvait être le plus proche parent mas-

Schwertmage sein, aber auch die Mutter. Auf dieser Grundlage haben immer wieder Königinnen für ihre Söhne die Regierung geführt. Dabei war aber die Zulässigkeit der Wahl eines unmündigen Sohnes zum König an sich umstritten. Im Fall Ottos III. kam erschwerend dazu, dass er beim Tod seines Vaters noch gar nicht gekrönt war. Zu den rechtlichen Problemen kam die politische Lage. Die Witwe des Kaisers und Mutter des Königs war in Rom und eine landfremde Griechin, die Entscheidung müsste aber in Deutschland getroffen werden. Der erste, der reagierte, war Heinrich der Zänker. Er erklärte mit dem Tod Ottos II. seine Haft in Utrecht für beendet und ging nach Köln, wo er sich von Erzbischof Warin den kleinen König aushändigen ließ. Dabei berief er sich auf das Recht des Schwertmagen, denn es gab keinen näheren Verwandten im Mannesstamm. Viele Kirchenfürsten, an erster Stelle der Bischof von Utrecht und der Erzbischof von Köln, schlossen sich dieser Argumentation an. Mit dem Anspruch der Vormundschaft über den jungen Otto verband Heinrich der Zänker aber keineswegs dessen Anerkennung als König. Denn er war nicht nur Schwertmage, sondern auch der letzte Mann des sächsischen Königshauses, und wenn Otto als Kind oder als nicht rechtzeitig Gekrönter gar kein rechtmäßiger König war, dann konnte Heinrich für sich das Königtum beanspruchen. Heinrich der Zänker wollte also König werden, und die erzwungene Vormundschaft über Otto war nur ein Weg, um diesen als Konkurrenten auszuschalten und als Druckmittel zu benutzen.

Zum Vormund berufen fühlte sich auch König Lothar von Frankreich. Seine Mutter war eine Schwester Ottos des Großen, er war also im gleichen Grad verwandt wie Heinrich, nur über die weibliche Linie. Dazu war seine Frau Hemma die Tochter Adelheids aus ihrer ersten Ehe mit Lothar von Italien. Die Vormundschaft über Otto III. hätte für ihn die Wiederherstellung des karolingischen Gesamtreiches bedeuten können. Davon träumte er sicher, aber sein realpolitisches Ziel war es, im Tausch für seinen Anspruch auf die Vormundschaft wenigstens Lothringen wieder an das westfränkische Reich bringen zu können. Aber ausgerechnet die Anhänger Ottos III. und Gegner des Zänkers in Lothringen riefen ihn gegen den Zänker um Hilfe an.

culin, mais aussi la mère. C'est ainsi que des reines ont, à plusieurs reprises, gouverné pour leurs fils. Mais l'élection d'un fils mineur au trône royal était en soi contestée. De plus, le cas d'Otton III se compliquait du fait qu'il n'était même pas encore couronné à la mort de son père. La situation politique s'ajoutait aux problèmes juridiques. La veuve de l'empereur et mère du roi était à Rome et elle était Grecque, étrangère au pays; mais la décision devait être prise en Germanie. Le premier à réagir fut Henri le Querelleur. Il déclara que la mort d'Otton II avait mis fin à son emprisonnement à Utrecht, et il se rendit à Cologne où il se fit remettre le jeune roi par l'archevêque Warin. Il faisait valoir ses droits, car il n'y avait pas de parent plus proche que lui dans la ligne masculine. De nombreux princes de l'Eglise, en premier lieu l'évêque d'Utrecht et l'archevêque de Cologne, se rangèrent à cette argumentation. Mais pour Henri le Querelleur, la revendication de la tutelle sur le jeune Otton n'impliquait pas qu'il reconnaissait celui-ci comme roi. En effet, il était non seulement le plus proche parent, mais aussi le dernier représentant masculin de la maison royale de Saxe, et si Otton, du fait qu'il était un enfant ou qu'il n'avait pas été couronné à temps, n'était pas un roi légitime, Henri pouvait alors faire valoir ses droits sur le royaume. Henri le Querelleur voulait donc être roi, et la tutelle qu'il voulait obtenir par la force lui servait seulement à éliminer Otton comme concurrent et à l'utiliser comme moyen de pression.

Le roi de France Lothaire se sentait également une vocation de tuteur. Sa mère était une soeur d'Otton le Grand, il était donc parent au même degré qu'Henri, mais par la ligne féminine. De plus, sa femme était Emma, la fille née du premier mariage d'Adélaïde avec Lothaire d'Italie. La tutelle sur Otton III aurait pu signifier pour lui la restauration du grand Empire carolingien. Il en rêvait certainement, mais son objectif politique réaliste était de pouvoir rattacher au moins la Lorraine au royaume franc d'occident en échange de sa prétention à la tutelle. Mais ce furent précisément les partisans d'Otton III et les adversaires du Querelleur en Lorraine qui lui demandèrent de leur venir en aide contre le Querelleur.

Als Sachwalter des Reiches und Ottos III. fühlte sich Erzbischof Willigis von Mainz, der die Vertretung der Regierung, die Otto II. ihm anvertraut hatte, einfach weiterführte. Dabei stand er mit den Gegnern des Zänkers in Verbindung, vielleicht auch hinter dem Hilferuf an König Lothar von Frankreich, denn das Gefährlichste wäre eine schnelle Verständigung zwischen Lothar und Heinrich gewesen. Natürlich nahm er auch die Verbindung mit den Kaiserinnen auf. Denn Theophanu war nach der Beisetzung Ottos II. nach Pavia gereist und hatte sich mit Adelheid verständigt. Wie diese Verständigung ausgesehen hat, wissen wir nicht genau, aber beide Frauen mussten Zugeständnisse machen. Theophanu brauchte den Rückhalt Adelheids, die weitreichende Verbindungen und vor allem enge Kontakte zur Kirche hatte. Adelheid anerkannte dafür das Recht Theophanus, die Regentschaft für Otto III. zu führen. Ende April brachen die Kaiserinnen von Pavia auf und kamen über Burgund, wo sich ihnen König Konrad anschloß, Mitte Juni nach Mainz. König Konrad war nicht nur der Bruder Adelheids, sondern auch der Schwiegervater des Zänkers.

L'archevêque Willigis de Mayence, qui continuait tout simplement d'assumer la représentation du pouvoir qu'Otton II lui avait confiée, se considérait comme l'administrateur du royaume et d'Otton III. Pourtant, il était en relations avec les adversaires du Querelleur et il se cachait aussi peut-être derrière l'appel au secours lancé auprès du roi de France Lothaire, car le plus grand danger aurait été une entente rapide entre Lothaire et Henri. Bien sûr, il prit aussi contact avec les impératrices. Théophano s'était en effet rendue à Pavie après l'inhumation d'Otton II et elle s'était mise d'accord avec Adélaïde. Nous ne savons pas exactement de quelle nature était cet accord, mais les deux femmes devaient faire des concessions. Théophano avait besoin du soutien d'Adélaïde qui avait des relations importantes et surtout des contacts étroits avec l'Eglise. En échange, Adélaïde reconnaissait à Théophano le droit d'assumer la régence pour Otton III. Fin avril, les impératrices quittèrent Pavie, passèrent par la Bourgogne où le roi Conrad se joignit à elles et arrivèrent mi-juin à Mayence. Le roi Conrad était non seulement le frère d'Adélaïde, mais aussi le beau-père du Querelleur.

Heinrich der Zänker hatte bei den weltlichen Herren weniger Unterstützung gefunden als bei den Bischöfen. Insbesondere der neue Herzog Konrad von Schwaben gehörte zu seinen entschiedenen Gegnern. In Quedlinburg ließ Heinrich sich an Ostern von seinen Anhängern zum König wählen, aber er konnte sich nicht durchsetzen, vor allem wegen seiner verdächtigen Kontakte nach Böhmen und Polen, und so floh er nach Bayern. Aber auch dort war das Echo geteilt. Schließlich erklärte er sich bereit, den jungen König den Kaiserinnen zurückzugeben. Dies geschah am 29. Juni auf dem Reichstag von Rara/Rohr bei Meiningen, auf freiem Feld, im Beisein des Königs Konrad von Burgund, der Äbtissin Mathilde von Quedlinburg, der Schwester Ottos II., und zahlreicher Fürsten. Über eine Entschädigung für ihn sollte im Herbst auf einem neuen Reichstag verhandelt werden. Als ihm dort das Herzogtum Bayern immer noch verwehrt wurde, versuchte er erfolglos, es sich mit Gewalt zu nehmen. Dann verband er sich mit Lothar von Frankreich. Dieser sollte ihm dabei helfen, deutscher König zu werden und dafür Lothringen bekommen. Sie verabredeten sich auf

Henri le Querelleur avait trouvé moins d'appui auprès des seigneurs temporels qu'auprès des évêques. Le nouveau duc Conrad de Souabe comptait en particulier parmi ses adversaires résolus. A Pâques, Henri se fit élire roi par ses partisans à Quedlinburg, mais il ne réussit pas à s'imposer, surtout à cause de ses contacts suspects avec la Bohême et la Pologne, et il s'enfuit en Bavière. Mais là aussi, les réactions étaient mitigées. Finalement, il se déclara prêt à rendre le jeune roi aux impératrices, ce qui eut lieu le 29 juin à la diète de Rara/Rohr près de Meiningen, en pleine campagne, en présence du roi Conrad de Bourgogne, de l'abbesse Mathilde de Quedlinburg, la soeur d'Otton II et de nombreux princes. Une indemnisation pour Henri le Querelleur devait être négociée en automne lors d'une nouvelle diète. Mais comme ici aussi, on lui refusa le duché de Bavière, il essaya en vain de le prendre de force. Il s'associa alors avec Lothaire de France. Ce dernier devait l'aider à devenir roi de Germanie et il recevrait la Lorraine en échange. Ils se donnèrent rendez-vous à Brisach le 5 février 985. Mais Henri le Querelleur ne vint pas, car il s'était entre-temps

den 5. Februar 985 in Breisach. Heinrich der Zänker kam allerdings nicht, weil er sich inzwischen mit den Kaiserinnen verständigt hatte. Wahrscheinlich auf Betreiben Adelheids, weil er ja immerhin der Schwiegersohn ihres Bruders war, wurde ihm das Herzogtum Bayern zurückerstattet, wenn auch nur das verkleinerte, ohne Österreich und Kärnten. Der andere Herzog Heinrich erhielt dafür wieder Kärnten, auf das Otto von Kärnten verzichtete. Dieser Sohn Liutgards und Konrads des Roten, ein Vetter Ottos III., erwies sich in einem Umfeld machtgieriger und egoistischer Herrenpolitik als seltene Ausnahme, weil er durch das Zurückstellen eigener Ansprüche mehrmals dazu beitrug, Konflikte zu entschärfen und Kompromisse zu ermöglichen.

mis d'accord avec les impératrices. Ce fut probablement à l'instigation d'Adélaïde (puisqu'après tout, Henri le Querelleur était le gendre de son frère) que le duché de Bavière lui fut restitué, toutefois avec un territoire réduit, sans l'Autriche et la Carinthie. L'autre duc Henri récupéra la Carinthie, à laquelle Otton de Carinthie renonça. Ce fils de Liutgarde et de Conrad le Roux, un cousin d'Otton III, s'avéra être une exception rare dans un contexte de politique seigneuriale égoïste et avide de pouvoir, car à plusieurs reprises, en reléguant au second plan ses propres revendications, il contribua à désamorcer des conflits et à rendre des compromis possibles.

Der Reichstag von Rara brachte die allgemeine Anerkennung Ottos III. und einer politischen Führung, die aus den beiden Kaiserinnen und der bisherigen kaiserlich-königlichen Regierungsvertretung bestand, die Erzbischof Willigis von Mainz repräsentierte. Diese Lösung war keineswegs die einzig mögliche, aber Heinrich der Zänker hatte mit seinem hektisch-undurchsichtigen und gewalttätigen Verhalten viel dazu beigetragen, dass die Bischöfe sich von ihm abwandten. Die Bischöfe hatten einen starken König gewollt, denn die Ottonen hatten konsequent Herrschaftsrechte auf Kirchenfürsten übertragen und so die königliche Stellung wie die der Reichskirche gestärkt.

La diète de Rara aboutit à la reconnaissance générale d'Otton III ainsi que d'une direction politique comprenant les deux impératrices et la représentation du pouvoir impérial et royal en la personne de l'archevêque Willigis de Mayence. Cette solution n'était pas la seule issue possible, mais l'attitude fébrile, confuse et violente d'Henri le Querelleur avait pratiquement eu pour conséquence que les évêques s'étaient détournés de lui. Ceux-ci avaient voulu un roi puissant, car les Ottoniens avaient cédé systématiquement des droits seigneuriaux aux princes de l'Eglise et renforcé ainsi la position de la royauté de même que celle de l'Eglise impériale.

Aus demselben Grund waren die weltlichen Fürsten für eine Minderheitenregierung, in der sie hoffen konnten, ihre Positionen zu verstärken. In diesem Dreigespann war Willigis der Garant für die Kontinuität. Adelheid half mit ihren engen Beziehungen zur Kirche die Bischöfe auf diese Seite zu bringen, und sie war auch für Heinrich den Zänker die Brücke für einen Kompromiß, weil sie den Neffen Ottos des Großen und Schwiegersohn ihres Bruders nicht zu tief fallen lassen würde. Theophanu war die am wenigsten bekannte Größe, aber sie war die Mutter des Königs und hatte formal für ihn und seine Regierung die Verantwortung zu tragen.

La même raison amenait les princes temporels à préférer un pouvoir de minorités où ils pouvaient garder l'espoir de renforcer leurs positions. Dans cette équipe à trois, Willigis était le garant de la continuité. Adélaïde, grâce à ses rapports étroits avec l'Eglise, contribuait à mettre les évêques dans son camp, et, pour Henri le Querelleur, elle ouvrait aussi la perspective d'un compromis, car elle ne laisserait pas tomber trop bas le neveu d'Otton le Grand et gendre de son propre frère. Théophano était la personnalité la moins connue, mais elle était la mère du roi et elle devait formellement assumer les responsabilités pour lui et son gouvernement.

Diese Dreiteilung der Macht hat sich innerhalb weniger Monate gründlich verändert, denn schon

Ce pouvoir tripartite a fondamentalement changé au cours de quelques mois, car Adélaïde quitta la

im Juli 985 verließ Adelheid den königlichen Hof und kehrte nach Pavia zurück, vielleicht auch nach einem längeren Zwischenaufenthalt in Burgund. Ihrer Abreise vorausgegangen war im Februar eine Auseinandersetzung über das Verfügungsrecht an ihrem "Wittum" in Deutschland. Sie wollte aus eigenem Antrieb aus diesem Besitz großzügige Schenkungen machen, Theophanu und Willigis bestanden darauf, dass sie über ihren deutschen Besitz nicht in derselben Weise verfügen könne wie über ihren italienischen. Das entsprach allerdings der bisherigen Praxis, denn weder unter Otto I. noch unter Otto II. hatte Adelheid in Deutschland selbständige Besitzrechte ausgeübt. In Pavia übte sie, wie schon zu Zeiten Ottos II., die königliche Regierung aus. Diese Kaltstellung und Verdrängung von der Macht hat Adelheid tief getroffen. Wieder dazu hören wir bei Odilo von Cluny:

Nicht lange nachher wurde sie ihres einzigen Sohnes beraubt, dem Otto der Dritte, der Sohn der Griechin, folgte. Da sie während langer Zeit von wiederholten Schlägen also heimgesucht wurde, läßt es kaum einzeln sich aufzählen, wie viele und wie arge Widerwärtigkeiten nach ihres Sohnes Tod für sie aufeinander folgten.

Willigis von Mainz und Theophanu hatten bis 980 zum engen Kreis um Otto II. gehört und schon einmal die Abschiebung Adelheids erreicht. Sicher lag ein Grund dafür in der tiefen Antipathie zwischen Schwiegermutter und Schwiegertochter, die von Anfang an vorhanden war und sich im Kampf um den Einfluss auf Otto II. noch verschärft hatte. Die gemeinsame Reise von Pavia nach Rara war keine Versöhnung, sondern von beiden ein taktischer Schachzug, von dem jede sich einen Vorteil erhoffte. Aber es gab auch handfeste politische Gründe. Adelheid, die sich gern als "Mutter der Königreiche" sah, träumte von der großen Familie, in der Heinrich der Zänker, Burgund, Frankreich und das deutsch-italienische Kaiserreich glücklich zusammenlebten. Theophanu und Willigis sahen in den Bestrebungen des Zänkers und König Lothars von Frankreich eine Gefährdung für das ihnen anvertraute Reich, der sie nicht tatenlos zusehen durften, sondern mit entsprechenden Maßnahmen entgegenwirken mussten. Otto der Große hatte erst seine Stellung in Deutschland

cour royale dès juillet 985 et rentra à Pavie, peut-être après s'être arrêtée quelque temps en Bourgogne. Son départ avait été précédé, en février, d'une querelle au sujet de son droit de disposer de son douaire en Germanie. Elle voulait, de sa propre initiative, faire des dons généreux de ces biens; Théophano et Willigis insistaient pour qu'elle ne disposât pas de ses biens en Germanie de la même façon qu'elle le faisait en Italie. Ceci correspondait en fait à ce qui avait été pratiqué jusqu'ici, car Adélaïde n'avait exercé de droits autonomes sur ses biens en Germanie ni sous Otton Ier, ni sous Otton II. A Pavie, elle exerçait le pouvoir royal, comme à l'époque d'Otton II. Adélaïde fut profondément affectée par cette neutralisation et cette éviction du pouvoir. Odilon de Cluny nous fournit les commentaires suivants à ce sujet:

Peu de temps après, son unique fils lui fut pris et Otton III, le fils de la Grecque, lui succéda. Comme, pendant une longue période, elle fut frappée à plusieurs reprises par des coups du destin, on ne peut guère énumérer dans le détail combien de contrariétés et de désagréments, ô combien fâcheux, elle dut subir après la mort de son fils.

Willigis de Mayence et Théophano avaient fait partie de l'entourage intime d'Otton II jusqu'en 980 et ils avaient déjà obtenu une fois le renvoi d'Adélaïde. L'une des raisons en était certainement la profonde antipathie qui existait depuis le début entre la belle-mère et la belle-fille et qui s'était encore accentuée en raison de leur rivalité pour prendre de l'ascendant sur Otton II. Le voyage qu'elles avaient fait ensemble de Pavie à Rara, n'était pas une réconciliation, mais une manoeuvre tactique des deux femmes qui espéraient chacune en tirer un avantage. Mais il y avait aussi des raisons politiques évidentes. Adélaïde, qui aimait se voir comme la "mère des royaumes", rêvait de la grande famille où Henri le Querelleur, la Bourgogne, la France et l'empire germano-italien vivraient ensemble heureux. Théophano et Willigis voyaient dans les tentatives du Querelleur et du roi Lothaire de France une menace pour l'Empire qui leur avait été confié, et ils estimaient qu'ils n'avaient pas le droit de regarder sans rien faire, mais qu'ils devaient réagir en prenant

gefestigt und geklärt, bevor er Italien in seinen Machtbereich einbezog. Otto II. hatte die sieben besseren Jahre seiner Regierung nördlich der Alpen zugebracht, bevor er sich in Italien in das Abenteuer des Sarazenenfeldzuges drängen ließ. Die Tragfestigkeit der ottonischen Ordnung in Deutschland war zwar angeschlagen, aber noch nicht erschüttert. Theophanu und Willigis wollten zuerst diese Ordnung sichern und ausbauen, doch dazu war eine nüchterne und unsentimentale Politik vor allem gegenüber Frankreich notwendig, die Adelheid nicht mitgetragen und vielleicht unterlaufen hätte. Deshalb wurde sie nach Italien abgeschoben, das in der Konzeption von Theophanu und Willigis in der ersten Phase der Konsolidierung ein Nebenland war.

Die Reichsregierung unter Theophanu bis 987

Überraschend schnell festigte sich die Regentschaft Theophanus. Im Oktober 984 nahm die neue Regierung ihre Arbeit in Mainz auf, von dort sind die ersten Urkunden Ottos III. erhalten. Von Anfang an zeigt sich auch bei den Interventionen ein deutliches Übergewicht Theophanus. Nach der Aussöhnung mit Heinrich dem Zänker ging der Hof mit Theophanu und dem jungen König in der zweiten Hälfte 985 auf den traditionellen "Umritt", zuerst in den Westen, nach Köln und Nimwegen, dann nach Sachsen und Bayern. Weihnachten verbrachte der Hof in Ingelheim, und im April 986 fand in Quedlinburg eine Festkrönung Ottos III. statt, bei der die Herzöge wie 936 bei Otto dem Großen den traditionellen Hofdienst verrichteten, Heinrich der Zänker als Truchseß, Konrad von Schwaben als Kämmerer, Heinrich von Kärnten als Mundschenk und Bernhard von Sachsen als Marschall. Auch Boleslaw von Böhmen und Miseko von Polen waren anwesend. Theophanu legte also Wert darauf, dass die Rechtmässigkeit des Königtums ihres Sohnes auch in diesen, im Mittelalter so wichtigen symbolischen Formen bestätigt und abgesichert wurde.

Eine wichtige Aufgabe war die Sicherung der Ostgrenze, die durch die Aufstände von 983 gefährdet war. Mitte 986 führte der König vermutlich

des mesures appropriées. Otton le Grand avait consolidé et clarifié sa position en Germanie avant de faire entrer l'Italie sous son autorité. Otton II avait passé les sept meilleures années de son règne au nord des Alpes avant de se laisser emporter dans l'aventure de la campagne contre les Sarrasins en Italie. La solidité de l'ordre ottonien était certes entamée en Germanie, mais elle n'était pas encore compromise. Théophano et Willigis voulaient tout d'abord protéger et consolider cet ordre; pour cela, il fallait mener une politique sobre et dépourvue de tout sentimentalisme en particulier à l'égard de la France, ce qu'Adélaïde n'aurait pas accepté ou aurait peut-être résolu à sa façon. Elle fut donc renvoyée en Italie, qui, aux yeux de Théophano et de Willigis, n'était qu'un pays secondaire dans la première phase de la consolidation.

Le pouvoir impérial sous Théophano jusqu'en 987

La régence de Théophano s'affermit extraordinairement vite. En octobre 984, le nouveau pouvoir se mit au travail à Mayence. C'est de là que nous sont parvenus les premiers actes d'Otton III. Dès le début, une nette prépondérance de Théophano est sensible, également dans les interventions. Après la réconciliation avec Henri le Querelleur, la cour avec Théophano et le jeune roi fit le périple traditionnel à travers le royaume dans la deuxième moitié de l'année 985, d'abord dans l'ouest à Cologne et Nimègue, puis en Saxe et en Bavière. La cour fêta Noël à Ingelheim et en avril 986 eut lieu à Quedlinburg un couronnement solennel d'Otton III, pendant lequel les ducs s'acquittaient du service d'honneur traditionnel, comme en 936 pour Otton le Grand: Henri le Querelleur étant écuyer tranchant, Conrad de Souabe chambellan, Henri de Carinthie échanson et Bernard de Saxe maréchal. Boleslav de Bohême et Mieszko de Pologne étaient aussi présents. Théophano attachait donc de l'importance à ce que la légitimité de son fils fût aussi confirmée et garantie par ces formes symboliques si importantes au Moyen Âge.

Une tâche importante consistait à protéger la frontière de l'Est qui était menacée par les soulèvements de 983. Au milieu de l'année 986, le roi,

mit Theophanu ein Heer über die Elbe, doch der Feldzug hatte keinen durchgreifenden Erfolg. Theophanu versuchte aber vor allem den Druck auf die Slawen durch die Besetzung der Marken mit tatkräftigen Adligen zu verstärken, die mit ihrer Unterstützung jährliche Feldzüge führten. Diplomatisch stand sie mit Miseko von Polen im Bund, der seinerseits mit Boleslaw von Böhmen im Streit lag. Boleslaw hatte zwar offiziell einen Bischof für Prag gewollt, aber Adalbert von Prag konnte dort nicht Fuß fassen, und Boleslaw stand in geheimem Einvernehmen mit den aufständischen Liutizen. Miseko dagegen war an der Christianisierung und Unterwerfung der slawischen Obodriten zwischen Deutschland und Polen interessiert. So war es hier schon ein Stück Diplomatie, die beiden östlichen Reiche gegeneinander auszuspielen und dadurch Druck von der sächsischen Grenze wegzunehmen.

Noch wichtiger war Theophanu aber die Sicherung der Westgrenze. Es war Lothar von Frankreich 984 immerhin gelungen, das Bistum Verdun in seinen Besitz zu bringen und so den westfränkischen Anspruch auf Lothringen zu untermauern. Lothar starb im März 986. Für seinen Sohn Ludwig V., einen Enkel Adelheids, musste die Großmutter auf Drängen ihrer Tochter Hemma, mit der sie sich nach dem Tod Lothars in Burgund getroffen hatte, im Oktober 986 am deutschen Hof, also bei Theophanu, um politischen Beistand bitten. Dazu war diese aber ohne einen Verzicht auf Verdun nicht bereit. Ludwig starb schon im Mai 987. Der letzte Karolinger war nun der früher von Otto II. als Herzog eingesetzte Karl von Niederlothringen. Auf den Thron erhob aber auch Herzog Hugo von Franzien Anspruch. Theophanu hatte in Erzbischof Adalbero von Reims und Gerbert von Aurillac zwei Parteigänger und Berichterstatter, die in ihrem Sinn auf die Auseinandersetzung Einfluss nehmen konnten. Offiziell hielt sie sich zurück, aber Karl rechnete mit ihrer Hilfe. Doch Adalbero von Reims betrieb die Wahl von Hugo Capet und krönte ihn in Reims. Dafür räumte Hugo Verdun und verzichtete auf Lothringen. Noch 987 ließ Hugo seinen Sohn Robert zum Mitkönig krönen, um die neue Dynastie zu sichern. Aber Karl hatte seine Ansprüche nicht aufgegeben, und Theophanu war an einer schnellen und eindeutigen Lösung nicht interessiert.

probablement accompagné de Théophano, traversa l'Elbe avec une armée, mais la campagne n'eut pas un succès décisif. Théophano essaya de renforcer surtout la pression sur les Slaves en occupant les Marches avec des nobles efficaces qui menaient des campagnes annuelles avec son soutien. Sur le plan diplomatique, elle était alliée avec Mieszko de Pologne lequel était lui-même en conflit avec Boleslav de Bohême. Boleslav avait certes voulu officiellement un évêque pour Prague, mais Adalbert de Prague ne put s'y établir, et Boleslav avait un accord secret avec les Liutices insurgés. Mieszko, par contre, était favorable à la christianisation et à la soumission des Obodrites slaves entre la Germanie et la Pologne. Il fallait donc faire preuve ici de beaucoup de diplomatie pour se servir des deux royaumes de l'Est en les faisant se neutraliser mutuellement, dans le but d'enlever ainsi la pression qui pesait sur la frontière saxonne.

Mais Théophano accordait encore plus d'importance à la protection de la frontière occidentale. Lothaire de France avait en effet réussi, en 984, à s'emparer de l'évêché de Verdun et à étayer ainsi la revendication des Francs occidentaux sur la Lorraine. Lothaire mourut en mars 986. Pour son fils Louis V, un petit-fils d'Adélaïde, cette dernière dut, sur les instances de sa fille Emma qu'elle avait rencontrée en Bourgogne après la mort de Lothaire, demander une assistance politique en octobre 986 à la cour de Germanie, donc à Théophano. Mais celle-ci n'y était pas disposée sans un renoncement préalable à Verdun. Louis mourut déjà en mai 987. Le dernier Carolingien était maintenant Charles de Basse-Lorraine qu'Otton II avait autrefois institué duc. Mais le duc Hugues de Francie revendiquait également le trône. Théophano avait, avec l'archevêque Adalbéron de Reims et Gerbert d'Aurillac, deux partisans et rapporteurs qui pouvaient influencer la querelle dans son sens. Elle se tint officiellement à l'écart, mais Charles comptait sur son aide. Adalbéron de Reims fit toutefois élire Hugues Capet et le couronna à Reims. En échange, Hugues quittait Verdun et renonçait à la Lorraine. Hugues fit encore couronner son fils Robert roi associé en 987 pour protéger la nouvelle dynastie. Mais Charles n'avait pas renoncé à ses revendications, et une solution rapide et claire n'était pas dans l'intérêt de Théophano.

Adelheid blieb offenbar vom Oktober 986 bis mindestens Mai 987 in Deutschland und wenigstens teilweise beim Hof. Am 21. Mai bestätigte Otto III. in Allstedt auf Intervention seiner Mutter Theophanu *seiner geliebten Großmutter, der Kaiserin Adelheid* ihr "Wittum", wie es von Otto I. festgelegt und von Otto II. wiederholt worden war. Es war also zu einer gewissen Aussöhnung gekommen, wahrscheinlich auf Betreiben der Äbtissin Mathilde von Quedlinburg, der Tochter Adelheids und Schwägerin Theophanus, die immer wieder als Vermittlerin auftrat, aber doch wohl zu den Bedingungen Theophanus, also eine Anerkennung der Rechte Adelheids mit den Einschränkungen über die Verfügungsgewalt, die sie und Willigis schon 985 geltend gemacht hatten. Insofern ist die Urkunde eher eine schöne Geste. In diese Zeit scheint auch der Plan zur Gründung des Klosters Seltz durch Adelheid zu fallen, denn sie beauftragte einen Grafen Manegold, dafür im Elsass Güter zu erwerben. Diese Gründung, von Anfang an wohl auch als Grabstätte für Adelheid geplant, wurde von Theophanu unterstützt, aber das "Wittum" Adelheids durfte für die Ausstattung nicht einfach in Anspruch genommen werden. Möglicherweise hielt sich Adelheid bis 989 in Burgund und im Elsass auf.

Apparemment, Adélaïde resta d'octobre 986 à mai 987 (au minimum) en Germanie et elle était du moins partiellement à la cour. Le 21 mai, Otton III, sur l'intervention de sa mère Théophano, confirma à Allstedt à *sa chère grand-mère, l'impératrice Adélaïde* son douaire, qu'Otton Ier avait fixé et Otton II renouvelé. Il y avait donc eu une certaine réconciliation, probablement à l'instigation de l'abbesse Mathilde de Quedlinburg, fille d'Adélaïde et belle-soeur de Théophano, qui servait toujours d'intermédiaire, mais probablement aux conditions de Théophano; c'était donc une reconnaissance des droits d'Adélaïde avec les restrictions que Théophano avait déjà fait valoir avec Willigis en 985 sur le pouvoir de disposer de ces biens. Sur ce point, l'acte était plutôt un beau geste. C'est dans cette période qu'Adélaïde semble avoir projeté de fonder une abbaye à Seltz, car elle chargea le comte Manegold d'acquérir des biens en Alsace à cet effet. Cette fondation qui était probablement prévue d'emblée pour servir aussi de lieu de sépulture à Adélaïde, était soutenue par Théophano, mais Adélaïde ne pouvait pas avoir recours au douaire pour ce projet. Il se peut qu'Adélaïde ait séjourné en Bourgogne et en Alsace jusqu'en 989.

Theophanu und das Reich

Theophanu nahm jetzt auch in Bezug auf Italien keine große Rücksicht mehr auf Adelheid. Sie richtete im August 988 eine Kanzlei für Italien ein, die Urkunden und Ernennungen ausstellte. So machte sie ihren Günstling Johannes Philagatos, einen Griechen aus Kalabrien, zum Bischof von Piacenza und erhob das Bistum gleichzeitig in den Rang eines Erzbistums. Für Herbst 988 plante sie einen Italienzug. Denn Theophanu verstand sich als Sachwalterin ihres Sohnes und des ganzen Reiches, und nach der Konsolidierung der Herrschaft in Deutschland richtete sie den Blick auf den anderen Reichsteil, nicht nur nach Pavia, sondern auch nach Rom. Theophanu war schon in Konstanz, musste aber den Italienzug wegen einer Erkrankung verschieben, die wahrscheinlich ernsterer Natur war und vielleicht auch der Grund dafür, dass sie zwischen Ende 987 und März 988 nirgends auftaucht, möglicherweise Tuberkulose. An

Théophano et l'Empire

Maintenant, Théophano ne tenait plus beaucoup compte d'Adélaïde, même pas pour l'Italie. En août 988, elle créa une chancellerie pour l'Italie, chargée d'établir les actes et les nominations. Elle promut évêque de Plaisance son favori Johannes Philagatos, un Grec de Calabre et elle éleva en même temps l'évêché au rang d'archevêché. Elle envisageait une expédition en Italie pour l'automne 988. En effet, Théophano se considérait comme l'administratrice de son fils et de tout l'Empire, et après avoir consolidé l'autorité dans le royaume de Germanie, elle portait ses regards vers l'autre partie de l'Empire, non seulement vers Pavie, mais aussi vers Rome. Théophano était déjà à Constance, mais elle dut remettre l'expédition en Italie à plus tard pour des raisons de santé; sa maladie était probablement assez grave, et c'est peut-être aussi la raison pour laquelle Théophano n'apparaît nulle part entre la fin de l'année 987 et mars

Ostern 989 empfing sie auf einem Hoftag in Quedlinburg eine Abordnung aus Italien und kündigte für den Herbst die Romfahrt an. Im Oktober zog sie ohne Otto III. los, der unter der bewährten Führung des Erzbischofs Willigis in Deutschland blieb. Sie verbrachte Weihnachten in Rom, war im März in Ravenna und Pavia und im Juni 990 wieder zurück in Mainz.

988; elle avait peut-être la tuberculose. A Pâques 989, lors d'une réunion à Quedlinburg, elle reçut une délégation d'Italie et elle annonça qu'elle se rendrait à Rome en automne. Elle partit en octobre sans Otton III, qui restait en Germanie sous la direction compétente de l'archevêque Willigis. Elle passa Noël à Rome, en mars elle était à Ravenne et à Pavie, et en juin 990 elle était de retour à Mayence.

In Rom war es während der deutschen Abwesenheit zu zum Teil grotesken Zuständen gekommen mit einem Papst Bonifatius VII., der mit dem päpstlichen Schatz nach Byzanz geflohen und dann wieder zurückgekommen war. Den letzten kaiserlichen Papst ließ er einsperren und verhungern, und ansonsten führte er ein Schreckensregiment, bis er im Sommer 985 gestürzt und umgebracht wurde. Das Adelshaus der Crescentier, das seinen Sturz organisiert hatte, stellte nun die weltliche Macht in Rom. Der neue Papst, Johannes XV., gehörte eher zur deutschfreundlichen Partei. Aber er war unbeliebt, weil er vor allem seine Familie begünstigte.

Pendant l'absence germanique, il y avait eu à Rome des situations grotesques à propos du pape Boniface VII qui s'était enfui à Byzance avec le trésor pontifical et était ensuite revenu. Il fit enfermer et mourir de faim le dernier pape impérial, et il exerçait d'ailleurs un régime de terreur jusqu'à ce qu'il fût renversé en 985 et assassiné. La famille noble des Crescent, qui avait organisé sa chute, représentait maintenant le pouvoir temporel à Rome. Le nouveau pape, Jean XV, appartenait plutôt au parti germanophile. Mais il était impopulaire, parce qu'il favorisait surtout sa famille.

Theophanu kam ohne Heer nach Rom, aber sie hatte die Fahrt politisch vorbereitet und fand keinen Widerstand, sondern wurde in allen Ehren aufgenommen. Mit dem Papst sprach sie wohl vor allem das weitere Vorgehen wegen Frankreich ab. Dort hatte Karl von Niederlothringen gewisse Erfolge errungen. Deshalb hatte Hugo Capet nach dem Tod des Erzbischofs Adalbero von Reims einen unehelichen Sohn Lothars, Arnulf, zum Erzbischof eingesetzt, in der Hoffnung, so einen Teil der karolingischen Gefolgschaft auf seine Seite zu bringen. Aber Arnulf hatte seine sogar auf das Abendmahl geschworenen Eide gebrochen und war zu seinem Onkel Karl übergegangen. Deshalb wollte Hugo ihn absetzen lassen. Diese Absetzung war für Hugo ein notwendiger Akt, auch wenn der Papst nicht zustimmte. Damit war aber für Theophanu die Möglichkeit gegeben, als Vertreterin des Reiches die Rechte der Kirche zu wahren und gegen Hugo Capet vorzugehen, ohne deshalb den Karolinger Karl unterstützen zu müssen.

Théophano arriva sans armée à Rome, mais elle avait préparé l'expédition sur le plan politique et elle ne rencontra aucune résistance, elle fut même accueillie avec tous les honneurs. Elle se mit probablement d'accord avec le pape, en particulier sur la conduite à adopter à l'égard de la France. Charles de Basse-Lorraine y avait remporté certains succès. Aussi, après la mort de l'archevêque Adalbéron de Reims, Hugues Capet avait-il désigné archevêque un fils naturel de Lothaire, Arnoul, dans l'espoir de gagner ainsi à sa cause une partie des partisans carolingiens. Mais Arnoul avait rompu les serments prêtés même sur la sainte communion et était passé dans le camp de son oncle Charles. C'est pourquoi Hugues voulait le faire déposer. Pour Hugues, cette déposition était un acte nécessaire, même si le pape ne donnait pas son assentiment. Mais Théophano, en tant que représentante de l'Empire, avait ainsi la possibilité de défendre les droits de l'Eglise et de prendre des mesures contre Hugues Capet sans devoir pour autant soutenir le Carolingien Charles.

In Italien trat Theophanu nicht nur im Auftrag ihres Sohnes auf. Am 2. Januar stellte sie in Rom als

En Italie, Théophano n'intervint pas seulement par délégation pour son fils. Le 2 janvier, elle éta-

divina gratia imperatrix augusta eine Urkunde aus. Nun war die Rechtslage hier verwickelter, denn die Herrschaft über Rom war nicht ein Teil des Königreichs Italien, das Otto III. geerbt hatte, sondern kaiserliches Vorrecht. Kaiser wurde man aber nicht einfach durch Erbrecht, sondern erst durch die Krönung. Theophanu konnte also nicht einfach im Namen Ottos III. urkunden. Sie war jedoch selber bei ihrer Eheschließung zur Kaiserin gekrönt worden und sah sich nun als regierende Kaiserin. Das war in Byzanz durchaus üblich. In Deutschland hat sie diesen Rechtstitel nie bemüht, sondern immer im Namen ihres Sohnes geamtet, aber hier in Rom war das die einfachste Konstruktion für eine Weiterführung der kaiserlichen Gewalt. Leider ist die Urkunde nicht im Original erhalten, und wir wissen nicht, ob Theophanu ein eigenes Siegel führte. Auf dem Rückweg stellte sie in Ravenna, dem ehemaligen byzantinischen Exarchat, das auch nicht zum alten langobardischen Königreich gehörte, sogar eine Urkunde aus, die mit *Theophanius gratia divina imperator augustus* gezeichnet und auf das achtzehnte Jahr ihrer Herrschaft datiert war. In Ravenna wurde auch in ihrem Auftrag und Namen, *iussione domne Theofana imperatricis*, Gericht gehalten. Das zeigt, dass Theophanu genug Selbstbewusstsein hatte, um sich als einzige derzeitige Vertretung des kaiserlichen Purpurs und damit als regierende Kaiserin zu verstehen und zu betätigen, dass sie aber klug genug war, diesen Rechtsstandpunkt in Deutschland nicht zu strapazieren. Der Inhalt des Regierens war ihr wichtiger als die Form, aber im Kaisertum sah sie sich nicht nur als *consors* ihres Gatten, deren Mandat mit seinem Tod erloschen war, sondern als eigenständige *imperatrix,* amtlich vermännlicht sogar als *imperator*, und sie zählte nach ihren Regierungsjahren.

Der fünfmonatige Aufenthalt Theophanus in Rom, Ravenna und Pavia war keine Demonstration militärischer Stärke, sondern politischer Präsenz. Deutschland, das Königreich Italien und das Kaisertum gehörten zusammen, waren ein Machtkomplex, aber auch eine Verantwortung, als deren Sachwalterin Theophanu sich verstand. Sie stärkte mit ihrer Anwesenheit die kaiserliche Partei in Italien, sie nahm aber auch in Pavia die Neuordnung

blit un acte à Rome en tant que *divina gratia imperatrix augusta*. Ici, la situation juridique était plus compliquée, car l'autorité sur Rome n'était pas une partie du royaume d'Italie dont Otton III avait hérité, mais un privilège impérial. Or, pour devenir empereur, il ne suffisait pas d'avoir un droit héréditaire, il fallait être couronné. Théophano ne pouvait donc pas établir d'actes au nom d'Otton III. Mais elle avait été elle-même couronnée impératrice lors de son mariage et elle se considérait maintenant comme impératrice régnante. C'était tout à fait d'usage à Byzance. En Germanie, elle n'a jamais eu recours à ce titre, et elle a toujours exercé ses fonctions au nom de son fils; mais ici, à Rome, c'était la solution la plus simple pour assurer la continuité du pouvoir impérial. Malheureusement, l'acte n'est pas conservé en original et nous ignorons si Théophano avait un sceau personnel. Sur le chemin du retour, à Ravenne, l'ancien exarchat byzantin, qui n'appartenait pas non plus à l'ancien royaume lombard, elle établit même un acte qui était signé par *Theophanius gratia divina imperator augustus* et daté de la dix-huitième année de son règne. A Ravenne, on rendit aussi la justice à sa demande et en son nom, *iussione domne Theofana imperatricis*. Ceci montre que Théophano avait suffisamment le sentiment de sa propre valeur pour se considérer et pour agir comme l'unique personne pouvant représenter alors le pourpre impérial, donc comme l'impératrice régnante, mais qu'elle était assez intelligente pour ne pas abuser de ce point de vue juridique en Germanie. Le contenu du pouvoir était plus important pour elle que sa forme, mais dans l'Empire elle ne se voyait pas seulement comme *consors* de son époux, une *consors* dont le mandat s'était éteint à la mort de celui-ci, mais comme *imperatrix* autonome, officiellement même au masculin comme *imperator*, et elle faisait le décompte de ses années de règne.

Les cinq mois que Théophano séjourna à Rome, Ravenne et Pavie n'étaient pas une démonstration de force militaire, mais une présence politique. Le royaume de Germanie, le royaume d'Italie et l'Empire formaient un tout, étaient un complexe de pouvoir, mais aussi une responsabilité que Théophano se voyait le devoir d'assumer. Par sa présence, elle renforça le parti impérial en Italie, mais elle entreprit aussi la réorganisation de

der Finanzverwaltung in Angriff. Vermutlich kam es zu keiner Konfrontation mit Adelheid, weil diese noch jenseits der Alpen war. Aber Theophanu war wohl wenig begeistert von den Zuständen im italienischen Königreich, die Adelheid zu verantworten hatte, denn sie hielt sich einen Monat in Pavia auf und griff deutlich steuernd ein. Was sie gesehen hatte, vermittelte ihr die Überzeugung, dass ihre Schwiegermutter endgültig aus der Regierungsverantwortung ausscheiden müsse. Mit dieser Absicht kehrte sie im Juni nach Deutschland zurück und traf in Mainz mit ihrem Sohn und Willigis zusammen.

l'administration financière à Pavie. Il n'y eut probablement pas de confrontation avec Adélaïde, parce que celle-ci se trouvait encore de l'autre côté des Alpes. Mais Théophano n'était certainement guère enthousiaste de la situation dans laquelle se trouvait le royaume italien et dont Adélaïde était responsable. Elle séjourna un mois à Pavie et elle intervint de façon énergique. Avec ce qu'elle avait vu, elle était convaincue que sa belle-mère devait définitivement se retirer des responsabilités politiques, et elle avait l'intention d'agir dans ce sens lorsqu'elle rentra en Germanie en juin et qu'elle rencontra son fils et Willigis à Mayence.

Bereits im Juli war Theophanu mit Otto in Magdeburg, wo sich ein sächsisches Heer unter Führung von Erzbischof Gisilher für den Krieg gegen Boleslaw von Böhmen sammelte. Theophanu war mit Miseko von Polen verbündet, der in den letzten Jahren in der Auseinandersetzung mit Boleslaw erheblich Boden gut gemacht hatte. Allerdings verständigte Gisilher sich auf diesem Feldzug mit Boleslaw, der dadurch Kräfte gegen Miseko freibekam. In dieser Haltung wurde er auch von Willigis unterstützt. Böhmen hatte zwar formal das Christentum anerkannt, und das neue Bistum Prag war Mainz unterstellt worden. Aber Bischof Adalbert konnte sich dort nicht halten, Theophanu hatte ihn an Weihnachten in Rom getroffen. Der Kurswechsel von Gisilher und Willigis scheint mit einer unterschiedlichen Auffassung der Mission und der Rolle der deutschen Kirche zu tun zu haben. Theophanu unterstützte die Bildung einer von Deutschland unabhängigen Mission und Kirche in Polen, während die beiden Erzbischöfe auf die Erweiterung ihrer Kirchenbezirke setzten. Da Prag zum Mainzer Sprengel gehörte, konnte Boleslaw sie auf seine Seite ziehen und einen endgültigen Erfolg Misekos verhindern. In diesem Konflikt wird Theophanus imperiale Konzeption deutlich, die Völker verschiedener Sprachen und Traditionen unter dem Dach einer Kirche und vor allem eines Kaisertums zusammenfassen wollte. Im Rahmen dieser Konzeption hätte sie wohl auch im westfränkischen Reich eingegriffen und Hugo Capet abgesetzt.

En juillet, Théophano était déjà avec Otton à Magdebourg où une armée saxonne se rassemblait sous la direction de l'archevêque Gisilher pour partir en guerre contre Boleslav de Bohême. Théophano était alliée avec Mieszko de Pologne qui, au cours des dernières années, avait gagné beaucoup de terrain dans la querelle qui l'opposait à Boleslav. Mais dans cette campagne, Gisilher s'entendit avec Boleslav qui libéra ainsi des forces pour affronter Mieszko. Il était aussi soutenu dans cette attitude par Willigis. La Bohême avait certes reconnu formellement le christianisme et le nouvel évêché de Prague avait été placé sous l'autorité de Mayence. Mais l'évêque Adalbert ne pouvait pas s'y maintenir; Théophano l'avait rencontré à Rome à Noël. Le changement de cap opéré par Gisilher et Willigis semble être dû à une conception différente de la mission et du rôle de l'Eglise germanique. Théophano soutenait la formation d'une mission et d'une Eglise en Pologne, indépendantes de la Germanie, alors que les deux archevêques misaient sur l'extension de leurs circonscriptions ecclésiastiques. Comme Prague appartenait au diocèse de Mayence, Boleslav put les gagner à sa cause et empêcher un succès définitif de Mieszko. La conception impériale de Théophano, qui voulait réunir les peuples de langues et de traditions différentes sous le toit d'une seule Eglise et surtout d'un seul Empire, s'exprime clairement dans ce conflit. Dans le contexte de ce raisonnement, elle serait peut-être aussi intervenue dans le royaume franc occidental et y aurait déposé Hugues Capet.

Diese Konzeption ist deshalb zukunftsweisend, weil Otto III. sie in seiner Idee von der "Renova-

Cette conception annonce l'avenir, parce qu'Otton III la reprit dans son idée de "Renovatio

tio Imperii" wiederaufgenommen hat. Die Erziehung des jungen Königs zur Wahrnehmung dieser Verantwortung hat Theophanu als eine ihrer wesentlichen Aufgaben angesehen. Schon beim Reichstag von Rara 984 wurde der sächsische Graf Hoiko mit der Erziehung des Königs beauftragt. Er war vermutlich vor allem für die körperliche Entwicklung zuständig, denn auch die durfte nicht zu kurz kommen. Daneben sorgte aber Theophanu für eine umfassende sprachliche und geistige Bildung Ottos. Sein Lehrer wurde Bernward, selbst Schüler von Willigis in Mainz und später Bischof von Hildesheim. Theophanu schenkte ihm die Edelsteine für das berühmte Kreuz. Bernward war später unter Otto III. eine der einflussreichsten Persönlichkeiten. Zum Kreis um den jungen König gehörte wahrscheinlich auch der etwas ältere Brun, Sohn Ottos von Kärnten, der zum Geistlichen erzogen und 996 von Otto als Papst Gregor V. eingesetzt wurde. Er krönte Otto dann zum Kaiser. So war die von Theophanu ausgesuchte Umgebung des Königs auch noch in dessen selbständiger Regierungszeit maßgebend. Unbestritten ist aber, dass Theophanu selbst großen Einfluss auf die Erziehung Ottos hatte und ihn intensiv an ihren Gedanken und Entscheidungen beteiligte.

Imperii". Théophano a considéré comme étant l'une de ses principales tâches d'apprendre au jeune roi à prendre conscience de cette responsabilité. Déjà à la diète de Rara, en 984, le comte saxon Hoiko fut chargé de l'éducation du roi. Il était probablement surtout responsable de son développement physique, qui ne devait pas non plus être négligé. Mais Théophano veilla également à ce qu'Otton eût une formation complète sur le plan linguistique et intellectuel. Son précepteur fut Bernward, qui avait lui-même été l'élève de Willigis à Mayence et qui fut plus tard évêque de Hildesheim. Théophano lui offrit les pierreries pour la célèbre croix. Bernward fut plus tard, sous Otton III, l'une des personnalités les plus influentes. Dans l'entourage du jeune roi se trouvait aussi probablement Brunon, le fils un peu plus âgé d'Otton de Carinthie, qui avait été élevé dans la perspective d'une carrière ecclésiastique et qu'Otton investit pape en 996 sous le nom de Grégoire V. Il couronna ensuite Otton empereur. Ainsi, l'entourage que Théophano avait choisi pour le roi, fut également déterminant quand celui-ci régna seul. Mais il est incontestable que Théophano a eu elle-même une grande influence sur l'éducation d'Otton et qu'elle lui a fait prendre une part intense à ses pensées et à ses décisions.

Theophanus Tod und die Regentschaft Adelheids

An Ostern 991 fand in Quedlinburg ein Reichstag statt, an dem nicht nur die deutschen Fürsten teilnahmen, sondern auch italienische, so Hugo von Tuscien und der Erzbischof Johannes von Piacenza, ebenso Miseko von Polen. Der Reichstag zeigt die mächtige und unangefochtene Stellung, die Theophanu für das Königtum ihres Sohnes erreicht hatte. Von den Verhandlungen und Entscheidungen ist wenig bekannt. Es dürfte aber um das Verhalten Gisilhers von Magdeburg gegen Böhmen im Vorjahr gegangen sein, denn die Anwesenheit Misekos zeigt, dass Theophanu an ihrer politischen Linie festzuhalten gedachte. Ein weiteres Thema war sicher Frankreich, und nicht zuletzt drängte wohl Theophanu auf die endgültige Entmachtung Adelheids. Denn Odilo von Cluny sieht mit den Augen Adelheids den schnellen Tod Theophanus als göttliche Rache für ihre Über-

La mort de Théophano et la régence d'Adélaïde

A Pâques 991 se tint à Quedlinburg une diète à laquelle participèrent non seulement les princes de Germanie, mais aussi les princes italiens comme Hugues de Tuscie et l'archevêque Johannes de Plaisance, ainsi que Mieszko de Pologne. La diète montre la position puissante et incontestée que Théophano avait obtenue pour le royaume de son fils. On ne sait que peu de choses sur les négociations et les décisions prises. Mais il y fut certainement question de l'attitude de Gisilher à Magdebourg vis-à-vis de la Bohême l'année précédente, car la présence de Mieszko montre que Théophano avait l'intention de maintenir sa ligne politique. Un autre sujet abordé fut sûrement la France, et de plus, Théophano insista probablement pour obtenir la destitution définitive d'Adélaïde. Odilon de Cluny voit en effet, avec les yeux d'Adélaïde, la mort rapide de Théophano comme une

heblichkeit, hatte sie doch (in seinem Text in wörtlicher Rede) gesagt:

Wenn ich noch ein Jahr lebe, so soll Adalhaida von der ganzen Erde nicht mehr regieren, als man mit der Hand umspannen kann.

Für Frankreich als wesentliches Thema spricht, dass Theophanu und Otto III. von Quedlinburg aus ganz in den Westen in die Pfalz Nimwegen gingen. Inzwischen hatte nämlich Hugo Capet seinen Gegenspieler Karl durch Verrat gefangennehmen können und dadurch seine Stellung gestärkt. Am 15. Juni starb Theophanu im Valkhof, der königlichen Pfalz in Nimwegen. Die Todesursache ist nicht bekannt, es könnte die Tuberkulose oder eine akute Erkrankung gewesen sein, aber auch Gift. Sie wurde ihrem Wunsch entsprechend in der Abteikirche St. Pantaleon in Köln beigesetzt, zu deren Ausbau sie maßgeblich beigetragen hatte. Dieser Kirche hatte sie 990 die Reliquien des Soldatenheiligen Albinus aus Rom mitgebracht und dabei mit ihrer Haube den Platz bezeichnet, wo sie begraben werden wollte. Das Grab wurde mehrfach umgelegt und verändert. Heute steht ein 1965 nach mittelalterlichen Motiven gestalteter Sarkophag zur Erinnerung an die Kaiserin in der Kirche.

Die Wahl dieser Kirche sagt auch einiges über ihre Frömmigkeit. Theophanu war eine sehr religiöse Frau, das zeigen schon die regelmäßigen und großzügigen Stiftungen für kirchliche Einrichtungen. Aber sie war in Byzanz geboren und erzogen, die Kirche stand für sie nicht neben und außerhalb des Staates, sondern unter dem Staat, und sie scheute sich nicht, Kirchenfürsten und auch Päpsten gegenüber entsprechend aufzutreten. Der Kirche von St. Pantaleon fühlte sie sich besonders verbunden, weil dieser Heilige in der byzantinischen Kirche sehr verehrt wurde. Er war ein Grieche aus Nikomedien und Leibarzt des Kaisers Maximian und geriet in die Christenverfolgungen unter Diokletian. Die Verehrung des Heiligen ist in Köln bereits für die Zeit um 850 nachweisbar. Eine Reliquie St. Pantaleons brachte Erzbischof Gero von Köln aus Byzanz mit, als er 972 die junge Prinzessin als Brautwerber abholte. Bei dem mit ihr zusammen aus dem Osten gekommenen Heiligen fühlte Theophanu sich offenbar "daheim" und

vengeance divine pour son arrogance, car elle avait dit (au discours direct dans le texte d'Odilon):

Si je vis encore un an, Adélaïde ne doit régner sur terre que sur un domaine pas plus grand que la largeur d'une main.

Ce qui fait penser que la France était un thème essentiel de ces négociations, c'est que Théophano et Otton III se rendirent de Quedlinburg tout à l'ouest au palais de Nimègue. Entre-temps, Hugues Capet avait en effet réussi à capturer son adversaire Charles par trahison et il avait ainsi renforcé sa position. Le 15 juin, Théophano mourut au Valkhof, palais royal de Nimègue. On ignore ce qui causa sa mort, il pourrait s'agir de la tuberculose ou d'une maladie aiguë, mais aussi d'un empoisonnement. Conformément à ses volontés, elle fut inhumée dans l'abbatiale Saint-Pantaléon de Cologne, dont elle avait activement soutenu la construction. En 990, elle avait rapporté de Rome les reliques du saint soldat Albinus pour cette église, et elle avait désigné avec sa coiffe l'emplacement où elle voulait être enterrée. La tombe fut déplacée et transformée à plusieurs reprises. Aujourd'hui, un sarcophage décoré en 1965 avec des motifs du Moyen Âge se trouve dans l'église en mémoire de l'impératrice.

Le choix de cette église est aussi révélateur de sa dévotion. Théophano était une femme très croyante, ce que montrent les dons réguliers et généreux qu'elle fit aux institutions religieuses. Mais elle était née et avait été élevée à Byzance; pour elle, l'Eglise n'était pas à côté, ni à l'extérieur, mais au-dessous de l'Etat, et elle n'hésitait pas à se comporter en conséquence à l'égard des princes de l'Eglise et aussi des papes. Elle se sentait particulièrement liée à l'église Saint-Pantaléon, parce que ce saint était très vénéré dans l'église byzantine. C'était un Grec de Nicomédie, le médecin personnel de l'empereur Maximien et il se trouva pris dans les persécutions des Chrétiens sous Dioclétien. La vénération de ce saint est déjà documentée à Cologne aux environs de 850. L'archevêque Géron de Cologne rapporta de Byzance une relique de saint Pantaléon lorsque, chargé de faire la demande en mariage, il alla chercher la jeune princesse en 972. Apparemment, Théophano se sentait "comme chez elle" avec ce saint venu de

trug viel zum Ausbau des 964 von Erbischof Bruno von Köln gegründeten Benediktinerklosters bei.

Theophanu war bei ihrem Tod höchstens 33 Jahre alt. Elf Jahre, von 972 bis 983, stand sie an der Seite Ottos II. und hatte zwischen 977 und 980 fünf Kinder, bei der letzten Geburt Zwillinge. Von 984 bis 991 stand sie für ihren Sohn an der Spitze des Reiches. In Robert Holtzmanns "Geschichte der sächsischen Kaiserzeit" heißt es beim Tod Ottos II.:

In einem Augenblick, da die bedrohlichen Verhältnisse an der Reichsgrenze eine starke Hand besonders erfordert hätten, sank der Kaiser ins Grab, das Reich einem unmündigen Kind hinterlassend, und es kam nun das schlimmste, was geschehen konnte: ein jahrelanger Kampf um die Regentschaft und, damit verbunden, eine Zeit innerer Wirren, die ein kraftvolles Auftreten nach außen unmöglich gemacht haben.

Im Widerspruch zu dieser Feststellung zieht derselbe Autor 25 Seiten später Bilanz über die Regierungsjahre Theophanus:

In schwieriger Lage hat sie das Reich mit Klugheit geleitet und manch schönen Erfolg erlangt, wenn sie auch in ihren kurzen Regierungsjahren nicht alles, was sie angreifen musste, zu Ende bringen konnte.

Theophanus Leistung wurde schon von den Zeitgenossen bewundernd anerkannt, aber die vielleicht erstaunlichste Würdigung finden wir noch einmal in der Lebensbeschreibung der Kaiserin Adelheid, die bestimmt keinen Grund hatte, ihrer im Guten zu gedenken:

Es war zwar jene griechische Kaiserin für sich und andere in vieler Beziehung von Nutzen und von der besten Gesinnung, aber ihrer kaiserlichen Schwiegermutter trat sie einigermaßen entgegen.

Adelheids letzte Jahre

Der Tod der Kaiserin Theophanu kam unerwartet, aber er löste keine Krise aus. Anders als 984 war das Königtum Ottos unumstritten, der junge Kö-

l'orient en même temps qu'elle, et elle contribua considérablement au développement du monastère de bénédictins fondé en 964 par l'archevêque Brunon de Cologne.

Théophano avait tout au plus 33 ans quand elle mourut. Elle avait été pendant onze années, de 972 à 983, aux côtés d'Otton II et elle avait donné le jour à cinq enfants entre 977 et 980, la dernière naissance étant des jumeaux. De 984 à 991, elle avait été à la tête de l'Empire pour son fils. Dans "L'histoire du règne impérial saxon" de R. Holtzmann, on peut lire à propos de la mort d'Otton II:

Au moment où la menace à la frontière de l'Empire aurait bien nécessité une main forte, l'empereur descendait dans sa tombe, laissant l'Empire à un enfant mineur, et il arriva alors les pires choses qu'on pût s'imaginer: une lutte de plusieurs années pour la régence et, comme conséquence, une période de troubles internes qui firent que le pouvoir ne pouvait afficher la force vers l'extérieur.

En contradiction avec cette constatation, le même auteur fait, 25 pages plus loin, un bilan des années de règne de Théophano:

Dans une situation difficile, elle a dirigé l'Empire avec intelligence et remporté plus d'un beau succès, même si dans les brèves années de son règne, elle ne put achever tout ce qu'elle dut entreprendre.

Les mérites de Théophano furent déjà admirés par ses contemporains, mais l'hommage peut-être le plus surprenant se trouve encore dans la biographie de l'impératrice Adélaïde, qui n'avait certainement aucune raison d'évoquer sa mémoire en bons termes:

Cette impératrice grecque était certes utile et animée des meilleurs sentiments pour elle et pour les autres sur bien des points, mais elle s'opposa assez à sa belle-mère impériale.

Les dernières années d'Adélaïde

La mort de l'impératrice Théophano était inattendue, mais elle ne déclencha pas de crise. Contrairement à la situation de l'année 984, le royaume

nig war elf Jahre alt und ein durchaus selbständiger Kopf, seine Lehrer und die anderen Berater der Theophanu behielten ihre Funktion, und Willigis sicherte die Kontinuität der Regierung auch für die Fürsten. Heinrich der Zänker, der Störenfried von 984, hatte seinen Frieden mit Theophanu gemacht und war reichstreu geworden. Sein Lohn war 989 nach dem Tod des anderen Heinrich die zusätzliche Belehnung mit Kärnten. Trotz dieser Kontinuität musste eine neue Regelung bis zur Mündigkeit Ottos III. gefunden werden. Die Regentschaft wurde der Kaiserin Adelheid übertragen, allerdings nicht vordringlich und eher formal. Adelheid hielt sich wohl beim Tod Theophanus in Quedlinburg auf und blieb auch dort, denn erst im Oktober war sie bei Hof und handelte mit ihrer Tochter Mathilde und Willigis die Bedingungen für die Regentschaft aus, und erst im Januar 992 wurde auf Reichstagen in Grone und Frankfurt die Entscheidung öffentlich bekanntgegeben. Otto III. führte aber im Sommer 991 von Sachsen aus ein Heer gegen die Liutizen, das Brandenburg zurückeroberte. Die Regierungstätigkeit ging also ungehindert weiter, und es ist zu vermuten, dass Willigis entsprechend seinen eigenen Erfahrungen und den Vorstellungen der Theophanu die Einwirkungsmöglichkeiten Adelheids auf die Politik einzugrenzen versuchte. Die Verantwortung für die kommenden Jahre lag also viel mehr bei Willigis als bei Adelheid.

Dabei brachten diese Jahre Rückschritte an vielen Fronten, und das zeigt deutlich, dass Willigis eben nicht der Kopf der Regierung gewesen war. In Frankreich ließ Hugo Capet den Reimser Erzbischof Arnulf durch eine Nationalsynode absetzen und den berühmten Gerbert von Aurillac, der ein Werkzeug Theophanus gewesen war, zum neuen Erzbischof wählen. Gerbert war natürlich von ganz anderem Format als Arnulf, aber die Absetzung entsprach nicht dem kanonischen Recht, und das wurde von der französischen Synode durch eine heftige, wenn auch nicht unberechtigte Klage über den Verfall der päpstlichen Autorität zugedeckt. Die Reimser Erzdiözese lag zwar hauptsächlich im französischen Bereich, doch gab es Überschneidungen nach Lothringen und ins Elsass und deshalb auch durchaus ein deutsches Interesse an der Frage. Der Streit spaltete Frankreich noch über Jahre, aber die deutsche Regierung un-

d'Otton était incontesté. Le jeune roi avait onze ans et c'était une personne parfaitement autonome. Ses précepteurs et les conseillers de Théophano conservèrent leurs fonctions et Willigis assura aussi la continuité du gouvernement pour les princes. Henri le Querelleur, le perturbateur de 984, avait fait la paix avec Théophano et il était dorénavant fidèle à l'Empire. En récompense, il reçut, en 989 après la mort de l'autre Henri, la suzeraineté sur la Carinthie. Malgré cette continuité, il fallait trouver une nouvelle réglementation jusqu'à la majorité d'Otton III. La régence fut confiée à l'impératrice Adélaïde, mais pas de toute urgence et plutôt pour la forme. Adélaïde se trouvait probablement à Quedlinburg lorsque Théophano mourut, et elle y resta aussi. Elle ne fut présente à la cour qu'en octobre et elle négocia les conditions de la régence avec sa fille Mathilde et Willigis; ce ne fut qu'en janvier 992 que la décision fut rendue publique lors des diètes de Grone et de Francfort. Mais en été 991, Otton III partit de Saxe avec une armée affronter les Liutices et la ville de Brandebourg fut reconquise. Les activités du pouvoir se poursuivaient donc sans obstacles, et il est probable que Willigis, conformément à ses propres expériences et aux idées de Théophano, essaya de limiter les possibilités d'influence d'Adélaïde sur la politique. La responsabilité pour les années à venir reposait donc bien plus sur Willigis que sur Adélaïde.

Pourtant, ces années apportèrent des revers sur de nombreux fronts, ce qui montre nettement que Willigis n'était donc pas à la tête du pouvoir. En France, Hugues Capet fit déposer l'archevêque de Reims Arnoul par un synode national et élire comme nouvel archevêque le célèbre Gerbert d'Aurillac, qui avait été un instrument de Théophano. Gerbert était bien sûr d'un tout autre format qu'Arnoul, mais la déposition n'était pas conforme au droit canon, et ce fut étouffé par le synode français qui se plaignit violemment, et non sans raison, du déclin de l'autorité papale. L'archevêché de Reims était certes principalement sur le territoire français, mais il empiétait aussi sur la Lorraine et sur l'Alsace, donc le royaume de Germanie était aussi concerné par cette question. La querelle divisa la France encore pendant de longues années, mais le pouvoir germanique avec Willigis n'entreprit que de faibles tentatives de

ter Willigis machte nur schwache Vermittlungsversuche und griff nicht sozusagen als Oberaufsicht ein, wie es Theophanu wohl vorgehabt hatte, und wozu sie durchaus die Macht gehabt hätte. So führte der Reimser Streit letztlich zu einer deutlichen Stärkung des noch jungen kapetingischen Königtums.

conciliation et n'intervint pas, pour ainsi dire en 'autorité de surveillance', comme Théophano avait probablement l'intention de le faire et comme elle aurait bien eu les moyens de le faire. Ainsi, la querelle de Reims aboutit finalement à un net renforcement du jeune royaume capétien.

An der Slawengrenze setzte sich die von Gisilher und Willigis gewünschte böhmische Option durch. Gefördert wurde dieser Umschwung auch durch den Tod Misekos von Polen 992. Sein ältester Sohn Boleslaw Chrobry stieß das Testament des Vaters um und schickte dessen sächsische Witwe mit seinen Halbgeschwistern nach Deutschland zurück. Auch hier griff die Reichsregierung nicht als Oberaufsicht ein. Die Elbslawen wehrten sich nicht nur gegen das deutsche Vordringen, sondern fielen regelmäßig in Sachsen ein. Im Bund mit Boleslaw von Böhmen führte Otto auch 992 und 993 einen Feldzug gegen die Liutizen, aber Brandenburg blieb umkämpft und gefährdet und wurde 994 sogar wieder von den Slawen erobert. Dazu kam eine neue Welle dänisch-normannischer Einfälle von der Ost- und Nordseeküste her. Ottos Lehrer Bernward, der 993 Bischof von Hildesheim wurde, musste als erste Aufgabe den Schutz vor den Dänen organisieren. Die deutsche Politik reagierte zwar noch, aber sie spielte keine führende Rolle mehr, und dass der König die Sicherheit der Grenzregionen nicht garantieren konnte, trug nicht gerade zum Ansehen der Regierung bei.

A la frontière slave, l'option bohémienne souhaitée par Gisilher et Willigis s'imposa. Ce revirement fut aussi favorisé par la mort de Mieszko de Pologne en 992. Son fils aîné Boleslav Chrobry invalida le testament de son père et renvoya la veuve saxonne de ce dernier avec ses propres demi-frères et demi-soeurs en Germanie. Ici non plus, le pouvoir impérial n'intervint pas en 'autorité de surveillance'. Non seulement les Slaves de l'Elbe opposaient une résistance à la progression germanique, mais ils envahissaient aussi régulièrement la Saxe. Associé à Boleslav de Bohême, Otton mena également une campagne contre les Liutices en 992 et 993, mais les combats continuèrent pour la ville de Brandebourg qui était menacée, et qui fut même reconquise par les Slaves en 994. Par ailleurs, il y eut une nouvelle vague d'invasions danoises et normandes venues par la côte de la Baltique et de la mer du Nord. Bernward, le précepteur d'Otton, qui devint évêque de Hildesheim en 993, dut commencer par organiser la défense contre les Danois. Certes, la politique germanique réagissait encore, mais elle ne jouait plus de rôle prédominant; et le fait que le roi ne pouvait pas garantir la sécurité des régions frontalières, ne contribuait pas précisément à renforcer le prestige du pouvoir.

Adelheid war an diesen Entscheidungen und Aktionen kaum beteiligt, offenbar war sie selbständig nur mit italienischen Angelegenheiten beschäftigt, so etwa im Juli 992 im thüringischen Mühlhausen, wo sie verschiedene Abordnungen empfing und eine Reihe von Urkunden ausstellte, darunter eine Erneuerung des Vertrags mit Venedig. Ihr Hauptinteresse galt aber der großzügigen Vergabe von Stiftungen, vor allem für ihr Kloster Seltz im Elsass, das inzwischen Gestalt angenommen hatte und von ihr reich mit Besitz ausgestattet wurde, so zum Beispiel allein am 11. März 992 mit fünf verschiedenen Schenkungen, jeweils von König Otto auf Bitten seiner Großmutter Adel-

Adélaïde ne participa guère à ces décisions et à ces actions. Apparemment, elle ne s'occupait en toute indépendance que des affaires italiennes, comme par exemple en juillet 992 à Mühlhausen en Thuringe où elle reçut différentes délégations et établit une série d'actes, dont un renouvellement du traité avec Venise. Mais elle se préoccupait principalement de l'attribution généreuse de fondations, surtout pour son abbaye de Seltz en Alsace, qui avait entre-temps pris tournure et qu'elle dota richement en biens; par exemple à la seule date du 11 mars 992, elle fit cinq dons différents qui furent respectivement accordés par le roi Otton à la demande de sa grand-mère Adélaïde et sur le conseil

heid und auf den Rat des Erzbischofs Willigis von Mainz gewährt. Adelheid war bei der Übernahme der Regentschaft 60 Jahre alt, für mittelalterliche Verhältnisse ein hohes Alter, und nach einem kräfteraubenden Leben hatte sie sich immer stärker religiösen Fragen zugewandt und bei längerer Einkehr im Kloster Ruhe und Erholung gefunden. Neben Quedlinburg waren das früher von ihr gegründete Kloster Peterlingen/Payerne im Königreich Burgund und jetzt das neue Kloster in Seltz Lieblingsplätze für längere Aufenthalte.

de l'archevêque de Mayence Willigis. Adélaïde avait 60 ans quand elle devint régente, un âge avancé pour le Moyen Âge; après une vie épuisante, elle s'était de plus en plus tournée vers les questions religieuses et avait trouvé calme et repos en se recueillant quelque temps au monastère. Le monastère de Peterlingen/Payerne fondé par elle autrefois dans le royaume de Bourgogne et maintenant la nouvelle abbaye de Seltz étaient, avec Quedlinburg, ses endroits de prédilection pour des séjours prolongés.

In einem Brief, mit dem sie für sich und ihr Gefolge Unterkunft und Verpflegung fordert, bezeichnet Adelheid sich als "*von Gott für eine gewisse Zeit mit der Herrschaft über das christliche Volk betraut*". In dieser Formulierung drückt sich das Selbstbewußtsein der alten Kaiserin aus, aber auch die Überschätzung der eigenen Rolle, die in der mehrfach zitierten Lebensbeschreibung von Odilo von Cluny oft peinlich zum Ausdruck kommt, wenn sie Otto I. zum Kaisertum führt oder jahrelang mit und für Otto II. die Verantwortung trägt. Adelheid hat wohl immer wieder verdrängt, dass und warum Otto I., Otto II. und schließlich auch Otto III. ihre politische Betätigung mit Unbehagen verfolgt und ihr zeitweilig das Vertrauen entzogen haben. Denn auch ihr Enkel drängte nach seiner Mündigwerdung im Sommer 994 auf ihre rasche Verabschiedung aus der Verantwortung. Die tiefe Religiosität, die sie mit Cluny in ihrem heimatlichen Burgund verband, steht etwas unverbunden neben ihrem politischen Wirken, das durch mangelnde Menschenkenntnis, blindes Vertrauen in Familienbande und fehlendes Bewusstsein für ihre eigenen Grenzen gekennzeichnet ist.

Dans une lettre, où elle demande table et logis pour elle et sa suite, Adélaïde se définit comme étant "*chargée par Dieu, pour un certain temps, du pouvoir sur le peuple chrétien*". Cette formule reflète l'assurance de la vieille impératrice, mais aussi la surestimation de son propre rôle, qui s'exprime souvent de façon embarrassante dans la biographie d'Odilon de Cluny citée à plusieurs reprises: par exemple quand elle conduit Otton Ier à l'Empire ou quand elle assume la responsabilité pendant plusieurs années avec et pour Otton II. Adélaïde a probablement toujours refusé de voir qu'Otton Ier, Otton II et finalement aussi Otton III avaient poursuivi avec malaise son activité politique et lui avaient temporairement retiré leur confiance, et aussi pourquoi ils avaient été amenés à le faire. Et à sa majorité en été 994, son petit-fils insista aussi pour qu'on la relevât rapidement de ses responsabilités. La profonde religiosité qui unissait Adélaïde à Cluny dans sa Bourgogne natale, n'est guère en harmonie avec son action politique qui se caractérise par un manque de connaissance de l'être humain, une confiance aveugle dans les liens de la famille et une mauvaise estimation de ses propres limites.

Nach 994 trug Adelheid keine politische Verantwortung mehr, aber sie nahm am öffentlichen Leben noch durchaus Anteil. Weihnachten 994 verbrachte der Hof in der elsässischen Pfalz Erstein, vielleicht mit Rücksicht auf sie. 995 nahm sie an der Weihe ihrer Enkelin Adelheid in Quedlinburg teil, im November war sie bei einem Hoftag in Mainz dabei, und Weihnachten feierte sie mit dem Hof in Köln. Anfang 996 brach Otto III. zu seinem ersten Italienzug auf. Die Vertretung in Deutschland überließ er seiner Tante Mathilde von Quedlinburg, der "matricia". Willigis nahm

Après 994, Adélaïde n'assuma plus de responsabilité politique, mais elle prit encore part à la vie publique. La cour passa Noël 994 au palais alsacien d'Erstein, peut-être par égard pour elle. En 995, elle assista à la prise de voile de sa petite-fille Adélaïde à Quedlinburg, en novembre elle était présente à une réunion à Mayence, et elle fêta Noël avec la cour à Cologne. Au début de l'année 996, Otton III partit pour sa première campagne d'Italie. Il chargea sa tante Mathilde de Quedlinburg, la "matricia", de le représenter en Germanie. Willigis participa à l'expédition de Rome avec de

mit vielen anderen geistlichen und weltlichen Fürsten am Romzug teil. Die Erhebung Bruns von Kärnten, eines Urenkels Ottos des Großen, zum Papst und die eigene Krönung zum Kaiser hat Otto III. seiner Großmutter in einem von Gerbert von Aurillac aufgesetzten formvollendeten Brief mitgeteilt, in dem er ihr auch seinen Dank ausspricht. Aber es handelt sich wohl eher um ein Dokument konventioneller Pflichterfüllung als um eine persönliche Gefühlsäußerung des neuen Kaisers. Nach seiner Rückkehr nahm er am 18. November 996 an der Weihe des Klosters Seltz teil. Hier haben sich Adelheid und Otto vermutlich zum letzten Mal getroffen.

Bis 999 tritt Adelheid nicht mehr in Erscheinung. Wahrscheinlich verbrachte sie diese Jahre in Seltz. Im Februar 999 starb ihre Tochter Mathilde von Quedlinburg, und wenig später auch der neue Papst. Der Tod der ihr nahestehenden und so viel jüngeren Verwandten hat sie offenbar tief getroffen, denn nach einer weiteren Todesnachricht im August 999 läßt Odilo von Cluny sie klagen:

Gott, was soll ich thun? oder was soll ich sagen von unserem Herrn, meinem Enkel? Ich glaube, viele werden in Italien mit ihm umkommen, und nach ihnen, fürchte ich, stirbt der hochgesinnte Otto, und ich Unglückselige bleibe zurück, alles menschlichen Trostes beraubt. O Herr und ewiger König! Laß doch nicht zu, dass ich so entsetzlichen Verlust erleben muss!

Adelheids letzter politischer Auftrag führte sie noch einmal nach Burgund. Dort war ihr Bruder Konrad 993 gestorben, und sein Sohn Rudolf stand in heftigen Auseinandersetzungen mit seinen Adligen. Adelheid wollte dem Neffen helfen und die Gegner miteinander aussöhnen und machte deshalb im Herbst 999 als Achtundsechzigjährige noch eine Rundreise durch Burgund. Sie wurde höflich aufgenommen und angehört, konnte aber nichts ausrichten.

Die Reise war wohl auch der Abschied von der alten Heimat, mit der sie immer verbunden geblieben war. Am 17. Dezember 999, wenige Tage vor der Jahrtausendwende, von der nicht wenige das Ende der Welt erwarteten, starb sie im neunundsechzigsten Lebensjahr. Sie wurde im Kloster Seltz

nombreux autres princes ecclésiastiques et temporels. Otton III annonça à sa grand-mère que Brunon de Carinthie, un arrière-petit-neveu d'Otton le Grand, avait été investi pape et que lui-même avait été couronné empereur, dans une lettre, parfaite quant à la forme, rédigée par Gerbert d'Aurillac et dans laquelle il lui exprime aussi sa gratitude. Mais ce document est probablement davantage l'expression d'un devoir conventionnel que la manifestation des sentiments personnels du nouvel empereur. Après son retour, il assista à la consécration de l'abbaye de Seltz le 18 novembre 996. Ce fut sans doute ici qu'Adélaïde et Otton se virent pour la dernière fois.

Jusqu'en 999, Adélaïde ne fit plus aucune apparition. Elle séjourna probablement à Seltz pendant cette période. En février 999, sa fille Mathilde de Quedlinburg mourut, ainsi que le nouveau pape peu de temps après. La mort de proches parents qui étaient aussi beaucoup plus jeunes qu'elle, l'a, de toute évidence, profondément touchée, car après l'annonce d'un nouveau décès en août 999, Odilon de Cluny la fait se déplorer:

Mon Dieu, que dois-je faire? ou que dois-je dire de notre seigneur, de mon petit-fils? Je crois que beaucoup périront avec lui en Italie, et après eux, je le crains, mourra aussi le noble Otton; et moi, pauvre malheureuse, je reste ici, privée de toute consolation humaine. O Dieu et roi éternel! Ne me laisse pas subir une perte aussi effroyable!

La dernière tâche politique d'Adélaïde la conduisit encore une fois en Bourgogne. Son frère Conrad y était mort en 993, et Rodolphe, le fils de ce dernier, était opposé à ses nobles dans des conflits violents. Adélaïde voulait aider son neveu et réconcilier les adversaires, c'est pourquoi malgré ses soixante-huit ans elle entreprit encore un voyage à travers la Bourgogne en automne 999. Elle fut reçue et écoutée poliment, mais elle ne put rien obtenir.

Ce voyage était probablement aussi un adieu à sa vieille patrie à laquelle elle était toujours restée attachée. Le 17 décembre 999, quelques jours avant le nouveau millénaire, dont beaucoup attendaient la fin du monde, elle mourut dans sa soixante-neuvième année. Elle fut enterrée dans

begraben. Die Wahl dieses Ortes ist eigentlich merkwürdig, denn er gehört weder zu ihrer Heimat Burgund noch zu ihrem Königreich Italien oder dem sächsischen Raum, in den sie eingeheiratet hat. Überall hatte sie Klöster gegründet oder mindestens so ausgestattet, dass sie dort ein "Bleiberecht" gehabt hätte, in Peterlingen/Payerne ebenso wie in Quedlinburg oder in San Salvatore in Pavia, dem eine ihrer letzten Schenkungen galt. Warum sie gegen Ende ihres Lebens diesen Platz ausgesucht hat, der in keiner nachweisbaren Verbindung zu ihrer Lebensgeschichte oder den von ihr hochgehaltenen Familientraditionen steht, wissen wir nicht. Seltz ist eine Eigenschöpfung, fast wie der Versuch, etwas zu gründen, was nur ihrem Andenken und ihrem Seelenheil dienen sollte. Ihr Grab wurde schon bald zum Ziel von Wallfahrten und von örtlicher Heiligenverehrung. Nach einem durch den Investiturstreit verzögerten Kanonisierungsprozeß wurde Adelheid 1097 heiliggesprochen. 1307 zerstörte ein Hochwasser das zwischen dem heutigen Seltz und dem Rhein gelegene Kloster und Adelheids Grab.

l'abbaye de Seltz. En fait, le choix de cet endroit est curieux, car il n'appartient ni à sa Bourgogne natale, ni à son royaume d'Italie, ni au territoire saxon où elle est entrée par le mariage. Elle avait fondé, ou tout au moins doté, des monastères partout, et elle aurait donc eu un "droit de demeure", à Peterlingen/Payerne comme à Quedlinburg ou à San Salvatore à Pavie, qui reçut l'un de ses derniers dons. Nous ne savons pas pourquoi, vers la fin de sa vie, elle a choisi cet endroit qui n'a aucune relation concrète avec sa biographie, ni avec les traditions familiales qu'elle respectait tant. Seltz est une création personnelle, presque comme la tentative de fonder quelque chose qui devait servir uniquement à sa mémoire et au salut de son âme. Sa tombe devint bientôt un lieu de pélerinage et de vénération locale. Après une procédure de canonisation retardée par la Querelle des Investitures, Adélaïde fut béatifiée en 1097. L'abbaye, située entre la ville actuelle de Seltz et le Rhin, ainsi que la tombe d'Adélaïde furent détruites par une crue du fleuve en 1307.

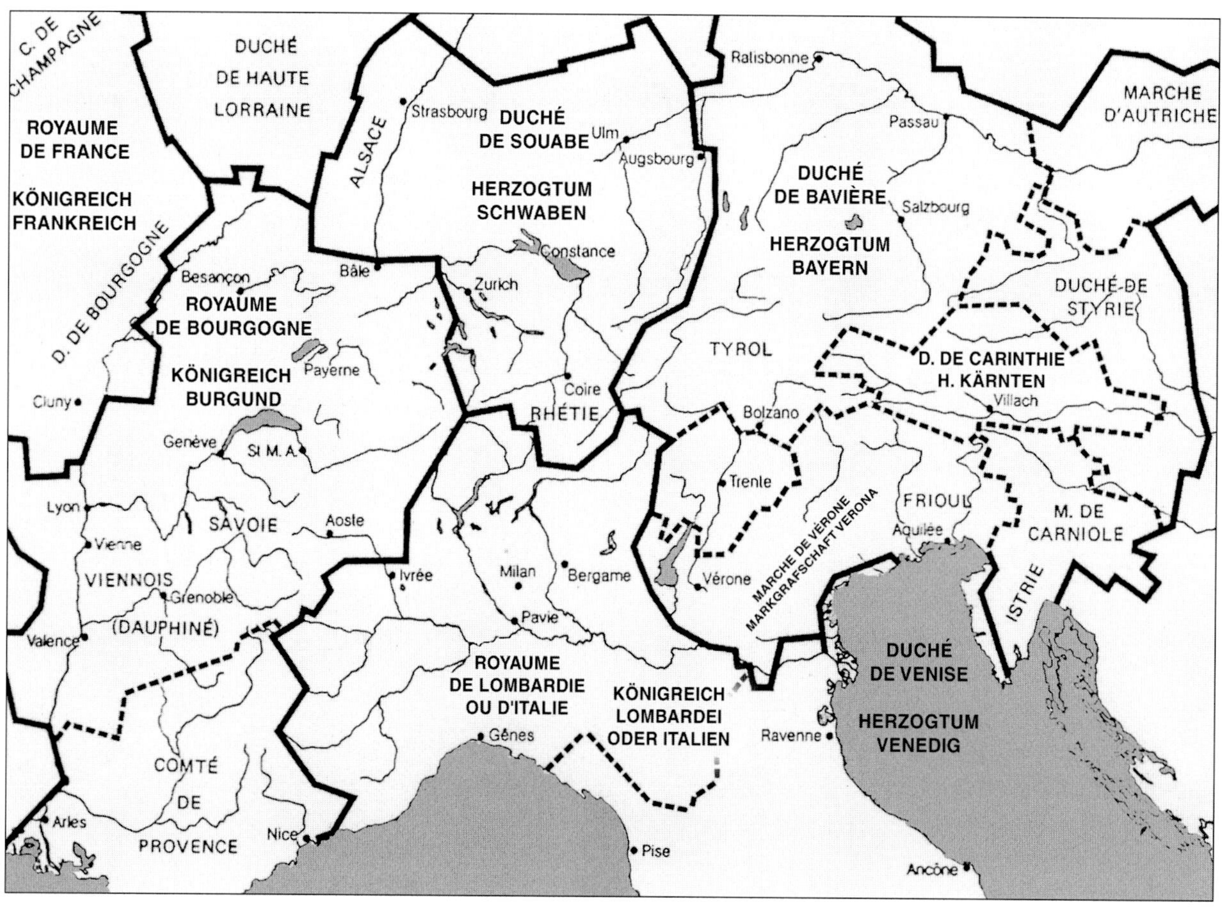

HANSJÖRG FROMMER

Burgund

Das Königreich, seine Krisen und Ambitionen

Karl der Große regierte das von ihm übernommene und vergrößerte Reich mit starker Hand. Aber schon in der Enkelgeneration zeigten sich sehr schnell Risse im Reichsbau. Das lag zum einen an der unklaren Nachfolge. Jeder Karolinger hatte im Prinzip einen Anspruch auf die Herrschaft, beanspruchte ein Teilreich und kämpfte um mehr. Zum andern stärkte der Machtverlust der Zentralgewalt das Selbstbewusstsein der doch recht unterschiedlichen Teile des Karolingerreiches. An ihrer Spitze stand der Hochadel, eine Reichsaristokratie, die aus dem Zusammengehen des fränkischen Amtsadels mit den eingesessenen alten Adelsfamilien entstanden war. Ein paar Dutzend wichtiger Familien mit weitgestreutem Besitz, untereinander verbündet, verfeindet und durch gegenseitiges Einheiraten versippt und verschwägert, nutzten das machtpolitische Auseinanderfallen des Reiches zur Absicherung ihrer Stellung. So musste etwa Karl der Kahle 876 im Westreich die Erblichkeit des Grafenamtes zugestehen. Aus den Königsboten, den Vertretern der Zentralmacht, wurden immer mehr die Vertreter und Verteidiger der regionalen Interessen. Diese Familien wussten um ihren hohen Rang, aber sie hatten noch keine eigenen Namen. Wir behelfen uns, indem wir sie mit den in ihnen am häufigsten gebrauchten Namen bezeichnen: Karolinger, Welfen, Robertiner, Rudolfinger ... Und die Erforschung ihrer Zusammenhänge erzeugt bis heute eine Reihe spannender Diskussionen.

Ludwig der Fromme, Sohn und Erbe Karls des Großen, wollte für das Reich eine Art von föderativer Grundordnung, die er allerdings mehrfach änderte. Ein Sohn sollte schließlich den Westteil

La Bourgogne

Le Royaume, ses Crises et ses Ambitions

Charlemagne gouvernait d'une main de fer l'empire qu'il avait pris en charge et dont il avait élargi les frontières. Mais dès la génération de ses petits-enfants, des fissures se dessinèrent très rapidement dans l'édifice impérial. C'était dû, d'une part, au fait que la succession n'était pas claire. Chaque Carolingien avait en principe un droit au pouvoir, revendiquait un royaume et se battait pour accroître son territoire. D'autre part, l'affaiblissement du pouvoir central renforçait la confiance des diverses parties très hétérogènes de l'Empire carolingien. A leur tête se trouvait la haute noblesse, une aristocratie royale qui était née de la fusion de la noblesse de robe franque avec les vieilles familles nobles établies. Quelques dizaines de familles importantes qui possédaient des biens très dispersés, qui étaient alliées ou ennemies et qui avaient des liens de parenté à la suite de mariages réciproques entre elles, profitèrent du démembrement politique de l'Empire pour conforter leur position. Ce fut ainsi que Charles le Chauve dut, par exemple, concéder en 876 l'hérédité du titre de comte dans le royaume occidental. Les envoyés du roi, qui représentaient le pouvoir central, devinrent de plus en plus les représentants et les défenseurs des intérêts régionaux. Ces familles étaient conscientes de leur rang, mais elles n'avaient pas encore de noms. Nous y remédions en les appelant par le nom qui est le plus fréquemment employé chez elles: les Carolingiens, les Welfs, les Robertiens, les Rodolphiens ... Et l'étude de leurs relations réciproques suscite, encore de nos jours, bon nombre de discussions passionnantes.

Louis le Pieux, fils et héritier de Charlemagne, voulait donner à l'Empire une sorte d'ordre fédéral qu'il modifia cependant à plusieurs reprises. L'un de ses fils devait finalement régner sur la

regieren, ein anderer den Ostteil, und der älteste, Lothar, die Mitte, die linke Rheinseite, die Westschweiz, Savoyen und Italien, und er sollte als Kaiser das Reich zusammenhalten. Aber das führte zu einer unendlichen Abfolge von Familienfehden in wechselnden Kombinationen, und erst als 885 nur noch ein Enkel Ludwigs des Frommen im regierungsfähigen Alter übrig war, war das Gesamtreich plötzlich wieder da. Jedoch Karl III., der Dicke, versagte kläglich, beim Schutz der Nordseeküste vor den Normannen ebenso wie bei der Abwehr der Sarazenen, die Rom und den Papst bedrohten. Deshalb ließen die Adligen des Ostreiches ihn fallen und wählten sich einen neuen König, den illegitimen Karolinger Arnulf von Kärnten. Karl starb bald danach im Januar 888. Im Westreich wurde nun Graf Odo, der Paris heldenhaft gegen die Normannen verteidigt hatte, zum König gewählt. Am schwierigsten war es in dem früheren Zwischenreich Lothars von der Rheinmündung bis nach Italien, das in unterschiedlichste Regionen aufgesplittert war, deren neue Herrscher aber immer vom Kaisertum und damit der Oberherrschaft über das karolingische Gesamtreich zumindest träumten.

Das alte Burgunderreich lag zu beiden Seiten der Rhone, aber die Reichsordnung Ludwigs des Frommen von 817 schlug das Gebiet westlich der Rhone, das spätere Herzogtum Burgund, zum Westreich. Übrig blieben das Gebiet rund um den Genfer See, das Königreich Hochburgund, und das Königreich Provence, später auch Niederburgund mit der Hauptstadt Arles. Südöstlicher Nachbar war das Königreich Italien, eigentlich nur die Lombardei mit der Hauptstadt Pavia. Als 888 überall neue Könige auftauchten, wählten die Adligen Hochburgunds in Saint Maurice d'Agaune den Grafen Rudolf zu ihrem König. Rudolf stammte aus der Familie der Welfen, die ihr Kernland in Oberschwaben hatten. Die Welfin Judith war die zweite Frau Ludwigs des Frommen und die Mutter Karls des Kahlen, und zwei ihrer Brüder waren ihr in den Westen gefolgt. Rudolfs Vater Konrad hatte 864 im Auftrag Karls des Kahlen den schrecklichen Hukbert aus der Familie der Bosoniden von Arles getötet, der Laienabt von Saint Maurice gewesen war und von dieser Stellung aus alle möglichen Gewalttätigkeiten be-

partie occidentale, un autre sur la partie orientale, et l'aîné, Lothaire, sur la partie médiane, la rive gauche du Rhin, l'Ouest de la Suisse, la Savoie et l'Italie, et il devait, en tant qu'empereur, assurer la cohésion de tout l'édifice. Mais cela aboutit à une succession infinie de querelles de familles dans des constellations changeantes, et ce fut seulement lorsqu'il ne resta plus qu'un petit-fils de Louis le Pieux en âge de gouverner, en 885, que la totalité de l'Empire fut soudain reconstituée. Toutefois, Charles III le Gros échoua lamentablement, car il ne parvint pas à protéger la côte de la mer du Nord des attaques des Normands, ni à repousser les Sarrasins qui menaçaient Rome et le pape. C'est pourquoi les nobles du royaume oriental le déposèrent et élirent un nouveau roi, le Carolingien illégitime Arnulf de Carinthie. Charles mourut peu après en janvier 888. Dans le royaume occidental, le comte Eudes qui avait défendu Paris en héros contre les Normands, fut alors élu roi. La situation était pire encore dans l'ancien royaume de Lothaire, qui s'étendait de l'estuaire du Rhin jusqu'en Italie et était morcelé en régions très différentes, dont les nouveaux souverains rêvaient toujours, pour le moins, de l'Empire, donc de l'autorité suprême sur la totalité de l'Empire carolingien.

L'ancien royaume de Bourgogne s'étendait des deux côtés du Rhône, mais l'ordre impérial, décidé par Louis le Pieux en 817, rattacha la région située à l'ouest du Rhône, le futur duché de Bourgogne, au royaume occidental. Il restait le territoire autour du lac Léman, le royaume de Bourgogne transjurane, et le royaume de Provence, nommé plus tard Bourgogne cisjurane avec Arles pour capitale. Le voisin au sud-est était le royaume d'Italie, comprenant en fait seulement la Lombardie avec Pavie pour capitale. Lorsqu'en 888, de nouveaux rois firent partout leur apparition, les nobles de Bourgogne transjurane élirent roi le comte Rodolphe à Saint-Maurice-d'Agaune. Rodolphe descendait de la famille des Welfs, dont le berceau se trouvait en Haute-Souabe. Judith était la seconde femme de Louis le Pieux et la mère de Charles le Chauve. Deux frères l'avaient suivie dans le royaume occidental. Le père de Rodolphe, Conrad, avait été chargé par Charles le Chauve en 864 de tuer le terrible Hukbert de la famille des Bosonides d'Arles, lequel avait été abbé séculier de Saint-Maurice et qui, en tant que tel, avait commis

gangen hatte. Konrad hatte dessen Machtpositionen übernommen, und so wurde sein Sohn Rudolf zum König gewählt.

Saint Maurice d'Agaune liegt an der Rhone, vor ihrer Mündung in den Genfer See, an einer Stelle, wo links und rechts hohe Berge und steile Felswände eine Umgehung unmöglich machen und das enge Tal einen leicht zu kontrollierenden Durchlass einer der wichtigsten Fernstraßen der damaligen Zeit darstellt, den Zugang zum Großen St. Bernhard. Es galt schon zu Cäsars Zeiten und bei der römischen Eroberung als strategisch zentraler Ort, der von den Kelten wohl Agaunum genannt wurde. In der zweiten Hälfte des 5. Jahrhunderts taucht die Legende vom heiligen Mauritius und der Thebaischen Legion auf. Im Jahr 302 soll Kaiser Maximian sein Heer auf die Christenverfolgung eingeschworen haben. Eine ganze Legion, die aus Theben in Ägypten stammte und in Agaunum stationiert war, widersetzte sich unter ihrem Sprecher Mauritius diesen Befehlen, weil sie selber getaufte Christen waren, und alle 6600 Soldaten wurden daraufhin niedergemetzelt. Die Legende hat vielleicht wenig Wahrheitsgehalt für sich, aber seit dem Ende des 5. Jahrhunderts ist Saint Maurice der Ort der Verehrung dieses Heiligen, der Soldat und Kämpfer war und für das Christentum sein Leben ließ, der sich also als Heiliger für Krieger und Ritter besonders eignete.

Saint Maurice war eine uneinnehmbare Festung an einem wirtschaftlich und strategisch sehr wichtigen Platz, und es bildete die Grundlage der Macht des neuen Königs. Aber Rudolf I. war auf Erweiterung aus und ließ sich auch in Toul zum König von Lothringen krönen. Doch damit geriet er in Konflikt mit Arnulf von Kärnten, und er musste schließlich die Aare als Grenze akzeptieren. Mit dem Königreich Provence war er durch Heirat verbunden: er gab seine Tochter Adelheid König Ludwig zur Frau. Rudolf regierte in karolingischer Tradition. Die Basis dafür waren die Einkünfte aus den königlichen Fiskalgütern, ganz besonders aus dem Salzbergwerk Salins im Jura. Eine eindeutige Hauptstadt gab es nicht, aber neben Saint Maurice scheinen Romainmoûtier und vor allem Orbe wichtige Königspfalzen gewesen zu sein.

toutes les violences possibles. Conrad avait repris les pouvoirs de ce dernier, et ce fut ainsi que son fils Rodolphe fut élu roi.

Saint-Maurice-d'Agaune se trouve sur le Rhône, avant que le fleuve ne débouche dans le lac Léman, à un endroit dominé à droite et à gauche par de hautes montagnes et des parois rocheuses escarpées qui rendent tout contournement impossible, et la vallée étroite, facile à contrôler, constituait le passage de l'un des plus grands axes de l'époque, à savoir l'accès au Grand-Saint-Bernard. Ce lieu, nommé probablement Agaunum par les Celtes, était déjà considéré comme un endroit stratégique capital du temps de César et de la conquête romaine. Dans la deuxième moitié du Ve siècle apparaît la légende de saint Maurice et de la légion de Thèbes. En l'an 302, l'empereur Maximien aurait imposé à son armée la persécution des chrétiens. Les soldats de toute une légion qui venait de Thèbes en Egypte et était stationnée à Agaunum, refusèrent par l'intermédiaire de leur porte-parole Maurice, d'obéir à ces ordres, parce qu'ils étaient eux-mêmes des chrétiens baptisés, et les 6600 soldats furent alors massacrés. La légende n'a peut-être que peu de vraisemblance, mais depuis la fin du Ve siècle, Saint-Maurice est le lieu de vénération de ce saint, qui était soldat et combattant et qui laissa sa vie pour le christianisme; il était donc prédestiné pour être le patron des guerriers et des chevaliers.

Saint-Maurice, qui était une forteresse imprenable, située à un endroit très important d'un point de vue économique et stratégique, constituait la base du pouvoir du nouveau roi. Mais Rodolphe Ier aspirait à l'expansion et il se fit aussi couronner roi de Lorraine à Toul. Ce faisant, il entrait toutefois en conflit avec Arnulf de Carinthie et il dut finalement accepter l'Aare comme frontière. Il était lié au royaume de Provence par le mariage: il donna sa fille Adélaïde comme épouse au roi Louis. Rodolphe régnait selon la tradition carolingienne, se basant sur les revenus des biens fiscaux royaux, en particulier sur ceux des mines de sel de Salins dans le Jura. Il n'y avait pas de capitale formelle, mais Romainmôtier et surtout Orbe semblent avoir été, avec Saint-Maurice, des palais royaux importants.

Rudolf I. hielt sich nach dem Misserfolg von Toul mit weiteren Expansionsplänen zurück. Aber sein Sohn Rudolf II., der ihm 912 nachfolgte, setzte auf eine Ausdehnung in die nördliche Schweiz. Doch dabei stieß er mit dem Machtanspruch des sich verfestigenden Stammesherzogtums Schwaben zusammen. Herzog Burkhard II. aus dem Geschlecht der Hunfridinger brachte ihm 919 bei Winterthur eine entscheidende Niederlage bei. Sie führte zu einer Annäherung der beiden Herrscher, die 922 mit der Heirat König Rudolfs und der Herzogstochter Bertha besiegelt wurde. Schwiegervater und Schwiegersohn verband ein gemeinsames Interesse an einer aktiveren Italienpolitik und einer Machtausweitung Richtung Lombardei.

Après l'échec de Toul, Rodolphe Ier mit un frein à tout autre plan d'expansion. Mais son fils, Rodolphe II, qui lui succéda en 912, misa sur une extension dans le Nord de la Suisse. Cependant, il s'y heurtait au pouvoir du duché familial de Souabe qui se consolidait. Le duc Bouchard II de la famille des Hunfridingiens lui infligea une sévère défaite à Winterthur en 919. Il s'ensuivit un rapprochement des deux souverains qui fut scellé, en 922, par le mariage du roi Rodolphe avec Berthe, la fille du duc. Le beau-père et le gendre étaient unis par des intérêts communs qui avaient pour objectif une politique italienne plus active et une extension du pouvoir en direction de la Lombardie.

Im Königreich Italien waren die Verhältnisse ziemlich verworren. Markgraf Berengar von Friaul, von der Mutterseite her ein Enkel Ludwigs des Frommen, hatte sich 888 in Pavia zum König wählen lassen. Aber schon 889 wurde er durch seinen Schwager Wido von Spoleto verdrängt, konnte sich jedoch in seinen Bergfestungen halten. 891 wurde Wido sogar zum Kaiser gekrönt. Dessen Sohn und Nachfolger Lambert starb 898, im selben Jahr, in dem die Ungarn zum ersten Mal in Italien einfielen. Berengar versuchte nun wieder an die Macht zu gelangen, aber weil er die Ungarn nicht abwehren konnte, riefen die bedeutenden Adelsfamilien König Ludwig von der Provence zu Hilfe, der 901 zum Kaiser gekrönt wurde.

Dans le royaume d'Italie, la situation était assez embrouillée. Le margrave Bérenger de Frioul, qui était un petit-fils de Louis le Pieux par sa mère, s'était fait élire roi à Pavie en 888. Mais dès 889, il fut évincé par son beau-frère Guy de Spolète; il réussit toutefois à se maintenir dans ses forteresses montagneuses. En 891, Guy fut même couronné empereur. Son fils et successeur Lambert mourut en 898, l'année où les Hongrois pénétrèrent pour la première fois en Italie. Bérenger essaya alors de revenir au pouvoir, mais comme il ne pouvait pas repousser les Hongrois, les familles nobles influentes demandèrent l'aide de Louis de Provence qui fut couronné empereur en 901.

In der langen Auseinandersetzung konnte Berengar Ludwig schließlich gefangennehmen und ließ ihn blenden (daher "Ludwig der Blinde"). 915 musste der Papst ihn auch als Kaiser bestätigen. Aber Berengar blieb ein kleiner Regionalherrscher, der seine Machtbasis kaum verließ. Dazu war er persönlich grausam und gewalttätig. So suchten seine Adligen nach einem neuen Gegenkönig. Sie forderten Rudolf von Hochburgund, den Schwager Ludwigs des Blinden, 922 zum Eingreifen auf. Seine Hauptstütze wurde Markgraf Adalbert von Ivrea, aber Rudolf wurde eine unziemliche Verbindung mit dessen Frau Ermengard nachgesagt. 924 wurde Kaiser Berengar ermordet, nachdem Pavia von den Ungarn belagert und geplündert worden war. Trotzdem konnte Rudolf sich auch dann nicht endgültig durchsetzen.

Dans ce long conflit, Bérenger parvint finalement à capturer Louis et il le fit aveugler (d'où son nom "Louis l'Aveugle"). En 915, le pape dut aussi lui confirmer son titre d'empereur. Mais Bérenger resta un petit souverain régional qui ne quittait guère son territoire. Par ailleurs, il était personnellement cruel et violent. Cela explique que ses nobles cherchèrent un nouvel anti-roi. En 922, ils demandèrent à Rodolphe de Bourgogne transjurane, le beau-frère de Louis l'Aveugle, d'intervenir. Son principal appui fut le margrave Adalbert d'Ivrée, mais Rodolphe aurait eu, dit-on, une liaison inconvenante avec Ermengarde, la femme d'Adalbert. En 924, l'empereur Bérenger fut assassiné après que Pavie eût été assiégée et pillée par les Hongrois. Toutefois, Rodolphe ne parvint toujours pas à s'imposer définitivement.

Vermutlich erst nach der Ermordung Berengars gelangte Rudolf in den Besitz der Heiligen Lanze. Die Herkunft und die genaue Bedeutung dieser Reliquie ist umstritten. Sie wird mit dem heiligen Mauritius wie mit Konstantin in Verbindung gebracht. Die Nägel sollen vom Kreuz Christi stammen. Eine der langobardischen Herrschaftsinsignien war ein Speer, für dessen Benutzung in karolingischer Zeit es allerdings keinen Nachweis gibt. Was auch immer die ursprüngliche Bedeutung der Heiligen Lanze war, zur Zeit Rudolfs stellte sie eine Reliquie von hoher Bedeutung dar und war ein Symbol für die Herrschaft über Italien und für die Erneuerung des Reiches. Aber obwohl Rudolf nun der Träger dieses Symbols war, fand er auch nach dem Ende Berengars keine allgemeine Zustimmung. Dessen Anhänger riefen Hugo von Vienne aus der Familie der Bosoniden, den Gegenspieler Ludwigs des Blinden in Arles, zum neuen König aus. In den Kämpfen der folgenden Jahre kam Rudolfs Schwiegervater, Herzog Burkhard, im April 926 bei Novara ums Leben.

Ce ne fut probablement qu'après l'assassinat de Bérenger que Rodolphe entra en possession de la Sainte Lance. L'origine et la signification exacte de cette relique sont controversées. Elle est mise en relation avec saint Maurice ainsi qu'avec Constantin. Les clous viendraient de la croix du Christ. L'un des insignes du pouvoir lombard était une lance, mais il n'y a aucune preuve de son utilisation à l'époque carolingienne. Quelle que soit la signification initiale de la Sainte Lance, c'était une relique de grande importance à l'époque de Rodolphe et elle symbolisait l'autorité sur l'Italie et la restauration de l'Empire. Mais bien que Rodolphe fût maintenant détenteur de ce symbole, il n'obtint pourtant pas l'assentiment général même après la mort de Bérenger. Les partisans de ce dernier proclamèrent comme nouveau roi Hugues de Vienne de la famille des Bosonides, le rival de Louis l'Aveugle à Arles. Pendant les combats des années suivantes, le beau-père de Rodolphe, le duc Bouchard, mourut en avril 926 devant Novare.

Zur gleichen Zeit erlitt Schwaben einen der schlimmsten Ungarneinfälle, bei dem auch das Kloster Sankt Gallen zerstört wurde. Da die Ungarn sogar Burgund bedrohten, zwangen die Nachrichten Rudolf dazu, Italien zu verlassen; aber die Heilige Lanze nahm er mit. Nach dem Rückzug der Ungarn fand im November 926 in Worms eine Reichsversammlung des ostfränkischen Reiches statt, bei der König Heinrich I. sein Programm zur Ungarnabwehr vorstellte. Die Ungarn sollten vorläufig durch Tributzahlungen besänftigt und ferngehalten werden, bis die betroffenen Gebiete durch Burgen und Befestigungen besser geschützt werden konnten. Auf diesem Reichstag bestimmte Heinrich einen neuen Herzog für Schwaben, und wohl wegen der Ungarneinfälle nahm auch König Rudolf an der Versammlung teil. Hier erfuhr Heinrich vielleicht zum ersten Mal von der Heiligen Lanze.

Pendant cette même période, la Souabe subit l'une des plus graves invasions hongroises, au cours de laquelle l'abbaye de Saint-Gall fut aussi détruite. Comme les Hongrois menaçaient même la Bourgogne, les nouvelles qui circulaient obligèrent Rodolphe à quitter l'Italie; mais il emporta la Sainte Lance avec lui. Après le retrait des Hongrois, une assemblée impériale du royaume franc oriental se réunit en novembre 926 à Worms, pendant laquelle le roi Henri Ier présenta son programme pour repousser les Hongrois. Les Hongrois devaient être provisoirement amadoués et tenus à distance grâce à des paiements de tributs, jusqu'à ce que les régions concernées pussent être mieux protégées par des châteaux et des forteresses. Lors de cette diète, Henri désigna un nouveau duc pour la Souabe; le roi Rodolphe participa également à cette assemblée, probablement à cause des invasions hongroises. Et ce fut peut-être à cette occasion qu'Henri entendit parler de la Sainte Lance pour la première fois.

In den folgenden Jahren überließ Rudolf I. Italien König Hugo und hielt sich hauptsächlich in Burgund auf. Nach zwei Söhnen, Konrad und Rudolf, wurde ihm von der Königin Bertha eine Tochter

Au cours des années suivantes, Rodolphe Ier laissa l'Italie au roi Hugues et il séjourna principalement en Bourgogne. Après deux fils Conrad et Rodolphe, la reine Berthe lui donna une fille,

Adelheid geboren, ein in der Familie häufiger Frauenname. Das Jahr war vermutlich 931, das Datum ist nicht bekannt, und als Geburtsort werden Saint Maurice d'Agaune oder Orbe vermutet, aber einfach deshalb, weil das die wichtigsten Königspfalzen waren. 933 verzichtete Rudolf endgültig auf Italien und erhielt dafür von Hugo die Herrschaft über die Provence, das Königreich Niederburgund. Aber Heinrich I. forderte die Heilige Lanze für sich, sogar mit militärischem Druck. Im Juli 935 trafen sich der ostfränkische, der westfränkische und der burgundische König in Chiers, und dabei übergab Rudolf dem Ostfranken die Heilige Lanze, die seither zu den Reichskleinodien gehört und jetzt in der Wiener Hofburg liegt. Dafür erhielt er wohl das bisher strittige Basel zurück. Aus diesen Vorgängen hat man auf eine staatsrechtliche Abhängigkeit des burgundischen Königreichs vom ostfränkischen geschlossen, aber Heinrich war nur der mächtigste und wichtigste der Nachfolgeherrscher der Karolinger. Deshalb sah er es als seine Aufgabe an, auch in Italien einzugreifen, und dazu legitimierte ihn die Heilige Lanze.

Heinrichs' I. Pläne endeten mit seinem Tod 936. Auf ihn folgte sein Sohn Otto. Rudolf starb 937, und König Hugo beeilte sich, die Witwe und die Tochter in seinen Machtbereich zu holen. Aber es gelang ihm nicht, die Vormundschaft für den neuen König Konrad zu erhalten, weil Otto dessen Nachfolge sicherte und Hugo deutlich in seine Grenzen verwies. Doch Bertha und ihre Tochter Adelheid mussten König Hugo nach Pavia folgen, wo die junge Prinzessin die zweite und unruhigere Hälfte ihrer Kindheit verlebte.

Adélaïde, un prénom féminin fréquent dans la famille. C'était probablement en 931, la date exacte n'est pas connue. Quant au lieu de naissance, on suppose que c'était Saint-Maurice-d'Agaune ou Orbe, parce que c'étaient les palais royaux les plus importants. En 933, Rodolphe renonça définitivement à l'Italie et Hugues lui donna en échange l'autorité sur la Provence, le futur royaume de Bourgogne cisjurane. Mais Henri Ier exigea la Sainte Lance en faisant même pression militairement. En juillet 935, les rois de Francie orientale, de Francie occidentale et de Bourgogne se rencontrèrent à Chiers et Rodolphe y remit au roi de Francie orientale la Sainte Lance qui, depuis, fait partie des joyaux de l'Empire et se trouve maintenant à la Hofburg de Vienne. En contrepartie, il reçut probablement Bâle, qui faisait l'objet d'un litige jusqu'à cette date. En raison de ces événements, on a conclu que le royaume de Bourgogne dépendait du royaume de Francie orientale, mais Henri était seulement le souverain le plus puissant et le plus influent parmi les successeurs des Carolingiens. Aussi considérait-il comme sa mission d'intervenir également en Italie, et la Sainte Lance le légitimait dans cette démarche.

La mort mit fin aux plans d'Henri Ier en 936. Son fils Otton lui succéda. Rodolphe mourut en 937, et le roi Hugues s'empressa de faire venir la veuve et la fille dans ses territoires. Mais il ne parvint pas à obtenir la tutelle du nouveau roi Conrad, parce qu'Otton aida ce dernier à prendre sa succession et qu'il rappela clairement à Hugues les bornes à ne pas dépasser. Mais Berthe et sa fille Adélaïde durent suivre le roi Hugues à Pavie, où la jeune princesse passa la seconde moitié de son enfance, plus mouvementée que la première.

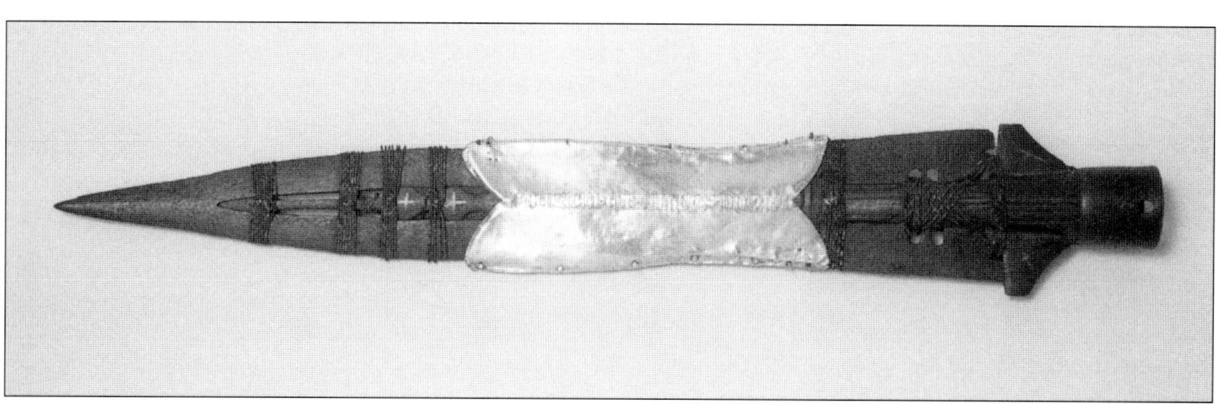

Die Heilige Lanze (heute in Wien) *La Sainte Lance (aujourd'hui à Vienne)*

Adelheid von Burgund und Pavia

Im Leben eines jeden nehmen bestimmte Orte einen herausragenden Platz ein; in der langen und ereignisreichen Existenz von Adelheid spielte die Stadt Pavia eine ganz besondere Rolle. In der Tat war die burgundische Prinzessin nur ein unerfahrenes Kind ohne klare Vorstellungen, als sie 937 im Alter von sechs Jahren mit Lothar verlobt wurde, aber in der Stadt am Ufer des Ticino verwandelte sie sich in eine geschickte, entschiedene und großherzige Herrscherin über Italien, die nach ihrer Erhöhung zur Kaiserin die kluge Ratgeberin ihres Ehemannes wurde, in Pavia residierte und das Reich als Regentin für ihren Enkel regierte. Um die tiefe Bindung, die im Lauf der Jahre zwischen Adelheid und dieser Stadt entstand, einer Bindung, die das Aufblühen von Traditionen und Legenden beförderte, besser zu verstehen, ist es sinnvoll, die Lage in Pavia und im Königreich Italiens zur Zeit Adelheids aufzuzeigen.

Die günstige geographische Lage der Stadt am Schnittpunkt von Straßen und Flüssen als Kommunikationswegen hat ihre Geschichte bestimmt, da sie aus Pavia nicht nur die Hauptstadt des Königreichs, sondern auch ein bedeutendes Handelszentrum gemacht hat. Im 10. Jahrhundert war die Stadt nicht sehr ausgedehnt, die Fläche zwischen der doppelten Mauer betrug etwa 25 Hektar, ihre rechtwinklige Anordnung erinnerte an die römischen Ursprünge, auch wenn gelegentlich die *insulae* und die regelmäßige Straßenführung durch mittelalterliche Bauten und enge kurvige, in Strahlenform angeordnete Gassen durchbrochen wurden. Die Bauwerke, die sich durch ihre Größe, ihr Erscheinungsbild und ihr Material (Steine, rote Backsteine, dunkles Holz, gedeckt mit Stroh, Schindeln oder gebrannten Ziegeln) unterschieden, mit Innenhöfen und -gärten, grenzten an enggebaute Häuserreihen. Grüne Nutzgärten voller Obstbäume, Holunderhecken und aromatischen Kräutern, kleine Weinberge, Ziergärten, kleine

Adélaïde de Bourgogne et Pavie

Dans la vie de chacun, certains endroits occupent une place bien spécifique; dans la longue existence aventureuse d'Adélaïde, la ville de Pavie joua un rôle particulier. En effet, la princesse bourguignonne n'était encore qu'une enfant inexpérimentée et désorientée quand, âgée de six ans seulement, en 937, elle fut promise en mariage à Lothaire, mais, dans la cité baignée par le Tessin, elle se tranforma en une souveraine habile, décidée et généreuse qui régna en Italie et qui, devenue impératrice, fut la sage conseillère de son mari, gouverna à Pavie et dirigea l'Empire comme tutrice de son petit-fils. Pour mieux comprendre le lien profond qui, au fil des années, s'établit entre Adélaïde et cette ville, le lien qui provoqua la floraison de traditions et de légendes, il est utile de retracer la situation régnant à Pavie et dans le royaume d'Italie à l'époque d'Adélaïde.

La position géographique favorable de la ville, le long des voies de communications terrestres et fluviales, en ont conditionné l'histoire, faisant de Pavie non seulement la capitale du royaume, mais aussi un important centre commercial. Au Xe siècle, la ville n'était pas étendue, l'espace compris entre la double enceinte de murs était d'environ 25 hectares, sa structure orthogonale rappelait son origine romaine, même si, de temps à autre, les *insulae* et le tracé régulier des rues avaient été altérés par les constructions et les ruelles médiévales, étroites et sinueuses, disposées en forme de rayons. Les édifices, qui se différenciaient par leur taille, leur apparence et leur structure (en pierre, en brique rouge ou en bois foncé, couverts de paille, de bardeaux ou de tuiles en terre cuite), avec des cours et des jardins intérieurs, s'alignaient en grand nombre le long des pâtés de maisons. Des potagers verts pleins d'arbres fruitiers, des haies de sureau et d'herbes aromatiques, des petits vignobles, des jardins, des petites et des grandes places,

und große Plätze, *terrae vacuae*, dichtes Gebüsch, Dornenhecken und Einfriedungen unterbrachen und belebten die Stadtlandschaft, die auch durch zahlreiche Kirchen und Klöster geprägt war.

Der *flumen Carona* füllte die Wassergräben außerhalb der Mauern, teilte sich dann beim Eintritt in die Stadt in zwei Arme und trieb dort die Mühlen an. Schiffe und Barken reisten auf dem Ticino und machten im großen Hafen, dem *Portus ticinensis*, auf dem linken Ufer in der Nähe der alten römischen Brücke gelegen, oder an einer der vielen Anlegestellen zwischen der Stadt und der Einmündung in den Po Station. Pavia war eine reiche und dichtbevölkerte Stadt. Es war nicht nur ein wichtiges städtisches Zentrum, sondern auch der Sitz des Königshofes mit allem, was dazugehörte, das heißt mit der Anwesenheit von Beamten, Soldaten, Arbeitern der Münze, *negotiatores*, großen weltlichen und geistlichen Herren mit ihrem Gefolge, die in der Stadt *cellae*, Häuser und Lagerplätze, besaßen. Erzeugnisse aller Art aus allen Fiskalhöfen des Königreiches wurden in den Palast gebracht: kostbare Waren, Grundstoffe und Naturalabgaben, die in großen Lagern aufbewahrt wurden und zum einen dem eigenen Verbrauch dienten, aber auch verkauft wurden.

Unter den *Honorantie civitatis Papie* finden sich Kaufleute aus Venedig, Amalfi, Gaeta und Salerno, die regelmäßig in der Stadt Handel trieben, aber es werden auch Angeln und Sachsen erwähnt, die am Ende einer langen Reise über die Alpen den Markt von Pavia mit Sklaven, Lanzen, Schwertern, Pelzen, Leinen- und Wollstoffen, Pferden und deutschen Doggen mit schönen Halsbändern aus Gold belieferten. So war Pavia der wichtigste Handelsplatz auf dem Kontinent geworden, wo es dank der venezianischen Kaufleute möglich war, aus dem Osten importierte Luxusgüter (die *pallia*, kostbare Purpur- und Seidenstoffe, Gewürze, Edelsteine, Elfenbein usw.) zu erwerben.

Über die Waren hinaus, die man in der Nähe des Palasts, auf den *stazonae* (wo die Ware ausgelegt war), auf dem *forum clausum* (dem heutigen Siegesplatz, der Piazza Grande von Pavia), im Garten des Klosters San Pietro in Ciel d'Oro außerhalb

terrae vacuae, d'épais buissons, des barrières d'épines et des enclos diversifiaient et coloraient le paysage citadin, caractérisé également par le grand nombre d'églises et de monastères.

Le *flumen Carona* remplissait les fossés à l'extérieur des murs, puis, pénétrant à l'intérieur et se divisant en deux bras, il actionnait les moulins. Des bateaux et des barques sillonnaient le Tessin, faisant escale dans le grand *Portus ticinensis*, situé sur la rive gauche, à proximité de l'ancien pont romain, ou dans les nombreux endroits de débarquement situés entre la ville et le confluent avec le Po. Pavie était une ville riche et peuplée; en effet, c'était non seulement un important centre urbain, mais aussi le siège de la cour royale avec tout ce que cela comportait, à savoir la présence de fonctionnaires, de militaires, de monétaires travaillant à l'atelier monétaire, des *negotiatores*, de grands seigneurs laïcs et ecclésiastiques, avec leurs suites qui possédaient des *cellae* en ville, des maisons et des dépôts. Des produits de toutes sortes provenant de toutes les cours fiscales du royaume affluaient au Palatium: des marchandises précieuses, des matières premières et des denrées alimentaires qui venaient s'entasser dans les grands entrepôts et étaient destinées d'une part à la consommation intérieure, d'autre part à la vente.

Parmi les *Honorantie civitatis Papie*, on cite des marchands venant de Venise, d'Amalfi, de Gaète et de Salerne, qui faisaient régulièrement du commerce en ville, mais on mentionne aussi des Angles et des Saxons qui, au terme d'un long voyage, après avoir franchi les Alpes, ravitaillaient le marché de Pavie en esclaves, en lances, en épées, en fourrures, en tissus de lin et de laine, en chevaux et en dogues allemands aux beaux colliers d'or. Ainsi, Pavie était devenue la plus importante place marchande continentale où, grâce à la présence des marchands vénitiens, il était possible d'acheter les produits de luxe importés d'Orient (les *pallia*, les tissus précieux de pourpre et de soie, les épices, les pierreries, l'ivoire, etc.).

En plus des marchandises vendues près du Palatium, sur les *stazonae* (les étalages), sur le *forum clausum* (l'actuelle Place de la Victoire, la "Piazza Grande" de Pavie), dans le Jardin situé près du monastère San Pietro à Ciel d'Oro en dehors de la

der Stadt oder bei besonderen Gelegenheiten in dem des Klosters San Martino *extra muros* verkaufte, wurden die Reisenden, die Seeleute und die durchziehenden Pilger auch mit den Angeboten der fliegenden Händler überzogen. Diese kamen aus der Stadt in die Lagerplätze außerhalb der Stadtbefestigung und zogen von Zelt zu Zelt, um ihre Waren anzubieten.

Wie erwähnt war die Stadt Pavia wegen ihrer besonderen Rolle als politisch-administrativer Mittelpunkt und als großes Handelszentrum in die Machtkämpfe um die Herrschaft im Königreich Italien einbezogen. Es ist nicht notwendig, sich bei den Ereignissen, die den Beginn des 10. Jahrhunderts bestimmen, aufzuhalten, aber um die Möglichkeiten Adelheids ganz zu verstehen, ist es wichtig, an die kurze Regierung ihres Vaters, Rudolf II. von Burgund, zu erinnern. Der burgundische Herrscher war 921 auf Drängen des Papstes Johann V. und großer Adliger gegen Berengar I. nach Italien gekommen. Es gelang ihm, seinen Rivalen zu besiegen und sich Anfang 922 in Pavia die eiserne Krone zu sichern. Im folgenden Jahr kündigte er vor einem Reichstag in der Hauptstadt an, zeitweilig nach Burgund zurückzukehren.

Berengar nutzte seine Abwesenheit, um das Reich zurückzuerobern. Er verständigte sich mit den Ungarn, die im Februar 924, vielleicht auf seinen Befehl hin und mit Hilfe seiner Abgesandten unter dem Befehl von Salardo, Pavia einschlossen und so jede Möglichkeit der Flucht unterbanden. Die Bewohner, die keine Hoffnung auf Hilfe von außen hatten, versuchten vergeblich mit den Belagerern zu verhandeln. Diese hatten schon das Umland verwüstet, und am 12. März, einem windigen Tag, schossen sie Feuerkugeln und brennende Pfeile über die Mauern. Die vom heftigen Wind angefachten Flammen verschlangen Bäume und Häuser, beschädigten den königlichen Palast schwer, zerstörten 43 Kirchen und verschonten auch die großen Schiffe auf dem Fluss nicht. Bischof Johann III. von Pavia und sein Gast, der Bischof von Vercelli, erstickten im Rauch; Männer, Frauen, Greise und Kinder, Einfache wie Mächtige starben zu Tausenden in der Feuersbrunst oder wurden von den Waffen der Ungarn durchbohrt, wenn sie erschreckt aus der Stadt auszubrechen

ville ou dans celui se trouvant à proximité du monastère San Martino *extra muros* pour des occasions particulières, les voyageurs, les marins et les pélerins de passage étaient attirés par les offres des vendeurs ambulants. Ceux-ci sortaient de la ville pour les rencontrer dans les campements à l'extérieur de l'enceinte, passant d'une tente à l'autre pour offrir leurs marchandises.

Comme on l'a mentionné, vu son rôle particulier de siège politico-administratif et de grand centre commercial, la ville de Pavie avait été impliquée dans les luttes du pouvoir pour la suprématie du royaume d'Italie. Il n'est pas nécessaire de s'attarder sur les événements qui caractérisaient l'histoire du début du Xe siècle, mais pour comprendre pleinement les choix d'Adélaïde, il est important d'évoquer le court règne de son père, Rodolphe II de Bourgogne. Venu en Italie en 921 à la demande du pape Jean V et des grands seigneurs contre Bérenger Ier, le souverain bourguignon réussit à chasser et à vaincre son rival, prenant la Couronne de fer à Pavie au début de l'an 922. L'année suivante, alors que la diète était réunie dans la capitale, il annonça son intention de retourner temporairement en Bourgogne.

Bérenger Ier profita de son absence pour récupérer le royaume; il s'entendit avec les Hongrois qui, en février 924, obéissant peut-être à ses ordres et avec l'aide de ses émissaires dirigés par Salardo, firent le siège de Pavie et empêchèrent ainsi toute possibilité de fuite. Les habitants qui n'avaient aucun espoir de recevoir de l'aide, essayèrent en vain de négocier avec les assiégeants. Ceux-ci avaient déjà dévasté la campagne environnante et, le 12 mars, un vendredi venteux, ils jetèrent à l'intérieur des murs des boules de feu et des flèches enflammées. Les flammes, alimentées par le vent violent, dévorèrent les arbres et les maisons, endommagèrent sérieusement le palais royal, détruisirent quarante-trois églises et n'épargnèrent pas non plus les grands bateaux sur le fleuve. L'évêque de Pavie, Giovanni III, et celui de Verceil, son invité, périrent asphyxiés dans la fumée, des hommes, femmes, vieillards et enfants, des gens humbles et puissants moururent par milliers dans l'incendie ou transpercés par les armes des Hongrois alors que, terrorisés, ils essayaient de

versuchten. *Uritur infelix olim formosa Papia - Pavia brennt, die unglückliche, einst so schöne Stadt*, klagt traurig Liutprand, der sich so zum Sprachrohr des Schreckens macht, den dieses tragische Ereignis verbreitet hat. Flodoard erzählt, dass große Schätze und kostbare Steine im Brand verlorengingen und dass Gold und Silber, die im Feuer geschmolzen waren, wie kostbare Bäche aus den brennenden Häusern heraustraten. Die wenigen Überlebenden *sammelten in der Asche und den Ruinen der zerstörten Stadt acht Scheffel Silber, die sie den Ungarn übergaben, um damit ihr Leben und die Befreiung der Stadt zu erkaufen*.

Pavia war schwer getroffen, aber nicht völlig zerstört. Berengar, der die Stadt von den wilden Ungarn befreit hatte, starb am 7. April als Opfer einer von Flambert angeführten Verschwörung, den er mit Gunstbezeigungen überhäuft hatte. Nachdem Rudolf von Burgund Salardo und seine Parteigänger auf der anderen Seite der Alpen eingeschüchtert hatte, zog er nach Italien und kam nach Pavia, wo er am 18. August 924 in San Giovanni Domnarum eine Urkunde ausstellte, um die Besitzungen dieser Kirche zu bestätigen: *quando tota Papiensis Urbs repentino et valido igne combusta est.*

Während der Anwesenheit des Herrschers, der bis Dezember in der Stadt blieb, lebte die Stadt wieder auf. Die Münze schlug neue Geldstücke, der Palast wurde wiederhergestellt und das politische, wirtschaftliche und geschäftliche Leben normalisierte sich allmählich. Am 18. Juli 925 bestätigte Rudolf in einer Urkunde zugunsten der Kirche von Pavia dem neuen Bischof Leo die Besitzungen vor der Belagerung, und die Liste begann mit der in den Außenbezirken gelegenen Abtei San Salvatore, eben der, die, wie wir sehen werden, für Adelheid so wichtig werden wird.

Aber im Königreich zeichnete sich eine Bewegung gegen den burgundischen König ab, und Ermengard von Ivrea stand in ihrem Zentrum. Sie kam nach Pavia und stachelte die Stadt zum Aufstand an. Nachdem Rudolf vergeblich versucht hatte, die Hauptstadt wiederzugewinnen, kehrte er nach Burgund zurück. Von dort schickte er im Frühjahr 926 eine starke Armee unter dem Befehl Burkhards von Schwaben, seines Schwiegervaters, nach Italien, die aber bei Novara geschlagen wurde.

sortir de la ville. *Uritur infelix olim formosa Papia! Pavie brûle, pauvre ville, si belle jadis*, se lamente tristement Liutprand, se faisant ainsi l'interprète de l'horreur suscitée par ce tragique événement. Flodoard, quant à lui, raconte que de grands trésors et des pierres précieuses furent perdus dans l'incendie et que l'or et l'argent qui avaient fondu dans le feu sortaient des maisons en flammes comme des ruisseaux précieux. Les quelques survivants *ramassèrent parmi les cendres et les ruines de la ville détruite huit boisseaux d'argent qu'ils remirent aux Hongrois pour le rachat de leur propre vie et la libération de leur ville.*

Pavie avait été durement touchée, mais pas complètement détruite. Bérenger qui l'avait libérée des féroces Hongrois, mourut le 7 avril victime d'une conjuration menée par Flambert, un homme qu'il avait comblé de faveurs. Après avoir affronté Salardo et ses partisans de l'autre côté des Alpes, Rodolphe de Bourgogne descendit en Italie et arriva à Pavie où il concéda à San Giovanni Domnarum, le 18 août 924, un acte pour confirmer les biens que cette église possédait *quando tota Papiensis Urbs repentino et valido igne combusta est.*

Pendant ce temps, grâce à la présence du souverain qui resta en ville jusqu'en décembre, la vie reprit dans la capitale: l'atelier monétaire battit de nouvelles pièces, le Palatium fut restauré, l'activité politique, administrative et commerciale se normalisa progressivement. Le 18 juillet 925, dans un acte en faveur de l'église de Pavie, Rodolphe confirma au nouvel évêque Leone les biens possédés avant le siège, et la liste commençait justement par l'abbaye San Salvatore située dans les faubourgs, celle-là même qui, comme nous le verrons, sera si chère à Adélaïde.

Mais dans le royaume, on voyait se dessiner un mouvement défavorable au souverain bourguignon, et Ermengarde d'Ivrée n'y était pas étrangère: elle s'était rendue à Pavie et incitait la ville à se rebeller. Ayant essayé en vain de reconquérir la capitale, Rodolphe II retourna en Bourgogne, d'où il envoya en Italie, au printemps 926, une puissante armée aux ordres de Bouchard de Souabe, son beau-père, qui fut toutefois battu dans la région de Novare.

Der Thron wurde Rudolf von Hugo von Vienne streitig gemacht, der damit auf der politischen Bühne erschien. Er war ein Sohn aus der ersten Ehe der sehr schönen Intrigantin Bertha von Toscana, die für ihn die Unterstützung der großen italienischen Feudalherren gesichert hatte. Im Juni 926 war Hugo in Pavia, und Anfang Juli trug er die Krone. Die Herrschaft Rudolfs war zu Ende und die des Provenzalen begann. Der neue Herrscher war ein energischer, ehrgeiziger, tückischer und treuloser Mann, der die Herrschaft über zwanzig Jahre zu behalten verstand, weil er den unruhigen Adel kontrollierte und Komplotte und Verschwörungen wie die von zwei mächtigen Richtern, Valperto und Everardo Gezone 929 in Pavia mit Schlauheit und Härte verhinderte und unterdrückte. Die Verschwörer, mit Hilfe des Bischofs gefangengenommen, wurden eingesperrt, ihre Güter konfisziert, und ihr Schicksal war dramatisch. Valperto, der Vater von Rozia, die der König als Konkubine genommen hatte, wurde enthauptet, seine Frau Christina wurde gefoltert, um mögliche Schätze ihres Gatten preiszugeben. Everardo wurde dem Grafen Sonsone übergeben, seinem Feind und einem Vertrauten Hugos. Er wurde gefoltert, man schnitt ihm die Zunge heraus, blendete ihn und sperrte ihn ein.

Es war eine schwierige Zeit, in der es selbst für Männer der Kirche natürlich schien, von Betrug und Gewalt Gebrauch zu machen, um den Ehrgeiz gewalttätiger, intriganter und treuloser Herren zu bremsen. Es war ein schreckliches Beispiel, das die Angst und die Achtung der Untertanen hervorrief. Aber als Ausgleich für so viele Greueltaten war es auch die Zeit der Wunder, wie jenes, das im August 930 dem Sohn König Hugos, dem kleinen Lothar, dem zukünftigen Ehemann Adelheids, das Leben rettete.

Die Mönche von Bobbio hatten die Reliquien des heiligen Kolumban nach Pavia gebracht, in der Hoffnung, so ihre Güter wiedererstattet zu bekommen, die ihnen genommen worden waren. Die Menge, von überall her zusammengekommen, um den Heiligen zu ehren, war so zahlreich, dass Leute sogar auf den Dächern der Häuser saßen, und die Prozession war nur unter Schwierigkeiten zur Basilika von San Michele durchgedrungen, wo der heilige Kolumban aufgestellt

Le trône fut contesté à Rodolphe par Hugues de Provence qui apparut alors sur la scène politique: il était le fils d'un premier mariage de la très belle intrigante Berthe de Toscane qui avait obtenu pour lui les bonnes grâces des grands feudataires italiens. En juin 926, Hugues était à Pavie et début juillet il portait la Couronne: le règne de Rodolphe II en Italie avait pris fin, celui du Provençal commençait. Le nouveau souverain était un homme énergique, ambitieux, sournois et infidèle qui sut garder le pouvoir pendant environ vingt ans en maîtrisant la noblesse inquiète, en empêchant et en réprimant avec astuce et fermeté les complots et les conjurations comme celle fomentée à Pavie en 929 par deux juges puissants, Valperto et Everardo Gezone. Les conjurés, capturés avec la complicité de l'évêque, furent emprisonnés, leurs biens furent confisqués et leur sort fut dramatique. Valperto, le père de Rozia que le roi avait prise comme concubine, fut décapité, son épouse Cristina fut torturée pour qu'elle avouât l'existence d'éventuels trésors de son mari; Everardo, abandonné aux mains du comte Sansone, son ennemi et homme de confiance de Hugues, fut torturé, on lui coupa la langue, on l'aveugla et on l'emprisonna.

C'était une période difficile où il semblait naturel, même de la part des hommes d'église, de faire preuve de tromperie et de violence pour freiner les ambitions de personnes rustres, intrigantes et infidèles; c'était un terrible exemple qui suscitait la peur et le respect des sujets. Mais en compensation de tant de cruauté, c'était aussi l'époque des miracles, comme celui qui, en août 930, sauva la vie au fils du roi Hugues, au petit Lothaire, futur époux d'Adélaïde.

Les moines de Bobbio avaient transporté à Pavie les reliques de saint Colomban, espérant ainsi obtenir la restitution des biens qui leur avaient été dérobés. La foule, accourue de toutes parts pour honorer le saint, était si nombreuse qu'il y avait même des gens sur les toits des maisons, et la procession était parvenue difficilement à la basilique San Michele, où saint Colomban avait été exposé pour être vénéré par les fidèles. Parmi les nombreux prodiges accomplis par ce saint, il y avait eu

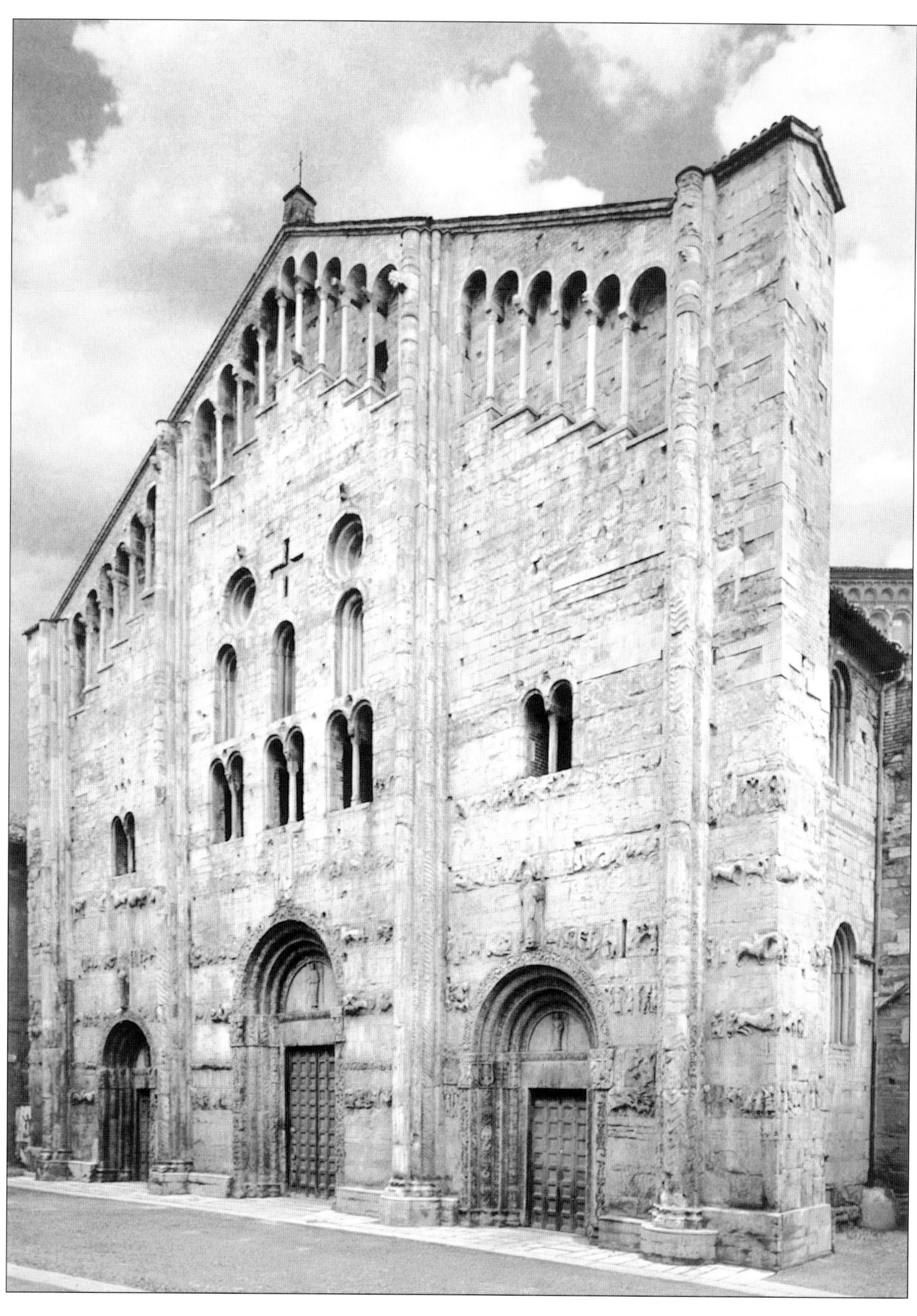

San Michele in Pavia / à Pavie

wurde, um von den Gläubigen angerufen zu werden. Unter den zahlreichen Wundern, die der Heilige vollbrachte, war auch die wunderbare Heilung Lothars. Das Kind litt an einem heftigen Fieber und war in hoffnungslosem Zustand. Auf Befehl seines Vaters wurde es vom Palast nach San Michele gebracht und auf die Reliquie des heiligen Kolumban gelegt. Plötzlich verschwand das Fieber und wich einem ruhigen Schlaf. Lothar war gerettet, und seine Mutter, die Königin Alda, stattete mit einer großen Gefolgschaft von Adligen und Dienerinnen dem Heiligen ihren Dank ab und überreichte ihm goldgewebte Stoffe, während Hugo in einer feierlichen Audienz den Mönchen die entzogenen Besitzungen zurückgab.

la miraculeuse guérison de Lothaire. L'enfant, en proie à une violente fièvre, était dans un état désespéré. Sur l'ordre de son père, il fut porté du palais à San Michele et placé sur l'urne de saint Colomban. Tout à coup, la fièvre disparut, laissant place à un sommeil calme. Lothaire était sauvé et sa mère, la reine Alda, accompagnée d'une nombreuse suite de nobles et de servantes, était allée rendre grâce au saint, offrant des étoffes tissées d'or et lors d'une audience solennelle, Hugues avait fait restituer aux moines les terres usurpées.

Im folgenden Mai wurde das so gerettete Kind in derselben Kirche San Michele in einer glänzenden Zeremonie gekrönt und zum Mitkönig eingesetzt. Im gleichen Jahr wurde seine künftige Gemahlin Adelheid, Tochter Rudolfs II. von Burgund und von Bertha von Schwaben, geboren.

Toujours à San Michele, l'année suivante, au mois de mai, l'enfant miraculé fut couronné et associé au trône dans une splendide cérémonie. Ce fut au cours de cette même année que naquit sa future épouse Adélaïde, fille de Rodolphe II de Bourgogne et de Berthe de Souabe.

Hugo, inzwischen verwitwet, hatte daran gedacht, seinen Einfluss dadurch zu mehren, dass er im Frühjahr 932 Marozia heiratete, die damals tatsächlich Rom unter ihrer Herrschaft hielt und einen ihrer Söhne unter dem Namen Johann XI. zum Papst hatte wählen lassen. Aber Hugos ehrgeiziges Projekt scheiterte wegen einer Revolte, die Alberich, der Sohn Marozias, gegen sie angestiftet hatte. Er hatte die Menge aufgewiegelt und seine Mutter eingesperrt, was seinen Stiefvater dazu zwang, Hals über Kopf aus Rom zu fliehen. Hugos Gegner nutzten die Situation, um ihm seinen alten Rivalen Rudolf von Burgund entgegenzusetzen, den sie nach Italien einluden. Aber Hugo hatte 933 mit dem Burgunder ein Abkommen geschlossen, mit dem er ihm als Ausgleich für den endgültigen Verzicht auf alle italienischen Thronansprüche seine Rechte über die Provence abtrat. Das hatte jedoch den Frieden im Königreich nicht gesichert. So hatte Herzog Arnulf von Bayern 934 mit Hilfe des Bischofs Raterio von Verona diese Stadt besetzt und beabsichtigte, die Hauptstadt zu erobern. Aber er wurde von Hugo geschlagen und kehrte in sein Land zurück. Raterio nahm man gefangen und sperrte ihn für zwei Jahre in Pavia in einen kleinen Turm, der einst dem verstorbenen Richter Valperto gehört hatte.

Hugues, resté veuf, avait pensé augmenter son prestige en épousant, au printemps 932, Marozia qui, de fait, tenait Rome sous sa domination et avait fait élire pape l'un de ses fils sous le nom de Jean XI. Mais l'ambitieux projet de Hugues échoua à cause d'une révolte fomentée contre lui par Alberico, le fils de Marozia. Celui-ci avait soulevé la foule, emprisonné sa mère, ce qui avait contraint son beau-père à fuir précipitamment de Rome. Profitant alors de la situation, les adversaires de Hugues lui opposèrent son ancien rival, Rodolphe de Bourgogne qu'ils invitèrent en Italie. Mais le roi Hugues avait négocié un accord qui cédait au Bourguignon en 933 ses droits sur la Provence en échange d'un renoncement définitif à toute prétention sur le trône d'Italie. Cependant, cela n'avait pas permis d'assurer la paix au royaume; en effet, en 934, Arnulf, duc de Bavière, aidé par Raterio évêque de Vérone, avait occupé la ville, décidé à partir à la conquête de la capitale; mais battu par Hugues, il était retourné dans son pays. Raterio fut capturé et enfermé pour deux ans à Pavie dans une petite tour, confisquée au défunt juge Valperto.

Von 936 an stellten die Ungarneinfälle eine Bedrohung für die innere Sicherheit des Königreichs dar und weckten die Angst der Einwohner von Pavia, die noch die schmerzliche Erinnerung an die ungarischen Brandpfeile bewahrten. Hugo, der den Palast zum Teil wiederherstellen und zum Teil neu aufbauen hatte lassen, der sich vor den Übergriffen der Sarazenen schützen musste und noch immer Absichten auf Rom hatte, zögerte nicht, sich auf Abkommen mit den Ungarn einzulassen und ihnen einen Tribut zu zahlen, um sie auf Abstand zu halten und ihre Raubzüge einzudämmen.

Am 11. Juli 937 starb Rudolf II. von Burgund. Er ließ seine Frau Bertha als Witwe und seine noch sehr jungen Kinder Konrad, Rudolf und Adelheid zurück. Die Minderjährigkeit des Thronerben weckte den Ehrgeiz Hugos, der sich in der Überzeugung, seine Macht über die Provence und das übrige Königreich ausdehnen zu können, im Herbst nach Burgund begab. Da er von Marozia nichts wusste und sich als Witwer betrachtete, heiratete er Bertha, und am 12. Dezember schloss er einen Heiratsvertrag zwischen seinem kaum zehnjährigen Sohn Lothar und der sechsjährigen Adelheid. Die zukünftige Ehefrau erhielt als Mitgift die Königshöfe von Corana, Marengo und Olona, drei Abteien und zwei kleinere Höfe in der Toscana, im Ganzen 4580 Hufen Land. Bertha bekam 16 Höfe mit 2500 Hufen übertragen.

Die Heirat mit Bertha, die vierte für den Ehemann, erregte großes Aufsehen, da die Ehefrau die Witwe des Stiefsohnes von Hugo war. In der Tat hatte Hugo aus politischem Kalkül in erster Ehe Willa, die Mutter des damals noch sehr kleinen Rudolfs II. von Burgund geheiratet und hoffte, in seinem Namen regieren zu können. Aber diese Hoffnung wurde durch den plötzlichen Tod seiner betagten Ehefrau zunichte. Doch auch dieses Mal sollten die Pläne Hugos scheitern. Otto I. von Sachsen, der deutsche König, sicherte sich im Handstreich die Vormundschaft über den jungen Konrad und damit die Kontrolle über Burgund.

Hugo kehrte mit seiner Frau Bertha und der Verlobten seines Sohnes nach Italien zurück. Adelheid sah so zum ersten Mal die Hauptstadt ihres zukünftigen Königreiches. Pavia war für die vor-

A partir de 936, les raids des Hongrois constituèrent une menace pour la sécurité intérieure du royaume et suscitèrent la peur des habitants de Pavie qui gardaient encore le souvenir douloureux de leurs flèches incendiaires. Hugues, qui avait en partie fait restaurer et en partie fait reconstruire le Palatium, qui devait se protéger des incursions des Sarrasins et qui avait encore des visées sur Rome, n'hésita pas à s'abaisser à la conclusion d'accords en versant un tribut aux Hongrois afin de les tenir à distance et de limiter leurs razzias.

Le 11 juillet 937, Rodolphe II de Bourgogne mourut; il laissait Berthe, sa veuve, et ses enfants encore très jeunes Conrad, Rodolphe et Adélaïde. La minorité de l'héritier au trône réveilla les ambitions de Hugues qui, convaincu de pouvoir rétablir son autorité sur la Provence et sur le reste du royaume, se rendit en Bourgogne en automne. N'ayant plus de nouvelles de Marozia et se considérant veuf, il épousa Berthe, et le 12 décembre, il conclut un contrat de mariage entre son fils Lothaire, qui avait à peine plus de dix ans, et Adélaïde, âgée de seulement six ans. La future épouse reçut en dot les cours royales de Corana, Marengo et Olona, trois abbayes et deux cours plus petites en Toscane, soit 4580 manses en tout, Berthe par contre se vit attribuer seize cours, l'équivalent de 2500 manses.

Le mariage avec Berthe (le quatrième pour l'époux) suscita un grand scandale, dans la mesure où l'épouse était la veuve du beau-fils de Hugues. En effet, par calcul politique, Hugues avait épousé en premières noces Villa, la mère de Rodolphe II de Bourgogne (lequel était encore très jeune à cette date), espérant gouverner en son nom; mais cet espoir fut anéanti par la mort soudaine de son épouse âgée. Cependant, cette fois encore, les plans de Hugues devaient échouer: Otton Ier de Saxe, roi de Germanie, s'assura, par un coup de main, la tutelle du jeune Conrad et ainsi le contrôle de la Bourgogne.

Hugues retourna alors en Italie avec sa femme Berthe et l'épouse promise à son fils: Adélaïde voyait ainsi pour la première fois la capitale de ce qui devait devenir son royaume. Pavie suscitait cer-

nehmen Burgunderinnen sicher interessant. Bertha bezog als Königin den Palast, in dem ihr erster Mann regiert hatte, und sie lernte endlich die Stadt und den Hof kennen, von denen sie schon so viel gehört hatte. Adelheid dagegen wurde durch die Lebensfreude und die Neuartigkeit des Ortes angezogen. Ein ständiges Hin und Her von Personen und auf Wagen transportierten Waren belebte die Straßen und Plätze der Stadt, am konzentriertesten beim Königspalast. Beim Palast fanden diese Bewegungen des Handels ihren Ausgang und ihr Ziel, aber er war auch der Ort der Anhörungen, Versammlungen und Reichstage, bei denen Persönlichkeiten aus allen Teilen des Königreiches zusammenkamen.

Der Ticino mit seinem glitzernden Wasser wurde täglich von den 60 Schiffen der königlichen Schiffergilde durchfahren, die damit beauftragt waren, die Stadt und den Hof mit Fisch zu versorgen, aber auch von den Fischerbooten, den Kirchen und Klöstern, Bischöfen und Herren gehörenden Wasserfahrzeugen, den großen königlichen Schiffen, den Boten der Händler, der Seeleute, der Fährleute und anderer; und der Fluss mit seinem Hafen und seinen Ufern musste einen äußerst anregenden, interessanten und abwechslungsreichen Anblick bieten. Für die Mutter wie für die Tochter waren die Hauptstadt, der Hof und die Einwohner von Pavia eine ganz neue Welt, die es zu entdecken und zu erobern galt. Bertha organisierte das Leben im Palast, und Adelheid, die den Dienerinnen und den Lehrern anvertraut war, folgte ihrem Beispiel und wurde so in ihre zukünftigen Aufgaben eingeführt.

Aber die Dinge entwickelten sich nicht so, wie die Königin es sich vorgestellt hatte. Hugo, der aus der Heirat nicht die erhofften Vorteile gezogen hatte, zeigte sich sehr schnell ungeduldig, nahm seinen üblichen zügellosen Lebensstil wieder auf und erzwang bei seiner Frau die Duldung unverschämter, gieriger und streitsüchtiger Konkubinen. Bertha, von einem Gemahl vernachlässigt, der sie schließlich eher verabscheute, verließ die Stadt Pavia bald und kehrte nach Burgund zurück, um sich guten Werken zu widmen, Kirchen und Klöster zu gründen, den Armen zu helfen, was ihr den Ruf einer frommen und großherzigen Frau eintrug.

tainement l'intérêt des nobles bourguignons; Berthe entra comme reine dans le Palatium où son premier mari avait régné, et elle fit enfin la connaissance de la ville et de la cour dont elle avait certainement déjà entendu parler; Adélaïde, quant à elle, était attirée par l'ardeur de vivre et la nouveauté des lieux. Un va-et-vient continuel de personnes et de marchandises transportées sur des charrettes animait les routes et les places de la ville et se concentrait au palais royal. Le Palatium était le lieu de rassemblement de cette circulation et la destination des commandes, mais aussi le siège des audiences, des assemblées et des diètes qui voyaient le concours de personnages provenant de toutes les parties du royaume.

Le Tessin "aux eaux brillantes" était sillonné chaque jour par les 60 bateaux des bateliers du roi chargés de ravitailler en poissons la ville et la cour, par les barques des pêcheurs, par les embarcations appartenant aux églises et aux monastères, aux évêques et aux seigneurs, par les grands bateaux royaux, par les barques des marchands, des marins, des passeurs etc., et le fleuve, avec son port et ses rives, devait offrir un spectacle extrêmement évocateur, intéressant et varié. Pour la mère et la fille, la capitale, la cour et les habitants de Pavie étaient tout un monde à découvrir et à conquérir: Berthe organisait la vie du palais et Adélaïde, qui, confiée aux servantes et aux précepteurs, suivait son exemple, fut progressivement initiée à ce que seraient ses futures tâches.

Mais les choses ne se déroulèrent pas comme la reine l'avait imaginé: Hugues qui n'avait pas obtenu du mariage les avantages espérés, se montra très vite impatient et reprit son style de vie effréné habituel, imposant à sa femme la présence de concubines insolentes, cupides et querelleuses. Berthe, négligée par un époux qui était arrivé à la détester, abandonna très vite Pavie et retourna en Bourgogne se consacrer à ses bonnes oeuvres, à fonder des églises et des monastères, à secourir les pauvres, ce qui lui valut la réputation d'être une femme pieuse et généreuse.

Die noch sehr junge Adelheid war in Italien zurückgeblieben und gezwungen, in einer schwierigen Umgebung zu leben, die weit davon entfernt war, anständig zu sein, im Kontakt mit Personen, die ihre Mutter, deren Abwesenheit sie schmerzlich empfand, abgelehnt und gedemütigt hatten. Doch stellte sich die burgundische Prinzessin, schön und mit feinem Gefühl, dieser schwierigen Situation, in der sie sich gegen ihren Willen befand, mit Entschlossenheit, Intelligenz und Würde, wobei sie sich in den Glauben flüchtete und in der religiösen Bindung Trost fand.

Die am Hof von Pavia verbrachten Jahre waren sehr wichtig für die allgemeine und politische Bildung Adelheids, die sehr viel Nutzen aus dem Unterricht in der Schule des Palastes zog, derselben, die Liutprand von Pavia besuchte. Sie lernte, sich geschickt aus der Affäre zu ziehen, und sie entdeckte den Ehrgeiz, die Gefahren und den Betrug, die im Schatten des Thrones gediehen. Die politische Sensibilität Adelheids verfeinerte sich so durch die aufmerksame Beobachtung dessen, was am Hof geschah. Die Prinzessin wurde in der Tat Zeugin der Skrupellosigkeit und der Bestimmtheit, mit der Hugo die Macht ausübte. Er umgab sich mit Spionen und zögerte nicht mit der Anwendung von Verschlagenheit, Gewalt und Täuschung gegen seine Feinde oder die, die ihm im Wege standen, wie zum Beispiel Berengar von Ivrea oder Erzbischof Arderich von Mailand.

Als Hugo 940 von seinen Spionen erfuhr, dass Berengar gegen ihn eine Verschwörung plante, entschied er sich, ihn an den Hof zu holen, um ihn gefangenzusetzen und blenden zu lassen. Aber der Plan scheiterte, weil der feinfühlige Lothar, Freund des Markgrafen von Ivrea, sich nicht zum Komplizen seines Vaters machen lassen wollte und Berengar heimlich warnte. Dieser fand seine Rettung, indem er nach Schwaben zu Herzog Hermann, dem zweiten Ehemann von Adelheids Großmutter, floh. Der Herzog von Schwaben nahm den Flüchtling nicht nur auf, sondern brachte ihn auch in Kontakt mit dem deutschen König Otto, der ihm seinen Schutz gewährte. Das erlaubte Berengar fünf Jahre später, nach Italien zurückzukehren, mit den wesentlichen Konsequenzen, die sich daraus ergaben.

Adélaïde, encore très jeune, était restée en Italie, contrainte de vivre dans un climat difficile qui était loin d'être austère, au contact des personnes qui avaient rejeté et humilié sa mère, une mère dont elle ressentait douloureusement l'absence. Toutefois, la princesse bourguignonne, belle et sensible, avait su affronter avec fermeté, intelligence et dignité cette situation difficile dans laquelle elle s'était trouvée malgré elle, se réfugiant dans la foi et trouvant réconfort dans les pratiques religieuses.

Les années passées à la cour de Pavie furent très importantes pour la formation culturelle et politique d'Adélaïde qui tira beaucoup de profit de ses études à l'école du palais, la même que celle que fréquenta Liutprand de Pavie; elle apprit à se tirer habilement d'affaire et elle découvrit les ambitions, les dangers et les tromperies qui prospéraient à l'ombre du trône. La sensibilité politique d'Adélaïde s'affina ainsi par l'observation attentive de ce qui se passait à la cour. La princesse fut en effet le témoin de l'absence de scrupules et de la détermination avec lesquelles Hugues assumait le pouvoir: il s'entourait d'espions et il n'hésitait pas à recourir à l'astuce, à la violence et à la tromperie contre ses ennemis et contre ceux qui le gênaient comme par exemple Bérenger d'Ivrée et l'archevêque de Milan Arderico.

En 940, informé par ses espions que Bérenger complotait contre lui, Hugues décida de l'attirer à la cour pour le capturer et l'aveugler. Mais le plan échoua parce que le doux Lothaire, ami du margrave d'Ivrée, ne voulut pas se faire le complice de son père et avertit secrètement Bérenger qui trouva le salut en s'enfuyant en Souabe, chez le second mari de la grand-mère d'Adélaïde, le duc Hermann. Non seulement le duc de Souabe accueillit le fugitif, mais il le mit aussi en contact avec Otton, roi de Germanie, qui lui accorda sa protection, ce qui permit à Bérenger de retourner en Italie, cinq ans plus tard, avec les conséquences importantes qui en résultèrent.

Der Fall von Arderich ist noch typischer für die Art, wie Hugo handelte. Der Erzbischof war in der Tat nur deshalb schuldig, weil er dem Plan des Herrschers im Wege stand, das Erzbistum Mailand auf Tebaldo, seinen Sohn mit Stefania, einer römischen Konkubine, zu übertragen. Hugo berief eine Versammlung nach Pavia ein, an der auch der alte Kirchenfürst teilnahm. Der König hatte angeordnet, dass seine Höflinge mit dem Gefolge des Erzbischofs Streit anfangen und dabei diesen im allgemeinen Durcheinander töten sollten. Mindestens 90 Mailänder wurden getötet; Tote und Verwundete gab es sicher auch auf der Seite der Parteigänger Hugos genug. Aber Arderich war nicht unter den Opfern, und der König, dessen Verantwortung für die Ereignisse offensichtlich war, versuchte sich herauszukaufen, indem er dem Erzbischof Versprechungen und Geschenke anbot.

Le cas d'Arderico est encore plus symbolique de la façon d'agir de Hugues: l'archevêque était en fait uniquement coupable de faire obstacle au projet du souverain qui visait à attribuer l'archevéché de Milan à Tebaldo, un fils qu'il avait eu avec une concubine romaine Stefania. Après avoir convoqué à Pavie une assemblée à laquelle participait aussi l'ancien prélat, le roi avait ordonné à ses courtisans de chercher querelle à la suite de l'archevêque et de tuer celui-ci dans la confusion. Au moins quatre-vingt-dix Milanais furent tués et les morts et les blessés ne manquèrent sûrement pas non plus chez les partisans de Hugues. Mais Arderico n'était pas parmi les victimes, et le roi dont la responsabilité dans ces événements était manifeste, essaya de se racheter en accordant des promesses et des dons à l'archevêque.

Adelheid beobachtete, dachte, lernte. Der altgewordene Herrscher, der die Intelligenz, die Energie, die Anmut und die natürliche Würde seiner künftigen Schwiegertochter schätzte, behandelte sie freundlich und versuchte, sie auf das Regieren vorzubereiten, so wie er es mit Lothar hielt. Der Ruf als unverschämter Schürzenjäger, der Hugo nicht zu Unrecht anhing, brachte es mit sich, dass die Sympathie und Zuneigung, die er Adelheid entgegenbrachte, von manchen falsch gedeutet wurde, wie eine spätere Information im *Chronicon Novaliciense* (V, c.3) zeigt, wonach er seine sehr junge Schwiegertochter verführt haben sollte.

Adélaïde regardait, réfléchissait, apprenait. Le souverain âgé qui appréciait l'intelligence, l'énergie, la grâce et la dignité naturelle de sa future belle-fille, la traitait avec gentillesse en essayant de la préparer à régner, tout comme il le faisait avec Lothaire. La réputation de libertin impénitent attribuée à Hugues, et largement méritée, fit que la sympathie et l'affection qu'il manifestait à l'égard d'Adélaïde furent mal interprétées par certains, comme le révèle l'information tardive de la *Chronicon Novaliciense* (V, c.3), selon laquelle le roi aurait séduit sa très jeune belle-fille.

Doch neben der Veranlagung Adelheids, ihrer tiefen und lebendigen Religiosität, die allein genügen würden, um diese Nachricht wenig glaubhaft zu machen, führen praktische Überlegungen dazu, den Wahrheitsgehalt in Frage zu stellen. Und vor allem erwähnen die zuverlässigeren zeitgenössischen Quellen diese Nachricht nicht. Hugo war ein zu guter Politiker, um sich auf eine Beziehung einzulassen, die ihn nicht nur diskreditiert, sondern auch Berengar einen idealen Vorwand geliefert hätte, um das Eingreifen Ottos I. zu verlangen und seine Unterstützung zu bekommen. Dieser Herrscher übte in der Tat ein Protektorat über Burgund und die burgundische Königsfamilie aus, und Bertha, trotz allem die legitime Gemahlin Hugos, hätte solch eine Schmähung sicher weder für sich noch für ihre Tochter hingenommen.

Or, en dehors du naturel d'Adélaïde, de sa religiosité profonde et vécue qui suffirait à elle seule à rendre peu crédible cette information, d'autres considérations d'ordre pratique amènent à en nier la véracité. Et surtout, les sources contemporaines plus fiables ne la mentionnent pas; de plus, Hugues était un trop bon politicien pour entreprendre une relation qui l'aurait non seulement discrédité, mais qui aurait aussi offert à Bérenger un prétexte idéal pour solliciter l'intervention d'Otton Ier et obtenir son soutien. Le souverain, comme on l'a vu, exerçait en effet le protectorat sur la Bourgogne et sur la famille royale bourguignonne, et Berthe qui était malgré tout l'épouse légitime de Hugues, n'aurait certainement toléré un tel outrage ni pour elle, ni pour sa fille.

Dazu kommt, dass Hugo, obwohl ein leidenschaftlicher Mann ohne Skrupel, auch ein sehr guter Vater war, seiner zahlreichen Nachkommenschaft sehr verbunden, sehr besorgt darum, seinen Söhnen und Töchtern, ob legitim oder illegitim, einflussreiche Positionen zu sichern. Es scheint also schwierig zu glauben, dass er so gehandelt haben könnte. Sein Verhalten hätte dann seinen Sohn Lothar, den Mitkönig und Erben, dem Spott und der Häme der Höflinge und der Untertanen ausgesetzt, und das hätte seine eigene Autorität geschwächt und die Stellung seines Sohnes, dessen nicht nur physische Zartheit er kannte, praktisch unhaltbar gemacht. Ganz im Gegenteil versuchte Hugo aber um jeden Preis, die eigene Stellung und die Lothars zu verstärken, indem er Otto I. bedeutende Geschenke sandte und die Hochzeit seiner sehr jungen und sehr schönen natürlichen Tochter Bertha mit Romanos, dem Enkel und Erben des byzantinischen Kaisers, aushandelte, um seine Unterstützung zu bekommen und das Ansehen seines Hauses zu vergrößern.

En outre, bien que Hugues fût un homme sans scrupules et passionné, il était aussi un très bon père, très attaché à sa nombreuse progéniture, très soucieux d'assurer à ses fils et à ses filles, qu'ils fussent légitimes ou illégitimes, des positions prestigieuses. Il semble donc très difficile de croire qu'il ait pu agir ainsi: son comportement aurait exposé à la moquerie et aux railleries des courtisans et des sujets son fils Lothaire, son associé au trône et son héritier, ce qui aurait affaibli sa propre autorité et rendu presque insoutenable la position de son fils dont il connaissait la fragilité, non seulement sur le plan physique. Au contraire, Hugues essayait à tout prix de renforcer sa position et celle de Lothaire en envoyant d'importants présents à Otton Ier, en négociant le mariage de Berthe (sa fille naturelle très jeune et très belle) avec Romain, petit-fils et héritier de l'empereur byzantin, afin d'obtenir son soutien et d'accroître le prestige de sa maison.

Adelheid hatte 944 an den Verhandlungen teilgenommen, die ihrer Hochzeit vorausgingen. Sie hatte die von dem den Kaiser vertretenden Protospatar Pascalios angeführte Gesandtschaft ankommen sehen, und nach einigen Festtagen hatte sie mit dem ganzen Hof die kleine Bertha empfangen, die dann in der Begleitung des Erzbischofs Siegfried von Placentia nach Konstantinopel abreiste, wo sie am 16. September unter dem Namen Eudoxia die Gattin von Romanos wurde. So war sich die burgundische Prinzessin der politischen Bedeutung solcher Hochzeiten bewusst geworden, wenn damals auch nichts hatte vorausahnen lassen, dass sie eines Tages für ihren eigenen Sohn solche Verhandlungen führen würde.

Adélaïde avait assisté aux négociations qui avaient précédé ces noces en 944; elle avait vu arriver à Pavie la cour dirigée par le Protospatare Pascalios représentant l'empereur, et, après plusieurs jours de fête, elle avait accueilli avec toute la cour la petite Berthe qui, accompagnée de l'évêque de Plaisance Sigifredo, était partie pour Constantinople où elle était devenue l'épouse de Romain le 16 septembre sous le nom d'Eudoxie. Ainsi, la princesse bourguignonne s'était rendu compte de l'importance politique de mariages de ce genre, même si rien n'aurait pu alors lui faire présager qu'à son tour, elle préconiserait pour son propre fils des négociations semblables.

Genau zu dem Zeitpunkt, als Hugo sich sicher fühlte, veränderte sich etwas in der Haltung des deutschen Königs. Dieser verfolgte mit großem Interesse, was sich in Italien ereignete, und er sah nicht gerne den Provenzalen, dessen Ehrgeiz er kannte, an Ansehen gewinnen. Berengar nutzte die Gelegenheit und zog Anfang 945 mit einem Heer über Schwaben nach Italien. Er sicherte sich durch großzügige Versprechungen die Unterstützung eines Neffen von Hugo, Manasse von Arles und den Rückhalt einiger Adligen und Kirchen-

Ce fut exactement lorsque Hugues se sentit confiant, que quelque chose changea dans l'attitude du roi de Germanie: celui-ci suivait avec grand intérêt tout ce qui se passait en Italie et il ne voyait pas d'un bon oeil le surcroît de prestige du Provençal dont il connaissait bien les ambitions. Bérenger sut profiter de l'occasion et au début de l'an 945, il réunit une armée, descendit en Italie en passant par la Souabe et s'assurant, par des promesses généreuses, du soutien d'un neveu de Hugues, Manasse d'Arles, de l'appui de quelques

fürsten und es gelang ihm, ohne Widerstand zu finden, das Etschtal entlangzuziehen und in Verona, Modena und mit Hilfe des greisen Erzbischofs Arderich in Mailand einzuziehen.

Hugo war weit weg von seiner Hauptstadt, denn er war damit beschäftigt, das Schloss Vignola des plötzlich zu Berengar übergegangenen, raffgierigen Bischof Guido von Modena zu belagern. Er kehrte so schnell wie möglich nach Pavia zurück, aber sein Rivale hatte schon die Unterstützung der Unzufriedenen und aller aus Eigennutz Untreuen gefunden. Der König war ohne Heer, er konnte nur auf seine Grafen Angelbert und Aleram, seinen Schwiegersohn Elisiardo von Parma, Lanfranc von Bergamo, seinen natürlichen Sohn Boso, Bischof von Placentia, auf die Bischöfe Ambrosius von Lodi und Litifred von Pavia und einige kleinere Vasallen zählen, und es gelang ihm nicht, den Markgrafen von Ivrea zurückzuschlagen.

Obwohl Berengar nicht die Krone trug, zeigte er sich großzügig und vergab Vergünstigungen und Schenkungen, als ob er der Herrscher wäre. Die Großen des Königreichs, nur damit beschäftigt, Reichtümer und Ehrenstellungen für sich zu erhalten, nahmen diesen ungesetzlichen Zustand gerne hin. Hugo machte sich klar, dass die Auseinandersetzung verloren und jeder Versuch von Widerstand in der Hauptstadt vergeblich war. Um seinem Sohn den Thron zu erhalten, anerkannte er also, dass er besiegt war. Er sandte Lothar mit einer Botschaft für die Großen des Königreiches nach Mailand, in der er sich bereit erklärte, sich allen ihren Anklagen zu stellen, er verzichtete auf die Krone, aber er verlangte, dass sie seinem Sohn nicht weggenommen würde, der an allem unschuldig sei, weil er wegen seines jungen Alters an der tatsächlichen Regierung nicht beteiligt war.

Die Botschaft, die im Dom von Sant'Ambrogio vorgelesen wurde, brachte die vorherberechnete Wirkung, und die Versammlung akklamierte Lothar, von Erzbischof Arderich und von Berengar selbst zum Altar geführt, welcher mit dieser Geste den Eindruck erweckte, als ob er den jungen Herrscher unter seinen Schutz nehmen würde. In kurzer Zeit war die Lage vollkommen verändert: Hugo und Lothar hatten auf der Höhe ihrer Macht am 29. März 945 in Pavia der Gräfin Rotrud, dem

nobles et prélats, et sans rencontrer de résistance, il réussit à passer par la vallée de l'Adige, à entrer à Vérone, à Modène et finalement à Milan avec l'aide du vieil archevêque Arderico.

Hugues était loin de sa capitale, car il était occupé au siège du château de Vignola appartenant au cupide évêque de Modène, Guido, qui avait soudain embrassé la cause de Bérenger. Il rentra le plus vite possible à Pavie, mais son rival avait déjà obtenu l'appui des mécontents et de tous ceux qui étaient prêts à le suivre par intérêt. Le roi était sans armée, il ne pouvait compter que sur ses comtes Ingelbert, Aleramo, sur son gendre Elisiardo de Parme, sur Lanfranco de Bergamo, sur son fils naturel Boson, évêque de Plaisance, sur les évêques Ambrogio de Lodi et Litifredo de Pavie et sur quelques petits vassaux, et il ne parvint pas à repousser le margrave d'Ivrée.

Bien que Bérenger n'eût pas la Couronne, il se montrait généreux en accordant des concessions, en distribuant des dignités comme s'il était le souverain. Les Grands du royaume, uniquement préoccupés d'obtenir des richesses et des honneurs, acceptèrent de bon gré cette situation irrégulière. Hugues se rendit compte que la partie était perdue et que toute tentative de résistance dans la capitale serait vaine; pour conserver le trône à son fils, il reconnut donc qu'il était vaincu. Il envoya Lothaire à Milan avec un message pour les Grands du royaume, dans lequel il se déclarait prêt à répondre à toutes leurs accusations, il renonçait à la Couronne, mais il demandait qu'elle ne fût pas enlevée à son fils qui n'était coupable de rien puisque, vu son jeune âge, il n'avait pas participé au gouvernement.

Le message, lu dans la basilique Sant'Ambrogio, produisit l'effet escompté et l'assemblée acclama Lothaire qui fut escorté à l'autel par l'archevêque Arderico et par Bérenger lui-même, qui, par ce geste, faisait comme s'il prenait sous sa protection le jeune souverain. En peu de temps, la situation avait profondément changé: Hugues et Lothaire, à l'apogée de leur autorité royale, avaient concédé, le 29 mars 945, à Pavie, quelques possessions à la comtesse Rotrude, au comte Elisiardo et à sa

Grafen Elisiardo und seiner Frau Rotlinda, einer Tochter des Königs, einige Besitzungen übertragen. Einige Tage später, am 8. April, saß Berengar schon im Palast. Es hatte kein Blutvergießen gegeben. Hugo hatte die Hauptstadt verlassen und sich auf einen seiner Höfe zurückgezogen, und Lothar begann nach seiner Rückkehr nach Pavia, die Macht unter der drückenden Schirmherrschaft des Markgrafen von Ivrea auszuüben, der einige seiner Vertrauten an den Hof brachte, wie zum Beispiel Bischof Brunengo von Asti, der an der Stelle des Bischofs Boso von Placentia, eines Sohnes Hugos, Kanzler wurde. Jedoch lässt die Anwesenheit von Männern wie dem Pfalzgrafen Lanfranc von Bergamo, dem Sohn der Rosa, einer Maitresse des Königs, oder dem Grafen Aldrich in der Umgebung Lothars vermuten, dass es trotz der gewaltigen Macht Berengars (oder vielleicht gerade wegen dieser) eine Partei gab, die zum Teil aus Burgundern bestand, die Hugo nach Italien gefolgt waren, und dass diese Partei dem alten König anhing und stark genug war, Anhänger des Provenzalen im Amt zu halten.

Adelheid, die nichts ändern konnte, hatte mit Furcht die Ereignisse und den Erfolg Berengars verfolgt. Die neue Situation erschütterte die Hoffnungen zutiefst, die sie für ihre Zukunft gehegt hatte. Erzogen um zu herrschen, war sie an das starke und skrupellose Regieren Hugos gewöhnt, und plötzlich sah sie ihn entthront, während Lothar, ihr zukünftiger Ehemann, von zarter und beeindruckbarer Natur, von dem Mann abhing, dem er einige Jahre früher das Leben gerettet hatte.

Berengar wusste, dass Hugo nicht der Mann war, der sich mit einer untergeordneten Rolle begnügen würde, und er war sicher, dass dieser versuchen würde, sich zu rächen, auch mit Hilfe der Provenzalen. Er hinderte ihn also daran, in seine Heimat zurückzukehren, und um zu vermeiden, dass die Großen des Königreichs in die Versuchung gerieten, die Seiten zu wechseln, berief er im August eine Versammlung ein und holte Hugo nach Pavia zurück, um ihn wieder auf den Thron zu setzen. Wenn auch der Form nach Lothar und Hugo regierten, so lag die Macht in Wirklichkeit bei dem Markgrafen von Ivrea, der den Titel eines obersten Beraters angenommen hatte. Der von

femme Rotlinda, fille du roi; quelques jours plus tard, le 8 avril, Bérenger était déjà au Palatium! Il n'y avait pas eu effusion de sang; Hugues avait abandonné la capitale en se retirant dans l'une de ses cours, et Lothaire, de retour à Pavie, avait commencé à exercer le pouvoir sous la pesante tutelle du margrave d'Ivrée qui avait introduit à la cour certains de ses fidèles, comme par exemple l'évêque d'Asti, Brunengo, nommé chancelier à la place de l'évêque de Plaisance, Boson, fils de Hugues. Toutefois, la présence auprès de Lothaire d'hommes tels que le comte palatin Lanfranco de Bergamo, fils de Rosa, une maîtresse du roi, ou le comte Eldrico, fait supposer que malgré l'important pouvoir de Bérenger (ou peut-être justement à cause de ce pouvoir), il y avait un parti, constitué partiellement par des Bourguignons qui avaient suivi Hugues en Italie, et que ce parti était favorable au vieux souverain et assez fort pour imposer des hommes attachés au Provençal.

Adélaïde, qui ne pouvait rien faire, avait suivi avec crainte les événements et le succès de Bérenger: la nouvelle situation bouleversait profondément les espoirs qu'elle avait nourris pour son avenir; élevée pour régner, elle était habituée au gouvernement fort et sans scrupules de Hugues, et tout à coup, elle le voyait détrôné, alors que Lothaire, son futur époux, au naturel doux et impressionnable, dépendait de l'homme auquel il avait sauvé la vie quelques années plus tôt.

Bérenger comprit que Hugues n'était pas homme à se résigner à un rôle subordonné et il était sûr qu'il tenterait de se venger en ayant recours à l'aide des Provençaux; il l'empêcha donc de retourner dans sa patrie et, pour éviter que les Grands du royaume ne fussent tentés de passer dans son camp, il réunit une assemblée en août et rappela Hugues à Pavie pour le remettre sur le trône. Si pour la forme, c'étaient Hugues et Lothaire qui régnaient, le pouvoir était en réalité exercé par le margrave d'Ivrée qui avait pris le titre de "conseiller suprême". Le compromis adopté par Bérenger avait pour but de lui faire gagner du temps aussi bien à l'intérieur du royaume, que par égard pour

Berengar gesuchte Kompromiss sollte ihm helfen, Zeit zu gewinnen, ebenso sehr im Innern des Königreiches wie Otto I. gegenüber (der ihn beschützt und dem er 941 einen Treueid geschworen hatte), aber auch im Verhältnis zu Burgund, wo Adelheids Bruder Konrad regierte, der sich offensichtlich für das interessierte, was in Italien passierte, und der ein treuer Verbündeter des deutschen Königs, seines Schutzherren, war.

Otton Ier (qui l'avait protégé et auquel il avait prêté serment de fidélité en 941), mais aussi pour la Bourgogne où régnait le frère d'Adélaïde, Conrad, qui s'intéressait apparemment à ce qui se passait en Italie et était l'allié sincère du roi de Germanie, son protecteur.

Die Prinzessin von Burgund hatte also alle Pflichten einer zukünftigen Herrscherin, aber nicht die wirkliche Verantwortung. Einmal mehr musste sie auf ihre Intelligenz und ihre Geschicklichkeit zählen, um ihre Würde und ihren Rang zu erhalten und zu sichern, und um zu versuchen, sich in einem Klima, in dem Ehrgeiz, Lüge, politisches Kalkül und Machtspiele vorherrschten, Achtung und Treue zu bewahren; und wie wir sehen werden, gelang es ihr.

La princesse de Bourgogne avait donc tous les devoirs d'une future souveraine, mais elle n'en assumait pas le rôle; une fois de plus, elle devait compter sur son intelligence et sur son habileté pour sauvegarder et faire valoir sa propre dignité et son propre rang, afin d'obtenir le respect et la fidélité dans un climat où régnaient les ambitions, le mensonge, le calcul politique et les jeux du pouvoir, et comme nous le verrons, elle y parvint.

Die Lage änderte sich, wenigstens teilweise, als Hugo mit der Billigung Berengars 947 entschied, endgültig in seine Heimat zurückzukehren. Aber vor seiner Abreise wollte der alte Herrscher, der einige Monate später sterben sollte, dass die Hochzeit seines Sohnes gefeiert würde, um ihm die energische Adelheid zur Seite zu stellen und so auch die Unterstützung der burgundischen Partei zu sichern. Ende Frühjahr 947 war Adelheid endlich Königin im Palast von Pavia, der sie hatte heranwachsen sehen, und trotz der drückenden Schirmherrschaft Berengars über ihren Ehemann und der besitzergreifenden Präsenz der ehrgeizigen Markgräfin Willa hatte die Rolle der jungen Burgunderin sich radikal geändert, und die Untertanen, vor allem die Ärmsten, hatten Gelegenheit, ihre Feinfühligkeit, ihre Freundlichkeit und ihre große Freigebigkeit zu entdecken und zu schätzen.

La situation changea, du moins partiellement, en 947 lorsque Hugues décida, avec l'approbation de Bérenger, de retourner définitivement dans son pays. Mais avant son départ, le vieux souverain qui devait mourir quelques mois plus tard, voulut que fussent célébrées les noces de son fils pour mettre à ses côtés l'énergique Adélaïde, ce qui lui garantissait aussi l'appui du parti bourguignon. A la fin du printemps 947, Adélaïde était enfin reine dans le Palatium de Pavie qui l'avait vu grandir, et malgré la pesante tutelle exercée sur son mari par Bérenger et l'envahissante présence de la très ambitieuse Villa, margrave d'Ivrée, le rôle de la jeune Bourguignonne avait radicalement changé et les sujets, surtout les plus miséreux, eurent l'occasion de découvrir et d'apprécier sa délicatesse, sa gentillesse et sa grande générosité.

Das junge Herrscherpaar war glücklich, ihre Ehe wurde 949 durch die Geburt einer auf den Namen Emma getauften Tochter gesegnet (die 966 den König Lothar von Frankreich heiraten sollte). Adelheid war als *consors regni*, als Teilhaberin an der Herrschaft, anerkannt, und sie hatte ihren Einfluss spüren lassen, indem sie ihrem Gemahl riet, zu versuchen, sich die Gunst der Großen zu sichern und vor allem den Grafen Arduin il Glabro

Les jeunes souverains étaient heureux; leur union avait été comblée, en 949, par la naissance d'une fille prénommée Emma (qui devait épouser le roi de France Lothaire en 966); Adélaïde avait été reconnue *consors regni* et elle avait fait sentir son influence, conseillant à son mari d'essayer de s'attirer les faveurs des Grands et, en particulier, d'attacher à sa personne Arduino il Glabro, comte de Turin, qui contrôlait la région frontalière à la

von Turin an seine Person zu binden, der die Grenzregion nach Burgund kontrollierte und von Lothar für sein Eingreifen die reiche Abtei Brema erhielt. Die Königin bemühte sich in der Tat darum, die Unterstützung derer zu sichern, die die zu starke Übermacht Berengars zuerst begrenzen und schließlich brechen konnten, und unter diesem Gesichtspunkt hatte es vielleicht auch bedachte und vorsichtige Kontakte mit Liudolf, dem Herzog von Schwaben, dem Sohn Ottos I. und Ehemann von Ida, einer Halbschwester von Adelheids Mutter Bertha, gegeben, um ein Eingreifen des deutschen Königs anzuregen. Aber die Ereignisse liefen nicht so ab wie geplant. Der plötzliche Tod Lothars am 22. November 950 in Turin, nach einigen Nachrichten vergiftet auf Befehl seines mächtigen "Dieners", liess die Witwe unter der Aufsicht Berengars zurück.

Bourgogne et qui obtint de Lothaire la riche abbaye de Breme pour son intercession. La reine s'efforçait en effet d'obtenir le soutien de ceux qui pourraient d'abord limiter, puis éliminer la trop forte puissance de Bérenger, et dans cette optique, il y avait peut-être eu également des contacts avisés et prudents avec Liudolf, duc de Souabe, fils d'Otton Ier et mari de Itte, la demi-soeur de la mère d'Adélaïde, afin de solliciter l'intervention du roi de Germanie. Mais les événements ne se déroulèrent pas comme prévu: le 22 novembre 950, à Turin, la mort soudaine de Lothaire, empoisonné selon certains sur l'ordre de son puissant "serviteur", laissa la veuve sous l'autorité de Bérenger.

Man kann sich leicht vorstellen, mit welchen Gefühlen Adelheid dem Sarg ihres Gatten folgte, der in Sant'Ambrogio in Mailand beigesetzt wurde. In den Schmerz und die Tränen mischten sich die Angst um die Zukunft und die Gewissheit, um ihre eigene Sicherheit und die ihrer kleinen Tochter Emma kämpfen zu müssen. Berengar, der sich zur Zeit von Lothars Tod in Pavia aufhielt, verständigte sich mit seinen Anhängern, und um die Gegner, die Unzufriedenen und die burgundische Partei daran zu hindern, sich um die junge Witwe zu sammeln und ihre Rechte zu verteidigen, berief er gegen den Widerstand der Königin und ihrer Getreuen in aller Eile eine Versammlung ein und ließ sich mit seinem Sohn Adalbert zum König ausrufen. Am 15. Dezember 950 fand in San Michele die feierliche Krönungszeremonie statt.

On peut facilement s'imaginer dans quel état d'esprit Adélaïde suivit le cercueil de son époux, inhumé à Milan à Sant'Ambrogio; à la douleur et aux larmes se mêlaient la peur de l'avenir et la certitude de devoir se battre pour sa propre sécurité et pour celle de la petite Emma. Bérenger, qui se trouvait à Pavie au moment de la mort de Lothaire, s'entendit avec ses partisans, et pour empêcher que les adversaires, les mécontents et le parti bourguignon ne pussent s'organiser autour de la jeune veuve pour défendre ses droits, il convoqua une assemblée en toute hâte malgré l'opposition de la reine et de ses fidèles, se fit proclamer roi avec son fils Adalbert, et le 15 décembre 950 eut lieu à San Michele la cérémonie solennelle du couronnement.

Die politische Situation war sehr schwierig. Für Berengar stellte Adelheid eine Bedrohung dar, weil sie in ihrer Eigenschaft als *consors regni* nach dem alten Gewohnheitsrecht einen Anspruch auf Herrschaftsrechte hatte, die sie auf einen neuen Ehemann übertragen konnte. Deshalb versuchte der König, nachdem er ihr das Königreich genommen hatte, sie zu isolieren, und entfernte aus ihrem Umkreis alle, die ihr hätten raten und helfen können. Nachdem sie die Hauptstadt verlassen hatte, begab sich die junge Königin nach Como. Sie dachte vielleicht daran, sich zu Liudolf von Schwaben zu flüchten, um seinen Schutz und die

La situation politique était très délicate. Pour Bérenger, Adélaïde représentait une menace parce que, dans sa qualité de *consors regni*, elle était titulaire, selon les anciennes coutumes, de droits souverains qu'elle pourrait transmettre à un nouveau mari; c'est pourquoi, après lui avoir pris le royaume, le roi manoeuvra dans le but de l'isoler, et il éloigna d'elle ceux qui auraient pu la conseiller et l'aider. Après avoir abandonné la capitale, la jeune reine se rendit à Côme, pensant peut-être se réfugier chez Liudolf de Souabe pour obtenir sa protection et le soutien d'Otton Ier. Ce que Bérenger voulait à tout prix éviter, c'était une in-

Unterstützung Ottos I. zu bekommen. Was Berengar um jeden Preis vermeiden wollte, war ein Eingreifen des deutschen Königs, weil er sein Interesse für Italien und seine großen Pläne kannte. Deshalb ließ er Adelheid am 20. April 951 in Como festnehmen. Dann ordnete er an, dass sie mit ihren Schätzen nach Pavia gebracht würde. In der Hauptstadt war die junge Witwe dem Druck Berengars und seiner Gemahlin Willa ausgeliefert. Man verbot ihr, sich frei zu bewegen, sie wurde ihres ganzen Schmucks (einschließlich der königlichen Krone) beraubt, ebenso ihres Gefolges und ihrer persönlichen Dienerschaft bis auf eine Dienerin, und endlich, so erwähnt es die *Cronaca di Novalesa*, wurde sie in einem Haus eingesperrt und mit vielfältigen Quälereien gepeinigt. Nach einer späteren Quelle wollte Berengar Adelheid zwingen, Adalbert zu heiraten, und ihre Rechte auf ihn zu übertragen, was das Problem gelöst hätte, aber die junge Frau lehnte ab.

Man könnte nach dem Motiv einer solchen hartnäckigen Ablehnung fragen, von dem Augenblick an, wo Adelheid wusste, dass sie nicht allein regieren konnte und sich unter der Aufsicht Berengars befand. Wenn die Nachricht über die Ermordung Lothars richtig ist, wollte sich Adelheid vielleicht nicht mit denen verbinden, die für den Tod ihres Ehemannes verantwortlich waren, oder vielleicht hatte die junge mutige Königin andere Projekte (seit Edgitha einige Jahre vorher gestorben war, war Otto I. Witwer und damit die ideale Partie). Auf jeden Fall wurde der Druck auf die Gefangene immer brutaler, und es wurde sogar physische Gewalt angewendet. Um sie zu zwingen, sich in ein Kloster zurückzuziehen, schnitt man ihr mit Gewalt mit einer Schere die Haare ab, und wegen ihrer hartnäckigen Abweisung zögerte man nicht, wie es Odilon im *Epitaphium Adalheidae* erwähnt, den letzten Widerstand mit Schlägen zu brechen: *innocens capta, diversis angustiata cruciatibus, capillis caesarie detractis, pugnis frequenter agitata et calcibus, una tantum comite famula ad ultimum tetris inclusa carceribus*. Aber es war vergeblich. Der Widerstand, den eine so gottergebene junge Frau dem Plan, den Schleier zu nehmen, entgegensetzt, könnte erstaunen (diese Lösung wurde von alleinstehenden Frauen oder Frauen in Schwierigkeiten oft angenommen), aber wenn jemand tief religiös ist, heißt das nicht, dass sie sich zur Nonne beru-

tervention du roi de Germanie, parce qu'il connaissait son intérêt pour l'Italie et ses visées. Aussi fit-il capturer Adélaïde à Côme le 20 avril 951; ensuite il ordonna qu'elle fût conduite à Pavie avec tous ses trésors. Dans la capitale, la jeune veuve fut soumise aux pressions de Bérenger et de son épouse Villa; on lui interdit de se déplacer librement, elle fut privée de tous ses bijoux (y compris de la Couronne royale), de sa suite et du personnel attaché à sa personne à l'exception d'une servante, et enfin, comme le mentionne la *Cronaca di Novalesa*, elle fut enfermée dans une maison et harcelée de nombreux tourments. Selon une source tardive, Bérenger aurait voulu amener Adélaïde à épouser Adalbert, pour qu'elle lui transmît les droits sur le royaume, ce qui aurait résolu le problème, mais la jeune femme refusa.

On pourrait se demander le motif d'un tel refus obstiné à partir du moment où Adélaïde savait qu'elle ne pourrait pas régner seule et qu'elle se trouvait sous l'autorité de Bérenger; si l'information relative à l'assassinat de Lothaire est juste, Adélaïde ne voulait peut-être pas s'associer à ceux qui étaient responsables de la mort de son époux, ou peut-être la jeune reine courageuse avait-elle d'autres projets (Edith étant morte quelques années plus tôt, Otton Ier était veuf et il serait sûrement le parti idéal). En tout cas, les pressions sur la prisonnière devinrent de plus en plus brutales et on eut même recours à la violence physique. Afin de la contraindre à se retirer dans un monastère, on lui coupa les cheveux de force avec des ciseaux, et vu son refus tenace, pour venir à bout de sa résistance, on n'hésita pas, comme le mentionne Odilon dans *l'Epitaphium Adalheidae*, à recourir aux coups (*innocens capta, diversis angustiata cruciatibus, capillis caesarie detractis, pugnis frequenter agitata et calcibus, una tantum comite famula ad ultimum tetris inclusa carceribus*), mais ce fut en vain. La résistance opposée par une jeune femme si dévote à l'idée de prendre le voile pourrait surprendre, (cette solution était souvent acceptée par des femmes seules ou en difficulté), mais si on est profondément religieux, cela ne signifie pas qu'on a la vocation religieuse, et Adélaïde était trop honnête et résolue pour accepter de prendre

fen fühlt, und Adelheid war zu ehrlich und zu kämpferisch, um das Klostergewand aus reiner Bequemlichkeit zu akzeptieren. Darüber hinaus darf man nicht vergessen, dass sie eine sehr kleine Tochter hatte, an die sie denken musste, und schließlich, dass sie zum Herrschen erzogen worden war und also glaubte, eine bestimmte Aufgabe ausfüllen zu sollen. Aus allen diesen und aus anderen Gründen, die wir nie kennen werden, fand die junge Frau von noch nicht zwanzig Jahren die Kraft, den Gewalttätigkeiten in einer verzweifelten Situation ohne Ausweg im Vertrauen auf die Hilfe Gottes zu widerstehen.

Berengar hätte sicher keine Schwierigkeit gehabt, seine Gefangene beseitigen zu lassen, aber er zögerte, seine Drohungen in die Tat umzusetzen, weil er wusste, dass die Ermordung Adelheids starke Erschütterungen im Königreich hervorrufen und die Intervention Konrads von Burgund und Ottos I. nach sich ziehen würde. Vielleicht nach einem Fluchtversuch oder um die Königin aus der Hauptstadt zu entfernen, wo sie auf treue Freunde zählen konnte, ließ Berengar sie mit ihrer Dienerin in eine Festung am Gardasee bringen, mit dem Befehl, sie zu töten, wenn ihre Befreiung versucht werden würde. Ihre Parteigänger wagten nicht offen zu handeln, aber mit Hilfe des Bischofs Adalhard von Reggio und der Mitwirkung eines Kaplans informierten sie Adelheid über einen Fluchtplan, und sie stimmte zu. So wurde unter der Zelle ein Graben ausgeschachtet, die Königin und ihre Dienerin gruben ihn von innen her auf, und sie flohen in der Nacht vom 25. August 951. Sie überquerten den See bei Sturm in einem kleinen Boot, dann flohen sie zu Fuß weiter, versteckten sich tagsüber in Sümpfen, Gehölzen und Feldern und marschierten trotz vieler Widrigkeiten, Gefahren und der Müdigkeit nachts weiter. Sie entgingen wunderbarerweise der von Berengar ausgelösten unerbittlichen Jagd und fanden

Kruzifix aus Silber, San Michele (10. Jh.)
Crucifix en argent, San Michele (Xe s.)

l'habit monastique par simple commodité; de plus, il ne faut pas oublier qu'elle avait une petite fille très jeune à qui elle devait penser, et enfin qu'elle avait été élevée pour régner et qu'elle pensait donc avoir une tâche précise à accomplir. Pour toutes ces raisons et pour d'autres que nous ne connaîtrons jamais, la jeune femme qui n'avait pas encore vingt ans, trouva la force de résister aux violences dans une situation désespérée, sans issue, faisant confiance à l'aide de Dieu.

Bérenger n'aurait sûrement pas eu de difficultés à éliminer sa prisonnière, mais il hésitait à mettre ses menaces à exécution parce qu'il savait que le meurtre d'Adélaïde aurait de fortes répercussions dans le royaume et provoquerait l'intervention de Conrad de Bourgogne et d'Otton Ier. Peut-être à la suite d'une tentative de fuite ou pour éloigner la reine de la capitale où elle pouvait compter sur des amis fidèles, Bérenger la fit conduire avec sa servante dans une forteresse sur le lac de Garde, avec l'ordre de la tuer si on essayait de la libérer. Ses partisans n'osèrent pas agir ouvertement, mais avec l'aide de l'évêque Adalardo de Reggio et la complicité d'un chapelain, ils informèrent Adélaïde d'un plan de fuite et elle y consentit. Un souterrain fut donc creusé sous la cellule, la reine et la servante achevèrent de creuser de l'intérieur, et elles prirent la fuite dans la nuit du 25 août 951: elles traversèrent le lac par tempête sur une petite barque, puis elles continuèrent à pied, se cachant de jour dans les marécages, les bois et les champs et marchant de nuit malgré mille difficultés, les dangers et les fatigues; elles échappèrent miraculeusement à la chasse impitoyable déclenchée contre elles par Bérenger, et trouvèrent finalement refuge à Canossa chez Azzo qui se mit à la disposition de la veuve de son

schließlich Zuflucht in Canossa bei Azzo, der sich der Witwe seines Herrschers zur Verfügung stellte. Berengar war entschlossen, Adelheid wieder in seine Macht zu bekommen und begann, die Festung zu belagern, während man überall die mutige Flucht besprach, die die Zeitgenossen gewaltig beeindruckte und die junge und schöne Königin noch populärer machte, die mit soviel Mut auf die gewaltigen und ungerechten Leiden reagiert hatte, mit denen Berengar sie überzogen hatte.

seigneur. Bérenger, décidé à avoir de nouveau Adélaïde en son pouvoir, mit le siège à la forteresse, alors que partout on commentait la fuite courageuse qui impressionnait énormément les contemporains; elle rendait encore plus populaire la jeune et belle reine qui avait su réagir avec tant de courage aux souffrances infernales et injustes que lui avait infligées Bérenger.

Adelheid, das unschuldige Opfer, war die Persönlichkeit, die imstande war, die Gegner des Königs zu vereinen, die, die seine verabscheuungswürdige Regierung schlecht ertrugen und Otto I., der sich seit langem für die Ereignisse in Italien interessierte, also auch für Adelheids Schicksal, die er zwar nicht kannte, aber von der er schon viel gehört hatte. Er hatte sie zu schätzen gelernt und entschied sich einzugreifen, um die verfolgte Herrscherin zu verteidigen. Er überhöhte so sein Unternehmen, das in Wahrheit zu einem sehr viel größeren und umfassenderen politischen Plan gehörte, mit dem Glanz einer ritterlichen Geste, was ihn die Gunst der Untertanen gewinnen ließ.

Adélaïde, victime innocente, était la personnalité qui était en mesure de réunir les adversaires du roi, ceux qui supportaient mal son gouvernement exécrable et Otton Ier, qui s'intéressait depuis longtemps aux événements d'Italie, donc aussi au sort d'Adélaïde, qu'il ne connaissait pas, mais dont il avait déjà entendu parler. Il avait appris à l'estimer et il décida d'intervenir pour défendre la souveraine persécutée, anoblissant d'une auréole chevaleresque son entreprise (qui s'associait en réalité à un plan politique bien plus vaste et plus structuré), ce qui lui fit gagner les faveurs des sujets.

Die Lage, die in Italien herrschte, hatte auch den Ehrgeiz von Liudolf von Schwaben geweckt, der vergeblich versuchte, sich des Königreichs zu bemächtigen. Es gab eine ganzes Hin und Her von Bewaffneten und das Agieren verschiedener Gruppen, als Otto, begleitet von einem gewaltigen Heer, in dem sich unter anderen großen Herren seine Brüder Herzog Heinrich von Bayern und Erzbischof Bruno von Köln ebenso wie sein Schwiegersohn Konrad von Lothringen befanden, nach Italien zog. Ohne Widerstand zu finden kam er nach Pavia, das Berengar am 22. September überstürzt aufgab. Am folgenden Tag zog Otto in die Hauptstadt ein, nahm die Huldigung der Großen entgegen und setzte sich als König der Franken und der Italier die Krone auf. Sofort ließ er Adelheid reiche Geschenke und eine Botschaft zukommen, in der er um ihre Hand bat und sie einlud, ihn in Pavia zu treffen. Zu ihrem Schutz schickte er ihr seinen Bruder Heinrich entgegen.

La situation régnant en Italie avait aussi éveillé les ambitions de Liudolf de Souabe qui tenta, en vain, de s'emparer du royaume. Il y avait tout un mouvement d'hommes armés et une agitation de différents groupes lorsqu'Otton descendit en Italie, accompagné d'une puissante armée dans laquelle se trouvaient, parmi les autres grands seigneurs, ses frères Henri, duc de Bavière et Brunon, archevêque de Cologne, ainsi que son gendre Conrad de Lorraine, et, sans rencontrer de résistance, il se dirigea vers Pavie que Bérenger abandonna précipitamment le 22 septembre. Le lendemain, Otton entra dans la capitale, reçut l'hommage des Grands et prit la Couronne se nommant "Rex Francorum et Italicorum". Il fit alors parvenir à Adélaïde de riches présents et un message dans lequel il la demandait en mariage et il l'invitait à le rejoindre à Pavie, après avoir envoyé son frère Henri à sa rencontre pour l'escorter.

So zog Adelheid, vom Volk voller Freude begrüßt und mit einem ihrem Rang entsprechenden Gefolge, wieder in die Hauptstadt ein, aus der sie als

Adélaïde, accueillie allègrement par le peuple et avec une suite digne de son rang, fit de nouveau son entrée dans sa capitale qu'elle avait quittée

Gefangene weggebracht worden war, und sie wurde dort vom mächtigsten Herrscher des Westens erwartet, der nun ihr Gemahl wurde. Die großartige Hochzeitsfeier in San Michele war von jedem Standpunkt aus auch eine Krönung, denn die Ehefrau, die das Königreich als Mitgift einbrachte, legitimierte die Machtergreifung Ottos. Das Herrscherpaar hielt sich in Pavia auf, wo es Weihnachten feierte. Von hier aus ging eine Gesandtschaft an den Papst, um ihn über die Ereignisse zu informieren und die Kaiserkrönung zu fordern. Aber weil Alberich, der sehr stark gegen eine Wiedererrichtung des Kaiserreiches war, die Macht noch in Händen hielt, antwortete Agapet II., dass es für Otto nicht günstig sei, jetzt nach Rom zu kommen. Der König, der die Krone nicht mit Gewalt erwerben wollte, schob sein Ziel vorläufig auf, umso mehr, weil Berengar sich zwar zurückgezogen hatte, aber noch nicht besiegt war.

Adelheid hatte eine sehr reiche Ausstattung mit Besitzungen in Franken, im Elsass, in Thüringen, in Sachsen und im slawischen Gebiet erhalten und übte bedeutenden Einfluss auf ihren Ehemann aus. Es war ihr gelungen, in kurzer Zeit die deutschen Adligen des Gefolges für sich zu gewinnen, und insbesondere war zwischen ihr und ihrem Schwager, dem mächtigen Herzog von Bayern, eine große Freundschaft entstanden. Aber ihr Einfluss wurde von Ottos Sohn Liudolf nicht gern gesehen, der sich in gewisser Weise durch die Präsenz der jungen Gattin seines Vaters und durch ihre Persönlichkeit in seinen Rechten bedroht fühlte und auf seinen Onkel neidisch war. Voller Ärger hatte er den Hof verlassen und war, ohne Urlaub zu nehmen, nach Deutschland zurückgegangen. Die junge Königin stand so im Zentrum familiärer Spannungen, die tiefere Wurzeln hatten, zu deren Verschärfung ihre Anwesenheit aber beitrug. Es ist hier nicht nötig, sich bei diesem Aspekt von Adelheids Leben aufzuhalten. Es genügt, festzustellen, dass Adelheid mehrere Male gezwungen war, sich mit Diplomatie und Entschiedenheit aus den Streitereien herauszuhalten, mitten unter den ehrgeizigen und impulsiven Verwandten ihres Gatten, die nicht zögerten, einander mit Waffen gegenüberzutreten und so die Sicherheit des Staates zu gefährden. Dabei waren ihr die Erfahrungen, die sie in den letzten Jahren in Pavia am Hofe Hugos gesammelt hatte, von großem Nutzen.

comme prisonnière, et elle y était attendue par le souverain le plus puissant de l'Occident qui devint son époux. La fastueuse cérémonie nuptiale à San Michele fut, à tout point de vue, aussi un couronnement, car la mariée qui apportait en dot le royaume, légitimait la prise de pouvoir d'Otton. Les souverains séjournèrent à Pavie où ils fêtèrent Noël. Ce fut de cette ville que partit une ambassade pour informer le pape de l'événement et solliciter le couronnement impérial; mais comme Alberico qui était extrêmement opposé à une restauration de l'Empire, était encore au pouvoir, Agapito II répondit qu'il n'était pas opportun qu'Otton se rendît à Rome. Le roi qui ne voulait pas obtenir la couronne par la force, reporta momentanément son projet, d'autant que Bérenger s'était certes retiré, mais qu'il n'était pas encore vaincu.

Adélaïde qui avait reçu une très riche dot, constituée de terres en Franconie, en Alsace, en Thuringe, en Saxe et en pays slave, et qui exerçait une influence importante sur son époux, était parvenue, en très peu de temps, à conquérir les nobles germaniques de la suite et en particulier, une grande amitié était née entre elle et son beau-frère, le puissant duc de Bavière. Mais son influence était mal tolérée par le fils d'Otton Liudolf qui se sentait en quelque sorte menacé dans ses droits par la présence et par la personnalité de la jeune épouse de son père et qui enviait son oncle; plein de rancoeur, il avait abandonné la cour et était retourné en Germanie sans prendre congé. La jeune reine se trouvait ainsi au centre de tensions familiales qui avaient des racines plus profondes, mais que sa présence contribuait à accentuer. Il n'est pas nécessaire de s'attarder ici sur cet aspect de la vie d'Adélaïde, il suffit de noter que la souveraine fut, à plusieurs reprises, contrainte de se tirer d'affaire avec diplomatie et détermination au milieu des parents ambitieux et impulsifs de son mari qui n'hésitaient pas à s'affronter par les armes, menaçant ainsi la sécurité de l'Etat, et à cet égard, ce qu'elle avait appris au cours des années passées à Pavie à la cour de Hugues lui fut d'une grande utilité.

Mitte Februar 952 entschied sich Otto, in seine Heimat zurückzukehren. Adelheid verließ Pavia, um sich in ihr neues Königreich zu begeben, aber mit dem Ziel sich zu bilden: Sie ließ sich von zwei Gelehrten begleiten, Stefan von Pavia und Gunzo von Novara, mit allen ihren Büchern. Sicher hatte der Unterricht in der Palastschule und der Umgang mit gebildeten Leuten die junge Herrscherin tief geprägt, die die Bedeutung der Kultur zu schätzen wusste. Ottos Schwiegersohn Konrad von Lothringen, ein guter Soldat, aber ein mäßiger Politiker, blieb im Palast, um die Hauptstadt zu verteidigen. Es gelang Berengar, mit ihm zu verhandeln und ihn zu überzeugen, mit ihm an Ostern zum Herrscher nach Magdeburg zu gehen, um Frieden zu machen und den Treueid zu erneuern und die Lage wieder so zu gestalten, wie sie vor dem Italienzug Ottos war.

Die Initiative Konrads, die den Interessen des sächsischen Königs entgegenstand, löste lebhafte Reaktionen aus. Liudolf nahm die Partei seines Schwagers, während Heinrich von Bayern dazu riet, von der Gelegenheit zu profitieren und Berengar zu neutralisieren. Adelheid hatte gute Gründe, sich an dem zu rächen, der so sehr ihr Feind gewesen war, aber sie suchte trotzdem nicht danach, ihm zu schaden, und als Berengar endlich eine Audienz gewährt wurde, bot ihm die Herrscherin, auf dem Thron neben ihrem Gemahl sitzend, ein freundliches Willkommen, verzieh ihm und machte so auch die Verzeihung durch den König möglich. Aber Otto wollte, dass der frühere König sich Anfang August auf einem mit einer Synode kombinierten Reichstag auf dem Lechfeld bei Augsburg stellte und vor den ganzen Hochadligen für die Gewalt und die Quälereien gegenüber Adelheid um Verzeihung bat. So geschah es, und anschließend wurden Berengar und sein Sohn Adalbert vom König mit dem Königreich Italien belehnt, schworen Gehorsam und Treue und dass sie mit Gerechtigkeit regieren würden.

Für die Königin war das der Triumph und die Anerkennung für ihren Mut und ihr gutes Recht. Endlich begann ein heiterer Abschnitt ihres Lebens, wenn auch Leiden nicht ausblieben. Die beiden ersten Söhne von Adelheid und Otto, Heinrich und Bruno, starben in der Tat in jungen Jahren, während ihr dritter Sohn Otto (954 geboren

Au milieu du mois de février 952, Otton décida de retourner dans son pays; Adélaïde quitta Pavie pour se rendre dans son nouveau royaume, mais dans le but de s'instruire, elle se fit accompagner par deux érudits, Stefano de Pavie et Gunzone de Novare avec tous leurs livres. Bien sûr, les études faites à l'école du palais et la fréquentation d'hommes cultivés avaient profondément marqué la jeune souveraine qui savait apprécier l'importance de la culture. Le gendre d'Otton, Conrad de Lorraine, bon soldat mais homme politique médiocre, resta au Palatium pour défendre la capitale; ainsi Bérenger réussit à traiter avec lui et à le convaincre de l'accompagner, peu après Pâques, à Magdebourg chez le souverain, pour faire la paix, renouveler le serment de fidélité et rétablir la situation qui avait précédé l'expédition d'Otton.

L'initiative de Conrad, contraire aux intérêts du roi saxon, déchaîna de vives réactions: Liudolf prit le parti de son beau-frère, alors que Henri de Bavière conseilla de profiter de l'occasion pour neutraliser Bérenger. Adélaïde avait de bonnes raisons de se venger de celui qui avait tant été son ennemi, mais elle ne chercha pourtant pas à lui nuire, et quand une audience fut enfin accordée à Bérenger, la souveraine, assise sur le trône près de son époux, lui réserva un bon accueil, lui pardonna et rendit ainsi le pardon du roi possible également. Mais Otton voulait que l'ex-souverain se présentât début août à la diète et à un synode réunis dans la plaine du Lech, près d'Augsbourg, et que, devant la plus haute noblesse du royaume, il demandât pardon pour les violences et les tourments causés à Adélaïde. Ainsi fut fait, et ensuite Bérenger et son fils Adalbert reçurent du roi l'investiture pour le royaume d'Italie, lui jurant obéissance et fidélité, et s'engageant à gouverner avec équité.

Pour la reine, c'était le triomphe, ainsi que la reconnaissance de son courage et de ses bons droits. Une période sereine de sa vie commençait enfin, même si les souffrances ne manquèrent pas: les deux premiers fils d'Adélaïde et d'Otton, Henri et Brunon, moururent en effet en bas âge, alors que survécurent leur troisième fils Otton (né en 954 et

und 957 nach dem Tod Liudolfs Thronerbe geworden) und ihre Tochter Mathilde, die mit 11 Jahren zur Äbtissin des Klosters Sankt Servatius in Quedlinburg ernannt wurde, überlebten. Mehrere Jahre sollten vergehen, bis die burgundische Prinzessin im Gefolge ihres Ehegatten nach Pavia zurückkam, der nach Italien zog, um Berengar zu bestrafen. Da Otto gezwungen war, sich in Deutschland mit der Niederwerfung des Aufstands von Liudolf und Konrad von Lothringen, mit den Ungarn, die er am Lech zurückschlug, und mit der Abwehr der Slawen zu beschäftigen, hatte Berengar die Zeit genutzt, die Untertanen zu tyrannisieren und die Anhänger der deutschen Herrscher zu verfolgen, die sich zum großen Teil nur durch die Flucht hatten retten können.

Unter denen, die an den Hof Ottos geflohen waren, war auch Liutprand von Pavia, ein alter Bekannter von Adelheid, der mit allen Ehren empfangen wurde und seine Bitten mit denen der päpstlichen Legaten vereinte, um einen Kriegszug gegen Berengar und seine Leute zu fordern, deren Raffgier, Grausamkeit und gewalttätiger Ehrgeiz weder die Kirchenherren noch die Kirchengüter geschont hatten und jetzt sogar Rom und den Papst selbst bedrohten. Wenig nach Mitte August 961 zog Otto, nachdem er ein großes Heer gesammelt hatte, begleitet von Adelheid und von den wichtigsten geistlichen und weltlichen Herren nach Italien und drang in Begleitung der Bischöfe und der Lehensträger ohne merkbaren Widerstand in die Stadt Pavia ein, die Berengar und die Seinen verlassen hatten.

Adelheid kehrte so in ihren Palast zurück, aber das Bauwerk trug die Spuren der überstürzten Flucht des Königs. Es gab Schäden, Zerstörungen, Plünderungen, von denen man nicht weiß, ob sie dem Zorn und der Raublust Berengars und seines Gefolges oder einem verzweifelten, aber vergeblichen Versuch, die Machtübernahme der Sieger zu verhindern, zuzuschreiben waren. Nach seinem Triumph nahm Otto im November mit seiner Gemahlin erneut die eiserne Krone und blieb in Pavia, um dort Weihnachten zu feiern. Er bemühte sich um die Wiederherstellung des Palastes, während die Königin wieder mit ihrem Volk Kontakt aufnahm und sich um den Ausgleich der von Berengar und Willa begangenen Ungerechtigkei-

devenu en 957 l'héritier du trône après la mort de Liudolf) et leur fille Mathilde (nommée abbesse du monastère San Servazio de Quedlinburg à l'âge de onze ans). Plusieurs années devaient passer avant que la souveraine bourguignonne ne retournât à Pavie dans la suite de son époux, venu en Italie pour punir Bérenger. Celui-ci, ainsi que son épouse Villa et son fils Adalbert, avaient profité de l'éloignement forcé d'Otton (occupé en Germanie à réprimer la révolte de Liudolf et de Conrad de Lorraine, à battre les Hongrois sur le Lech, puis les Slaves) pour tyranniser les sujets et persécuter les partisans des souverains germaniques, un grand nombre d'entre eux ayant sauvé leur vie en prenant la fuite.

Parmi ceux qui s'étaient réfugiés à la cour d'Otton, il y avait aussi Liutprand de Pavie, une vieille connaissance d'Adélaïde, qui fut accueilli avec les honneurs et qui associa ses prières à celles des légats pontificaux pour solliciter une expédition contre Bérenger et les siens, dont la cupidité, la cruauté et la violente ambition n'avaient épargné ni les prélats, ni les biens de l'Eglise, et menaçaient, en définitive Rome et le pape lui-même. Peu après la mi-août de l'an 961, ayant réuni une grande armée, Otton accompagné d'Adélaïde, de la fine fleur de la noblesse germanique laïque et ecclésiastique et des réfugiés italiens, descendit en Italie, et escorté par les évêques et les feudataires, sans rencontrer de résistance notable, entra dans la ville de Pavie que Bérenger et les siens avaient abandonnée.

Adélaïde retrouva son Palatium, mais l'édifice portait les traces de la fuite précipitée du roi: des dégâts, des destructions et des pillages, dont on ne sait s'ils étaient dus à la colère et à la cupidité de Bérenger et de sa suite ou à une tentative désespérée, mais vaine, de retarder l'entrée en fonction du vainqueur. Ayant célébré son triomphe, Otton prit à nouveau la Couronne de fer avec son épouse en novembre et il séjourna à Pavie pour célébrer Noël, s'employant à faire restaurer le palais, alors que la reine reprenait contact avec son peuple et essayait de réparer les injustices perpétrées par Bérenger et Villa. Escorté d'une suite imposante, dans laquelle se trouvait aussi l'évêque de Pavie Litifredo II, Otton se rendit en janvier avec Adé-

ten bemühte. Eskortiert von einem gewaltigen Gefolge, zu dem auch Bischof Litifred II. von Pavia gehörte, begab Otto sich im Januar mit Adelheid nach Rom, wo ihn der Papst Johann XII. am 2. Februar feierlich zum Kaiser krönte. Dann kehrte das Herrscherpaar nach Pavia zurück, wo es Ostern feierte und am Freitag darauf an der traditionellen Prozession der kleinen Kreuze teilnahm, während der die Geistlichkeit und das Volk innerhalb der Mauer entlanggehen und bei den verschiedenen Stadttoren anhalten, um sie zu segnen und das in einem dafür errichteten Tabernakel untergebrachte Kreuz durch ein neues kleines Kreuz aus Wachs zu ersetzen, das in der Krypta von San Siro gesegnet wurde. Dabei baten sie um den Schutz Gottes und die Hilfe der Heiligen für die Stadt. 962 war die Prozession wegen der Anwesenheit des Kaiserpaares besonders feierlich, und es war sicher eine Augenblick großer innerer Bewegung, als man mitten in den althergebrachten Litaneien der Heiligen das Gebet hörte: *Ab incursu Paganorum, libera nos domine! - Herr, befreie uns von den Angriffen der Heiden*. Das war eine klare Anspielung auf die ungarischen Brandstifter, denn die Prozession sollte auch an die schlimmen Ereignisse erinnern. Die Teilnehmer spendeten Otto I. Beifall, der diese Ungarn, deren Schreckenstaten die Einwohner immer noch in Angst versetzten, so vernichtend geschlagen hatte. Im Dezember sahen die Einwohner von Pavia die Krönung des jungen Ottos II., mit nur acht Jahren nach dem Willen seines Vaters Mitkönig im Königreich Italien. Für Adelheid die großartige Krönung jenes Jahres, das sie hatte Kaiserin werden sehen.

Bischof Otwin von Hildesheim aus dem kaiserlichen Gefolge nutzte die Anwesenheit der Herrscher, die bis Ostern 963 fast ununterbrochen in Pavia residierten, während der Kampf gegen Berengar weiterging, und ließ durch einige seiner Leute den Leichnam des heiligen Epiphanias wegbringen, womit er den Zorn der Einwohner von Pavia erregte. Diese wandten sich an Otto und Adelheid, aber sie erreichten nur eine teilweise Rückgabe der Reliquien, während das übrige ebenso wie der Leichnam der heiligen Speciosa den Weg nach Sachsen nahm. Da Pavia die Hauptstadt war, sah es sich eben auch mit solchen Geschehnissen konfrontiert. Zum Glück benahmen sich nicht alle Kirchenfürsten wie Otwin. Viele von

laïde à Rome, où le pape Jean XII le couronna solennellement empereur le 2 février. Puis, les souverains retournèrent à Pavie où ils passèrent les fêtes de Pâques, et le vendredi suivant, ils participèrent à la traditionnelle Procession des Petites Croix, durant laquelle le clergé et le peuple, parcourant le trajet à l'intérieur des murs, s'arrêtaient à proximité des diverses Portes de la ville pour les bénir et pour remplacer la croix, placée dans un tabernacle conçu à cet effet, par une nouvelle petite croix de cire bénie dans la crypte de San Siro, et ils invoquaient la protection de Dieu et des saints patrons sur la ville. En 962, la procession fut particulièrement solennelle en raison de la présence du couple impérial, et ce fut certainement un moment d'intense émotion lorsqu'au milieu des anciennes litanies des saints, on entendit la prière: *Ab incursu Paganorum, libera nos Domine! - Seigneur, libère-nous des incursions des païens!*, (nette allusion aux Hongrois incendiaires, en effet la procession avait aussi un caractère d'imploration et de souvenir), et l'assistance se mit à acclamer Otton Ier, qui avait sévèrement battu ces Hongrois dont le souvenir terrorisait encore le peuple. En décembre, les habitants de Pavie assistèrent au couronnement du jeune Otton II, âgé seulement de huit ans, nommé associé au trône du royaume d'Italie par la volonté de son père, et pour Adélaïde, la cérémonie fut le couronnement splendide de l'année qui l'avait vu devenir impératrice.

Profitant de la présence des souverains, qui séjournèrent à Pavie jusqu'à Pâques 963 presque sans interruption (alors que se poursuivaient les opérations militaires contre Bérenger et les siens), Otwin, évêque de Hildesheim, qui se trouvait dans leur suite, fit emmener par quelques-uns de ses hommes le corps de Sant'Epifanio, suscitant ainsi la colère des habitants de Pavie. Ceux-ci s'adressèrent à Otton et à Adélaïde, mais ils réussirent seulement à obtenir la restitution partielle des reliques, le reste, ainsi que le corps de sainte Speciosa, prit le chemin de la Saxe. Etant la capitale, Pavie se voyait aussi confrontée à ce genre de choses! Heureusement, tous les prélats qui, à divers titres, y séjournèrent, ne se comportèrent pas comme

ihnen hinterließen einen sehr guten Eindruck. Man muss nur an den heiligen Majolus denken, der unter dem Schutz und auf Bitten Adelheids die Erneuerung einiger Klöster förderte, indem er sich um die Reform ihrer Ordnung bemühte.

Anlässlich seiner ersten Reise nach Italien hatte sich Majolus während der Herrschaft Berengars 953-954 kurz in Pavia aufgehalten. Sein Begleiter war Eldrico, der frühere Pfalzgraf Lothars, der Italien wegen seiner Treue zu Adelheid hatte verlassen müssen. Er hatte sich nach Burgund zurückgezogen und war, unter Verzicht auf seine Frau und beachtlichen Reichtum, Mönch in Cluny geworden. Eben dieser Eldrico sollte Majolus, inzwischen Abt von Cluny, seiner früheren Herrin und Otto I. vorstellen und so eine Freundschaft stiften, die erst mit dem Tod des Kaisers und des heiligen Abtes endet. Das Vertrauen Adelheids in Majolus war von Anfang an da. Es reicht, daran zu erinnern, dass sie ihm 957 das Kloster von Payerne in Burgund zur Reform anvertraute. Der Abt von Cluny kam 967, während seiner zweiten Reise nach Italien (zum Konzil von Ravenna und zur Krönung Ottos II. in Rom) nach Pavia, und erhielt hier vom Richter Gaidolf, seiner Frau Imiza und ihrem Sohn Adamo die Kapelle Santa Maria, ein *solarium*, einige Gebäude, einen Brunnen und einen Garten im Herzen der Stadt übertragen, um dort ein Kloster zu gründen, das Kloster Santa Maria, die erste cluniazensische Gründung in Italien. 999 in Sankt Majolus umbenannt, bewahrte es einige Reliquien des Gründerheiligen und existiert noch heute, wenn auch umgebaut, als Sitz des Staatsarchivs.

Seine hohe Gönnerin hielt sich ebenfalls mehrmals in Pavia auf, zum Beispiel von Herbst 964 bis Januar 965, im Juli 969 und wieder von Dezember bis Ostern 970. Sie hatte so die Gelegenheit, die Probleme der Stadt zu entdecken und zu ihrer eigenen Sache zu machen. Sie griff großzügig ein, um den Bedürfnissen der Einwohner und der Einrichtungen zu entsprechen, wenn sie in Schwierigkeiten waren, und bei der Verfolgung ihrer guten Werke ließ sie sich von Majolus helfen, ihrem Vertrauensmann und geistlichen Ratgeber. Adelheid vertraute in der Tat dem Abt von Cluny die Aufgabe an, die benediktinische Mönchsgemeinschaft von San Salvatore, einem alten Kloster

Otwin: beaucoup d'entre eux y laissèrent un très bon souvenir, il suffit de penser à saint Maïeul qui, avec la protection et à la demande d'Adélaïde, favorisa la renaissance de quelques monastères en s'occupant de la réforme des coutumes.

A l'occasion de son premier voyage en Italie, Maïeul avait séjourné brièvement à Pavie en 953-954 pendant le règne de Bérenger; il avait pour compagnon Eldrico, ancien comte palatin de Lothaire, qui avait dû quitter l'Italie pour sa fidélité à Adélaïde, s'était réfugié en Bourgogne, puis, après avoir abandonné sa femme et des richesses considérables, était devenu moine à Cluny. Ce sera justement Eldrico qui présentera Maïeul devenu abbé de Cluny à celle qui avait été sa souveraine et à Otton Ier, favorisant ainsi une fraternité qui ne prendra fin qu'à la mort de l'empereur et du saint abbé. La confiance d'Adélaïde en Maïeul fut immédiate; il suffit de rappeler ici qu'en 957 elle lui confia le monastère de Payerne en Bourgogne pour qu'il le réformât. L'abbé clunisien retourna à Pavie en 967, pendant son second voyage en Italie (pour le concile de Ravenne et le couronnement d'Otton II à Rome), et à cette occasion, en juillet, il obtint en don du juge Gaidolfo, de son épouse Imiza et de leur fils Adamo la chapelle Santa Maria, un *solarium*, quelques édifices, un puits et un jardin au coeur de la ville pour y fonder un monastère, le monastère Santa Maria, première fondation clunisienne en Italie (il devait s'appeler monastère Saint-Maïeul à partir de 999 et conserver quelques reliques des habits du saint fondateur; quoique réaménagé, il existe aujourd'hui encore et est le siège des Archives d'Etat).

Son auguste protectrice séjourna également à Pavie à plusieurs reprises, par exemple de l'automne 964 au mois de janvier 965, en juillet 969 et ensuite de décembre à Pâques 970 etc.; elle eut ainsi l'opportunité de découvrir et de prendre à coeur les problèmes de la ville, elle intervint avec générosité pour subvenir aux besoins des habitants et des institutions en difficulté, et en accomplissant ses oeuvres, elle eut recours à l'aide de Maïeul, son homme de confiance et son conseiller spirituel. Adélaïde confia en effet à l'abbé de Cluny la mission d'organiser la communauté monastique bénédictine de San Salvatore, un ancien monastère extra-urbain, d'origine lombarde, situé devant la

langobardischen Ursprungs außerhalb der Stadt, vor dem Marenca-Tor gelegen, zu reorganisieren. Zwischen 965 und 972 hatte die Kaiserin es auf eigene Kosten restaurieren oder wieder aufbauen lassen, und sie stattete es so reich aus, dass sie als die Gründerin des Klosters galt, das der Zuständigkeit des Bischofs entzogen und direkt dem Papst unterstellt war. Wie man sehen wird, ließen das Interesse und die Protektion Adelheids für das Kloster in Pavia nie nach, und die Schenkungen, die sie am 12. April 999 kurz vor ihrem Tod machte, beweisen das. Aber wenn San Salvatore ihr "Hauptwerk" war, so stützte sie auch andere Klostereinrichtungen der Stadt und vertraute sie der Sorge des heiligen Majolus an, wie zum Beispiel San Pietro in Ciel d'Oro von Pavia, ein anderes bedeutendes Kloster langobardischen Ursprungs, in dem die mönchische Disziplin zu wünschen übrig ließ und das auf Weisung des Abtes von Cluny reformiert wurde und unter der Leitung des von Majolus ausgesuchten Azzo zur korrekten Beachtung der benediktinischen Regel und der alten Ordnung zurückkehrte. Ebenso griff der Heilige von Cluny in San Salvatore della Regina ein, später San Felice genannt, einem im 8. Jahrhundert gegründeten anspruchsvollen Kloster, das von Otto II. auf Betreiben seiner Mutter wiederhergestellt, vergrößert und reich ausgestattet wurde.

Porte Marenca; entre 965 et 972, l'impératrice l'avait fait partiellement reconstruire, partiellement restaurer à ses propres frais, et elle le dota si richement qu'elle fut considérée comme la fondatrice du monastère, qui fut soustrait à la juridiction de l'évêque et placé directement sous la dépendance du pape. Comme on le verra, l'intérêt, et même la tutelle d'Adélaïde pour le monastère de Pavie ne faiblirent jamais et les donations qu'elle fit peu avant sa mort (le 12 avril 999), le prouvèrent. Mais si San Salvatore fut son "chef d'oeuvre", elle suivit aussi d'autres institutions monastiques de la ville et les confia aux soins de saint Maïeul, comme par exemple San Pietro à Ciel d'Oro de Pavie, un autre éminent monastère de fondation lombarde où la discipline monastique laissait à désirer et qui, sur l'intervention de l'abbé de Cluny, fut réformé, passant au respect correct de la règle bénédictine et aux anciens fastes sous la direction d'Azzone choisi par Maïeul. Une même intervention de réforme fut faite par le saint clunisien à San Salvatore "della Regina", (nommé plus tard San Felice), prestigieux monastère fondé au VIIIe siècle, restauré, agrandi et richement doté par Otton II à la demande d'Adélaïde.

Das Beispiel ihrer Mutter Bertha und ihrer Schwiegermutter Mathilde (sogar heilige Mathilde, deren Schwächen in mancher Hinsicht denen von Adelheid ähnlich waren), die beide großzügige Beschützerinnen und Gründerinnen von Klöstern waren, war nicht umsonst, selbst wenn die Taten der Kaiserin weit über eine verdienstvolle Großzügigkeit hinausgingen und im Rahmen eines politischen Planes, des Reichskirchensystems, zu sehen sind, der in einem Netzwerk königlicher Abteien eine Stärkung der sächsischen Dynastie sah. In dieser Hinsicht ist es bezeichnend, dass Otto der Große auf Adelheids Rat von Majolus, seinem *auricolarius*, gefordert haben soll, die königlichen und kaiserlichen Klöster in Italien und Deutschland zu überwachen und dieser, auf Lebenszeit zum *districtus* von Ravenna ernannt, zwischen Ende 971 und Anfang 972 (immer noch auf Betreiben der Kaiserin) die Reform von Sant'Apollinare in Classis übertragen bekam, dem der Kaiser reiche Schenkungen gewährt hatte.

L'exemple de sa mère Berthe et de sa belle-mère Mathilde (même sainte Mathilde, dont les vicissitudes furent, à certains égards, curieusement semblables à celles d'Adélaïde), toutes les deux protectrices et fondatrices généreuses de monastères, n'avait pas été vain, même si l'action de l'impératrice bourguignonne dépassa la générosité bien méritoire, en prenant pour cadre un plan politique (le Reichskirchensystem) qui voyait dans les complexes des abbayes royales un élément de force pour la dynastie saxonne. A cet égard, il est significatif qu'Otton le Grand, sur le conseil d'Adélaïde, ait demandé à Maïeul, son *auricolarius*, de "superviser" les monastères royaux et impériaux en Italie et en Germanie, et que, par ailleurs, celui-ci, titulaire à vie du *districtus* de Ravenne, toujours par la volonté de la souveraine, se soit vu confier entre fin 971 et début 972 la réforme de Sant'Apollinare à Classe auquel l'empereur avait accordé de riches bienfaits.

Es ist leicht, die tiefe Bindung zu ermessen, die zwischen der burgundischen Kaiserin und dem Abt von Cluny, ihrem geistlichen Vater, entstanden war, und so ihre Interventionen zu begreifen, wie die Bitte um Gunstbeweise für das Kloster von Majolus in Pavia, das den Schutz Ottos und Güter erhalten hatte, die das Wohlergehen der Gemeinschaft sicherten.

Das Ziel dieser Studie ist nicht, sich mit den politischen Aktivitäten der Kaiserin Adelheid aufzuhalten, sondern das, was uns interessiert, sind die Spuren, die sie in der Stadt und im Herzen ihrer Einwohner hinterlassen hat. Deshalb geben wir uns damit zufrieden, an einige Ereignisse zu erinnern, die sich in Pavia abgespielt haben und dazu beitrugen, das Band zwischen der Herrscherin und der Hauptstadt sowie ihren Einwohnern zu verstärken, und die die Legenden, Traditionen und Äußerungen der Verehrung angeregt haben, die später zum allgemeinen Volksgut geworden sind.

Man weiß, dass Adelheid sich nach dem Tod Ottos I. lange in Pavia aufgehalten hat, so dass die Stadt sogar als "ihre" Hauptstadt angesehen wurde, und vom Palast von Pavia aus leitete sie das Königreich Italien in einer Art Regentschaft. Wegen der Auseinandersetzungen mit ihrem Sohn und ihrer Schwiegertochter, der Byzantinerin Theophanu, vielleicht wegen ihrer Protektion für Heinrich II. von Bayern, zog sie sich nach Burgund zurück, wo sie von ihrem Bruder Konrad und ihrer Schwägerin Mathilde, der Schwester des französischen Königs Lothar, der 966 die älteste Tochter Adelheids, Emma, geheiratet hatte, sehr warmherzig empfangen wurde. Aber dank des gewichtigen Einflusses von Majolus, der seine Kaiserin verteidigt hatte, bat Otto im Dezember 980 reumütig den Abt darum, zu seinen Gunsten bei seiner Mutter zu intervenieren und sie so schnell wie möglich nach Pavia zu eskortieren, wo er sie mit Theophanu und ihrem einige Monate alten Sohn erwartete. Die Begegnung fand im Palast statt, und unter den zahlreichen anwesenden Adligen befanden sich auch Konrad von Burgund, Hugo Capet, Gerbert von Aurillac und Adalbero von Reims. Wenn wir Odilo glauben können, war die Versöhnung äußerst bewegend. Als Adelheid und ihr Sohn sich gegenüberstanden, konnten sie

Il est facile de concevoir le lien profond qui s'était instauré entre l'impératrice bourguignonne et l'abbé de Cluny, son père spirituel, et de comprendre ainsi ses interventions, comme la demande de faveurs pour le monastère de Maïeul à Pavie qui avait obtenu la protection d'Otton et des biens garantissant le bien-être de la communauté.

Le but de cette étude n'est pas de s'attarder sur l'activité politique de l'impératrice Adélaïde, car ce qui nous intéresse, c'est l'empreinte qu'elle laissa dans la ville et dans le coeur des habitants. C'est pourquoi nous nous contenterons de rappeler quelques événements qui se déroulèrent à Pavie, qui contribuèrent à renforcer le lien unissant la souveraine à la capitale du royaume et à ses sujets et qui inspirèrent les traditions légendaires et les manifestations de culte devenues ensuite patrimoine populaire.

On sait qu'Adélaïde séjourna longtemps à Pavie après la mort d'Otton Ier, si bien que la ville fut même considérée comme "sa capitale", et c'était du Palatium de Pavie qu'elle gouverna le royaume d'Italie dans une sorte de régence. A cause de querelles avec son fils et sa belle-fille, la byzantine Théophano, (peut-être en raison de la protection accordée à Henri II de Bavière), elle se retira en Bourgogne, où elle fut accueillie très chaleureusement par son frère Conrad et par sa belle-soeur Mathilde, soeur du roi de France Lothaire, lequel avait épousé en 966 la première fille d'Adélaïde Emma. Mais en décembre 980, grâce à l'intervention influente de Maïeul qui avait défendu sa souveraine, Otton, repentant, demanda à l'abbé d'intercéder en sa faveur auprès de sa mère et d'escorter cette dernière le plus vite possible à Pavie où il l'attendait avec Théophano et leur fils âgé de quelques mois. La rencontre eut lieu au Palatium, et parmi les nombreux nobles présents se trouvaient aussi Conrad de Bourgogne, Hugues Capet, Gerbert d'Aurillac et Adalbéron de Reims. Si nous devons en croire Odilon, la réconciliation fut extrêmement émouvante: lorsqu'Adélaïde et son fils furent face à face, ils ne purent retenir leurs larmes et se jetèrent dans les bras l'un de l'autre, agenouillés à terre! Les habitants de Pavie qui aimai-

ihre Tränen nicht zurückhalten und lagen sich kniend in den Armen. Die Einwohner von Pavia, die ihre Königin und Kaiserin liebten, und ihren Kaiser achteten, freuten sich über die wiedergefundene Einheit, die es Adelheid erlaubten, in ihre Hauptstadt zurückzukehren.

Ihrem Stil getreu, nutzte die Kaiserin ihren neuen Einfluss auf den Sohn, um zu erreichen, dass Bischof Pietro III. von Pavia am 28. Dezember zum Kanzler für Italien ernannt wurde und dass 982 dem Kloster San Salvatore in Pavia die Abtei Santa Maria de Pomposa im Bezirk von Ravenna und die Salinen von Comacchio übertragen wurden, die damit natürlich unter die geistliche Oberaufsicht des Abtes von Cluny kamen. Man muss daran erinnern, dass Otto II. das Vertrauen seiner Mutter in Majolus vollständig teilte, so weit, dass er mit ihr gemeinsam dem Abt von Cluny vorschlug, Papst zu werden, der aber ablehnte, weil er seine Mönche nicht verlassen wollte. Dank der Aktivitäten Adelheids drang die cluniazensische Reform in einige bedeutende Klöster des Königreiches ein und entzog sie so der bischöflichen Jurisdiktion, und es war nicht zufällig, dass es sich um Einrichtungen in Pavia, Pomposa und Ravenna handelte, in Städten, die den Kaisern während ihrer Italienzüge oft als Aufenthalt dienten.

In der Stadt am Ufer des Ticino fand im Jahre 983 die Begegnung der drei großen Kirchenfürsten und späteren Heiligen Adalbert von Prag, Gerhard von Tours und Majolus von Cluny statt. Glücklich, beisammen zu sein, sprachen sie untereinander *in barbarischer Sprache* und verstanden sich wie durch ein Wunder trotzdem gegenseitig, und während sie bei Tisch saßen, verwandelte sich das Wasser, um das Bischof Gerhard bat, wunderbarerweise in Wein. Als Adelheid über die Ereignisse informiert wurde, freute sie sich, war aber nicht erstaunt, denn in Pavia waren im Zusammenhang mit Majolus durchaus schon Wunder festgestellt worden, die dem Abt die Verehrung der Einwohner eingetragen hatte. Immer noch 983 hielt sich Otto II. im April und Mai im Palast auf, um im August nach dem feierlichen Reichstag von Verona, bei dem er den kaum dreijährigen kleinen Otto zum König von Italien und Deutschland hatte ausrufen lassen, noch einmal kurz einzukehren.

ent leur reine et impératrice et respectaient leur empereur, se réjouirent de l'entente retrouvée qui permettait à Adélaïde de rentrer dans sa capitale.

Fidèle à son style, la souveraine profita de sa nouvelle influence sur son fils pour obtenir que l'évêque de Pavie, Pietro III, fût nommé, le 28 décembre, au poste de chancelier du royaume, et que fussent cédées, en 982, au monastère San Salvatore de Pavie, l'abbaye Santa Maria de Pomposa dans le Ravennat, et les salines de Comacchio, qui furent placées, bien sûr, sous le contrôle spirituel de l'abbé de Cluny. (Il faut rappeler qu'Otton II partageait pleinement la confiance de sa mère en Maïeul, à un tel point qu'il s'associa à elle pour lui proposer de devenir pape, mais l'abbé refusa pour ne pas abandonner ses moines.) Grâce à l'action d'Adélaïde, la réforme clunisienne entra dans quelques monastères importants du royaume, les soustrayant à la juridiction épiscopale, et ce n'était pas par hasard s'il s'agissait d'institutions situées à Pavie, Pomposa et Ravenne, des villes qui servirent souvent d'escales aux empereurs lors de leurs expéditions en Italie.

Dans la cité baignée par le Tessin eut lieu, en 983, la rencontre de trois très grands prélats: Adalbert de Prague, Gérard de Tours et Maïeul de Cluny qui devaient être canonisés plus tard. Heureux de se retrouver ensemble, ils parlèrent entre eux *en langue barbare*, se comprirent par miracle réciproquement, et pendant qu'ils étaient à table, l'eau demandée par l'évêque Gérard se transforma prodigieusement en vin. Adélaïde, informée de l'événement, s'en réjouit, mais ne fut pas surprise, car à Pavie, autour ou par l'intermédiaire de Maïeul, des faits miraculeux avaient déjà été constatés et ils avaient valu à l'abbé la vénération des habitants. Toujours en 983, Otton II séjourna avec sa mère dans le Palatium en avril et en mai, pour y retourner brièvement en août, après la diète solennelle de Vérone, au cours de laquelle il avait fait proclamer roi de Germanie et d'Italie le jeune Otton âgé d'à peine trois ans.

Adelheid sollte ihren Sohn nicht wiedersehen. Als Otto die Nachricht vom Tod Papst Benedikts VII. erhielt, begab er sich nach Rom, wo er seinen Kanzler Bischof Pietro von Pavia zum Papst wählen liess, der den Namen Johann XIV. annahm. Einige Tage später, am 7. Dezember starb der Kaiser mit kaum dreißig Jahren an der Malaria. Die Nachricht vom Tod ihres Sohnes erreichte Adelheid, die das Königreich Italien im Namen ihres Sohnes regierte, in der Hauptstadt.

Einmal mehr schlug das Schicksal die Kaiserin schwer, eben in dem Augenblick, wo nach der Versöhnung die Zukunft für sie wieder heiter schien, und einmal mehr war Adelheid gezwungen, ihren Schmerz zu unterdrücken und zu handeln, um Theophanu zu helfen, die auf der Suche nach Unterstützung und Trost 984 zu ihr nach Pavia geflohen war. Die Einwohner sahen die beiden Kaiserinnen vereint und sie bewunderten die Königinmutter, die getreu ihrer Pflicht ihre Aufgaben erfüllte, indem sie versuchte, die wichtigsten Fragen zu regeln, bevor sie ihre Schwiegertochter nach Deutschland begleitete, wo Heinrich von Bayern sich des jungen Erben bemächtigt hatte. Tatsächlich war Otto III. an Weihnachten 983 in Aachen vom Erzbischof von Mainz und von Wilhelm von Pavia, Erzbischof von Ravenna, zum deutschen König gekrönt worden. Die energische Adelheid wusste ihren Einfluss einzusetzen. Der junge Herrscher wurde seiner Mutter zurückgegeben, und die beiden Frauen erhielten die Vormundschaft. Es war der Beginn einer langen Zeit der Regentschaft, aber die Einheit der beiden Kaiserinnen hielt nur für die Zeit, die notwendig war, um in Deutschland die Ordnung wiederherzustellen, dann entzog Theophanu, die vergaß, was ihre Schwiegermutter für sie getan hatte, ihr die Vormundschaft über Otto III.

Adelheid, die auch wegen der dynastischen Probleme, die Frankreich erschütterten und in die ihre Tochter Emma verwickelt war, belastet und verbittert war, zog sich wieder nach Pavia zurück, und mit der geistlichen Unterstützung von Majolus regierte sie das Königreich im Namen ihres Enkels. Aber selbst in dieser Aufgabe, die sie doch unter drei Herrschern mit Intelligenz ausgefüllt hatte, erweckte sie die Feindschaft ihrer Schwiegertochter, die sie im Mai 990 absetzte. Sie vertraute die

Adélaïde ne devait plus revoir son fils: ayant reçu la nouvelle de la mort de Benedetto VII, Otton se rendit en effet à Rome où il fit élire pape son chancelier Pietro, évêque de Pavie (qui prit le nom de Jean XIV); quelques jours plus tard, le 7 décembre, l'empereur, âgé d'à peine trente ans, mourut de la malaria. La nouvelle de la mort de son fils parvint à Adélaïde qui gouvernait le royaume d'Italie en son nom dans la capitale.

Une fois de plus, le destin touchait durement la souveraine, juste au moment où, après la réconciliation, l'avenir lui semblait à nouveau serein; et une fois de plus, Adélaïde fut contrainte d'étouffer sa douleur et de réagir pour aider Théophano qui, en quête de soutien et de réconfort, s'était réfugiée près d'elle à Pavie en 984. Les habitants virent les deux impératrices unies et ils admirèrent la reine mère qui, fidèle à ses devoirs, remplissait ses fonctions en essayant de régler les questions les plus importantes pour accompagner sa belle-fille en Germanie, où Henri II de Bavière s'était emparé du jeune héritier. En effet, le jour de Noël 983, à Aix-la-Chapelle, Otton III avait été couronné roi de Germanie par l'archevêque de Magonza et roi d'Italie par Giovanni de Pavie, archevêque de Ravenne. L'énergique Adélaïde sut faire valoir son influence: le jeune souverain fut restitué à sa mère et les deux femmes eurent sa tutelle; ce fut le début d'une longue période de régence, mais l'entente entre les impératrices dura seulement le temps nécessaire pour rétablir l'ordre en Germanie, puis Théophano, oubliant ce que sa belle-mère avait fait pour elle, lui retira la tutelle d'Otton III.

Adélaïde, préoccupée et pleine d'amertume aussi en raison des problèmes de dynastie qui agitaient la France et dans lesquels sa fille Emma était impliquée, retourna alors à Pavie, et avec le réconfort spirituel de Maïeul, elle gouverna le royaume au nom de son petit-fils. Mais même dans ce rôle qu'elle avait pourtant déjà assumé avec intelligence sous trois souverains, elle suscita l'hostilité de sa belle-fille qui la destitua en mai 990, confiant l'administration du royaume d'Italie à

Verwaltung des Königreiches ihrem Berater an, dem Bischof Johannes Philigatos von Placentia, der den königlichen Besitz mit seinen Reformen schmälerte.

son conseiller, l'évêque de Plaisance Giovanni Filagato qui dilapida le patrimoine royal par ses réformes.

Nach Odilo hasste Theophanu ihre Schwiegermutter so sehr, dass sie daran dachte, sie zu beseitigen, und sie spielte vor ihren Höflingen offen darauf an: *Si integrum annum supervixero, non dominabatur Adalheida in toto mundo, quod non possit circumdari palmo uno! - Wenn ich noch ein Jahr lebe, so soll Adalheida von der ganzen Erde nicht mehr regieren, als man mit der Hand umspannen kann.* Die burgundische Herrscherin war zu klug, um nicht das Risiko zu begreifen, das ihr drohte. Ihre geistige Haltung ist leicht vorstellbar: Enttäuschung, Verbitterung und Furcht mischten sich mit Traurigkeit und dem Gefühl der Ohnmacht angesichts der Krise in der Familie und ihrer Folgen, die sie nicht hatte vermeiden können. Jene, die ihr treu waren, teilten diese Gefühle. Wiederum nach Odilo griff die Vorsehung ein, um Adelheid einmal mehr zu retten. Am 5. Juni 991, noch bevor das schicksalhafte Jahr vorbei war, starb Theophanu, und die alte Kaiserin war gezwungen, die Regentschaft für Otto III. mit der Unterstützung des Erzbischofs von Mainz und ihrer einzigen überlebenden Tochter Mathilde, denn Emma war in der Zwischenzeit auch gestorben, zu übernehmen.

Selon Odilon, Théophano haïssait sa belle-mère au point de penser à se débarrasser d'elle, et elle y faisait ouvertement allusion avec ses courtisans: *Si integrum annum supervixero, non dominabatur Adalheida in toto mundo, quod non possit circumdari palmo uno! - Si je vis encore un an, Adélaïde ne doit régner sur terre que sur un domaine pas plus grand que la largeur d'une main!* La souveraine bourguignonne était trop intelligente pour ne pas comprendre le risque qu'elle courait, et son état d'esprit est facilement concevable: la déception, l'amertume et la peur se mêlaient chez elle à la tristesse et au sentiment d'impuissance face à la crise familiale et à ses conséquences qu'elle n'avait pas réussi à éviter. Ces sentiments étaient partagés par ceux qui lui étaient fidèles. Toujours selon Odilon, la Providence intervint pour sauver Adélaïde une fois de plus: le 5 juin 991, avant que l'année fatidique ne fût écoulée, Théophano mourut, et la vieille impératrice fut contrainte d'assumer la régence pour son petit-fils Otton III avec l'aide de l'archevêque de Magonza et de Mathilde (l'unique fille survivante, car Emma était aussi décédée entre-temps).

Die Regentschaft dauerte offiziell bis 994, als der junge Kaiser mit vierzehn Jahren für großjährig erklärt wurde. In Wirklichkeit musste die alte Kaiserin bis mindestens 996 eine führende Rolle übernehmen. Durch ein seltsames Zusammentreffen starb der Abt von Cluny ebenfalls 994. Er war ihr treuer Ratgeber und geistlicher Führer während so vieler Jahre gewesen. Es war Odilo, der ihm nachfolgte, und ihm verdanken wir so viele kostbare Nachrichten über die Herrscherin.

La régence dura officiellement jusqu'en 994, lorsque le jeune empereur de quatorze ans fut déclaré majeur; en réalité, la vieille impératrice dut occuper un rôle de premier plan au moins jusqu'en 996. Par une étrange coïncidence, l'abbé de Cluny mourut justement en 994; il avait été son fidèle conseiller pendant tant d'années, ainsi que son père spirituel. Ce fut Odilon qui lui succéda, lui à qui nous devons tant de renseignements précieux sur la souveraine.

Von 991 bis 996 hielt sich Adelheid fast immer in Pavia auf, in einer Stadt, die sie liebte und die mit vielen wichtigen Ereignissen in ihrem Leben verbunden war. Hier hätte sie vielleicht auch ihre Tage beenden wollen, aber noch einmal wurde diese hartnäckige, stolze und mutige Frau, die sich dafür geschlagen hatte, ihrem Enkel den Thron zu sichern, gezwungen, sich zurückzuziehen, nachdem sie durch den jungen Otto III., der im müt-

De 991 à 996, Adélaïde séjourna presque toujours à Pavie, une ville qu'elle aimait et qui était associée à de nombreux événements importants de sa vie et où elle aurait peut-être voulu finir ses jours, mais encore une fois, cette femme tenace, fière et courageuse qui s'était battue pour assurer le trône à son petit-fils, fut contrainte de s'effacer, après avoir été écartée du pouvoir par le jeune Otton III, qui avait grandi dans l'orbite maternelle et était in-

terlichen Bannkreis groß geworden und durch die Ratgeber Theophanus beinflusst war, die wie sie der alten Kaiserin gegenüber misstrauisch und feindselig waren. Adelheid verließ also "ihre Hauptstadt" für immer, und um Frieden zu finden, richtete sie sich in Seltz ein, in der Abtei, die sie gegründet und reich ausgestattet hatte und in der sie begraben sein wollte. Doch immer großzügig und unermüdlich, begab sie sich 999, im Jahr ihres Todes, nach Burgund, um die größten Klöster zu besuchen, aber vor allem, um mit ihrem Prestige ihren Neffen Rudolf III. zu unterstützen, gegen den sich einige seiner Lehensträger erhoben hatten. Um die Motive des Eingreifens der alten Kaiserin besser zu verstehen, muss man den tiefen Familiensinn und das starke Pflichtgefühl Adelheids in Betracht ziehen, die schon 987 einen Enkel, Ludwig V. von Frankreich, den Sohn Emmas, verloren hatte und die nun, trotz ihres Schmerzes, nicht einen ihrer Verwandten in der Gefahr allein lassen wollte. Deshalb zog sie mit ihm durch das Königreich und traf die adligen Rebellen, um sie zum Frieden anzustiften. Nach dem Bericht von Odilo war Adelheid sehr betroffen darüber, dass sie während dieser Reise nicht wie sonst persönlich die Almosen an die Armen verteilen konnte. Sie wies einen Mönch aus ihrem Gefolge an, es an ihrer Stelle zu tun, aber die Armen waren viel zahlreicher als die Geldstücke, und der Bruder dachte, dass es nicht für alle reichen würde. Aber dem war nicht so, weil sich die Geldstücke wunderbarerweise vermehrten und es genug für alle gab. Das ist neben den Erscheinungen und Prophezeiungen eines der Wunder, die mit Adelheid zu ihren Lebzeiten verbunden sind.

Nachdem sie ihre Mission beendet hatte, kehrte sie ins Elsass in ihre Abtei zurück, um sich auf einen heiligen Tod vorzubereiten, der sie in aller Gelassenheit in der Nacht vom 16. zum 17. Dezember hinwegführte. Trotz der Entfernung hatte ihr Herz Pavia nie vergessen, und bis zum Ende hatte sie sich mit "ihrem" Kloster San Salvatore beschäftigt, dem sie Schenkungen zuwies und Privilegien bestätigte, immer in der Absicht, ihm auch nach ihrem Tod kaiserlichen Schutz und und kaiserliche Gunst zu sichern. Und ihre Wünsche wurden erhört. Am 6. Juli des Jahres 1000 bestätigte Otto III., gerade in Pavia angekommen, im Palast dem Abt Andreas von San Salvatore alle vorausge-

fluencé par les conseillers de Théophano, méfiants comme elle et hostiles envers la vieille impératrice. Adélaïde abandonna donc pour toujours "sa capitale", et pour trouver la paix, elle alla s'établir à Seltz, dans l'abbaye qu'elle avait fondée, richement dotée et où elle avait choisi d'être enterrée. Toutefois, toujours généreuse et infatigable, elle se rendit en Bourgogne en 999, l'année de sa mort, pour rendre visite aux plus grands monastères de sa patrie, mais surtout pour secourir, grâce à son prestige, son neveu Rodolphe III contre lequel s'étaient soulevés quelques feudataires. Pour mieux comprendre les motifs de l'intervention de la vieille souveraine, il faut tenir compte du profond sens de la famille et du devoir d'Adélaïde, qui avait déjà perdu un petit-fils en 987, Louis V de France, fils d'Emma, et qui ne voulait donc pas, malgré sa douleur, abandonner un de ses descendants dans le danger. Par conséquent, elle parcourut le royaume avec lui et rencontra les nobles rebelles pour les inciter à faire la paix. Selon le récit d'Odilon, Adélaïde était très démoralisée durant le voyage de ne pas pouvoir, comme d'habitude, donner personnellement l'aumône aux pauvres. Elle ordonna alors à un frère de sa suite de le faire à sa place, mais les pauvres étaient bien plus nombreux que les pièces de monnaie et le frère pensa qu'il ne pourrait pas les secourir tous; mais ce ne fut pas le cas, parce que les pièces se multiplièrent miraculeusement, et il y en eut assez pour tous! (Ceci est l'un des miracles attribués à Adélaïde de son vivant, avec les apparitions et des phénomènes de prévoyance.)

Ayant achevé sa mission, elle était retournée en Alsace dans son abbaye, se préparer à une morte sainte qui l'emporta en toute sérénité dans la nuit du 16 au 17 décembre. Malgré la distance, son coeur n'avait jamais oublié Pavie, et jusqu'à la fin, elle s'était occupée de San Salvatore, "son monastère", lui octroyant des bienfaits et lui confirmant ses privilèges dans le but de lui garantir, même après sa disparition, la protection et les faveurs impériales, et ses voeux furent exaucés: le 6 juillet de l'an 1000, Otton III qui venait d'arriver à Pavie, confirma du Palatium à l'abbé Andrea de San Salvatore toutes les donations précédentes, et ce fut seulement la première d'une série de nom-

gangenen Schenkungen, und das war nur die erste einer ganzen Reihe anderer Bestätigungen, die im Laufe der Jahre folgten.

Adelheid wurde von ihren deutschen, italienischen und burgundischen Untertanen sehr betrauert und nicht nur von ihnen. Gerbert von Aurillac hatte sie zurecht als Mutter der Königreiche bezeichnet, denn sie hatte auch Verwandtschaftsbeziehungen zu den französischen Königen. Aber es waren vor allem die Armen, die um sie weinten, ebenso wie die, die als Einrichtungen oder als Personen von ihr großzügig unterstützt worden waren oder ihre Wohltaten empfangen hatten, in erster Linie die Cluniazenser, die ihren Namen und den ihres Sohnes in ihre Nekrologlisten aufnahmen, um sie bei jeder Messe in den verschiedenen Klöstern des Ordens in ihre Gebete einzuschließen. Adelheid wurde bald als Heilige verehrt und 1097 von Papst Urban II. heiliggesprochen. Der Tag der heiligen Adelheid wird am 16. Dezember gefeiert.

Das Andenken an Adelheid blieb auch im Geist der Einwohner von Pavia besonders lebendig, die ihre heilige Herrscherin in ihrem Kloster verehrten. In der Basilika San Salvatore erinnern viele Gegenstände an sie. Es gibt ein großes, 1693 von dem Maler Tommaso Gatti aus Pavia gemaltes Bild, auf dem die Kaiserin dargestellt ist, wie sie Willa, die Frau Berengars, begnadigt, die, wie wir gesehen haben, ihre grausame Feindin gewesen war, und eine Inschrift erinnert daran: *Siste viator / supplici Berengarii coniugi / libertatem quam victa non habuerat / donat Adelaida victrix / hoc titulo Othone magno sponsa major / hostem quam domuit fortitudine / erigit clementia / dicas prodigium in foemina principe / nec timuit nec tumuit.*

1763 erhielt die Kirche eine dritte Glocke, auf der *S. Adelaidis fundatrix moasterii S. Salvatoris esto tutrix* eingraviert ist. 1937 bekam auf die Initiative der Frauen von Pavia die der Heiligen geweihte Kapelle einen Altar, dessen Bild, ein Werk des Malers Ezechiele Acerbi aus Pavia, Adelheid in königlichen Gewändern inmitten von Heiligen mit dem Modell einer Kirche in der Hand zeigt. Auf der Wand in der Kirche links neben der Türe findet sich folgende Inschrift: *Adeleidae Lotharii Italiae regis primum dein Othonis imperatoris uxoris*

breuses autres confirmations qui se succédèrent au fil des années.

Adélaïde fut très pleurée par ses sujets germaniques, italiens et bourguignons, et non seulement par eux; en effet, à juste titre, Gerbert d'Aurillac l'avait qualifiée de "mater regnorum", car elle avait aussi des liens de parenté avec les souverains de France. Mais ce furent surtout les pauvres qui la pleurèrent, ainsi que ceux qui, en tant qu'institutions ou en tant que personnes, avaient été généreusement secourus par elle ou avaient reçu ses bienfaits, et en premier lieu les Clunisiens qui inclurent son nom et celui de son fils dans leurs nécrologies, afin d'offrir leurs prières à chaque messe célébrée dans les divers monastères de l'Ordre. Adélaïde fut bientôt vénérée comme une sainte et elle fut canonisée par le pape Urbain II en 1097; sainte Adélaïde se fête le 16 décembre.

Le souvenir d'Adélaïde resta aussi particulièrement vivant dans l'esprit des habitants de Pavie qui honorèrent leur sainte souveraine dans son monastère. Dans la basilique San Salvatore, de nombreuses choses évoquent sa mémoire. Il y a un grand tableau peint en 1693 par le peintre de Pavie Tommaso Gatti et sur lequel l'impératrice est représentée en train de gracier Villa, l'épouse de Bérenger II laquelle, comme on l'a vu, avait été sa cruelle ennemie et une inscription le rappelle: *Siste viator / supplici Berengarii coniugi / libertatem quam victa non habuerat, / donat Adelaida victrix / hoc titulo Othone magno sponsa major / hostem quam domuit fortitudine / erigit clementia / dicas prodigium in foemina principe / nec timuit nec tumuit.*

En 1763, l'église reçut une troisième cloche sur laquelle était gravé *S. Adelaidis fundatrix monasterii S.Salvatoris esto tutrix*. En 1937, sur l'initiative des femmes de Pavie, la chapelle dédiée à la sainte reçut un autel dont le tableau, une oeuvre du peintre de Pavie Ezechiele Acerbi, représente Adélaïde, en habits royaux, au milieu de saints, avec la maquett d'une église dans la main. Sur le mur intérieur de l'église, à gauche près de la porte, se trouve une épigraphe où on peut lire: *Adeleidae Lotharii Italiae regis primum dein Othonis imperato-*

Adelheid-Altar
San Salvatore in Pavia
Gemälde von Ezechiele Acerbi, 1930

Autel Sainte Adélaïde
San Salvatore in Pavia
Tableau d'Ezechiele Acerbi, 1930

quae singulari probitate ac virtute insignis hanc aedem multis decoravit ornamentis latifundisque ditavit cinerum hic reconditorum memoria ne incideret his literis consignata fuit an. MDLXXXV.

Am 16. November 1901 wurde über dieser Inschrift folgender Text angebracht: *Nach der Tradition, die der hier eingemauerte Stein ausdrückt, ruhen die sterblichen Überreste von Adelheid in dieser Basilika an einem versteckten Ort.* Aber wir wissen, dass die Herrscherin in Seltz beigesetzt wurde, von wo wegen der vielen erlebten Wunder der Kult ausging, der zu ihrer Heiligsprechung führte. Man kann sich also überlegen, warum hier versichert wird, der Leichnam der Kaiserin werde "an einem versteckten Ort" in der Kirche San Salvatore bewahrt, vielleicht wegen des *hic reconditorum* der Inschrift von 1585, aber nach dem, was wir oben gesagt haben, ist es historisch unhaltbar und darüber hinaus grammatisch bestreitbar. Es bleibt nur eine mögliche Erklärung: Im Lauf der Jahrhunderte, vielleicht durch die Mithilfe der Mönche von San Salvatore selbst, hat sich eine Tradition herausgebildet, nach der die Kirche irgendwelche Reliquien von Adelheid bewahrt, die zu Lebzeiten ihre großzügige Wohltäterin und Beschützerin gewesen war. Eher als an eine wirkliche Reliquie könnte man an Gegenstände oder an eine Statue der Heiligen denken, oder auch an eine Begräbnisstätte, die nie wirklich benutzt wurde, die aber auf Anordnung Adelheids errichtet wurde, als sie nicht daran dachte, Pavia nochmal zu verlassen. Diesbezüglich, um nicht den Eindruck zu erwecken, dass wir uns übertrieben von unserer Einbildungskraft beeinflussen lassen, befindet sich im Saal VI des Museo Civici des Castello Visconteo in Pavia ein Inschriftenfragment eines Sarkophags, der sicher aus Pavia stammt, dessen Herkunft aber eher unsicher ist, und der traditionell der Königin Adelheid zugeordnet wird, was 1980 von Maria Antonietta Casagrande in Frage gestellt wurde:

Es ist nicht leicht, ein genaues Datum anzugeben, denn es fehlt an detaillierten Indizien. Dazu ist ein paläographischer Vergleich mit der Produktion von Pavia unmöglich, weil wesentliche Teile fehlen. Sie schließt, indem sie eine Datierung vorschlägt, die zwischen dem Ende des 11. Und dem Anfang des 12. Jahrhunderts schwankt. *Aber betrachten*

ris uxoris quae singulari probitate ac virtute insignis hanc aedem multis decoravit ornamentis latifundisque ditavit cinerum hic reconditorum memoria ne incideret his literis consignata fuit an. MDLXXXV.

Le 16 novembre 1901, au-dessus de cette épigraphe fut apposée une inscription qui dit: *Par la tradition exprimée dans la pierre murée ci-dessous, la dépouille mortelle d'Adélaïde repose dans cette basilique dans un endroit secret*, mais nous savons que la souveraine fut inhumée à Seltz, d'où partit, en raison des nombreux miracles accomplis, le culte qui aboutit à sa canonisation. On peut donc se demander pourquoi on affirme que le corps de l'impératrice est conservé "dans un endroit secret" de l'église San Salvatore, peut-être à cause du *hic reconditorum* de l'épigraphe de 1585, mais, étant donné ce que nous avons dit plus haut, c'est historiquement insoutenable et de plus, grammaticalement discutable. Il ne reste qu'une explication possible: au cours des siècles, probablement par l'intermédiaire de ces mêmes moines de San Salvatore, est apparue la tradition, selon laquelle l'église conservait quelque relique d'Adélaïde qui, de son vivant, avait été leur généreuse bienfaitrice et protectrice. Plutôt qu'à de vraies reliques, on pourrait peut-être penser à des objets ou à une statue de la sainte, ou aussi à une sépulture, qui n'aurait été en réalité jamais utilisée, mais qui aurait été préparée sur l'ordre d'Adélaïde elle-même, alors qu'elle ne pensait pas encore abandonner Pavie. A ce propos, pour ne pas donner l'impression que nous nous laissons excessivement emporter par notre imagination, dans la salle VI des Musei Civici du château Visconteo de Pavie se trouve un fragment écrit de sarcophage, qui vient sûrement de Pavie, mais dont l'origine est plutôt incertaine, et qui est traditionnellement attribué à la reine Adélaïde, ce qui fut mis en question en 1988 par Maria Antonietta Casagrande qui s'exprime en ces termes:

Il n'est pas facile d'indiquer une date précise, car on manque d'indices plus détaillés. En outre, une comparaison paléographique avec la production de Pavie est impossible, car des pièces importantes manquent, et elle conclut en proposant une datation qui oscille entre la fin du XIe et le début du XIIe siècle. *Mais examinons ce qui reste de l'inscription:*

wir, was von der Inschrift übrig ist: HUIUS DISSCES LAETUS HIC ADV / ADELLEIDA FUI GALLA QUAM G / UNA CARNE DUO VIXIMUS A(D) / ET TUNC MAGNIFICIS E DNO / TRANSGRESSORIS AD HUIC / QUISQUE PETENS REQUI.

HUIUS DISSCES LAETUS HIC ADV / ADELLEIDA FUI GALLA QUAM G / UNA CARNE DUO VIXIMUS A(D) / ET TUNC MAGNIFICIS E DNO / TRANSGRESSORIS AD HUIC / QUISQUE PETENS REQUI.

Ohne jeden Zweifel steht da der Name Adelheid, dazu hat es den Bezug zu Gallien, das dem Herkunftsland der Herrscherin entsprechen würde, und es wird auch auf den Ehebund Bezug genommen (ein Fleisch von zweien gelebt), weshalb die von Casagrande vorgebrachte These, dass es sich um die Begräbnisstätte einer Äbtissin Adelheid des Klosters San Gervasio am Ende des 11. Jahrhunderts handelt, mich nicht überzeugt, und ich finde die traditionelle Überlieferung plausibler. Auf jeden Fall, was auch richtig sein mag, ist es doch sehr wahrscheinlich, dass über die eigennützigen Wünsche der Mönche hinaus die Leute selbst sich auf irgend eine Art die heilige Kaiserin "aneignen" wollten, die eine so gute Erinnerung hinterlassen hatte. Im Museo Civici kann man auch eine wunderbare Türe aus San Salvatore bewundern, und auf ihrem Hauptpfeiler kann man lesen: *Divinum Dei hoc Salvatoris templum quod olim Adheleida Augusta solo equatum instauravit, nunc vetustate consumptum restauratum a congregatione monachorum dive Justine.*

Sans aucun doute, il y a le nom d'Adélaïde, de plus la référence à la Gaule qui concorderait avec la patrie de la souveraine, et il est aussi fait mention du lien matrimonial ("una carne duo viximus"), c'est pourquoi l'hypothèse avancée par Casagrande, selon laquelle il s'agit de la sépulture d'une certaine Adélaïde, abbesse du monastère San Gervasio à la fin du XIe siècle, ne me convainc pas, et je trouve plus plausible la version traditionnelle. En tout cas, quelle que soit la vérité, au-delà du désir peut-être aussi intéressé des moines, il est très probable que les gens eux-mêmes aient voulu, d'une certaine manière, "s'approprier" la sainte impératrice qui avait laissé un très bon souvenir d'elle. Encore au Museo Civico, on peut admirer une magnifique porte, provenant de San Salvatore, et sur sa poutre maîtresse on peut lire: *Divinum Dei hoc Salvatoris templum quod olim Adheleida Augusta solo equatum instauravit, nunc vetustate consumptum restauratum a congregatione monachorum dive Justine.*

Um eine Vorstellung davon zu geben, wie die Einwohner von Pavia im Laufe der Jahrhunderte die Erinnerung an Adelheid ausgearbeitet und miterlebt haben, reicht es, daran zu denken, was im GIARLAETT geschrieben war, einem Heiligenalmanach von Pavia im Dialekt von 1765:

Pour donner une idée de la façon dont les habitants de Pavie ont "vécu et élaboré" la mémoire d'Adélaïde au cours des siècles, il suffit de penser à ce qui était écrit dans le GIARLAETT, un almanach sacré de Pavie en dialecte de l'an 1765:

16 Dseimbre S. DELAIDA prinzipesa ad Pavia. St. Adelheid, Fürstin von Pavia.

Das Bild, das im Herzen der Einwohner da war und geblieben ist, war das der jungen Dame aus Burgund, die dann Königin und Kaiserin geworden war, sich in den Straßen der Stadt am Ticino bewegte, den Leuten Audienzen gewährte, in Prozessionen mitzog, den Armen half und mit Hilfe eines Heiligen die Klöster wiederherstellte, aber auch das der Frau, der die schlimmsten Schmerzen nicht erspart blieben und die so auch imstande war, die Schmerzen der anderen zu verstehen. Das erklärt die ein wenig außerhalb des üblichen Schemas liegende Hingabe, in der sich Religion, Einbildungskraft und Geschichte vermengen. Auf jeden Fall gliederte sich die Tradition in das Erbe der Erinnerungen von Pavia ein. So ist es richtig, selbst wenn man die historische Wahrheit von dem, was in der Inschrift und auf dem Grabstein steht, zurückweist, diese Tradition weiterzutragen, weil sie dazu beiträgt, die Gegenwärtigkeit von Adelheid in einer Kirche und in einer Stadt, die sie so geliebt hat, lebendig zu erhalten.

16 Dseimbre S. DELAIDA prinzipesa ad Pavia: Ste Adélaïde, princesse de Pavie.

L'image qui était et est restée gravée dans le coeur des habitants était celle de la jeune adolescente bourguignonne qui était ensuite devenue reine et impératrice, qui parcourait les rues de la cité baignée par le Tessin, qui accordait des audiences aux gens, qui suivait les processions, aidait les pauvres et restaurait les monastères avec l'aide d'un saint, mais aussi celle de la femme qui ne fut pas épargnée par les plus amères douleurs et qui était ainsi en mesure de comprendre les souffrances des autres. Ceci explique la dévotion particulière, un peu en dehors des schémas traditionnels, qui voit l'histoire se mêler à la religion et à l'imagination. Toutefois, la tradition entra dans le patrimoine des souvenirs de Pavie; ainsi, même si on réfute la vérité historique de ce qui est affirmé dans l'épigraphe et sur la pierre, il convient de relater cette tradition parce qu'elle contribue à maintenir vivante la présence d'Adélaïde dans une basilique et dans une ville qu'elle aimait tant.

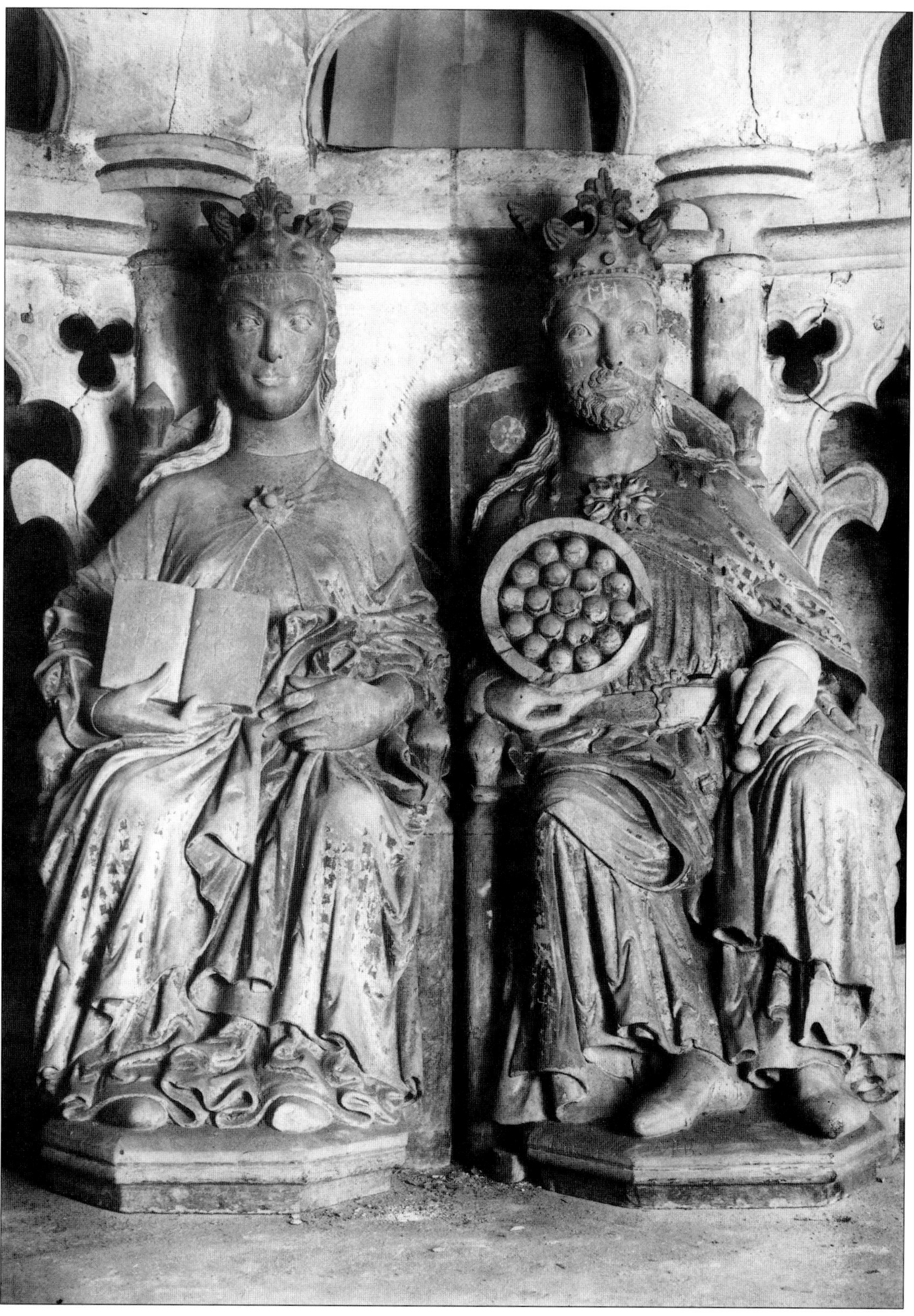

Sitzendes Herrscherpaar
(Edgitha und Otto)

Magdeburger Dom
Mitte 19. Jahrhundert

Couple royal, assis
(Edith et Otton)

Magdebourg, Cathédrale
Milieu du XIIe siècle.

HANSJÖRG FROMMER

Magdeburg, Otto I., Edgitha und Adelheid

Magdeburg spielte schon im Reich Karls des Großen als Königshof, Grenzbefestigung und Handelsplatz über die Elbe hinüber eine Rolle. Die erste Erwähnung findet sich im Diedenhofener Kapitular von 805. Der weitere Aufstieg der Stadt ist eng mit dem ersten Kaiser des sächsischen Hauses verbunden. Der 919 zum König aufgestiegene Herzog Heinrich von Sachsen vermählte 929 seinen Sohn Otto mit Edgitha (auch Edith, angelsächsisch Eadgith), der Schwester des englischen Königs Aethelstan, und übertrug ihr Magdeburg als Heiratsgut. Vermutlich lebte sie von da an hauptsächlich dort, und Otto ebenso, soweit es seine politischen Aufgaben erlaubten. Dort wurden auch die Kinder Liudolf und Liutgard geboren und aufgezogen.

Für Otto I. war Magdeburg Heimat und Rückzugsort, und er fühlte sich der Stadt zeitlebens besonders verbunden. 937, ein Jahr nach seiner Thronbesteigung, gründete er ein Kloster, das zu großen Aufgaben bestimmt war und deshalb reich ausgestattet wurde. Das Kloster wurde dem heiligen Mauritius gewidmet, dem Märtyrer von Saint Maurice d'Agaune, der für Otto eine Art persönlicher Schutzheiliger gewesen zu sein scheint. Vielleicht war es naheliegend, an der Grenze zum noch heidnischen Slawenland einen kämpferischen Heiligen zu verehren. Aber zwei Jahre vorher hatte König Heinrich von Rudolf von Burgund die Heilige Lanze erworben, die auch mit diesem Heiligen in Verbindung stand, und im selben Jahr 937 übernahm Otto die Schutzherrschaft über Rudolfs Sohn Konrad und sicherte ihm so die Nachfolge gegen die Ambitionen König Hugos von Italien. So ist es eher wahrscheinlich, dass die Gründung des Moritzklosters in Magdeburg schon auf ein politisches Programm hinweist, das auf die Nachfolge Karls des Großen und damit auf die Erneuerung des Kaisertums abzielte.

Magdebourg, Otton Ier, Edith et Adélaïde

Dans l'Empire de Charlemagne, la ville de Magdebourg jouait déjà un rôle important en tant que cour royale, forteresse frontalière et place marchande pour le commerce au-delà de l'Elbe. Elle est mentionnée pour la première fois dans le capitulaire de Diedenhofen de 805. L'essor ultérieur de la ville est étroitement lié au premier empereur de la maison saxonne. Le duc Henri de Saxe, promu roi en 919, maria son fils Otton avec Edith (ou Edgitha, Eadgith en anglo-saxon), la soeur du roi anglais Aethelstan en 929, et il céda Magdebourg à sa belle-fille en dot. A partir de cette date, Magdebourg fut probablement le principal lieu de séjour d'Edith ainsi que d'Otton, dans la mesure où ses fonctions politiques le lui permettaient. Ce fut également là que naquirent et grandirent leurs enfants Liudolf et Liutgarde.

Pour Otton Ier, Magdebourg était une patrie et un lieu de retraite, et il eut des liens particuliers avec cette ville pendant toute sa vie. En 937, un an après son accession au trône, il fonda un monastère qui était destiné à de grandes tâches et qui fut donc richement doté. Le monastère fut dédié à saint Maurice, le martyr de Saint-Maurice-d'Agaune, qui semble avoir été, en quelque sorte, le patron personnel d'Otton. Peut-être était-ce tout naturel, à la frontière du pays slave encore païen, de vénérer un saint combattant. Mais deux années auparavant, le roi Henri avait reçu de Rodolphe de Bourgogne la Sainte Lance, qui était aussi associée à ce saint. De plus, au cours de cette même année 937, Otton assuma le protectorat de Conrad, fils de Rodolphe, et lui permit ainsi de prendre sa succession contre les ambitions du roi Hugues d'Italie. Il est donc très vraisemblable que la fondation du monastère Saint-Maurice à Magdebourg annonce déjà un programme politique qui avait pour objectif de prendre l'héritage de Charlemagne, donc de restaurer l'Empire.

Otto hatte sich 936 symbolträchtig in Aachen krönen und auf den Thron Karls des Großen setzen lassen, und was dieser in Aachen geschaffen hatte, wollte der neue König für sein Haus und für seinen Namen in Magdeburg errichten. So wurde Magdeburg während der ganzen Regierungszeit Ottos zur Großbaustelle und wäre heute ein steinernes Zeugnis der ottonischen Renaissance, wenn nicht alles von späteren Generationen wieder abgebrochen und umgestaltet worden wäre. Deshalb sind die Spuren der Gründungszeit heute eher verstreut und müssen gesucht und interpretiert werden. Aber Ausgrabungen haben gezeigt, dass auf dem Domplatz schon seit 930 eine Königspfalz stand, die nach 955 aufwendig ausgebaut und umgestaltet wurde und die deutlich ein mächtiges Pendant zur Kaiserpfalz in Aachen war, bis hin zum Reiterdenkmal, dem Vorgänger des staufischen Magdeburger Reiters. Und wie Karl der Große das Aachener Reiterstandbild Theoderichs des Großen aus Italien bringen ließ, so ordnete auch Otto im großen Stil den Transport von Bauteilen, Säulen und Kapitellen über die Alpen nach Magdeburg an.

En 936, Otton s'était fait couronner symboliquement à Aix-la-Chapelle et il s'était fait asseoir sur le trône de Charlemagne. Et ce que ce dernier avait créé à Aix-la-Chapelle, le nouveau roi voulait le réaliser à Magdebourg pour sa famille et pour son nom. Pendant tout le règne d'Otton, Magdebourg fut donc un grand chantier, et ce serait aujourd'hui un témoignage lapidaire de la Renaissance ottonienne, si tout n'avait pas été démoli ou modifié ensuite par les générations ultérieures. C'est pourquoi les vestiges datant de la fondation sont plutôt dispersés, et il faut les chercher et les interpréter. Mais des fouilles ont montré que, sur la place de la cathédrale, il y avait, dès 930, un palais royal qui avait été agrandi et modifié après 955 sans lésiner sur les moyens; c'était, de toute évidence, un pendant colossal du palais impérial d'Aix-la-Chapelle, y compris même le monument équestre, le prédécesseur du Cavalier des Staufer à Magdebourg. Et de même que Charlemagne avait fait venir d'Italie la statue équestre de Théodoric le Grand à Aix-la-Chapelle, Otton ordonna également en grand style de transporter par les Alpes et jusqu'à Magdebourg des éléments de construction, des colonnes et des chapiteaux.

Das Moritzkloster erhielt eine eigene Kirche, aber seit 955 gingen Ottos Pläne für Magdeburg über ein bedeutendes Kloster weit hinaus. Otto wollte seine Stadt nicht nur zu einem weltlichen Zentrum machen, sondern auch zu einem geistlichen. Deshalb betrieb er hartnäckig die Erhebung zum Erzbistum. Damit geriet er jedoch in eine Auseinandersetzung mit seinem ältesten Sohn Wilhelm aus der vorehelichen Verbindung mit einer vornehmen Slawin, der seit 954 Erzbischof von Mainz war und nicht so ohne weiteres auf diesen Teil seines Amts- und Machtbereichs verzichten wollte. Erst nach seinem Tod 968 wurde das neue Erzbistum endgültig eingerichtet. Aber seit 955 wurde es auch baulich vorbereitet. Die Klosterkirche wurde vergrößert und schließlich zu einem Dom ausgebaut. Der ottonische Dom brannte 1207 aus, der Neubau begann 1209, doch im Chor des gotischen Domes finden sich viele Spuren des älteren Baus und der aus Italien beschafften Materialien und "Fertigelemente".

Le monastère Saint-Maurice obtint sa propre église, mais depuis 955, Otton projetait, pour Magdebourg, bien plus que la simple création d'un monastère important. Otton voulait faire de sa ville non seulement un centre temporel, mais aussi un centre spirituel. Il s'employa donc avec ténacité pour qu'elle fût érigée en archevêché. Ce faisant, il entrait toutefois en conflit avec son fils aîné issu d'une liaison prénuptiale avec une slave de haut rang, Guillaume, qui était archevêque de Mayence depuis 954 et qui ne voulait pas renoncer aussi facilement à cette partie de ses fonctions et de son autorité. Ce ne fut qu'après sa mort, en 968, que le nouvel archevêché put être définitivement organisé. Mais les préparatifs architecturaux commencèrent dès 955. L'église du monastère fut agrandie et aménagée finalement en cathédrale. La cathédrale ottonienne brûla en 1207, la reconstruction commença en 1209, mais dans le choeur de la cathédrale gothique se retrouvent de nombreuses traces de l'ancienne construction, ainsi que des matériaux et des "éléments préfabriqués" transportés d'Italie.

In der ottonischen Kunst spielt die Elfenbeinschnitzerei eine große Rolle, und Mailand war offenbar das Zentrum. Von dort stammt wohl auch ein Zyklus aus etwa 10 auf 10 cm großen Elfenbeintafeln, der Szenen aus der Bibel zeigt. Zu ihnen gehört als Mitte und Höhepunkt eine Tafel, die Otto I. unter dem Schutz des heiligen Mauritius und mit einem Modell des Magdeburger Doms zeigt. Diese Bilderfolge gehörte vermutlich zur Ausstattung des Domes oder der Kaiserpfalz, wurde aber später auseinandergenommen und einzeln in alle Welt verkauft. Bei der Ausstellung über die sächsische Kaiserzeit in Hildesheim 1994 wurde erstmals versucht, den Zyklus als Ganzes wiederherzustellen und zu zeigen. Ottos erste Frau Edgitha hat in Magdeburg gelebt. Sie starb 946 und wurde in der Kirche des Moritzklosters begraben. Für Otto war Magdeburg wohl vor allem auch mit der Erinnerung an sie verbunden und deshalb wahrscheinlich für Adelheid, die zweite Gemahlin Ottos, ein eher schwieriges Pflaster. Otto bestimmte Magdeburg auch als seinen Begräbnisplatz, und sein Grab wird im heutigen Dom gezeigt. Aber es wurde mindestens einmal versetzt, und wir wissen nicht, ob die heutige Form auf Ottos Anordnungen zurückgeht oder erst beim Neubau entstand. Für die Magdeburger blieb Edgitha die richtige Frau Ottos, eine Statue des dreizehnten Jahrhunderts zeigt sie sitzend an der Seite des Königs. Eine Putzritzzeichnung aus derselben Zeit über den Arkaden im Ostflügel des Kreuzgangs zeigt als eine Art Stifterbild Otto mit seinen beiden Frauen, und dabei sitzt Edgitha auf der richtigen Seite, links von Otto, ihm zugewandt und näher. Edgitha und Otto sind jung und schön. Adelheid sitzt auf der rechten Seite, mit mehr Ab-

Elfenbeintafel (Italien 10. Jh.) · Plaque d'ivoire (Italie Xe siècle)
The Metropolitan Museum of Art, New York

Dans l'art ottonien, la sculpture sur ivoire joue un rôle important, et apparemment Milan en était le centre. C'est aussi sans doute de là que provient un cycle de plaques d'ivoire mesurant environ 10 cm de côté et montrant des scènes de la Bible. Parmi elles figure une pièce centrale et majeure, une plaque qui représente Otton Ier sous la protection de saint Maurice et avec une maquette de la cathédrale de Magdebourg. Cette série de plaques faisait probablement partie de la décoration de la cathédrale, mais elles ne furent pas conservées ensemble et vendues séparément dans le monde entier. Lors de l'exposition sur le règne des empereurs saxons à Hildesheim en 1994, on essaya pour la première fois de reconstituer et de montrer le cycle dans sa totalité. Edith, la première femme d'Otton, a vécu à Magdebourg. Elle mourut en 946 et fut enterrée dans l'église du monastère Saint-Maurice. Pour Otton, Magdebourg était vraisemblablement associé surtout au souvenir d'Edith; par conséquent, ce devait être un endroit plutôt difficile pour Adélaïde, sa seconde épouse. Otton décida aussi qu'il serait enterré à Magdebourg, et on peut voir son tombeau dans la cathédrale actuelle. Mais il a changé au moins une fois de place et nous ne savons pas si la disposition actuelle correspond aux ordres d'Otton ou si elle n'est apparue qu'à la reconstruction. Pour les habitants de Magdebourg, Edith resta toujours la vraie femme d'Otton; une statue du XIIIe siècle la montre assise à côté du roi. Un dessin de la même époque, gravé dans l'enduit des arcades de l'aile Est du cloître, représente en quelque sorte le portrait du fondateur: Otton en compagnie de ses deux femmes, Edith étant assise du bon côté, à gauche d'Otton, tournée vers lui et plus près de lui. Edith

stand, älter, rundlich und fast wie die böse Schwiegermutter. Wenn dieser Eindruck nicht trügt und das der Magdeburger Legende entspricht, dann wird es verständlich, warum Adelheid dort nicht ihre letzte Ruhe finden wollte.

Adelheid musste für die Rechte ihrer Kinder kämpfen und stand deshalb auch in einem natürlichen Gegensatz zu den Kindern Edgithas, die ja mit ihr im gleichen Alter waren. Der Konflikt löste sich durch den Tod Liutgards 953 und Liudolfs 957. Sie wurden im St. Albanskloster in Mainz begraben, Liudolf dazu eigens von Italien überführt. Dieser Begräbnisort hängt mit Ottos Sohn Wilhelm zusammen, der seit dem Jahre 954 Erzbischof von Mainz war. Ottos Sorge um seine Kinder aus erster Ehe ebenso wie sein Einsatz für Magdeburg deuten an, dass Adelheids Stellung als zweite Ehefrau in Deutschland zunächst nicht so einfach war.

et Otton sont jeunes et beaux. Adélaïde est à droite, plus à l'écart, plus âgée, rondelette et faisant presque figure de méchante belle-mère. Si cette impression ne trompe pas et si cela correspond à la légende de Magdebourg, on comprend alors pourquoi Adélaïde n'a pas voulu choisir cette ville comme dernière demeure.

Adélaïde devait se battre pour les droits de ses enfants; elle se trouvait donc en opposition naturelle avec les enfants d'Edith qui étaient de son âge. Le conflit prit fin à la mort de Liutgarde en 953 et de Liudolf en 957. Ils furent enterrés dans l'abbatiale Saint-Alban à Mayence, Liudolf ayant été transféré exprès d'Italie. Ce lieu de sépulture est en rapport avec Guillaume, le fils d'Otton, archevêque de Mayence depuis 954. La préoccupation d'Otton pour ses enfants de son premier mariage ainsi que son engagement pour Magdebourg montrent que, dans un premier temps, Adélaïde en tant que seconde épouse n'avait pas une position facile dans le royaume de Germanie.

Putzritzzeichnung

Magdeburger Dom
13. Jahrhundert

Dessin gravé dans l'enduit

Cathédrale de Magdebourg
XIIIe siècle

Petruskreuzigung

Sakramentar (10. Jh.),
Mainzer Domschatz

Crucifixion de st. Pierre

Sacramentaire (X[e])
Trésor de la cathédrale, Mayence

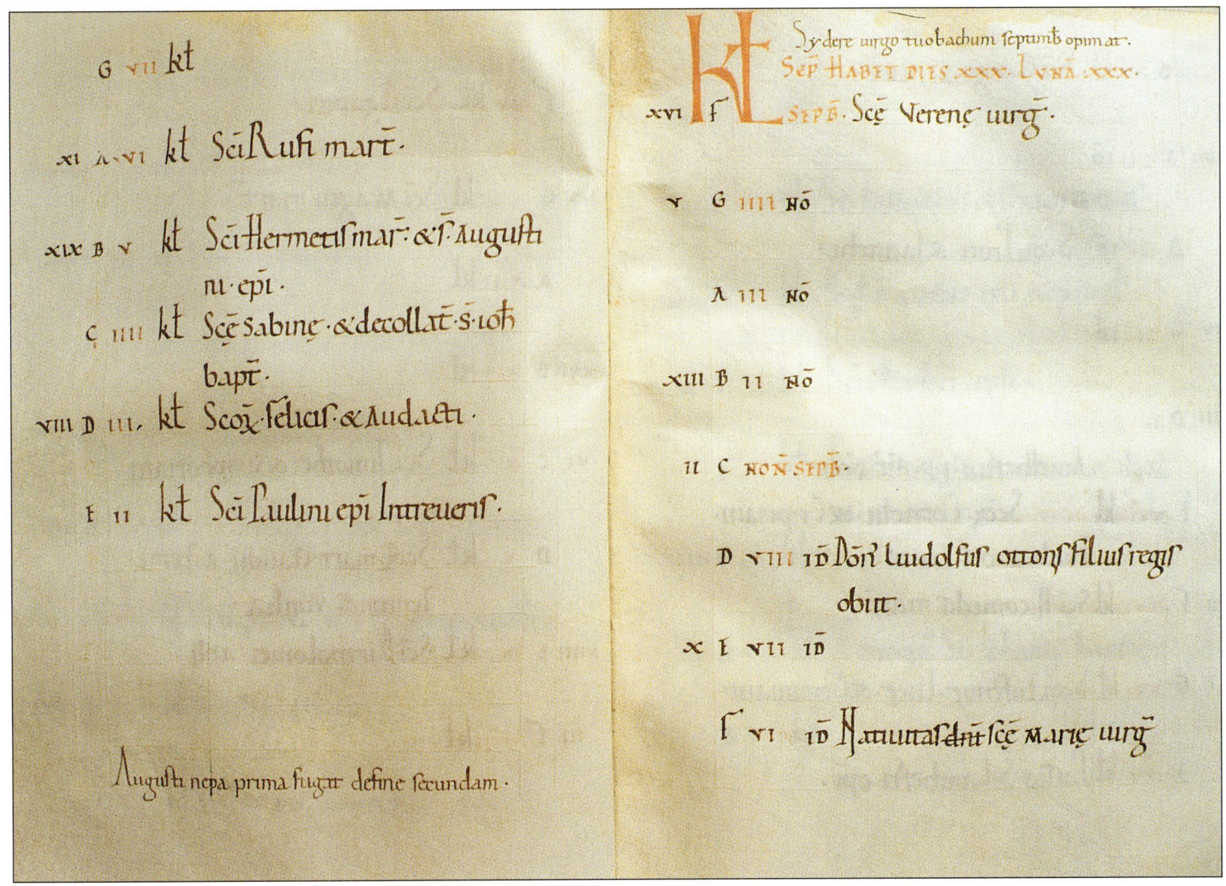

G VII kl

XI A VI kl Sci Rufi mart.

XIX B V kl Sci Hermetis mar. & s. Augusti ni epi.

C IIII kl Sce Sabine & decollat. s. Ioh bapt.

VIII D III kl Scor. Felicis & Audacti.

E II kl Sci Paulini epi Intreueris.

Augusti nepa prima fugat de fine secundam.

Sydere uirgo tuo bachum septembre opimat.
SEP HABET DIES XXX LUNA XXX

XVI F KL SEPB. Sce Verene uirg.

V G IIII NO

A III NO

XIII B II NO

II C NON SEPB.

D VIII ID Dom Liudolfus ottonis filius regis obiit.

X E VII ID

F VI ID Natiuitas dni sce Marie uirg.

Auf dem Textblatt Eintrag des Todesdatum von Liudolf

Sakramentar (10. Jh.),
Mainzer Domschatz

Sur la feuillet inscription de la mort de Liudolf

Sacramentaire (X[e])
Trésor de la cathédrale, Mayence

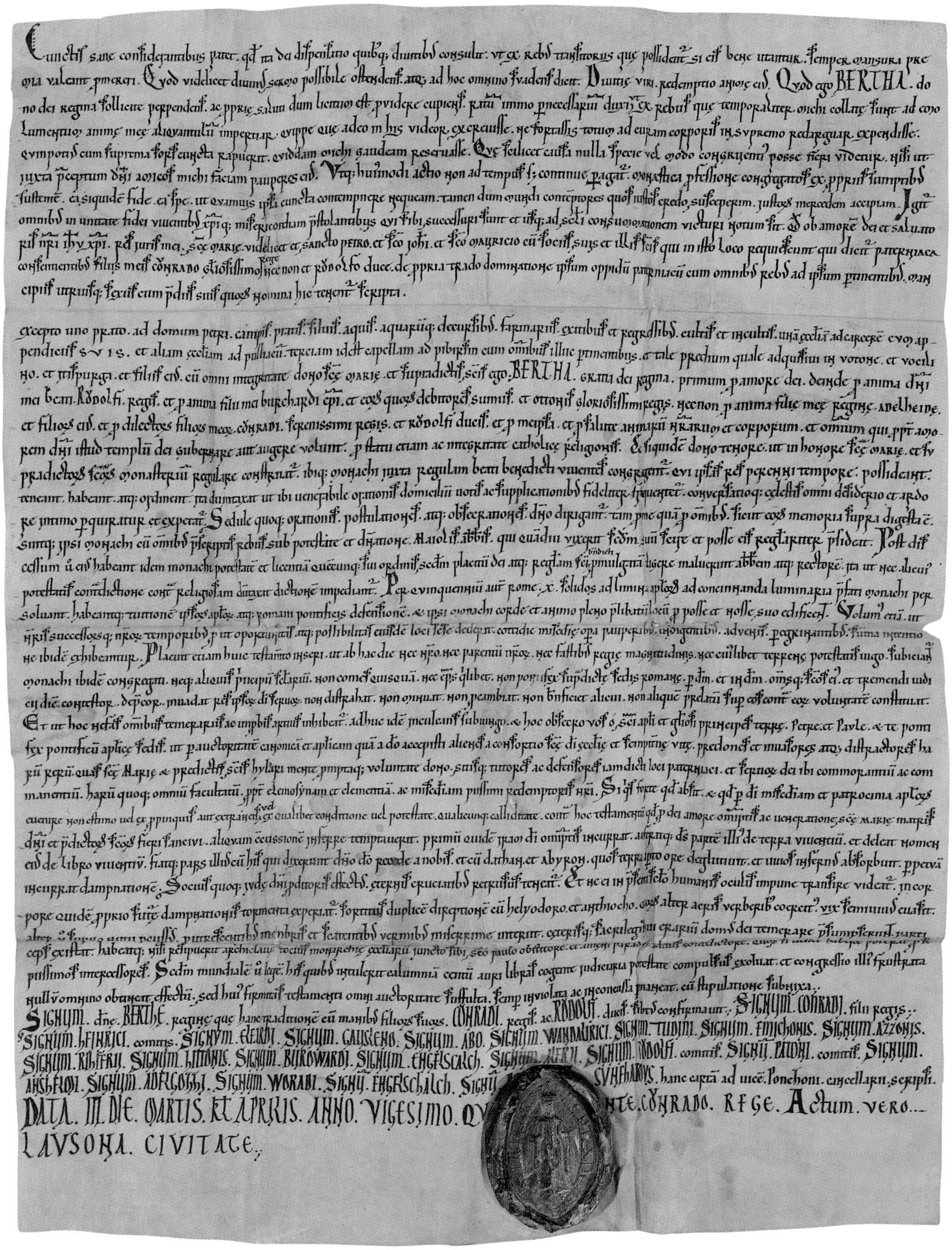

"Testament der Königin Bertha"
961, April 1 (gefälscht, 12. Jh.)

Archives Cantonales Lausanne

"Testament de la reine Berthe"
961, Avril 1 (faux du XIIe siècle)

Archives Cantonales Lausanne

Die Gründung des Klosters Payerne / Peterlingen

Adelheids Mutter, die Königin Bertha, hatte mit ihren beiden königlichen Ehemännern nicht sehr viel Glück. König Rudolf II. ließ sie in Burgund zurück, als er sich in den Kampf um Italien stürzte, und ihm wurde dort eine sehr intensive Beziehung zu der Gattin des Markgrafen von Ivrea nachgesagt. König Hugo von Vienne, der sie 937 in eine zweite Ehe zwang und mit Adelheid nach Pavia brachte, war ein verrufener Lebemann, der den Gerüchten nach einen ganzen Harem von Konkubinen unterhielt. Über Bertha selber erfahren wir aus den Quellen fast gar nichts. Sie scheint keine große politische Rolle gespielt zu haben.

Otto fühlte sich nach der Heirat mit Adelheid verpflichtet, auch für die Schwiegermutter zu sorgen und übertrug ihr 953 die Abtei Erstein südlich von Straßburg. In diesem Zusammenhang wird sie zum letzten Mal erwähnt. Aus Nekrologlisten, die auf den Todestag hinweisen, wissen wir, dass sie an einem 2. Januar gestorben und an einem 8. März beigesetzt worden ist. Das vermutliche und letztmögliche Todesjahr ist 961. Bertha ist wahrscheinlich in Erstein verschieden, aber sie wollte in Burgund und in einer zu ihrem Gedächtnis gestifteten Einrichtung begraben werden. Vielleicht war Payerne ein Teil ihres Witwengutes, das sie dafür bestimmt hatte. Auf jeden Fall fühlten sich ihre Kinder ihren Wünschen verpflichtet und bemühten sich im folgenden Jahr um die Verwirklichung.

Adelheid, seit September 961 wieder in Pavia und im Januar 962 zur Kaiserin gekrönt, stiftete 962 in Payerne ein Kloster, das sie ihrer eigenen Einstellung entsprechend dem Abt Majolus von Cluny unterstellte. Das Kloster wurde von ihr und ihrem Bruder Konrad, dem König von Burgund, reich ausgestattet, damit es eine ausreichende materielle Grundlage hatte. Auch bei späteren Schenkun-

La fondation de l'abbaye Payerne / Peterlingen

La mère d'Adélaïde, la reine Berthe, n'avait pas eu beaucoup de chance avec ses deux époux-rois. Le roi Rodolphe II la laissa en Bourgogne lorsqu'il se lança dans la lutte pour l'Italie, et il aurait eu alors une liaison très intense avec l'épouse du margrave d'Ivrée. Le roi Hugues de Vienne qui poussa Berthe à l'épouser en 937 en secondes noces et qui l'emmena à Pavie avec Adélaïde, était un viveur à la mauvaise réputation et, selon les rumeurs, il entretenait tout un harem de concubines. Les sources ne nous fournissent presque aucune information sur Berthe elle-même. Elle ne semble pas avoir joué de grand rôle politique.

Après son mariage avec Adélaïde, Otton se sentait obligé de prendre également soin de sa belle-mère, et en 953, il lui céda l'abbaye d'Erstein, au sud de Strasbourg. C'est dans ce contexte qu'elle est mentionnée pour la dernière fois. Grâce aux nécrologies qui indiquent la date du décès, nous savons qu'elle est morte un 2 janvier et qu'elle fut inhumée un 8 mars. L'année de sa mort probable et la dernière possible est 961. Berthe est vraisemblablement décédée à Erstein, mais elle voulait être enterrée en Bourgogne et dans l'une des institutions fondées en sa mémoire. Payerne faisait peut-être partie de son douaire qu'elle avait destiné à cet effet. En tout cas, ses enfants se sentirent obligés de respecter ses désirs et ils s'efforcèrent de les réaliser l'année suivante.

Adélaïde, qui était à nouveau à Pavie en septembre 961 et qui fut couronnée impératrice en janvier 962, fonda un monastère à Payerne en 962; conformément à ses propres idées, elle le plaça sous les ordres de l'abbé Maïeul de Cluny. Elle et son frère Conrad, le roi de Bourgogne, dotèrent richement le monastère pour qu'il pût avoir une base matérielle suffisante. Adélaïde n'oublia pas

gen vergaß Adelheid Payerne nicht. 999 reiste sie noch einmal durch das Land ihrer Geburt, und neben Saint Maurice d'Agaune, Orbe und Lausanne besuchte sie auch ausgiebig ihre Gründung Payerne, wie uns ihr Biograph Odilo berichtet, der dort sogar ein Wunder erlebt hat. Denn das Geld, das sie als Almosen verteilte, vermehrte sich wie einst die fünf Brote bei der Speisung der Fünftausend, um alle Bedürftigen zufriedenzustellen.

Zu dieser Zeit hatte sich Payerne zu einer Art Hauskloster der burgundischen Königsfamilie entwickelt. Adelheids 993 gestorbener Bruder Konrad und dessen Frau Mathilde waren hier beigesetzt, und eine große Kirche war gebaut worden, die Vorgängerin der heutigen romanischen Abteikirche, die zu Beginn des 11. Jahrhunderts vermutlich dank der reichen Schenkungen Adelheids bei ihrem letzten Besuch errichtet wurde.

Payerne, San Salvatore in Pavia und Seltz sind also die drei Klosterstiftungen, denen Adelheids ganz besondere Aufmerksamkeit galt. Das wird aus allen zeitgenössischen Quellen deutlich. Aber im Archiv des Kantons Vaud findet sich eine Urkunde der Königin Bertha folgenden Inhalts: *Die Königin Bertha schenkt den Heiligen Maria, Petrus Johannes und Mauritius mit Zustimmung ihrer Söhne, des Königs Konrad und des Herzogs Rudolf, den Ort Peterlingen mit allem Zubehör - eine Wiese in Dompierre ausgenommen -, die Kirchen in Kezers und Pully, die Kapelle in Prévessin und ein anderes, von ihr selbst erworbenes Gut zur Errichtung eines Klosters, das der Leitung des Abtes Majolus von Cluny unterstehen, nach dessen Tod jedoch freie Abtswahl haben, ferner gegen einen Zins in päpstlichem Schutz stehen, aber keiner weltlichen Macht unterworfen und sowohl weltlichen wie geistlichen Gewalten gegenüber vor Eingriffen in den Besitz und vor der Einsetzung eines unerwünschten Prälaten sicher sein soll. Lausanne 961 April 1*

Dieses "Testament der Königin Bertha" wird durch eine Urkunde König Konrads ergänzt: *Konrad bestätigt eine frühere Schenkung der Königsfamilie an die Kirche von Peterlingen und fügt die Zelle Ferenbalm mit anderen Gütern sowie Besitzungen in Curte nebst dem Münz- und Marktrecht hinzu. Lausanne 961 April 8*

Payerne non plus lors de donations ultérieures. En 999, elle fit encore le tour de sa région natale, et en plus de Saint-Maurice-d'Agaune, d'Orbe et de Lausanne, elle rendit aussi une longue visite à sa fondation de Payerne, comme nous le rapporte son biographe Odilon de Cluny qui y a même assisté à un miracle. En effet, l'argent qu'elle distribuait en aumône pour satisfaire tous les nécessiteux, se multiplia, tout comme autrefois les pains lors du miracle de la multiplication des pains.

A cette époque, Payerne était devenu une sorte de monastère familial de la maison royale de Bourgogne. Conrad, le frère d'Adélaïde mort en 993, et sa femme Mathilde y étaient enterrés, et une grande église avait été construite, sur l'emplacement de l'actuelle abbatiale romane, érigée au début du XIe siècle, probablement grâce aux dons généreux qu'Adélaïde fit lors de sa dernière visite.

Payerne, San Salvatore à Pavie et Seltz sont donc les trois fondations de monastères auxquelles Adélaïde prêtait une attention très particulière. Toutes les sources contemporaines nous le confirment. Mais dans les archives du canton de Vaud se trouve un acte de la reine Berthe dont le contenu est le suivant: *Avec l'accord de ses fils, du roi Conrad et du duc Rodolphe, la reine Berthe offre à Ste Marie, à st Pierre, st Jean et st Maurice la localité de Peterlingen avec toutes ses dépendances - à l'exception d'une prairie à Dompierre -, les églises de Kezers et Pully, la chapelle de Prévessin et une autre propriété acquise par elle-même, pour la construction d'un monastère qui sera placé sous les ordres de l'abbé Maïeul de Cluny (mais après la mort de ce dernier, le choix de l'abbé sera libre), qui sera par ailleurs sous la protection du pape contre le paiement d'une redevance, mais qui ne devra pas être soumis à une puissance temporelle et qui devra avoir la garantie qu'aucun pouvoir temporel ou spirituel n'interviendra dans ses biens, ni n'instituera de prélat indésirable. Lausanne 961 Avril 1*

Ce "testament de la reine Berthe" est complété par un acte du roi Conrad: *Conrad confirme une ancienne donation de la famille royale à l'église de Peterlingen, et y ajoute la cellule de Ferenbalm avec d'autres biens et des propriétés à Curte ainsi que le droit de battre monnaie et de tenir marché. Lausanne 961 Avril 8*

Diese Urkunden erzählen also eine ganz andere Gründungsgeschichte als die, die wir aus den übrigen Quellen kennen. Sie wurden deshalb sorgfältig untersucht und sind heute als Fälschungen des 12. Jahrhunderts nachgewiesen. Bei der Anfertigung der sehr kunstvollen Fälschungen lagen aber Originalurkunden wohl noch vor, denn sie ahmen den Stil und die Schrift der Notare des zehnten Jahrhunderts nach, verkehren aber ihren Sinn in das Gegenteil. Adelheid hatte Payerne Cluny unterstellt, aber das Testament der Königin Bertha sollte die freie Abtswahl und die Unabhängigkeit von Anfang an belegen. Ähnlich ist es mit der angeblichen Urkunde König Konrads, die einen zwischen den beiden Klöstern strittigen Besitz eindeutig Payerne zuwies.

Ces actes racontent donc une tout autre histoire de fondation que celle que nous trouvons dans les autres sources. Ils furent donc minutieusement examinés, et il est prouvé aujourd'hui qu'il s'agit bien de faux du XIIe siècle. Mais des actes originaux étaient probablement encore à disposition lors de la réalisation de ces faux exécutés très artistement, car ils imitent le style et l'écriture des notaires du Xe siècle, mais ils inversent le sens du contenu. Adélaïde avait placé Payerne sous les ordres de Cluny, mais le testament de la reine Berthe devait démontrer que le choix libre de l'abbé et l'indépendance existaient depuis le début de la fondation. Il en est de même pour l'acte qui est soi-disant du roi Conrad et qui attribue clairement à Payerne une propriété faisant l'objet d'un litige entre les deux monastères.

Urkunde König Konrads
961, April 8 (gefälscht 12. Jh.)

Archives Cantonales Lausanne

Acte du roi Conrad
961, Avril 8 (faux du XIIe siècle)

Archives Cantonales Lausanne

Warum die gefälschten Urkunden als Stifterin statt Adelheid ihre Mutter Bertha nennen, wissen wir nicht. Möglicherweise gab es damals schon Legenden um die gute Königin Bertha, vielleicht wurden sie dadurch auch erst angeregt. Ihr Ruhm als mächtige, gute und fromme Königin, als eine Art Urmutter des Kantons Vaud hat seither ständig zugenommen, und ihr Grab in Payerne ist zum Kristallisationspunkt ihrer Verehrung geworden. Adelheid, die wirkliche Gründerin und Förderin von Payerne, musste sich in der Legende und im Volksglauben von ihrer Mutter verdrängen lassen.

Nous ne savons pas pourquoi les faux actes désignent Berthe comme fondatrice au lieu d'Adélaïde. Peut-être y avait-il déjà à cette époque des légendes sur la bonne reine Berthe, ou peut-être les faux sont-ils même à l'origine de ces légendes? Sa réputation en tant que reine puissante, bonne et pieuse, en quelque sorte la mère de tout le canton de Vaud, n'a cessé de croître depuis, et sa tombe à Payerne est devenue le lieu qui cristallise sa vénération. Adélaïde, la véritable fondatrice et bienfaitrice de Payerne, a dû céder sa place à sa mère dans la légende et dans la croyance populaire.

Pilaz que anz l'en vol laisar,
nol consentunt fellun judeu.
vida perdonent al ladrun:
'aucid, aucid', crident, 'Jhesum.'
Barrabant perdonent la vide,
Jhesum in alta cruz claufisdrent.
'crucifige, crucifige!'
crident Pilat trestuit ensems.
'Cum aucidrai eu vostre rei?'
zo dis Pilaz, 'forsfaiz non es.
rumprel farai et flagellar,
poisses laisarai l'en annar.'
Ensems crident tuit li fellun,
entro en cel en van las voz;
'si tu laises viure Jhesum,
non es amics l'emperador.'
Pilaz sas mans dunques laved
que de sa mort posches neger;
ensems crident tuit li judeu
'sobre noz sia toz li pechez.'
Pilaz cum audid tals raisons,
ja lor gurpis nostre sennior;

Einer der wenigen erhaltenen zeitgenössischen altfranzösischen Texte ist "La Passion du Christ". Als Beispiel dafür wird die Stelle zitiert, in der Jesus vor Pilatus geführt wird, der zunächst abzulenken versucht und schließlich seine Hände in Unschuld wäscht.

L'un des quelques textes contemporains conservés en ancien français est "La passion du Christ". Citons en exemple le passage où Jésus comparaît devant Pilate, qui essaie tout d'abord de se montrer évasif et qui se lave finalement les mains dans l'innocence.

Extrait de Karl Bartsch, Chrestomathie de l'ancien français. Leipzig 1895 (p. 11)

25

*) INCIPIT . TRANSLATIO . BARBARICA . PSALTERII .
NOTKERI . TERTII .

PSALMUS I.

BEATVS VIR) QVI NON ABIIT** IN CONSILIO IMPIORVM . DER. MA'N . IST . SA"LIG . der in dero argon rât ne gegiêng. So ADA"M téta . dô er déro chénun râtes fólgeta uuider Góte .

Et in uia peccatorum non stetit. Noh an déro súndigon uuége ne stuônt . So er téta . Er chám dar ána . er chám an dén brêiten uueg ter ze héllo gât . unde stuônt tár[1]) ána . uuanda er hangta sinero geluste . Héngendo stuônt er .

Et in cathedra pestilentiæ non sedit .[2]) Noh án demo súhtstuôle ne saz . ih mêino daz er rîcheson ne uuólta . uuánda diû suht stûret sie nâh alle . So sî adâmen teta . do er got uuólta uuerden . Pestis chît latine pecora sternens (fiêo nider slahinde[3]). Sô[4]) pestis sih kebrêitet . sô ist iz pestilentia . id est late peruagata pestis (uuito uuállonde stérbo) .

†) Sed in lege domini uoluntas eius . et in lege eius meditabitur die ac nocte. Nube der ist sâlig . tes uuillo an gótes êo ist . unde der dára ána denchet . tag unde naht .

Et erit tanquam lignum quod plantatum est secus decursus aquarum . Vnde der gediêhet also uuóla . so der bôum . der bîdemo [5]) rinnenten uuazzere gesezzet ist .

Quod fructum suum dabit in tempore suo . Der zîtigo sînen uuûocher gibet . Daz rinnenta uuazzer ist gratia sancti spiritus . gnâda des hêiligen gêistes . Den sî nezzet . ter ist pirig pôum guôtero uuercho .

Et folium eius non ††) defluet . Noh sîn lôub ne rîset . Taz chît . noh sîn uuórt ne uuírt uuéndig .

Et omnia quæcumque faciet prosperabuntur . Vnde frám diêhent állîû . diu der boum bîret unde bringet . ioh fructus (uuuôcher) . ioh folia (pléter) . ih mêino facta (uuerch) et dicta (uuort) .

[1]) dar. Sch.
[2]) stetit. Sch.
[2]) niderslahinde. Sch.
[4]) so. Sch.
[5]) bi demo. Sch.

*) S. I. **) S. 9. †) S. II. ††) S. 10.

Als Beispiel für das Volksgermanische dieser Zeit sollen die in Sankt Gallen aufbewahrten althochdeutschen Erläuterungen Notkers zum ersten Psalm dienen.

Les explications en vieux haut-allemand de Notker sur le premier psaume, conservées à Saint-Gall, illustrent le germanique populaire de cette époque:

Extrait de Heinrich Hattemer, Denkmale des Mittelalters. Sankt Gallens altdeutscher Sprachschatz. 1844 bis 1847. Réimpression Graz 1970. Tome II, p. 25.

HANSJÖRG FROMMER

Adelheids Sprachen

Wir wissen von Adelheid, dass für sie Latein eine selbstverständliche Umgangssprache war, die sie in Wort und Schrift beherrschte, anders als etwa ihr zweiter Ehemann Otto, der erst nach dem Tod seiner ersten Frau Edgitha angefangen hatte, lesen und schreiben zu lernen. Von ihren anderen Sprachkenntnissen wissen wir nichts, weil die Kenntnis der Volkssprachen zwar allgemein vorausgesetzt wurde, aber nicht für erwähnenswert galt. Die Volkssprachen waren entweder vom Latein abgeleitete Sprachen wie das Französische und das Italienische oder germanische wie das Alemannische oder das Langobardische, beide zum Althochdeutschen gehörig, und das zum Niederdeutschen gehörige Sächsische. In den beiden großen Sprachgruppen waren sich die einzelnen Sprachen noch ähnlicher, die Grenzen zwischen ihnen fließender. Es ist sicher anzunehmen, dass Adelheid sowohl volksgermanisch wie volkslateinisch sprach und verstand. Ihre Muttersprache als die Sprache, in der sie ihre Kindheitsjahre verbrachte, war in Burgund wohl eher Französisch, obwohl es dort auch Zeugnisse für den Gebrauch des Volksgermanischen im zehnten Jahrhundert gibt.

Les langues d'Adélaïde

Nous savons que le latin était une langue qui était naturellement familière à Adélaïde, qu'elle le maîtrisait à l'oral et à l'écrit, à la différence de son second époux, Otton, qui n'avait commencé à apprendre à lire et à écrire qu'après la mort de sa première femme Edith. Nous ignorons si Adélaïde savait parler d'autres langues, car la connaissance des langues vernaculaires était en général considérée comme évidente, et on ne voyait pas la nécessité de le mentionner. Les langues vernaculaires étaient soit des langues dérivées du latin comme le français et l'italien, soit les dialectes germaniques comme l'alémanique, le lombard qui appartiennent tous les deux au vieux haut-allemand et le saxon qui appartient au bas-allemand. Dans les deux grands groupes linguistiques, les différentes langues se ressemblaient encore et leurs frontières étaient encore plutôt floues. On peut supposer avec certitude qu'Adélaïde parlait et comprenait aussi bien le germanique populaire que le latin populaire. Sa langue maternelle, c'est-à-dire la langue qu'elle parla dans son enfance, était probablement surtout le français en Bourgogne, bien que l'utilisation du germanique populaire dans cette région au Xe siècle soit aussi attestée.

Die sieben Freien Künste
Einzelblatt, 12. Jahrhundert

The Pierpont Morgan Library
New York. MS M.982, recto

Les sept arts libéraux
Feuille isolée, XIIe siècle

The Pierpont Morgan Library
New York. MS M.982, recto

ELISABETH LOFFL-HAAG

Non scolae sed vitae discimus

Bildungsmöglichkeiten höherer Töchter

Non scolae sed vitae discimus. Nicht für die Schule, sondern für das Leben lernen wir. Diese altüberlieferte Weisheit galt vor allem für die Frauen im Hochmittelalter. Sie mussten nicht nur den Dingen des täglichen Lebens gewachsen sein, sondern in den höheren Ständen auch Fähigkeiten besitzen, die sie aus der Masse ihrer Mitmenschen heraushoben, sie sollten lesen und schreiben können. Außerdem mussten sie sich in Repräsentationsangelegenheiten auskennen und die Stelle ihres Gatten zeitweise übernehmen, können. Der Weg, diese Fähigkeiten zu erwerben war, wie dieser Aufsatz zeigen wird, hart und langwierig. Wenn ich im Folgenden nur einige wenige gebildete Frauen ansatzweise und exemplarisch vorstellen kann, liegt dies vor allem daran, dass sich die Quellen des Hochmittelalters, die Chroniken, nahezu ausschließlich mit Männerschicksalen beschäftigen. Die Geschichtswissenschaften untersuchten bisher deshalb recht wenig diesen äußerst spannenden geschichtlichen Aspekt. Ein weiterer Grund an diesem Desinteresse liegt sicher darin, dass die heute professionell mit Geschichte befassten Personen leider immer noch hauptsächlich Männer sind und nur die wenigsten von ihnen haben Interesse an Frauengeschichte.[1] Nur vereinzelt traten Frauen im Hochmittelalter als Autorinnen in die Öffentlichkeit. Noch mehr als ihre männlichen Kollegen brachten sie dann im Vorwort ihrer Werke zum Ausdruck, dass es ihnen sehr wohl bewusst war, wie vermessen es von ihnen sei, literarisch tätig zu sein und sich gar zu erdreisten, ihr Werk einer Person zum Lesen vorzulegen.[2] Schriftstellerische Tätigkeiten gehörten demnach nicht zu den von Frauen erwarteten Aufgaben.[3]

Ich möchte nun zunächst die Entwicklung der Schulen und den allgemein gültigen Lehrplan er-

Non scolae sed vitae discimus

Formation des filles des familles nobles

Non scolae sed vitae discimus". Ce n'est pas pour l'école, c'est pour la vie que nous nous instruisons. Cette vieille sagesse était surtout valable pour les femmes du haut Moyen Âge. Non seulement elles devaient se montrer à la hauteur sur ce qui touchait la vie quotidienne, mais celles d'entre elles qui appartenaient aux classes supérieures, devaient aussi posséder des aptitudes qui les démarquaient des autres, elles devaient savoir lire et écrire. De plus, elles devaient s'y connaître en matière de représentation et être en mesure d'assumer temporairement les fonctions de leur époux. Comme cette étude va le montrer, l'acquisition de ces aptitudes était dure et longue. Si, ci-après, je ne peux présenter dans les grandes lignes et à titre d'exemple que quelques femmes cultivées, c'est surtout parce que les sources du haut Moyen Âge, les chroniques, se préoccupent presque exclusivement des destinées des hommes. C'est pourquoi, l'histoire n'a que très peu étudié jusqu'ici cet aspect historique très passionnant. Ce manque d'intérêt est sûrement dû aussi au fait que les personnes qui se consacrent aujourd'hui professionnellement à l'histoire, sont malheureusement encore en grande partie des hommes, et très rares sont ceux qui s'intéressent à l'histoire des femmes. Seules quelques femmes se firent connaître comme écrivains pendant le haut Moyen Âge. Encore plus que leurs collègues masculins, elles indiquaient alors dans la préface de leurs oeuvres qu'elles étaient très conscientes qu'il était téméraire de leur part d'exercer une activité littéraire et même d'avoir l'audace de donner leur oeuvre à lire à quelqu'un. Par conséquent, le travail d'écrivain ne faisait pas partie des tâches qu'on attendait des femmes.

Je voudrais tout d'abord expliquer le développement des écoles et le programme général des étu-

läutern, um dann die Bildungsmöglichkeiten für die Mädchen adliger Familien, im Stift, im Kloster und am Hof, darstellen zu können.

des, pour pouvoir ensuite présenter les possibilités de formation qui s'offraient aux filles des familles nobles dans les maisons religieuses, les monastères, les couvents et à la cour.

Entwicklung der Schulen

Die Anfänge der Schulen gründen in der Kirche. Ihre Aufgaben waren die Erforschung und die Auslegung der Heiligen Schrift. Deshalb entstanden innerhalb der Klöster Bildungseinrichtungen, die den Schülern die nötigen Fertigkeiten dazu beibringen konnten. Schule war also zunächst dem Klerus vorbehalten. Bis zum 8. Jahrhundert gab es vor allem Klosterschulen. In diesen inneren Klosterschulen (schola claustri oder schola interior) wurden die Kinder ab ihrem 7. Lebensjahr aufgenommen und unterrichtet. Die Schulzeit der Zöglinge endete mit zwölf bis vierzehn Jahren und die jungen Menschen blieben dem Kloster als Mönche bzw. als Nonnen treu.

Mit der Ausbreitung kirchlicher Einrichtungen bildete sich dann ein weiter verzweigtes Schulwesen heraus. An den Kirchen der Bischöfe wurden Domschulen gegründet, später an den Chorherren- und Damenstiften Stiftsschulen. Zögerlich entstanden an Pfarreien Pfarrschulen, in Städten Lateinschulen und schliesslich Schreib- und Rechenschulen für Kaufleute. Auch die Klosterschulen nahmen nun Laienschüler auf, die dann in der räumlich getrennten äußeren Klosterschule (schola canonica oder schola exterior) dem Unterricht folgen konnten[4].

Karl der Große förderte die Entwicklung des Schulwesens, indem er am Hof und in den Königspfalzen eigene Schulen einrichtete, die aber mindestens im ost- und westfränkischen Reichsteil in den Wirren des 9. Jahrhunderts bald wieder verschwanden.[5]

Développement des écoles

L'église est à l'origine des premières écoles. Leurs tâches étaient l'étude et l'interprétation des Ecritures saintes. C'est pourquoi des établissements d'enseignement qui devaient former les élèves en conséquence, furent créés au sein des monastères et des couvents. L'école était donc tout d'abord réservée au clergé. Jusqu'au VIIIe siècle, il n'y avait que des écoles monastiques. Dans ces écoles monastiques intérieures (scola claustri ou scola interior), on accueillait les enfants à partir de leur 7me année pour les instruire. La scolarité des élèves s'achevait à 12 - 14 ans et les jeunes restaient fidèles au monastère ou au couvent en tant que moines ou religieuses.

L'extension des institutions ecclésiastiques entraîna une plus grande diversification du système éducatif. Des écoles épiscopales furent créées auprès des églises des évêques, plus tard des écoles collégiales auprès des maisons des chanoines et des chanoinesses. Timidement, des écoles paroissiales apparurent dans les paroisses, des collèges dans les villes et finalement des écoles d'apprentissage de l'écriture et du calcul pour les commerçants. Maintenant, les écoles monastiques accueillaient aussi des élèves laïcs, qui pouvaient assister aux cours dans les locaux séparés de l'école monastique extérieure (scola canonica ou scola exterior).

Charlemagne encouragea le développement de l'enseignement en créant à la cour et dans les palais royaux des écoles qui devaient toutefois être amenées à disparaître rapidement (tout au moins dans le royaume franc oriental et occidental) pendant les troubles du IXe siècle.

Lehrplan der Klosterschulen

Wie haben wir uns den Unterricht in einer mittelalterlichen Klosterschule vorzustellen? Gab es verbindliche Lerninhalte, die die jungen Menschen beherrschen mussten?

Programme des études dans les écoles monastiques

A quoi ressemblait l'enseignement dans une école monastique médiévale? Y avait-il des programmes obligatoires que les jeunes élèves devaient maîtriser?

Der Unterricht in einer Klosterschule war in drei Stufen gegliedert. Im etwa dreijährigen Elementarunterricht lernten die Schüler Lesen und Schreiben. Die Kirchentexte waren in lateinischer Sprache überliefert, so dass Latein als Unterrichtssprache üblich war. Die Kinder lernten zunächst die Psalmen zu singen, bevor sie die Wörter schreiben lernten. Die Psalmen und die Hl. Schrift bildeten die Basis für die weitere Ausbildung.[6] Daneben wurde Schönschreiben geübt.

Auf diesen Grundstock, Kenntnisse der lateinischen Sprache, Lesen und Schreiben, baute dann das Studium der sieben freien Künste auf. Sie galten im Mittelalter als Inbegriff aller Bildung. Alkuin, der Freund und Berater Karls des Großen in Erziehungsfragen und Verfasser von Lehrbüchern für alle sieben Künste, sieht den Sinn dieser artes liberales so: “Die göttliche Weisheit wird getragen von den Säulen der sieben freien Künste, und niemand kommt zur vollkommenen Erkenntnis, der nicht auf diese sieben Säulen oder Stufen sich erhebt”[7]. Es handelt sich hier um sieben wissenschaftliche Fächer, unterteilt in das Trivium und das Quadrivium.

In der Mittelstufe studierten die jungen Leute zunächst die Inhalte des Triviums, das die Dialektik, die Rhetorik und die Grammatik umfasste. Zum Erlernen der dialektischen Terminologie und ihrer Anwendung benutzten die Schüler Texte von Boethius, Cassiodor, Alkuin und anderen Autoren. Diese Grundwerke waren im 11. Jahrhundert in fast allen wichtigen Klosterbibliotheken vorhanden, wie wir aus Registern mittelalterlicher Bibliothekskataloge sehen können[8]. Die Dialektik würden wir heute eher Philosophie nennen. Sie wurde auch die Wissenschaft vom Denken genannt. Das Handwerkszeug, um Argumente gefällig und eindrucksvoll vortragen zu können, erlernten die Schüler durch das Studium der Rhetorik. Klassische Autoren wie Vergil und Cicero bzw. christliche lateinische Werke der Kirchenväter wie Augustinus und Gregor der Große bildeten die Grundlage für den Rhetorik-Unterricht. Das dritte Fach des Triviums, die Grammatik, war die Grundlage der Sprachkenntnis überhaupt. Die Grammatik galt als eine Art umfassende sprachlich-literarische Bildung in der lateinischen Kir-

L’enseignement dans une école monastique était réparti en trois cycles. Pendant les études élémentaires d’une durée d’environ trois ans, les élèves apprenaient à lire et à écrire. Les textes de l’Eglise étaient transmis en latin, le latin était donc la langue d’enseignement usuelle. Les enfants apprenaient d’abord à chanter les psaumes, avant d’apprendre à écrire les mots. Les psaumes et les Ecritures saintes constituaient la base pour la formation des prochains cycles. Par ailleurs, les élèves s’entraînaient à la calligraphie.

C’était sur ces éléments fondamentaux: les connaissances en latin, la lecture et l’écriture, que s’appuyait ensuite l’étude des sept arts libéraux. Ils étaient considérés au Moyen Âge comme la culture par excellence. Alcuin, ami et conseiller de Charlemagne pour les problèmes pédagogiques et auteur de manuels pour l’enseignement des sept arts, explique le sens de ces artes liberales en ces termes: "La sagesse divine est portée par les colonnes des sept arts libéraux, et quiconque ne s’élève pas sur ces sept colonnes ou degrés ne peut atteindre la connaissance parfaite." Il s’agit ici de sept disciplines scientifiques, réparties dans le Trivium et le Quadrivium.

Pendant les études secondaires, les jeunes se consacraient d’abord au programme du Trivium qui comprenait la dialectique, la rhétorique et la grammaire. Pour apprendre la terminologie dialectique et son application, les élèves utilisaient des textes de Boèce, de Cassiodore, d’Alcuin et d’autres auteurs. Au XIe siècle, ces oeuvres fondamentales se trouvaient dans presque toutes les grandes bibliothèques des monastères, comme nous pouvons le constater dans le registre des catalogues médiévaux des bibliothèques. De nos jours, nous appellerions la dialectique plutôt philosophie. Elle était aussi nommée la science de la pensée. En étudiant la rhétorique, les élèves apprenaient à maîtriser les instruments nécessaires pour présenter des arguments de façon plaisante et effective. L’enseignement de la rhétorique se basait sur les auteurs classiques comme Virgile et Cicéron ou les oeuvres chrétiennes en latin des Pères de l’Eglise comme saint Augustin et Grégoire le Grand. La troisième matière du Trivium, la grammaire, constituait l’essentiel de l’apprentissage de la langue en soi. La grammaire était considérée comme une

chensprache. Um Texte interpretieren zu können, mussten die Schüler auf die Werke antiker Grammatiker und Lehrbücher großer Klassiker wie Donatus aus dem 4. Jahrhundert oder Priscianus aus dem 6. Jahrhundert zurückgreifen.[9] In der Abbildung führt Nicostrata, die legendäre Erfinderin der Grammatik, einen Schüler in den Turm der Weisheit, in dessen Stockwerken Lehr-buchautoritäten sitzen. Es sind dies u.a. Donatus, Priscian, Cicero, Pythagoras, Euklid, Aristoteles, Ptolemaeus, Seneca und zuoberst der Theologe Petrus Lombardus.[10]

Daran schloss sich das Quadrivium an mit seinen Fächern Arithmetik als Wissenschaft der Zahlen und der Geometrie, die sich mit der Messung von räumlichen Größen beschäftigte. Musik, vor allem deren Theorie, und Astronomie, die Bahnen und Bewegung der Sterne und Planeten diskutiert, rundeten die wissenschaftliche Ausbildung der Klosterschüler ab[11]. Die Oberstufe widmete sich dann dem Studium theologischer Fragestellungen[12].

Diese sieben Künste durchziehen das gesamte höhere Schul- und Bildungswesen des Mittelalters. Im ganzen Abendland finden wir deshalb eine einheitliche Sprache und Systematik sowie einheitliche Unterrichtsformen und Textsammlungen in den über die Elementarstufe hinausgehenden Schulen vor.[13]

Frauenklöster und Damenstifte als kulturelle Zentren

Der Unterschied zwischen einem Kloster und einem Stift bestand hauptsächlich darin, dass ein

Nicostrata führt einen Schüler in den Turm der Weisheit

Nicostrata conduit un élève dans la tour de la sagesse

sorte de formation linguistique et littéraire générale dans le latin de l'Eglise. Pour pouvoir interpréter des textes, les élèves devaient remonter aux oeuvres de grammairiens anciens et aux manuels de grands classiques comme Donatus du IVe siècle ou Priscien du VIe siècle. Sur cette illustration, Nicostrata, qui aurait, soidisant, inventé la grammaire, conduit un élève dans la tour de la sagesse, dont les différents étages sont occupés par des personnages faisant autorité en matière d'enseignement. Il s'agit entre autres de Donatus, Priscien, Cicéron, Pythagore, Euclide, Aristote, Ptolémée, Sénèque, et, siégeant tout en haut, le théologien Pierre Lombard.

Les élèves abordaient ensuite le Quadrivium avec ses quatre matières: l'arithmétique, la science des chiffres et la géométrie qui se consacrait à la mesure des figures de l'espace. La musique, surtout sa théorie, et l'astronomie qui examinait les questions relatives aux étoiles et aux planètes, complétaient la formation scientifique des élèves des monastères. Pendant les études supérieures, les élèves se consacraient ensuite aux problèmes théologiques.

Ces sept arts se retrouvent dans tout l'ensemble de l'enseignement supérieur du Moyen Âge. C'est pourquoi nous trouvons dans tout l'Occident une langue unique et une même systématique, ainsi que des formes d'enseignement et des recueils de textes semblables dans les écoles qui allaient audelà du niveau élémentaire.

Les couvents et maisons religieuses pour femmes en tant que centres culturels

La principale différence entre un couvent et une maison religieuse était qu'une maison religieuse

Stift nicht den Ordensregeln unterworfen war. Allerdings bildete es ebenso wie ein Kloster eine feste geistliche Gemeinschaft. Die Erziehung adliger Töchter fand hauptsächlich in Stiften statt, die von adligen Damen geführt wurden[14]. Stifte boten den Frauen die Möglichkeit, wieder auszutreten und zu heiraten. Dies war vor allem für die politisch tragenden Familien von Interesse. Sie konnten ihre im Stift weilenden und versorgten Töchter verheiraten, wenn eine politisch günstige Verbindung in Aussicht stand. Ein Stift war theoretisch frei von der bischöflichen Einflußnahme und konnte seine Äbtissinnen, seine Vorsteherinnen, selbst wählen. Oft waren die Stifte Schenkungen weltlicher Herrscher, deren Verwandte dann als Äbtissinnen fungierten. So gehörte die Gandersheimer Äbtissin Gerberga zur Familie Ottos I. Sophia, die Schwester Ottos III., wurde mit 24 Jahren Äbtissin desselben Stifts und leitete es von 1002 bis 1039.[15] Die Stifte wurden von den Herrscherhäusern unterstützt, und deshalb konnten die Äbtissinnen aus ihren Klöstern kulturelle Zentren machen, die durch die familiären Bindungen der Vorsteherinnen im politischen Leben eine bedeutende Rolle spielten.[16]

n'était pas soumise aux règles d'un ordre. Mais elle formait, tout comme le couvent, une communauté religieuse bien établie. L'éducation des filles de familles nobles se faisait surtout dans des maisons religieuses, qui étaient dirigées par des dames nobles. Ces maisons religieuses offraient aux femmes la possibilité de quitter à nouveau la communauté et de se marier. C'était surtout intéressant pour les familles importantes du point de vue politique. Les filles séjournaient dans l'institution religieuse, y étaient prises en charge, et les familles pouvaient les marier, dès qu'une constellation politique favorable se présentait. Théoriquement, une maison religieuse ne subissait pas l'influence de l'évêque et elle pouvait nommer elle-même ses abbesses, ses directrices. Souvent les maisons religieuses étaient des donations de souverains temporels dont les parentes exerçaient alors la fonction d'abbesses. Ainsi, Gerberge, l'abbesse de Gandersheim, appartenait à la famille d'Otton Ier; Sophia, la soeur d'Otton III devint abbesse de la même institution à 24 ans et la dirigea de 1002 à 1039. Les maisons religieuses étaient soutenues par les familles au pouvoir, et c'est pourquoi, les abbesses pouvaient faire de leurs institutions des centres culturels qui jouèrent un rôle important dans la vie politique en raison des liens familiaux de leurs directrices.

Als einzige Bildungsstätten traten die Klöster und Stifte als Förderer der Kunst und der Literatur hervor. Später, im 14. Jahrhundert mit dem Aufkommen der Universitäten, dem Verbreitern des Schulsystems und zum Ende des Mittelalters mit der Erfindung des Buchdruckes, hatten immer mehr Laien Zugang zu Büchern und damit zur Bildung. Auf der anderen Seite war den Frauen das Studium an den Universitäten verwehrt. Das Ende des Bildungsmonopols der Kirche bedeutete gleichzeitig für die Frauen das Ende der hohen Bildungsmöglichkeiten.[17]

Etant les seuls établissements d'enseignement, les monastères, couvents et maisons religieuses s'illustrèrent comme promoteurs des arts et des lettres. Ce ne fut que plus tard, au XIVe siècle avec l'apparition des universités, l'élargissement du système scolaire et la découverte de l'imprimerie à la fin du Moyen Âge, que de plus en plus de laïcs eurent accès aux livres, donc à l'éducation. Par ailleurs, les femmes n'avaient pas le droit de faire des études à l'université. La fin du monopole éducatif de l'Eglise signifia aussi, pour les femmes, la fin des grandes possibilités de formation.

Die Klöster waren die Orte, an denen Bücher geschrieben und vor allem abgeschrieben, also vervielfältigt wurden. Auf die Weise kamen sie zu großen Bibliotheken. Die Klosterbewohner, an der Quelle sitzend, hatten Zugang zu diesen Büchern und damit die Gelegenheit, sich mit der Literatur der verschiedenen wissenschaftlichen Fächern zu beschäftigen. Mittelalterliche Biblio-

C'était dans les monastères que les livres étaient écrits et surtout copiés, donc reproduits. Ils disposaient ainsi de grandes bibliothèques. Les habitants du monastère étaient donc bien placés pour avoir accès à ces livres; ils avaient donc la possibilité de se consacrer à la littérature des différentes disciplines scientifiques. Les catalogues médiévaux des bibliothèques nous renseignent sur l'inventai-

thekskataloge geben Aufschluß über den reichen Bestand an Literatur von wichtigen Klosterbibliotheken wie St. Gallen, Reichenau, Einsiedeln etc.[18] Aus dem Kolophon, dem Schlusswort am Ende eines fertig abgeschriebenen Buches, erfahren wir häufig, wie erleichtert der Schreiber war, sein Werk endlich abgeschlossen zu haben. Indem er seinen Namen nannte, versuchte er sich selbst für die Mühe, die dieses Schreiben machte, zu belohnen. Sehr viele der Namen sind weiblich. Dies bedeutet, dass viele Frauen, Nonnen oder Kanonissen, als Schreiber fungierten und deshalb des Schreibens und Lesens kundig gewesen sein mussten[19].

Erziehung am Hofe

Das Leben am Hofe verlangte mehr als nur eine wissenschaftliche Bildung. Neben dem theoretischen Studium nahm die praktische Ausbildung viel Zeit in Anspruch. Zu unterscheiden sind die wenigen Mädchen, die von Anfang an als zukünftige Gemahlin eines Herrschers auf ihre Rolle vorbereitet wurden und die vielen anderen, die sich zunächst in einem Stift auf ein Leben ohne Ehemann einstellten und dann doch noch heirateten. Eine angehende Herrscherin wurde schon recht früh in ihrem Leben mit ihren zukünftigen Aufgaben vertraut gemacht. Nachdem die Eltern die spätere Heirat arrangiert hatten, konnte sich die Prinzessin, bevor sie mit frühestens zwölf Jahren zur Hochzeit an den Hof des Ehemannes kam, gründlich mit den Pflichten, die sie dort erwarteten, auseinandersetzen. Zunächst mussten alle Kinder, ob Mädchen oder Knabe war nicht von Bedeutung, lesen und schreiben lernen.[20] Sofern die Kinder nicht in einem Kloster oder Stift in den wissenschaftlichen Fächern unterrichtet wurden, übernahm der Hauskaplan oder ein eigens eingestellter Hauslehrer diese Studieninhalte.[21] Daneben mussten die Knaben die kriegerischen Disziplinen üben. Die Mädchen ihrerseits wurden von den Frauen in den weiblichen Hausarbeiten, wie spinnen, Weben und Nähen, unterwiesen. Aus der Lebensbeschreibung der Kaiserin Kunigunde († 1033) wissen wir, dass sie in Grammatik und anderen Wissenschaften genau so geübt war wie in der Fertigkeit, kirchliche Gewänder mit Gold und Edelsteinen zu verzieren.[22] Weibliche Hausarbeiten hatten einen ebenso hohen Stellenwert wie die wissenschaftliche Bildung.

re riche de certaines grandes bibliothèques de monastères comme St-Gallen, Reichenau, Einsiedeln, etc. Par le “colophon”, la note finale d’un livre copié, nous apprenons souvent combien le copiste était soulagé d’avoir enfin terminé son oeuvre. En indiquant son nom, il essayait de se récompenser lui-même de la peine que lui avait coûtée la copie du livre. Un très grand nombre de ces noms sont des noms de femmes. Ceci signifie que de nombreuses femmes, religieuses ou chanoinesses exerçaient les fonctions de copistes et qu’elles savaient donc lire et écrire.

Education à la cour

La vie à la cour nécessitait davantage qu’une simple formation scientifique. Outre les études théoriques, l’instruction pratique prenait beaucoup de temps. Il faut distinguer d’une part les quelques filles que l’on préparait dès le début à leur rôle de future épouse d’un souverain, et d’autre part toutes les autres qui s’attendaient d’abord à une vie sans époux dans une maison religieuse et qui se mariaient pourtant par la suite. Une future souveraine était familiarisée dès son plus jeune âge avec les tâches à venir. Quand ses parents avaient arrangé son futur mariage, la princesse pouvait se préoccuper sérieusement des devoirs qui l’attendaient, avant d’arriver, âgée d’au moins 12 ans, à la cour de son époux pour le mariage. Tout d’abord, tous les enfants, qu’ils soient filles ou garçons, devaient apprendre à lire et à écrire. Si les enfants ne recevaient pas l’enseignement des disciplines scientifiques dans un monastère, un couvent ou une maison religieuse, c’était le chapelain de la famille ou un précepteur privé, engagé spécialement à cet effet, qui se chargeait de leur donner ces connaissances. Par ailleurs, les garçons devaient s’entraîner aux disciplines de combat. Les filles, quant à elles, étaient initiées par les femmes aux travaux domestiques féminins, tels que le filage, le tissage et la couture. La biographie de l’impératrice Cunégonde († 1033) nous apprend qu’elle était autant experte en grammaire et dans les autres sciences que dans l’art de parer d’or et de pierres précieuses des habits d’église. Les travaux domestiques féminins avaient autant d’importance que la formation scientifique.

Zu den Pflichten der Hausfrau gehörte weiterhin die Pflege und Versorgung der Kranken und Verletzten. Ihr oblag die Herstellung der Arzneimittel, so dass sie sich in der Heilkunde bestens auskennen musste[23]. Berühmt geworden für ihr Wissen in diesem Bereich ist Hildegard von Bingen. Einen breiten Raum der lebenspraktischen Ausbildung nahm die Tugendlehre ein, in der die Mädchen feines Betragen lernten. Sie durften nur kleine Schritte machen, die Arme nicht zu lebhaft bewegen, ihr Blick musste gesenkt sein und sie durfte sich nicht umschauen. Stets hatten sie in einen Mantel gehüllt zu sein, sie sollten still einherschreiten und ihre Kleider raffen, um sie vor Schmutz zu bewahren. Beim Sitzen durften sie die Beine nicht übereinanderschlagen.[24]

Als angehende Ehefrau eines Herrschers musste das Mädchen aber noch ein weiteres wichtiges Kriterium erfüllen: die Ideologie des Hofes musste ihr absolut vertraut sein, um sie zu verstehen und bei offiziellen Anlässen und diplomatischen Verbindungen nach außen repräsentieren zu können. Dazu gehörte auch, dass sie die Zeremonien genauestens kannte, die am Hofe stattfanden. Dabei war es später als Hausfrau nicht nur ihre Aufgabe, ihren Platz perfekt auszufüllen, sondern auch noch genau darüber Bescheid zu wissen, wie die Positionen der übrigen Mitglieder des Hofes zu besetzen waren. Ohne Herrscherin war es schlicht unmöglich, eine Festivität durchzuführen.[25] Dieser Ausbildungsteil kostete die Mädchen sehr viel Zeit. Die Zeremonien konnten mehrere Tage dauern und die Schülerinnen lernten den Zeremonieablauf, indem sie daran teilnahmen. Um die Regeln und Rituale auch wirklich sicher beherrschen zu können, reichte jedoch die einmalige Teilnahme an derlei offiziellen Anlässen nicht aus. Die angehenden Herrscherinnen waren vielmehr bei jedem Staatsempfang dabei. Deshalb konnten sie sich kaum mehr als die Grundregeln in Literatur, Lesen und Schreiben, der anderen Seite ihres Unterrichtes, aneignen.[26]

Den Frauen am Hofe wurde einiges Wissen und Können abverlangt, das sie nur durch eine breite, gewissenhafte Ausbildung bewältigen konnten. Als Kaiserin, als Gemahlin eines Herrschers musste sie nicht nur für den großen Haushalt sorgen und diesen leiten und überwachen können, son-

La maîtresse de maison devait aussi soigner les malades et les blessés. Il lui incombait de fabriquer les médicaments, elle devait donc avoir de très bonnes connaissances médicales. Hildegarde de Bingen est devenue célèbre pour son savoir dans ce domaine. Une grande partie de la formation en vie pratique était consacrée à l'enseignement de la vertu où les jeunes filles apprenaient les bonnes manières. Elles devaient se déplacer en ne faisant que de petits pas, ne pas bouger les bras trop vivement, elles devaient avoir les yeux baissés et ne pas se retourner. Elles devaient toujours s'envelopper dans un manteau, marcher sans faire de bruit et relever leurs habits pour ne pas les salir. Quand elles étaient assises, elles ne devaient pas croiser les jambes.

Mais, en tant que future épouse d'un souverain, la jeune fille devait encore remplir un autre critère important: elle devait absolument bien connaître l'idéologie de la cour pour pouvoir la comprendre et être en mesure de s'acquitter des fonctions de représentation lors d'événements officiels et de réunions diplomatiques. Il fallait aussi qu'elle connaisse très exactement les cérémonies qui se déroulaient à la cour. En tant que future maîtresse de maison, elle devait non seulement tenir parfaitement sa place, mais aussi savoir exactement répartir les rôles des autres membres de la cour. Sans la souveraine, il était tout simplement impossible de réaliser une festivité. Cet aspect de leur formation prenait beaucoup de temps aux jeunes filles. Les cérémonies pouvaient durer plusieurs jours et les élèves apprenaient le déroulement de ces cérémonies en y participant. Mais pour pouvoir vraiment maîtriser de façon sûre les règles et les rites, une seule participation à de tels événements officiels ne suffisait pas. Et les futures souveraines assistaient à chaque réception solennelle. Ainsi, elles ne pouvaient pas approfondir l'autre partie de l'enseignement, c'est-à-dire qu'elles n'assimilaient guère plus que les règles de base de la littérature, de la lecture et de l'écriture.

On demandait aux femmes de la cour bien des connaissances et des aptitudes qu'elles ne pouvaient maîtriser que grâce à une formation générale sérieuse. Une impératrice, l'épouse d'un souverain devait non seulement pouvoir s'occuper de toutes les affaires domestiques, les diriger et les

Hrotsvit übergibt Kaiser Otto ihr Werk.
Holzschnitt von Albrecht Dürer für die Ausgabe der Werke Horsvits von Konrad Celtis, Nürnberg 1501

Germanisches Nationalmuseum Nürnberg

Roswitha donne son livre à Otton.
Gravure en bois d'Albrecht Dürer pour l'édition des Oeuvres de Roswitha par Conrad Celtis, Nuremberg 1501

Germanisches Nationalmuseum, Nuremberg

dern auch in der Lage sein, die Kranken und Pflegebedürftigen zu versorgen und in Abwesenheit ihres Mannes die Regierungsgeschäfte zu übernehmen.

Mädchenbildung am Beispiel der Hrotsvit von Gandersheim

Von Kaiserin Adelheid wissen wir nur, dass sie sehr gebildet war und mit dem Abt von Cluny tiefgreifende theologische Diskussionen führte. Wir haben aber keinen Anhaltspunkt dafür, auf welchem Weg sie diese Bildung erworben hat.

Betrachten wir deshalb stellvertretend eine ihrer Zeitgenossinnen, die Dichterin und Historikerin Hrotsvit von Gandersheim. Sie lebte im 10. Jahrhundert als Kanonisse im Gandersheimer Stift und schrieb hier ihre Werke, von der nur eine Handschrift vollständig erhalten ist. Ihr Werk, das erst 1493 von einem Regensburger Geistlichen entdeckt wurde, umfaßt sechs Dramen, zwei Epen, acht Legenden und eine Geschichtschronik über die Taten Ottos I. Hrotsvit kam vermutlich mit sieben Jahren in das Stift und wurde dort erzogen. Dort wurde sie von Gerberga, einer Nichte Kaiser Ottos I, unterstützt und gefördert. Gerberga war zwar jünger als Hrotsvit, dennoch schien sie sehr gebildet gewesen zu sein. Man vermutet von ihr, dass sie sogar die griechische Sprache beherrschte[27], weil eine auf sie ausgestellte Urkunde ihren Namen in griechischen Buchstaben wiedergibt. Die Beherrschung des Griechischen im mittelalterlichen Abendland ist äußerst erstaunlich und zeugt im lateinischsprachigen Umfeld von einem hohen Bildungsgrad. Gandersheim, das als Pflegestätte der Wissenschaft Berühmtheit genoss, war nicht ohne Grund ein Studienzentrum[28]. Während des 10. Jahrhunderts gab es dort eine hohe Frauenkultur, wie wir an den Schriften Hrotsvits unschwer erkennen können.[29] Hrotsvit selbst widmete sich mit 25 Jahren anspruchsvollen literarischen Tätigkeiten, denen sie nur nachgehen konnte, weil sie über eine in vielen Jahren erworbene systematische Ausbildung verfügte. Sie hatte in der Stiftsschule von Gandersheim Zugang zu alten Schriften verschiedener Autoren, zu deren Lektüre sie fundierte Kenntnisse in der lateinischen Sprache benötigte. In ihren Werken stoßen

surveiller, mais aussi être en mesure de soigner les malades et les impotents et d'assumer les fonctions du gouvernement en l'absence de son mari.

Formation des filles d'après l'exemple de Roswitha de Gandersheim

En ce qui concerne l'impératrice Adélaïde, nous savons seulement qu'elle était très cultivée et qu'elle avait de profondes discussions théologiques avec l'abbé de Cluny. Mais nous n'avons aucun indice sur la manière dont elle avait acquis cette formation.

C'est pourquoi nous examinons à titre d'exemple le cas de l'une de ses contemporaines, la poétesse et historienne Roswitha de Gandersheim. Elle vivait au Xe siècle comme chanoinesse dans la maison religieuse de Gandersheim et elle y écrivit ses oeuvres dont seul un manuscrit a été complètement conservé. Son oeuvre qui ne fut découverte qu'en 1493 par un ecclésiastique de Ratisbonne, comprend 6 drames, 2 épopées, 8 légendes et une chronique historique sur les exploits d'Otton Ier. Roswitha entra probablement à 7 ans dans cette institution religieuse où elle fut instruite. Elle y fut soutenue et encouragée par Gerberge, une nièce de l'empereur Otton Ier. Gerberge était certes plus jeune que Roswitha, mais il semble qu'elle ait été très cultivée. On suppose qu'elle maîtrisait même le grec, car sur un acte lui étant adressé, son nom figure en grec. La maîtrise de la langue grecque dans l'Occident médiéval est très étonnante et révèle un très haut niveau d'instruction dans un milieu qui parlait le latin. Gandersheim qui fut célèbre pour la promotion des sciences, n'était pas sans raison un centre d'études. Pendant le Xe siècle, une culture féminine de haut niveau y florissait, comme nous pouvons facilement le constater d'après les oeuvres de Roswitha. Pour sa part, Roswitha s'adonna à 25 ans à des travaux littéraires de grande qualité qu'elle ne pouvait réaliser que parce qu'elle disposait d'une formation systématique acquise sur de nombreuses années. A l'école de la maison religieuse de Gandersheim, elle avait accès à des textes anciens de différents auteurs dont la lecture nécessitait des connaissances approfondies de la langue latine. Dans ses oeuvres, nous retrouvons souvent sa formation scientifique

wir immer wieder auf ihre wissenschaftliche Bildung in den sieben Künsten. So läßt sie im Drama Pafnutius ein Streitgespräch zwischen einem Lehrer und seinem Schüler stattfinden. Darin werden dialektische Problemstellungen, Fragen der Musik und Philosophie wie das Verhältnis von Mikrokosmos und Makrokosmos, von Gott und den Menschen, Körper und Seele, diskutiert. In Saphienta, einem weiteren Drama der Hrotsvit, antwortet die Mutter Saphienta auf die Frage nach dem Alter ihrer drei Töchter mit mathematischen Zahlenrätseln. Diese sind mit einer Leichtigkeit vorgetragen, wie sie nur von jemandem mit hoher mathematischer Bildung stammen können. Ihre historische Bildung stellte Hrotsvit in dem Gedicht von den Taten Kaiser Ottos I. und in ihren hagiographischen Epen unter Beweis[30].

Fazit

Die Frauen am Hofe mussten ein umfassendes Wissen und zahllose Fertigkeiten besitzen, die sie nur durch eine breite, gewissenhafte Ausbildung erwerben konnten. Als Fundament dazu dienten die Grundlagen aller Bildung im Mittelalter, die sieben Künste. Bildlich werden diese häufig von Frauengestalten symbolisiert[31]. Hrotsvit von Gandersheim vergleicht im Theophilus, einer ihrer Legenden, die sieben freien Künste mit strömenden Bächen, die den angeborenen Verstand aus den sieben Quellen der Weisheit bewässerten[32]. Die Frauen in den Klöstern und Stiften hatten zum einen den Zugang, zum anderen die Zeit, Bücher zu lesen und zu studieren. Oft war es so, dass die adligen Damen sogar besser gebildet waren als ihre Ehemänner, mussten diese doch grundsätzlich auch in kriegerischen Disziplinen, im Jagen und im Kämpfen geschult werden, während die Mädchen in den Stiften nicht von vorneherein auf ein Leben als Hausfrau vorbereitet wurden. Notfalls konnten sie diesen Teil der Ausbildung eben rasch nachholen, wie das Beispiel von Theophanu zeigt, die zwei Jahre Zeit hatte, sich auf das Leben als Kaiserin einzustellen[33]. In Abwesenheit der Kaiser und Könige übernahmen die Ehefrauen oft die Führung der Geschäfte oder wie Theophanu und Adelheid, die Regentschaft für den minderjährigen König[34]. Dies konnten sie aber nur mit einem Bildungsstand bewältigen, der dem der Männer entsprach.

dans les sept arts. Ainsi, dans Pafnutius, elle présente un débat entre un maître et son élève, au cours duquel sont discutés des problèmes de dialectique, des questions sur la musique et la philosophie, ainsi que la relation entre le microcosme et le macrocosme, entre Dieu et les hommes, entre l'âme et le corps. Dans Sapienta, un autre drame de Roswitha, la mère Sapienta à qui on demande l'âge de ses trois filles, répond en faisant des jeux mathématiques sur les chiffres. Ceux-ci sont présentés avec aisance, comme seul quelqu'un ayant un haut niveau en mathématiques est capable de le faire. Roswitha fit la preuve de son instruction historique dans les chroniques relatant les exploits de l'empereur Otton Ier et dans ses épopées historiques.

Conclusion

A la cour, les femmes devaient avoir des connaissances approfondies et de nombreuses aptitudes qu'elles ne pouvaient acquérir que grâce à une formation générale sérieuse. Celle-ci s'appuyait sur les bases de toute culture au Moyen Âge, à savoir sur les sept arts qui sont souvent représentés symboliquement par des femmes. Dans Theophilus, l'une de ses légendes, Roswitha de Gandersheim compare les sept arts libéraux à des rivières dont les flots apportent à l'intelligence innée l'eau des sept sources de la sagesse. Dans les monastères, les couvents et les maisons religieuses, les femmes avaient non seulement accès aux livres, mais aussi le temps nécessaire pour les lire et les étudier. Souvent même, les dames de la noblesse étaient plus cultivées que leurs époux, car ceux-ci devaient, par principe, être aussi initiés aux disciplines guerrières, à la chasse et aux combats, alors que les jeunes filles des maisons religieuses n'étaient pas a priori préparées à une vie de maîtresse de maison. Elles devaient, au besoin, rattraper rapidement cette partie de l'éducation, comme le montre l'exemple de Théophano qui eut deux années pour se préparer à sa vie d'impératrice. Pendant l'absence des empereurs et des rois, leurs épouses assumaient la gestion des affaires ou, comme Théophano et Adélaïde, la régence pour le roi encore mineur. Et elles ne pouvaient y parvenir que si leur niveau d'instruction correspondait à celui des hommes.

1. Cf.: Van Winter 1995 p. 86.
2. Cf.: Hrotsvit 1966 p. 39; Rivera Garretas 1997 p. 17.
3. Cf.: Loffl-Haag 1991 p. 86.
4. Cf.: Reble 1995 p. 59-60.
5. Cf.: Reble 1995 p. 60.
6. Cf.: Schiffler/Winkeler 1998 p. 33; Pernoud 1991 p. 58-60.
7. Cf.: Reble 1995 p. 61.
8. Cf.: Hartmann 1997 p. 77.
9. Cf.: Hartmann 1997 p. 77-78; Schiffler/Winkeler 1998 p. 21.
10. Cf.: Müller 1990 p. 19 Fig. 7.
11. Cf.: Schiffler/Winkeler1998 p. 22.
12. Cf.: Reble 1995 p. 61.
13. Cf.: Reble 1995 p. 58.
14. Cf.: Van Winter 1995 p. 90.
15. Cf.: Heiratsurkunde 1972 p. 9.
16. Cf.: Nagel 1966 p. 8; Pernoud 1991 p. 36-37.
17. Cf.: Ennen 1988 p. 75.
18. Cf.: Hartmann 1997 p. 77.
19. Cf.: Pernoud 1991 p. 54-55.
20. Cf.: Schultz 1880 p. 149-150.
21. Cf.: Bumke 1986 p. 471.
22. Cf.: Bumke 1986 p. 473.
23. Cf.: Schultz 1880 p. 157-159.
24. Cf.: Schultz 1880 p. 155-156; Bumke 1986 p. 481.
25. Cf.: Herrin 1995 p. 73.
26. Cf.: Herrin 1995 p. 78.
27. Cf.: Heiratsurkunde. 1972 p. 19.
28. Cf.: Nagel 1966 p. 6-8; Van Winter 1995 p. 97; Ennen 1988 p. 67-68.
29. Cf.: Heiratsurkunde 1972 p. 16.
30. Cf.: Hrotsvit 1966 p. 228-230, 260-261, 289.; cf.: Van Winter 1995 p. 97-98.
31. Cf.: Müller 1990 p. 20 Fig. 8; cf.: Schiffler/Winkeler 1998 p. 18-19; cf.: Heiratsurkunde 1972 Abb. Nr. 71.
32. Cf.: Hrotsvit 1966 p. 99.
33. Cf.: Herrin 1995 p. 82.
34. Cf.: Herrin 1995 p. 77.

OTTONVM.

D eniqꝫ defuncto quem predixi lothario.
P ars quædam plebis: fuerat que retro rebellis:
M enteqꝫ peruerſa propriis dominis inimica:
R eſtituit berengarii regnum ditioni.
Q uod patre defuncto raptum violẽter ab illo.
O lim per regis manus deuenit hugonis.
O ptato certe qui ſublimatus honore:
D etegit inuidiæ quicquid ſub pectore triſti
G eſſit. dum regni defleuit damna paterni.
F elleqꝫ (plus iuſto) cordis ſuccenſus amaro.
F udit in inſontẽ concretum quippe furorem.
I niuſtam vim reginæ faciens athelheithæ.
Q uæ regnans: illi damnũ nõ fecerat vllum.
N ec ſolum celſæ ſolium ſibi proripit aulæ:
S ed ſimul erarii clauſtris eius reſeratis:
O mne quod inuenit dextra tollebat auara.
A urum cum gẽmis: varii generis quoqꝫ gazis:
N ecnõ regalis ſertum prenobile frontis.
O rnatus nec particulã dimiſerat vllam.
N ec timuit propriis illam ſpoliare miniſtris:
O bſequiis quoqꝫ perſonis regalibus aptis.
R egaliqꝫ potentatu: miſerabile dictu.
P oſtremo quoqꝫ pergendi: pariterqꝫ meandi:
Q uo vellet libertetẽ male denegat omnem:
S olam cũ ſola cõmittens namqꝫ puella
S eruandã: cuidam comiti ſua iuſſa ſequenti.
Q ui iuſſis captus regis nõ iuſta iubentis:
N on metuit propriã culpæ ſine crimine domnã
C lauſam carcereis clauſtris ſeruare cubili.
C ircum diffuſis cuſtodum deniqꝫ turmis.
V t mos perſonas eſt ſeruari ſceleroſas.
S ed qui de vinclis petrũ tollebat herodis:
H anc quando voluit miti pietate redemit:

Quomodo in carcere fuit liberata per epiſcopum Adelhardum.

Erte dum variis animo foret anxia curis:
c Nullaqꝫ ſpes ſibimet certi ſolaminis eſſet:
Preſul Adelhardus factũ deflẽs miſerãdũ:
V ixqꝫ ſuæ damnũ charæ paciens graue domnæ:
I lli tranſmiſit miſſum mox namqꝫ ſecretum.
V tqꝫ fugam caperet monitis ſuaſit ſtudioſis:
A c peteret muris vrbem ſtructã bene firmis.
Q uæ caput ipſi us conſtabat pontificatus.
H ic loca preſidii mandans tutiſſima certi:

k iiii

Textseite aus Res Gestae Ottonis mit der ersten Erwähnung Adelheids. Aus der Ausgabe Konrad Celtis, Nürnberg 1501

Page tirée des Res Gestae Ottonis avec la première mention d'Adélaïde. Ed. Konrad Celtis, Nuremberg 1501

Otto I., Adelheid und Otto II., Mailand 962
(oder Otto II., Theophanu und Otto III., Mailand 983)

Milan, Civiche Raccolte D'Arte Applicata,
Castello Sforcesco, Inv Nr. A.15

Otton Ier, Adélaïde et Otton II, Milan 962
(ou Otton II, Théophano et Otton III, Milan 983)

Milan, Civiche Raccolte D'Arte Applicata,
Castello Sforcesco, Inv Nr. A.15

Ottonische Renaissance und kaiserliche Repräsentation

Karl der Große hatte mit seinem fränkisch-römisch-christlichen Kaisertum eine Europa umspannende politische Neuordnung angefangen, aber sein Enkel Lothar I. konnte dieses Erbe nicht weiterführen, und die folgenden Kaiser sind uns kaum bekannt, hatten auf jeden Fall keine überregionale Bedeutung. Doch der Traum vom Kaisertum blieb in den karolingischen Teilstaaten lebendig. Als der ostfränkische König Otto seine Macht gefestigt hatte und 951 in Italien eingriff, ging es ihm auch um die Nachfolge Karls des Großen und die Wiederaufrichtung des Kaisertums.

Ottos Heirat mit Adelheid symbolisiert sinnfällig das Zusammenführen verschiedener Traditionen. Otto steht für Macht und Durchsetzungsvermögen, aber auch für das germanisch-fränkische Erbe. Adelheid ist zugleich Romanin, Königinwitwe aus Italien, aber auch die Verkörperung des lateinisch-christlichen Geistes. Allerdings darf man das nicht als einen sehr grundsätzlichen oder gar nationalistisch-rassistischen Gegensatz verstehen, denn beide Traditionen waren schon lange ineinander verwoben. Adelheids Mutter war aus Schwaben, ihr Vater Welfe, das Königreich Italien langobardischen Ursprungs, und schon das Nebeneinander germanischer, lateinischer und christlicher Namen zeigt uns die weitgehende Vermischung. Die Zusammenführung ist die Wiederaufnahme des Programms Karls des Großen.

Zwischen 955 und 961 in Deutschland trat Adelheid ganz zurück, aber als Otto seine Italien- und Kaiserpläne wieder aufnahm, wurde Adelheid zur wichtigen Beraterin und zur Vertreterin der lateinischen Welt im kaiserlichen Rat. Von wem der Vorschlag kam, nicht nur Otto zum Kaiser zu krönen, sondern in einer eigenen Zeremonie auch Adelheid zur Kaisern, ist nicht mehr festzustellen, aber damit wurde auf jeden Fall geschickt das Zu-

Renaissance ottonienne et représentation de l'Empire

Avec son Empire chrétien franco-romain, Charlemagne avait créé un nouvel ordre politique qui englobait toute l'Europe, mais son petit-fils Lothaire Ier ne parvint pas à poursuivre cet héritage, et les empereurs qui suivirent ne sont guère connus; en tout cas, leur importance ne dépassa pas le niveau de leur région. Toutefois, le rêve de l'Empire resta vivant dans les différents Etats carolingiens. Lorsque le roi de Francie orientale Otton Ier eut affermi son pouvoir et intervint en Italie en 951, son objectif était aussi de suivre l'exemple de Charlemagne et de restaurer l'Empire.

Le mariage d'Otton avec Adélaïde symbolise de façon évidente la fusion de différentes traditions. Otton représente la puissance et l'autorité, mais aussi l'héritage germano-franc. Adélaïde est romane, veuve du roi d'Italie, mais elle incarne aussi l'esprit latino-chrétien. Cependant, il ne faut pas y voir une divergence très fondamentale, ni même un contraste national de races, car ces deux traditions étaient depuis longtemps étroitement liées. La mère d'Adélaïde venait de Souabe, son père était Welf, le royaume d'Italie était d'origine lombarde, et la coexistence de noms germaniques, latins et chrétiens nous montre bien la profondeur de ce brassage d'influences. La fusion de ces différentes traditions signifie la reprise du programme de Charlemagne.

Entre 955 et 961, Adélaïde s'effaça complètement dans le royaume de Germanie, mais lorsqu'Otton s'adonna à nouveau à ses plans concernant l'Italie et l'Empire, elle devint une conseillère importante et la représentante du monde latin dans le conseil impérial. Nous ne pouvons plus établir maintenant qui suggéra de ne pas couronner seulement Otton empereur, mais de couronner aussi Adélaïde impératrice dans une cérémonie spéciale; en

sammenwachsen der beiden verschiedenen Teile zu etwas Neuem, Großen augenfällig gemacht. Dieser Geist sollte das ganze Reich durchdringen, und dazu brauchte es mehr als die Krönungszeremonie. Wir haben schon gesehen, wie Otto in Magdeburg sein Kaisertum mit Dom und Palast baulich darstellte und dazu Bauelemente als Zeugnisse der romanisch-lateinischen Tradition über die Alpen bringen ließ. Auch an anderen Orten wurde in großem Stil gebaut, an Kirchen, Klöstern und Pfalzen. Allerdings ist von dieser ottonischen Renaissance nicht viel erhalten, das meiste wurde in den folgenden Jahrhunderten überbaut und verändert und uns bleiben nur die versteckten Spuren, welche die Archäologie sichtbar machen kann, in Magdeburg wie in Payerne.

tout cas, la fusion des deux univers différents pour former quelque chose de nouveau et de grand fut ainsi mise adroitement en évidence. Cet état d'esprit devait pénétrer tout l'Empire, mais pour y parvenir, une cérémonie de couronnement ne suffisait pas à elle seule. Nous avons déjà vu qu'Otton représentait architecturalement son Empire à Magdebourg, et qu'à cet effet, il avait fait venir par les Alpes des éléments de construction en témoignage de la tradition romano-latine. Des édifices furent aussi réalisés en grand style à d'autres endroits, des églises, des monastères et des palais. Toutefois, peu de traces de cette renaissance ottonienne ont été conservées; la plupart de ces constructions furent modifiées au cours des siècles suivants, et il ne nous reste plus que les vestiges cachés que l'archéologie peut mettre à jour, à Magdebourg comme à Payerne.

Aber die kaiserliche Macht trat nicht nur in Bauten und Zeremonien in Erscheinung. Kaiser und Kaiserin mussten den neuen Geist repräsentieren und sich entsprechend stattlich und glänzend zeigen, persönlich, in ihrer Garderobe, im Reichtum ihres Gefolges und in der Ausstattung ihrer Umgebung. Der majestätischen Prachtentwicklung stand aber das Gebot der Bescheidenheit und der christlichen Demut entgegen. Von der Garderobe ist aus dieser Zeit nichts erhalten, was uns ein genaueres Bild liefern könnte. Wir haben jedoch Bischofsgewänder aus dem 10. Jahrhundert, die uns einen gewissen Eindruck von aufwendiger Kleidung vermitteln können. Daneben besitzen wir im künstlerisch-kunsthandwerklichen Bereich einige Erbstücke, die unzweifelhaft zur engeren Umgebung des Hofes gehört haben und der kaiserlichen Repräsentation dienten.

Le pouvoir impérial ne se manifestait pas seulement par des édifices et des cérémonies. L'empereur et l'impératrice devaient incarner personnellement le nouvel esprit et se présenter en conséquence, avec majesté et splendeur, dans leur garde-robe, dans la richesse de leur suite et dans l'équipement de leur entourage. Toutefois, en face de tout cet apparat, il fallait aussi faire preuve de modestie et d'humilité chrétienne. Pour ce qui est de la garde-robe de cette époque, rien n'a été conservé qui pourrait nous fournir une image plus détaillée. Mais, nous avons des habits d'évêques du Xe siècle qui peuvent nous donner une impression de ce qu'étaient des habits somptueux. Et nous possédons par ailleurs, dans le domaine artistique et artisanal, quelques objets d'héritage qui ont sans aucun doute appartenu à l'entourage étroit de la cour et qui servaient à représenter l'Empire.

Das erste ist eine Elfenbeintafel, die heute in der Sammlung Trivulzio in Mailand aufbewahrt wird. Sie zeigt acht Figuren: in der Mitte thronend Christus mit einem aufgeschlagenen Buch in der linken Hand, links und rechts über ihm zwei Engel, links von ihm Sancta Maria, rechts Sanctus Mauritius, vor Mauritius kniend der Kaiser, vor Maria die Kaiserin mit einem gekrönten Kind im Schoß. Die Tafel trägt unten die Inschrift OTTO IMPERATOR, und die beiden Heiligen sind durch Inschriften auf der Seite gekennzeichnet.

Le premier objet est une plaque d'ivoire qui est conservée aujourd'hui dans la collection Trivulzio à Milan. Elle montre huit personnages: le Christ trônant au milieu, un livre ouvert dans la main gauche; deux anges se trouvent à droite et à gauche au-dessus de lui, la Sainte Vierge à gauche du Christ, saint Maurice à sa droite, l'empereur agenouillé devant saint Maurice, et l'impératrice avec un enfant couronné dans les bras devant Marie. La plaque porte, dans le bas, l'inscription OTTO IMPERATOR, et les deux saints sont identifiés par des inscriptions figurant sur le côté.

Die Tafel ist nicht datiert und stilistisch auch nicht genauer datierbar. Im allgemeinen sieht man in ihr eine Darstellung von Otto II. und Theophanu aus dem Jahr 983, als Otto III. in seinem dritten Lebensjahr zum König gewählt worden war. Das würde der Bildaufteilung entsprechen. Dagegen sprechen meiner Ansicht nach drei Überlegungen. Zum einen war Otto III. noch nicht gekrönt, als sein Vater im Dezember 983 starb, sie haben also nicht beide gleichzeitig die Krone getragen. Zum andern war 983 ein Krisenjahr, in dem repräsentative Kaiserdarstellung sicher keine Priorität hatte. Und zum dritten war das Verhältnis zwischen Otto II.und Theophanu in diesem Jahr so schlecht, dass der Auftrag zu einer solche gemeinsamen Darstellung eher unwahrscheinlich ist. Ich bin deshalb dafür, diese Darstellung doch auf Otto I., Adelheid und Otto II. zu beziehen und sie auf das Jahr 962 zu datieren. Das wesentliche Argument dagegen ist das Kind. Aber der damals sechsjährige Otto II. war ja auch ein Kind und konnte nicht als Erwachsener dargestellt werden, doch war er schon gekrönter König. Die Tafel OTTO IMPERATOR entspricht dem neuen Kaisergefühl von 962. Dazu kommen die beiden Heiligen. Mauritius ist ohne Zweifel der persönliche Heilige Ottos I., und die Kaiserin Adelheid hat 962 ihr Kloster in Payerne Sancta Maria geweiht. Ein weiteres Argument ist die Herkunft der Tafel. Sie stammt aller Wahrscheinlichkeit nach aus einer darauf spezialisierten Mailänder Kunsthandwerkstatt, aus der eine ganze Reihe solcher Elfenbeintafeln kommen, darunter die von Otto I. und dem Magdeburger Dom. Vergleicht man aber diese beiden Abbildungen, so fällt einem die große Ähnlichkeit in der Gestaltung und Ausführung auf, vor allem die Trilogie Christus, Mauritius und der Kaiser. Natürlich dürfen wir die Darstellungen dieser Zeit nicht als Individualportraits verstehen, aber der Vergleich der beiden Tafeln spricht doch für dieselbe Hand und dieselbe Zeit.

Ein zweites Dokument kaiserlicher Prachtentfaltung ist die Heiratsurkunde der Theophanu von 972. Sie gilt als die schönste Urkunde des Mittelalters überhaupt und wird heute im Niedersächsischen Staatsarchiv in Wolfenbüttel aufbewahrt. Die Urkunde wird von Dieter Matthes so be-

La plaque n'est pas datée, et son style ne permet pas non plus de la dater avec exactitude. En général, on estime qu'elle représente Otton II et Théophano en l'an 983, lorsqu'Otton III, dans sa troisième année, fut élu roi. Cela correspondrait à la répartition du tableau. Mais, à mon avis, trois considérations réfutent cette thèse. Premièrement, Otton III n'était pas encore couronné quand son père mourut en décembre 983; ils n'ont donc pas porté la couronne tous les deux en même temps. Deuxièmement, 983 était une année de crises où la représentation de l'Empire n'était sûrement pas prioritaire. Et troisièmement, les relations entre Otton II et Théophano étaient si mauvaises au cours de cette année qu'il est plutôt invraisemblable que l'ordre ait été donné de les représenter ensemble. C'est pourquoi je pense que cette plaque se rapporte à Otton Ier, Adélaïde et Otton II et qu'elle date de 962. Le principal argument qui s'y oppose est l'âge de l'enfant. Toutefois, Otton II, âgé alors de six ans, était encore un enfant et il ne pouvait pas être représenté comme un adulte, mais il était déjà un roi couronné. La plaque OTTO IMPERATOR correspond au nouveau sentiment impérial de 962. Et puis, il y a aussi les deux saints. Saint Maurice est sans aucun doute le patron personnel d'Otton Ier, et l'impératrice Adélaïde a consacré son monastère de Payerne à la Sainte Vierge en 962. Il existe encore un autre argument: c'est l'origine de la plaque. Selon toute vraisemblance, elle provient d'un atelier d'art de Milan, spécialisé dans ce domaine et qui a fourni toute une série de plaques d'ivoire de ce genre, dont celle d'Otton Ier et de la cathédrale de Magdebourg. Si l'on compare ces deux reproductions, on est frappé par la grande ressemblance dans la conception et la réalisation, surtout en ce qui concerne la trilogie: le Christ, saint Maurice et l'empereur. Bien sûr, nous ne devons pas considérer les représentations de cette époque comme des portraits individuels, mais la comparaison des deux plaques indique bien qu'il s'agit du même artiste et de la même époque.

Le deuxième document d'apparat impérial est l'acte de mariage de Théophano de 972. Il est considéré comme étant le plus bel acte du Moyen Âge et est conservé aujourd'hui aux Archives nationales de Basse-Saxe à Wolfenbüttel. Dieter Matthes décrit l'acte en ces termes: *Le rouleau en couleurs*

tinentibus. aquis. aquarumq; decursibus. molendinis. piscationibus. omnibusq; rebus ad easdem curtes siue prouincias uel abbatiam in integrum pertinentibus. quatinus iure proprietatis ea omnia habeat. teneat. firmiterq; possideat. sitq; sibi potestas donandi. uendendi. commutandi. uel quicquid exinde iuste decreuerit faciendi omnium hominum contradictione remota

Quod si quis hoc nr̄ę dotis preceptum infringere temptauerit. obnoxiū se nr̄ę nouerit maiestati. compositurus insuper eidem sponsę nr̄ę dilectissimę THEOPHANU. nr̄isq; heredibus auri optimi libras mille.

Quod ut uerius credatur. diligentiusque in tempora futura seruetur. manu propria roborari. et anuli nr̄i impressione subter iussimus insigniri.

SIGNŪ INUICTISSIMORUM DOMNI (monogram) MAGNI ET PACIFICI.

ITEM SIGNŪ DOMNI (monogram) PERENNITER AUGUSTORŪ

Uuillisus cancellarius ad uicem Ruotperti archicapellani recognoui.

Data. XVIII kl̄ mai. Anno dominicę incarnationis DCCCCLXXII. Indictione XV. Imperii sc̄issimi genitoris nr̄i OTTONIS XI. istius uero .V. actum romę ad sc̄ōs apłos feliciter.

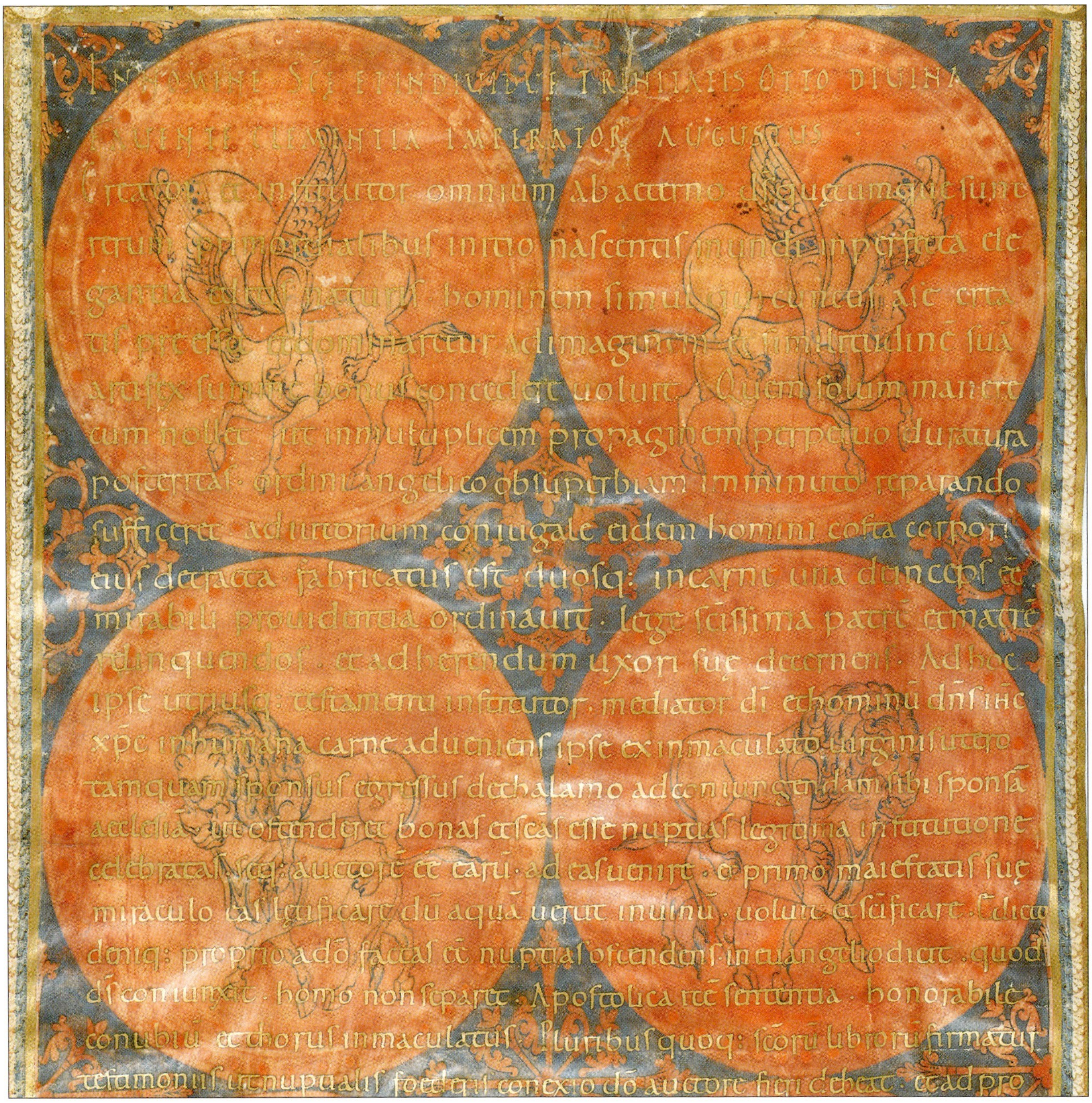

Hochzeitsurkunde der Theophanu 972
links: Ausschnitt aus der Nachzeichnung (Dieter Matthes)
rechts: Detailausschnitt

Niedersächsisches Staatsarchiv Wolfenbüttel, 6 Urk 11.

Acte de mariage de Théophano, 972
à gauche: Détail du dessin d'après l'original (Dieter Matthes)
à droite: Détail

Archives nationales de Basse-Saxe, Wolfenbüttel, 6 Urk 11.

schrieben: *Die farbige Rolle ist aus drei Pergamentstücken zusammengesetzt. Sie misst in der Länge 144,5 cm und in der Breite ca. 39,5 cm. Zwei Reihen großer roter Medaillons fallen zuerst auf. Sie zeigen in umperlten Doppelkreisen gegenständige Tierdarstellungen, und zwar abwechselnd Greifen, die über Hirschkühen, und Löwen, die über Rindern stehen. Die blaugrundierten Zwickelflächen sind mit roten Ornamenten gefüllt. An drei Seiten wird dieses Grundmuster, das an den Ausschnitt eines Gewebes erinnert, eingefasst von einer schmalen Schmuckrandleiste in den Farben Gold, Blau und Weiß. Den krönenden Abschluss bildet eine 2 cm hohe goldene Kopfleiste. Sie zeigt sieben kleine Medaillons mit den Brustbildern heiliger Personen. In den Zwischenflächen stehen einander zugewandte Tiere, und zwar abwechselnd zwei weiße Löwen, zwischen ihnen einen stilisierten Lebensbaum mit blauen Früchten und ein Pfauenpaar, das die Köpfe zu einer Vase neigt, aus der eine Doppelranke mit weißen Herzblättern hervorwächst. Über der blau-roten Grundfläche, für die als Farben Mennigrot, Krapplack und Indigo verwendet wurden - die Rückseite der Urkunde ist mit Krapplack überzogen - liegt der mit Goldtinte geschriebene Urkundentext.*

est constitué de trois morceaux de parchemin. Il mesure 144,5 cm de long et environ 39,5 cm de large. Deux rangées de grands médaillons rouges attirent d'abord l'attention. Elles montrent, dans des doubles cercles bordés de perles, des animaux se faisant face, à savoir en alternance des griffons au-dessus de biches et des lions au-dessus de boeufs. Les espaces sur fond bleu sont remplis d'ornements rouges. Ce motif de base qui rappelle l'échancrure d'un tissu, est galonné sur trois côtés par une fine bordure décorative en or, bleu et blanc. Une vignette dorée de 2 cm de haut couronne le tout. Elle montre sept petits médaillons avec les bustes de personnes saintes. Dans les intervalles, des animaux sont tournés l'un vers l'autre, en alternance deux lions blancs, entre eux un arbre de vie stylisé avec des fruits bleus et un couple de paons qui inclinent la tête pour former un vase dont sort un double sarment avec des parnassias blanches. Le texte de l'acte est écrit à l'encre d'or sur le fond bleu et rouge, réalisé avec du rouge minium, du vernis de garance et de l'indigo (le dos de l'acte est recouvert de vernis de garance).

Die Urkunde, von der hier ein Teil des Grundmusters als Nachzeichnung und ein Ausschnitt farbig wiedergegeben werden, ist auch stilistisch einzigartig, und es stellt sich die Frage, ob sich in ihr der Geschmack und der Gestaltungswille der byzantinischen Braut widerspiegeln. Aber sie war eine Gabe für Theophanu, sie wurde im kaiserlichen Auftrag erstellt, und im imperialen Stil der Ottonen finden sich auch schon vorher Entlehnungen aus der byzantinischen Kunst und Einflüsse des dortigen Kunsthandwerks. So ist eher zu vermuten, dass der junge westliche Kaiserhof der Prinzessin aus Konstantinopel zeigen wollte, dass Kunst und Kultur auch hier einen Heimplatz hatten.

L'acte, dont une partie du motif de base est reproduit ici comme dessin d'après l'original et dont un détail figure en couleurs, est aussi unique pour son style, et on peut se demander si la conception de ce document reflète le goût et la volonté de la fiancée byzantine. Mais il s'agissait en fait d'un cadeau pour Théophano, réalisé sur les ordres de l'empereur; dans le style impérial des Ottoniens, on trouve aussi, avant cette date, des emprunts à l'art byzantin et des influences de l'art artisanal de Byzance. Il faut donc plutôt supposer que la jeune cour impériale voulait montrer à la princesse de Constantinople que l'art et la culture avaient aussi leur place en Occident.

In engem Zusammenhang mit der Heiratsurkunde steht das Altar-Ciborium in der Kirche Sant' Ambrogio in Mailand. Auch hier handelt es sich um ein einzigartiges Kunstwerk aus Anlass der Heirat Ottos II. mit Theophanu. Dieses Ciborium, eine auf vier Säulen ruhende Überdachung für den Altar, hat vier Giebelfelder, zwei Hauptfelder an den Breitseiten und zwei schmalere. Die Gie-

Le ciborium de l'autel de l'église Sant'Ambrogio de Milan est en rapport étroit avec cet acte de mariage. Il s'agit, ici aussi, d'un objet d'art unique réalisé à l'occasion du mariage d'Otton II avec Théphano. Ce ciborium, recouvrant l'autel et reposant sur quatre colonnes, comporte quatre pignons, deux pignons principaux sur les grands côtés et deux pignons plus petits. Les pignons sont

belfelder sind mit Halbreliefs verziert. Im einen Hauptfeld ist Christus mit den Aposteln Petrus und Paulus abgebildet, im anderen Ambrosius mit zwei jüngeren Heiligen und einem Modell des Ciboriums. Die beiden schmalen Giebelfelder sind symmetrisch aufgebaut, auf der Nordseite männlich, auf der Südseite weiblich. Auf der Nordseite steht ein nicht identifizierter Heiliger in der Mitte, vor dem sich zwei gekrönte Kaiser von links und von rechts her verbeugen. Im südlichen Giebel steht in der Mitte die heilige Maria, und vor ihr verbeugen sich zwei Frauen. Die linke trägt eine Krone, die rechte nicht, aber Maria hält diese Krone in der Hand. Die Darstellung der beiden Kaiser und der gekrönten und der noch zu krönenden Kaiserin passt genau auf die Situation von 972, und die Forschung ist sich heute darin einig, in den schmalen Giebelfeldern des Mailänder Altar-Ciboriums eine zeitgenössische Darstellung von Otto I. und Otto II. und von Adelheid und Theophanu zu sehen.

Es sind im Quedlinburger Domschatz wie bei dem in Mainz gefunden Kaiserinnenschmuck Stücke dabei, die mit dem sächsischen Kaiserhaus in Verbindung stehen, aber da ein direkter Zusammenhang mit Adelheid nicht nachzuweisen ist, wurde davon nichts aufgenommen. Dafür soll ein weiterer wichtiger und in ottonischer Zeit in hoher Blüte stehender Zweig des Kunsthandwerks berücksichtigt werden, die Buchmalerei, die in Klöstern betrieben wurde, aber bei den besonders herausragenden Stücken meistens im herrschaftlichen Auftrag. Die reiche Ausgestaltung von Evangelien für Kirchen, Klöster und vornehme Adlige war ein ungefährlicher Weg, Prachtentfaltung zu zeigen, denn sie diente in erster Linie der Ehre Gottes und konnte nicht als weltliche Eitelkeit oder übertriebene Prunksucht missdeutet werden. Hier wurden vier Beispiele ausgewählt.

Das erste ist ein heute im Priesterseminar St. Peter im Schwarzwald aufbewahrtes Einzelblatt, das den Evangelisten Markus beim Grübeln über seiner Arbeit zeigt. Das Blatt wurde wahrscheinlich vor dem Jahr 1000 in Trier für Echternach angefertigt, und zwar in der typischen Art des "Gregorius-Meisters", eines Künstlers, der auch eine Darstellung des Lebens Gregors des Großen illustriert hat

décorés par des demi-reliefs. Sur un grand pignon figure le Christ avec les apôtres Pierre et Paul, sur l'autre Ambroise avec deux plus jeunes saints et une maquette du ciborium. Les deux petits pignons sont symétriques, la face nord est masculine, la face sud féminine. Sur la face nord se trouve un saint non identifié au milieu, devant lequel s'inclinent deux empereurs couronnés sur la gauche et sur la droite. Sur le pignon sud figure la Sainte Vierge au milieu, et deux femmes s'inclinent devant elle. La femme de gauche porte une couronne, celle de droite n'en a pas, mais Marie tient cette couronne dans la main. La représentation des deux empereurs, de l'impératrice couronnée et de l'impératrice qui n'est pas encore couronnée, coïncide exactement avec la situation de l'année 972, et la recherche est unanime aujourd'hui pour voir dans les petits pignons du ciborium de l'autel de Milan une représentation contemporaine d'Otton Ier avec Otton II et d'Adélaïde avec Théophano.

Dans le trésor de la cathédrale de Quedlinburg ainsi que parmi les bijoux des impératrices trouvés à Mayence figurent des pièces qui sont en rapport avec la maison impériale saxonne, mais comme un lien direct avec Adélaïde ne peut pas être démontré, aucun de ces objets n'a été retenu. Par contre, il faut prendre en considération un autre domaine important de l'art artisanal, qui était à son apogée pendant l'époque ottonienne: il s'agit de l'enluminure qui était pratiquée dans les monastères, mais dont les pièces particulièrement remarquables étaient exécutées à la demande des Grands. La riche décoration des Evangiles pour les églises, les monastères et les nobles de haut rang était un moyen peu dangereux de faire preuve d'apparat, car elle servait en premier lieu l'honneur de Dieu et ne pouvait être interprétée comme de la vanité temporelle ni comme un goût excessif du faste. Nous avons choisi quatre exemples.

Le premier est une feuille isolée, conservée aujourd'hui au séminaire St-Peter en Forêt-Noire et qui montre l'évangéliste st Marc réfléchissant sur son travail. Cette feuille fut probablement réalisée avant l'an 1000 à Trèves pour Echternach, à la manière du "Maître de saint Grégoire", un artiste qui a aussi illustré une biographie de Grégoire le Grand et qui est nommé aujourd'hui d'après cet-

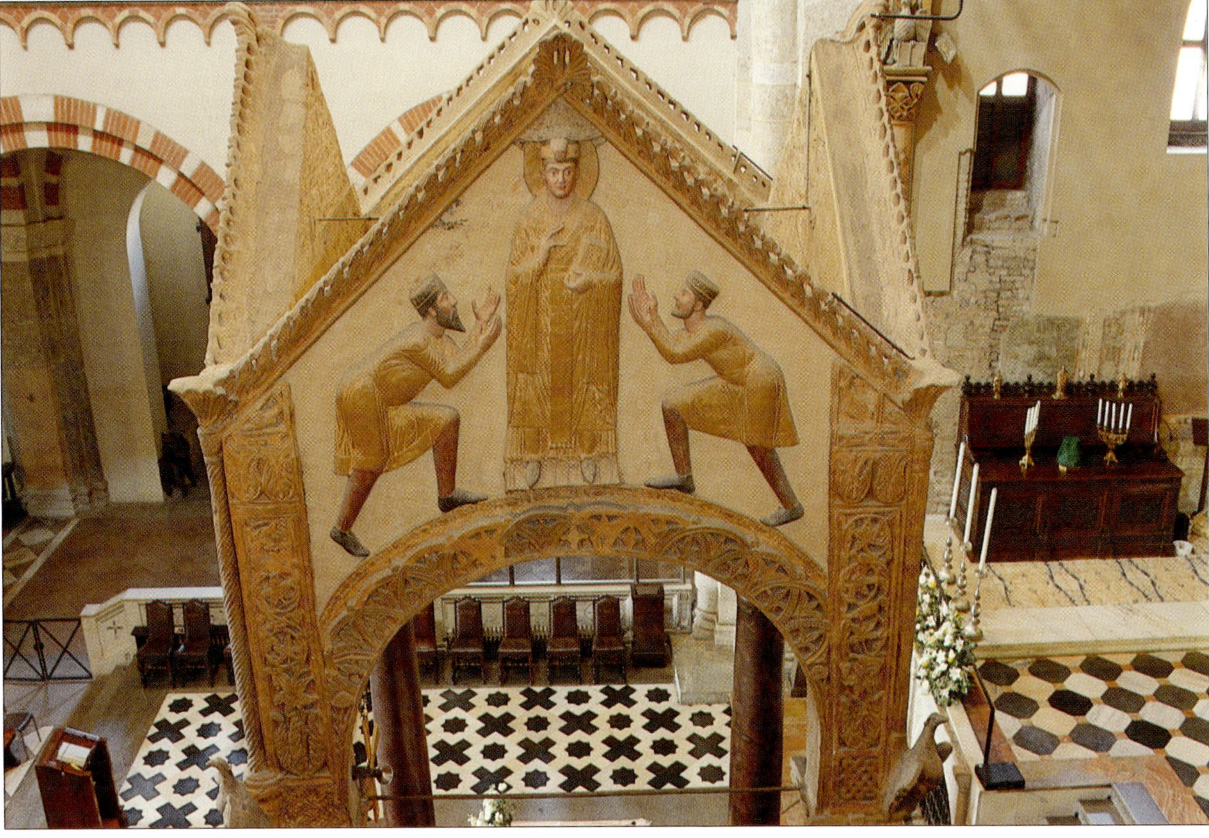

Altar-Ciborium, Sant'Ambrogio, Mailand 972

Fotograf: Studio Fotografico Orlando & Parisio

Ciborium de l'autel, Sant'Ambrogio, Milan 972

Photographe: Studio Fotografico Orlando & Parisio

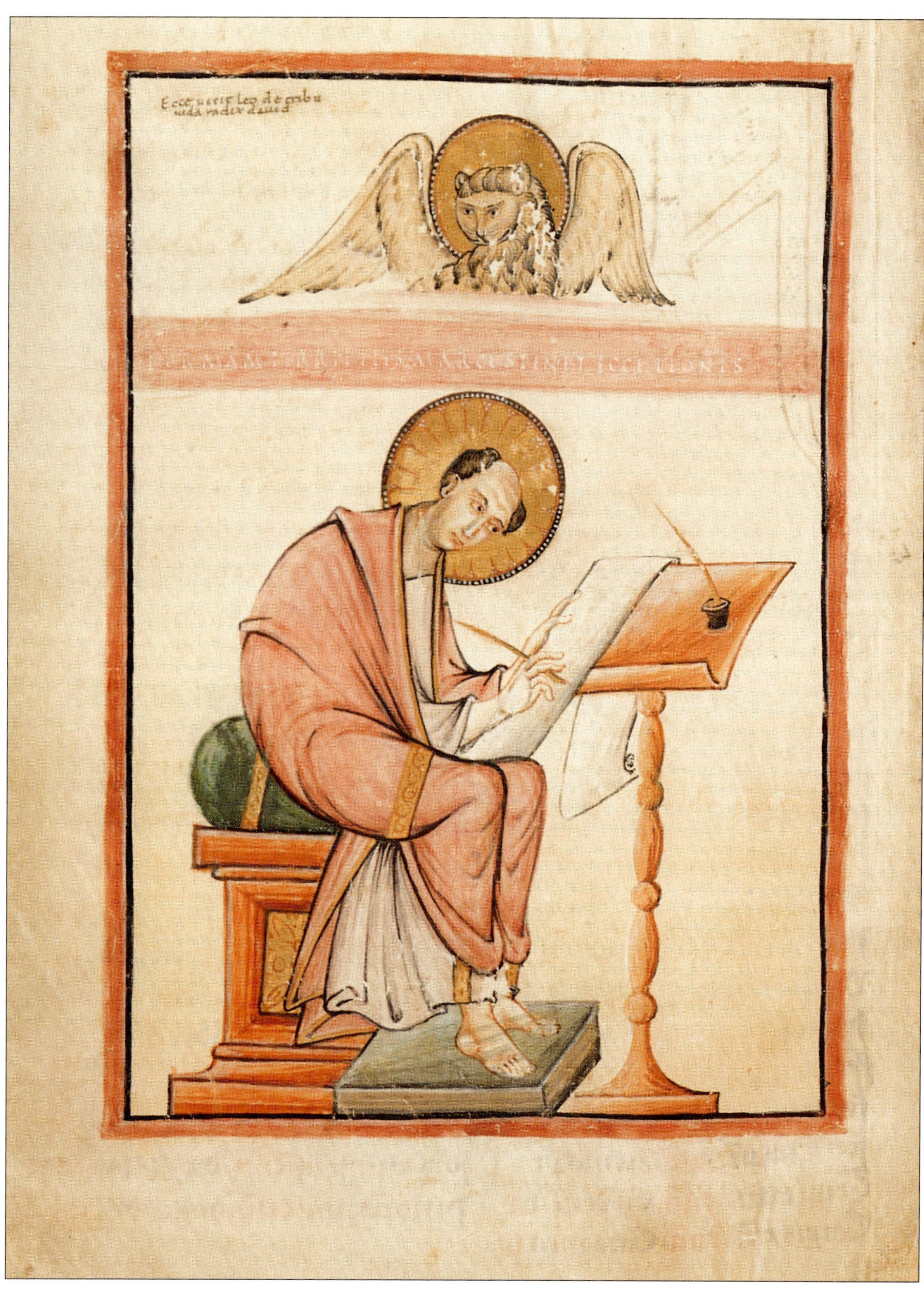

Der Evangelist Markus als Schreiber,
um 980 bis 1000

Einzelblatt, Pergament, 24 x 17 cm
Bibliothek des Priesterseminars, St. Peter, MS. 25.

L'évangéliste st. Marc écrivant,
autour de 980 à 1000

Feuille isolée, parchemin, 24 x 17 cm
Bibliothèque du séminaire de St-Peter, MS. 25.

und heute wegen des Fehlens jeglicher anderen Nachricht nach dieser Arbeit benannt wird. Das Blatt war, möglicherweise mit den anderen Evangelisten, zur Modernisierung einer aus dem achten Jahrhundert stammenden Evangelienhandschrift gedacht, in die die Bilder eingefügt und gleichzeitig die Initialen mit Gold überhöht wurden. Die Initiale hat auf das Blatt deutlich durchgeschlagen. Die Handschrift wurde in Echternach bis ins ausgehende achtzehnte Jahrhundert aufbewahrt. In der Revolutionszeit bereiste ein ehemaliger französischer Geistlicher und Handschriftenjäger die alten Klöster am Rhein und kaufte Handschriften auf, darunter auch diese, die in seinem Besitz nachzuweisen ist. Ihm fiel wohl auf, dass die Bilder nicht ursprünglich zur Handschrift gehörten, und er löste sie heraus. Die Handschrift verkaufte er weiter. Sie liegt jetzt in der Universitätsbibliothek Augsburg, und die Initiale, die auf unser Blatt durchgeschlagen hat, beweist noch heute deutlich den Zusammenhang. Die Evangelisten wurden vermutlich einzeln verkauft. Dabei gelangte das Markus-Blatt in den Besitz eines Bruchsaler Stiftskapitulars, und der vermachte seine Bibliothek dem Priesterseminar der Diözese Speyer in Bruchsal. Nach der Bildung der badischen Erzdiözese in Freiburg wurde das neue Priesterseminar in Sankt Peter gegründet, und es erhielt mit der Bruchsaler Bibliothek auch dieses einzigartige Markus-Blatt.

Das zweite Blatt stammt aus Metz und wird heute in der Pariser Nationalbibliothek aufbewahrt. Es ist ein Blatt in einem um 1000 in Metz entstandenen Evangeliar, und es zeigt vor einem thronenden Christus eine verwitwete Herrscherin und einen Abt, und unten in der Mitte einen Schreiber. Die Personen tragen keine Namen, aber es gilt heute als gesichert, dass es sich bei der Kaiserinwitwe um Adelheid und bei dem Abt entweder um Odilo von Cluny oder um den Abt Eceman von Seltz handelt.

Das dritte Beispiel ist das heute im Germanischen Nationalmuseum in Nürnberg aufbewahrte Echternacher Evangeliar, das vor 990 vermutlich im Auftrag der Kaiserin Theophanu als Stiftung für Echternach entstanden ist. Es ist eines der reichsten und schönsten Evangelienbücher dieser Zeit. Der Deckel des Echternacher Evangeliars zeigt um

te oeuvre à défaut de tout autre renseignement. Cette feuille, éventuellement accompagnée des autres évangélistes, était conçue pour moderniser un manuscrit des Evangiles datant du VIIIe siècle, auquel les illustrations étaient ajoutées et où les initiales étaient en même temps rehaussées en or. L'initiale a nettement laissé son empreinte sur la feuille. Le manuscrit a été conservé à Echternach jusqu'à la fin du XVIIIe siècle. Pendant la Révolution, un ancien ecclésiastique français, chasseur de manuscrits, visita les anciens monastères au bord du Rhin et acheta des manuscrits, dont celui-ci qui a effectivement été en sa possession. L'ecclésiastique remarqua probablement que les illustrations ne faisaient pas partie initialement du manuscrit et il les enleva. Il revendit ensuite le manuscrit, qui se trouve maintenant à la Bibliothèque Universitaire d'Augsbourg, et l'initiale qui a laissé son empreinte sur notre feuille, prouve clairement aujourd'hui encore cet état de faits. Les évangélistes furent probablement vendus séparément. Et la feuille de saint Marc devint la possession d'un chanoine de Bruchsal, qui légua sa bibliothèque au séminaire du diocèse de Spire à Bruchsal. Après la constitution de l'archevêché badois à Fribourg, le nouveau séminaire de Sankt-Peter fut créé et obtint cette feuille unique de saint Marc avec la bibliothèque de Bruchsal.

La deuxième feuille provient de Metz et est conservée aujourd'hui à la Bibliothèque Nationale de Paris. Elle fait partie d'un Evangéliaire réalisé autour de l'an 1000 à Metz et elle montre, devant un Christ assis sur un trône, une souveraine veuve et un abbé, et dans le bas au milieu un scribe. Les personnes ne portent pas de noms, mais on considère aujourd'hui avec certitude que l'impératrice veuve est bien Adélaïde et que l'abbé est soit Odilon de Cluny, soit l'abbé Eccemann de Seltz.

Le troisième exemple est l'Evangéliaire d'Echternach conservé aujourd'hui au Germanisches Nationalmuseum de Nuremberg et qui fut réalisé avant 990, probablement sur l'ordre de l'impératrice Théophano comme don pour Echternach. C'est l'un des plus riches et des plus beaux livres des Evangiles de cette époque. La reliure de l'E-

Kaiserin Adelheid und Abt Odilo von Cluny
Evangeliar aus Metz, frühes 11. Jahrhundert

Paris, Bibl. Nat. lat. 9395, fol.15v. 335 x 265 mm

L'impératrice Adélaïde et l'abbé Odilon de Cluny
Evangéliaire de Metz, début du XIe siècle

Paris, Bibl. Nat. lat. 9395, fol.15v. 335 x 265 mm

Buchdeckel (mit Elfenbeineinlage)
Codex Aureus Epternacensis. Trier 985 - 991

Nürnberg. Germanisches Nationalmuseum. 44 x 31 cm

Reliure du livre (avec garniture en ivoire)
Codex Aureus Epternacensis. Trèves 985 - 991

Musée national, Nuremberg. 44 x 31 cm

eine elfenbeinerne Kreuzigung gruppiert die Evangelisten, verschiedene Heilige, darunter den Heiligen Willibrord, den Gründer von Echternach, und die Auftraggeber, Kaiserin Theophanu und König Otto III.

Das vierte Beispiel ist das Otto - Adelheid - Evangeliar aus dem Domschatz in Quedlinburg. Das Evangeliar wurde für Otto III. und seine Schwester Adelheid, seit 999 Äbtissin von Quedlinburg, angefertigt. Der Buchdeckel ist um ein Elfenbeinrelief des 10. Jahrhunderts aufgebaut, das vermutlich aus Byzanz stammt und ursprünglich anderen Zwecken gedient hat, denn es hat im Rahmen Löcher zur Befestigung. Das Relief zeigt in seinen vier Feldern die Geburt, Taufe, die Kreuzigung und Kreuzabnahme Christi. Die reiche Ausschmückung des Deckels um das Relief ist eine Goldschmiedearbeit der Stauferzeit. Das Textblatt aus diesem Evangeliar weist auf Papst Silvester, Kaiser Otto III. und die Äbtissin Adelheid hin, und auf dem Rand ist die Jahreszahl 999 vermerkt. Es handelt sich also um ein Blatt aus dem Todesjahr der Großmutter der Äbtissin Adelheid und um eine sehr vornehme und eng mit dem Sächsischen Haus verbundene Handschrift.

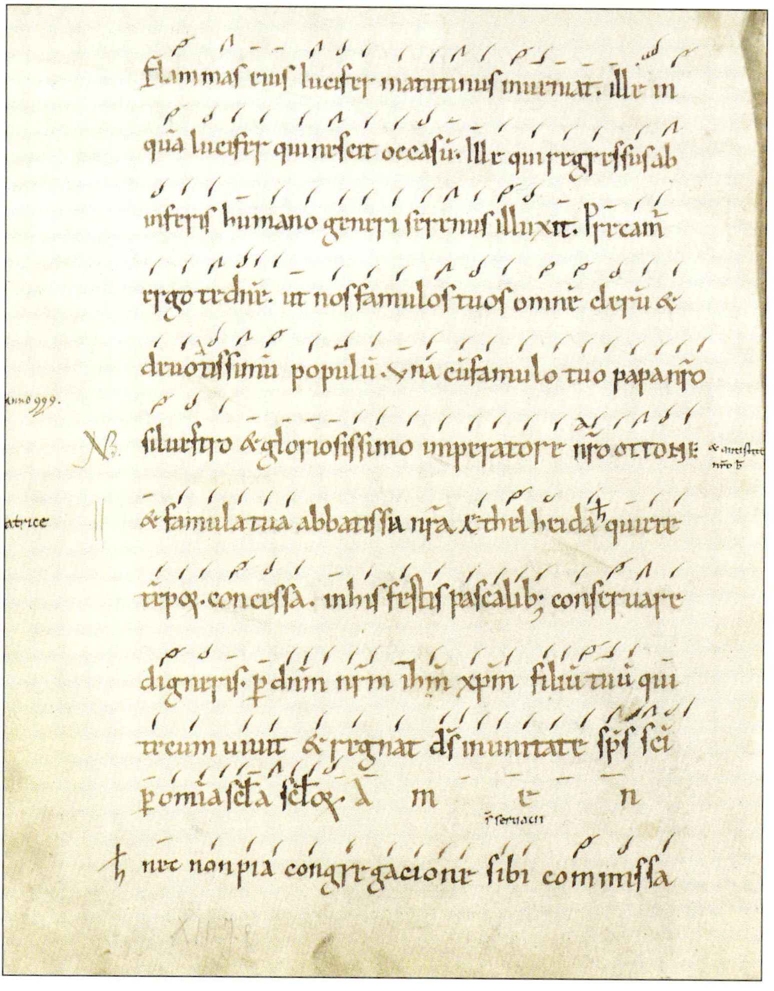
flammas eius lucifer matutinus inveniat. ille in
quā lucifer qui nescit occasū. Ille qui regressus ab
inferis humano generi serenus illuxit. Precamur
ergo te dn̄e. ut nos famulos tuos omnē clerū &
devotissimū populū. unā cū famulo tuo papa nr̄o
silvestro & gloriosissimo imperatore nr̄o OTTONE
& famula tua abbatissa nr̄a Athelheida quiete
tempoꝝ concessa. in his festis paschalib; conservare
digneris. p dnm nr̄m ihm xpm filiū tuū qui
tecum vivit & regnat d̄s in unitate sp̄s sci
p omia s̄cla s̄cloꝝ. A m e n
nec non pia congregacione sibi commissa

vangéliaire d'Echternach montre les évangélistes groupés autour de la crucifixion en ivoire, différents saints, dont saint Willibrord, le fondateur d'Echternach, et les commanditaires, à savoir l'impératrice Théophano et le roi Otton III.

Le quatrième exemple est l'Evangéliaire d'Otton et d'Adélaïde du trésor de la cathédrale de Quedlinburg. L'Evangéliaire fut réalisé pour Otton III et pour sa soeur Adélaïde, abbesse de Quedlinburg depuis 999. La reliure du livre est organisée autour d'un relief en ivoire du Xe siècle, qui provient probablement de Byzance et qui a été initialement destiné à d'autres usages, car il y a des trous de fixation dans le cadre. Dans ses quatre parties, le relief présente la naissance, le baptême, la crucifixion et la descente de croix du Christ. La riche décoration de la reliure autour du relief est une pièce d'orfèvrerie de l'époque des Staufen. Le texte du feuillet de cet Evangéliaire mentionne le pape Sylvestre, l'empereur Otton III et l'abbesse Adélaïde, et l'année 999 est marquée sur le bord. Il s'agit donc d'une feuille datant de l'année où mourut la grand-mère de l'abbesse Adélaïde, et c'est un manuscrit très élégant et étroitement lié à la maison saxonne.

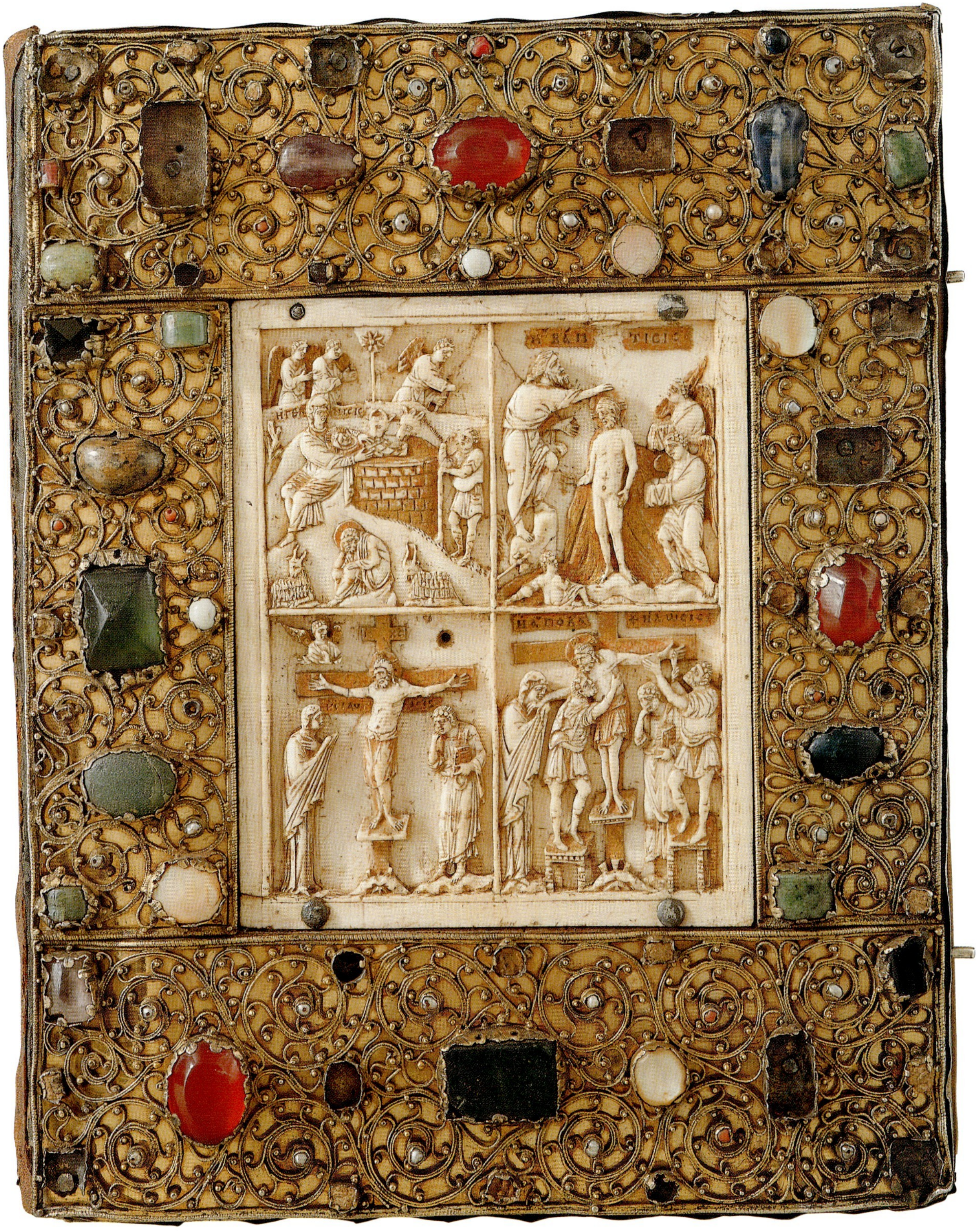

Otto-Adelheid-Evangeliar
Höhe 27,7 cm, Breite 22,2 cm
Quedlinburger Domschatz
Stiftung Preußischer Kulturbesitz

Foto: Ann Münchow, Aachen 1993

Evangéliaire d'Otton et d'Adélaïde
Hauteur 27,7 cm, largeur 22,2 cm
Trésor de la cathédrale de Quedlinburg
Fondation Preußischer Kulturbesitz

Photographie: Ann Münchow, Aachen 1993

Urkunden für die Kaiserin

IM GENERALLANDESARCHIV KARLSRUHE

Auch einer Kaiserin musste daran gelegen sein, ihre urkundlich verbrieften Rechte und Besitzungen zu sichern. Entweder führte sie die entsprechenden Urkunden bei ihren zahllosen Reisen mit sich, was unbequem und durchaus gefährlich sein mochte, oder sie hinterlegte sie an einem besonders sicheren und heiligen Ort, vornehmlich bei den Reliquien desjenigen Klosters, das sie sich als Witwensitz oder gar als Grablege erwählt hatte.[1] Für Kaiserin Adelheid war dies nicht etwa Magdeburg oder Payerne, sondern das Benediktinerkloster Seltz im Elsaß.[2]

Dieser verkehrstechnisch günstig gelegene Ort am linken Rheinufer gegenüber von Rastatt war wohl einst von Kelten besiedelt und dann als Römerlager ausgebaut worden. Unter den Merowingern und Karolingern fand sich hier ein Königshof mit Kirche. Königliche Aufenthalte und Jagden im Heiligen bzw. Hagenauer Forst sind überliefert. Als nun im Jahre 968 Kaiser Otto I. die zur Witwenversorgung seiner zweiten Frau vorgesehenen Güter bestimmte, gehörte auch Seltz dazu. Seit dem Jahre 987 wirkte Adelheid zusammen mit dem Grafen Manegold auf die Errichtung eines Klosters hin, in dem sie ihr Alter verbringen und ihre letzte Ruhe finden wollte. Ihr Ziel erreichte sie aber erst nach dem Tode ihrer Schwiegertochter und Konkurrentin Theophanu 991, als sie vorübergehend wieder mehr Einfluss auf ihren elfjährigen Enkel Otto III. erlangen konnte: Er stattete das Klosters Seltz mit umfangreichem Besitz und Privilegien aus, die ein halbes Jahrtausend lang Bestand haben sollten. 1575 wurde das unter kurpfälzischer Vogtei stehende Kloster in ein protestantisches Ritterstift umgewandelt. 1674 kam es unter französische Herrschaft, und seine Güter wurden dem bischöflichen Seminar in Straßburg übertragen. Die ursprünglich im Kloster Seltz zusammen mit den Reliquien und den klostereige-

Actes de l'impératrice

AUX ARCHIVES RÉGIONALES DE KARLSRUHE

Même une impératrice devait s'assurer que ses droits et ses biens reconnus par écrit étaient bien protégés. Ou bien elle emmenait avec elle les différents actes lors de ses innombrables voyages, ce qui devait être incommode et même dangereux, ou bien elle les déposait dans un endroit particulièrement sûr et sacré, par exemple auprès des reliques de cette abbaye qu'elle avait choisie comme résidence pour son veuvage ou même comme sépulture. Et pour l'impératrice Adélaïde, cet endroit n'était ni Magdebourg, ni Payerne, mais l'abbaye de bénédictins de Seltz en Alsace.

Cet endroit bien desservi, situé sur la rive gauche du Rhin, en face de Rastatt, avait probablement été peuplé autrefois par les Celtes, puis il avait été aménagé ensuite en camp romain. Sous les Mérovingiens et les Carolingiens, on y trouvait une cour royale avec une église. Des récits nous sont parvenus, relatant plusieurs séjours de rois et des chasses dans la Forêt Sainte ou Forêt de Haguenau. Lorsqu'en 968, l'empereur Otton Ier désigna les biens prévus pour le douaire de sa deuxième épouse, Seltz en faisait partie. A partir de 987, Adélaïde s'efforça, avec le comte Manegold, d'obtenir la création d'une abbaye, dans laquelle elle voulait passer ses vieux jours et trouver sa dernière demeure. Mais elle n'y parvint qu'après la mort de sa belle-fille et concurrente, Théophano, en 991, car elle put alors reprendre temporairement plus d'influence sur son petit-fils Otton III, âgé de 11 ans. Celui-ci dota l'abbaye de Seltz de nombreux biens et privilèges qui se maintinrent pendant un demi-siècle. En 1575, l'abbaye, placée sous le bailliage du Palatinat électoral, devint une institution protestante pour jeunes nobles. En 1674, elle passa sous l'autorité de la France et ses biens furent cédés au séminaire épiscopal de Strasbourg. Les actes de l'impératrice Adélaïde, conservés initialement dans l'abbaye de Seltz avec les reliques et les do-

nen Dokumenten aufbewahrten Urkunden der Kaiserin Adelheid gelangten 1678 zur Geistlichen Administration nach Heidelberg, von dort nach Mannheim. Das staatliche Ende der Kurpfalz bedingte schließlich einen erneuten Ortswechsel: Zusammen mit anderen Archivalien wurden sie am Beginn des 19. Jahrhunderts nach Karlsruhe verbracht, wo sie bis auf den heutigen Tag mit großer Sorgfalt im Generallandesarchiv aufbewahrt und gegebenfalls restauriert werden. Das Corpus umfaßt 16 bzw. 17 Urkunden, die in insgesamt 22 Exemplaren sowohl als originale Ausfertigungen als auch als Abschriften oder gar Fälschungen vorliegen.[3]

Die wichtigsten Urkunden seien im folgenden kurz vorgestellt: Zunächst ist da einmal die am 31. März 950 in Pavia ausgestellte Urkunde ihres ers-

cuments propres à l'abbaye, parvinrent à l'Administration Ecclésiastique de Heidelberg en 1678, et de là à Mannheim. La fin de l'Etat du Palatinat électoral suscita ensuite un nouveau changement: Au début du XIXe siècle, les actes arrivèrent avec d'autres archives aux Archives régionales de Karlsruhe, où ils sont conservés avec le plus grand soin jusqu'à ce jour et, où ils sont, au besoin, restaurés. Le Corpus comprend 16 ou 17 actes qui existent en 22 exemplaires en tout, aussi bien des originaux que des copies ou même des faux.

Voici une brève présentation des principaux actes: Il y a tout d'abord l'acte du premier époux d'Adélaïde, du jeune roi Lothaire d'Italie, établi le 31

"Hochzeitsurkunde Adelheids", Pavia 950, März 31
König Lothar stattet seine Gemahlin mit Gütern aus.

Generallandesarchiv Karlsruhe

"Acte de mariage d'Adélaïde", Pavie 950, Mars 31
Le roi Lothaire fixe le donuaire de sa femme Adélaïde

Archives régionales de Karlsruhe

ten Mannes, des jungen Königs Lothar von Italien, in der er ihr alle ihm aus väterlichem Erbe zugefallenen Besitzungen und Rechte im Bereich zwischen den Grafschaften Modena und Bologna, insbesondere im Ort Vallisnera (bei Culagno in der Reggio Emilia) überläßt.[4] Insgesamt dürfte ihr großzügig bemessenes Wittumsgut vier Klöster und 21 Wirtschaftshöfe mit mehr als 4500 Hufen Land umfaßt haben.[5]

Die auf Pergament ausgefertigte Urkunde mit den Maßen 39,5 x 47,5 cm, deren Siegel nur noch bruchstückhaft mit der Umschrift "... THARIVS GRACIA ..." erhalten geblieben ist, folgt den damals üblichen Kanzleiformen: Nach der Anrufung Gottes, der Invocatio, folgt der Name und Titel des Ausstellers, die Intitulatio König Lothars. Eine allgemeine Einleitung, die Arenga, leitet zur üblichen Verkündigungsformel, der Promulgatio, über. Bei dieser Urkunde fehlt die Narratio, eine Erläuterung der Vorgeschichte, die zu ihrer Entstehung führte. Stattdessen beginnt gleich der eigentliche Rechtsakt, die Dispositio, in der der König seiner über alles geliebten Frau und Mitregentin[6] - *Adeleidae amantissimae coniugi nostrae et consorti regni nostri* - in den obengenannten Gebieten umfangreiche Güter mit allen Rechten als ihr Eigentum überträgt: *cum castellis, villis, massariciis, capellis, terris, vineis, campis, pratis, pascuis, silvis, stalariis, castanetis, montibus, vallibus, planiciebus, aquis aquarumque decursibus, molendinis, piscationibus, toloneis, exhibitionibus, servis et ancillis, aldionibus et aldiabus omnisbusque rebus et familiis ad predictas cortes et res integre pertinentibus* - mit Burgen, Dörfern, Meierhöfen, Kapellen, Ländereien, Weinbergen, Äckern, Wiesen, Weiden, Wäldern, Baumpflanzungen, Kastanienhainen, Bergen, Tälern, Ebenen, stehenden und fließenden Gewässern, Mühlen, Fischteichen, Zollstätten, Leistungen, unfreien Knechten und Mägden, halbfreien Männern und Frauen sowie mit allen zu den genannten Höfen gehörenden Dingen und Menschen und alles Zubehör. Daran schließt sich die Sanctio, die Strafandrohung gegen jene an, die die Bestimmungen der Urkunde verletzen sollten. Der Ankündigung der Beglaubigungsmittel, der Corroboratio, folgen die Subscriptiones, hier Signumzeile, Monogramm und Siegel König Lothars, zu guter Letzt Tages- und Ortsangabe. Anfang und Signumzeile der Urkun-

mars 950 à Pavie et dans lequel il lui cède tous les biens et droits qu'il avait reçus en héritage paternel dans la région entre les comtés de Modène et de Bologne, en particulier à Vallisnera (près de Culagno en Reggio Emilia). Le douaire d'Adélaïde, calculé généreusement, aurait comporté en tout quatre monastères et 21 exploitations de plus de 4500 manses de terres.

Cet acte réalisé sur parchemin, mesurant 39,5 x 47,5 cm et dont le sceau n'est plus que fragmentaire avec l'inscription "...THARIVS GRACIA...", respecte les formes de chancellerie qui étaient d'usage à cette époque: Après l'invocation de Dieu, l'Invocatio, il y a le nom et le titre de l'auteur, l'Intitulatio du roi Lothaire. Une introduction générale, l'Arenga, fait la transition avec la formule habituelle de promulgation, la promulgatio. Cet acte n'a pas de Narratio, une explication des antécédents qui ont amené à sa création. C'est l'acte juridique à proprement parler qui commence aussitôt, la Dispositio, où le roi transmet à sa femme aimée par-dessus tout et souveraine associée - *Adeleidae amantissi-mae coniugi nostrae et consorti regni nostri* - dans les régions sus-mentionnées des biens importants qui deviennent sa propriété: *cum castellis, villis, massariciis, capellis, terris, vineis, campis, pratis, pascuis, silvis, stalariis, castanetis, montibus, vallibus, planiciebus, aquis aquarumque decursibus, molendinis, piscationibus, toloneis, exhibitionibus, servis et ancillis, aldionibus et aldiabus omnibusque rebus et familiis ad predictas cortes et res integre pertinentibus* - avec châteaux, villages, fermages, chapelles, terres, vignobles, champs, prairies, prés, forêts, plantations d'arbres, châtaigneraies, montagnes, vallées, plaines, eaux stagnantes et courantes, moulins, étangs à poissons, péages, prestations, serfs et serves, hommes et femmes à demi libres, ainsi que toutes les choses et personnes faisant partie des exploitations précitées et de toutes les annexes. Vient ensuite la Sanctio, la menace de peine contre ceux qui enfreindraient les dispositions de l'acte. L'annonce des moyens de certification, la Corroboratio, est suivie par les Subscriptiones, ici la souscription, le monogramme et le sceau du roi Lothaire, et pour finir la mention de la date et du lieu. La ligne de tête et la souscription sont réalisées dans une écriture en relief, avec des *Litterae elongatae*. Le scribe est le cha-

de sind in einer herausgehobenen Schrift, den *Litterae elongatae* ausgestellt. Als ihr Schreiber nennt sich der königliche Kaplan "Petrus qui e[s]t Amizo". Diese für sie überaus wichtige Urkunde dürfte Adelheid lange Zeit als Pergamentpäckchen zusammengefaltet - wie die noch sichtbaren Faltungsspuren beweisen - mit sich geführt haben, bevor sie sie endgültig in Seltz niederlegen ließ.

Auch ihr zweiter Ehemann war nicht kleinlich. Kaiser Otto I. stattete das Wittumsgut seiner Frau Adelheid in zwei am 16. November 968 in Aterno bzw. Pescara datierten Urkunden mit fünf im Elsaß gelegenen Königshöfen nebst zugehörigen Kirchen in Hochfelden, Merzweiler[7], Schweighausen, Sermersheim und Seltz sowie dem im Speyergau gelegenen Hof Steinweiler aus.[8] Da die Rechtswirksamkeit der Urkunden vom Tod des jeweiligen Ausstellers oder Empfängers beeinträchtigt wurde, vor allem wenn es sich um die Vergabe von Reichsgut handelte, bedurfte es bald einer Bestätigung ihres Inhalts. So wurden diese und andere an Adelheid übertragene Güter im Elsaß, Franken, Thüringen, Sachsen und dem Slavenlande, d.h. Ostelbien, durch Otto II. seiner Mutter nochmals in Dornburg am 8. Juni 975 garantiert.[9] Für den minderjährigen Otto III. wurde dieser Schritt auf Intervention seiner Mutter Theophanu am 21. Mai 987 in Allstedt nachvollzogen.[10]

Die eigentliche Gründung des Klosters Seltz vollzog der König auf Drängen seiner Großmutter während der Weihnachtsruhe des Jahres 991 in der sächsischen Königspfalz Pöhlde. Es folgten

Schenkungsurkunde für das Kloster Seltz, 11. März 992

Generallandesarchiv Karlsruhe

Acte de donation pour le monastère de Seltz, 11. Mars 992

Archives régionales de Karlsruhe

pelain royal "Petrus qui e[s]t Amizo". Cet acte était si important pour Adélaïde qu'elle a dû l'emmener longtemps avec elle, plié comme un petit paquet de parchemin (les traces de plis encore visibles le prouvent), avant de le déposer définitivement à Seltz.

Le second époux d'Adélaïde n'était pas avare non plus. Dans deux actes datés du 16 novembre 968 d'Aterno et de Pescara, l'empereur Otton Ier dota le douaire de son épouse de cinq cours royales situées en Alsace avec leurs églises à Hochfelden, Merzweiler, Schweighouse, Sermersheim et Seltz, ainsi que le domaine de Steinweiler situé dans la province de Spire. Comme la validité juridique des actes était compromise par la mort de l'expéditeur ou du destinataire, surtout lorsqu'il s'agissait de cession de biens impériaux, il était nécessaire de confirmer promptement leur contenu. C'est pourquoi, le 8 juin 975, à Dornburg, Otton II garantit encore à sa mère ces biens et ceux que son père avait cédés à Adélaïde en Alsace, en Franconie, en Thuringe, en Saxe et en pays slave (c.a.d. l'Elbe orientale). Otton III, mineur, exécuta cette démarche sur l'intervention de sa mère Théophano le 21 mai 987 à Allstedt.

Le roi procéda à la fondation proprement dite de l'abbaye de Seltz sur les instances de sa grand-mère pendant les fêtes de Noël de l'an 991 dans le palais royal de Saxe à Pöhlde. D'autres donations sui-

weitere Schenkungen im März 992 sowie im Juli und August 993. Vollendet wurde die Grundausstattung zur Jahreswende 993/994, als sich der Hof in der zu Adelheids Wittumsgut gehörenden Pfalz Erstein aufhielt. Die Klosterweihe konnte im Beisein der kaiserlichen Familie am 18. November 996 durch den Straßburger Bischof Widerold vollzogen werden. Zum ersten Abt wurde der von der cluniazensischen Reformbewegung beeinflusste Vertraute Adelheids Eccemann bestimmt.

Als Grundlage des Klosterlebens wurde in der in Pöhlde am 4. Januar 992 ausgestellten Urkunde die Benediktinerregel festgeschrieben.[11] Der Kaiser verlieh dem Kloster Schutz und Immunität und gewährte den Mönchen nach dem Tode des Gründungsabtes das Recht, aus ihren Reihen einen Nachfolger zu wählen, der den für weltliche Angelegenheiten zuständigen Vogt selbst bestimmen konnte. Beide bedurften allerdings der Investitur durch den König. Während sich das Reichskloster Seltz zu Adelheids Lebzeiten als Eigenkirche der Kaiserin in einem besonderen Abhängigkeitsverhältnis befand, sollte es danach nur noch unmittelbar Kaiser und Papst unterstellt sein.

Der Besitz des Klosters setzte sich sowohl aus Adelheids Eigengut, deren Verfügungsgewalt nicht allzeit unumstritten war, als auch direkt vom König übertragenen Reichsgut zusammen: Das Zentrum bildeten natürlich Seltz und seine nähere Umgebung mit Gütern bei Zabern, Weißenburg und Kandel, dazu einzelne Besitzungen am Rhein jenseits von Mainz und in der burgundischen Schweiz westlich von Payerne, wo Adelheid schon ein Vierteljahrhundert zuvor ebenfalls ein Kloster gegründet hatte und ihre Mutter begraben lag. Schließlich hatten noch einzelne Höfe als Zwischenstationen zu den weit entfernten Besitzungen zu dienen. Eine Fälschung des 12. Jahrhunderts ist wohl jene Urkunde, die dem Kloster noch zusätzlich den Zehnt des Heiligen Forstes und der umliegenden Güter zu verschaffen suchte.[12]
Von besonderem wirtschaftlichen Vorteil war für Seltz das am 2. Juli 993 in Merseburg vom Kaiser erteilte Markt-, Münz- und Zollprivileg, dessen Einkünfte dem Kloster zuflossen.[13] Nicht unwichtig war dabei, dass der Abt seine Münzen nach den bei der Bevölkerung und den Kaufleuten angesehenen Vorbildern aus Speyer und Straß-

virent en mars 992, ainsi qu'en juillet et août 993. La dotation de base fut achevée fin 993-début 994, alors que la cour séjournait dans le palais d'Erstein qui faisait partie du douaire d'Adélaïde. L'abbaye fut consacrée en présence de la famille impériale le 18 novembre 996 par l'évêque Widerold de Strasbourg. Le conseiller intime d'Adélaïde, Eccemann, qui était influencé par le mouvement de réforme clunisien, fut désigné pour être le premier abbé.

L'acte établi à Pöhlde le 4 janvier 992 fixait par écrit que la vie de l'abbaye se basait sur la règle des bénédictins. L'empereur accordait à l'abbaye protection et immunité et octroyait aux moines le droit de choisir, après la mort de l'abbé de la fondation, un successeur dans leurs propres rangs, lequel pouvait pour sa part désigner lui-même l'avoué compétent pour les affaires temporelles. Mais il leur fallait à tous les deux l'investiture du roi. Alors que, du vivant d'Adélaïde, l'abbaye impériale de Seltz était dans un rapport de dépendance particulier en tant qu'église de l'impératrice, elle ne devait plus être ensuite qu'indirectement sous les ordres de l'empereur et du pape.

La propriété de l'abbaye incluait non seulement les biens personnels d'Adélaïde (le pouvoir d'en disposer lui ayant été parfois contesté), mais aussi des biens royaux cédés directement par le roi: Le centre était bien sûr Seltz et ses proches environs avec des biens à Saverne, Wissembourg et Kandel, ainsi que diverses propriétés au bord du Rhin au-delà de Mayence et dans la Suisse bourguignonne à l'ouest de Payerne, où Adélaïde avait déjà aussi fondé un monastère un quart de siècle auparavant et où sa mère était enterrée. Quelques domaines devaient encore servir d'étapes entre les propriétés éloignées. L'acte qui tentait de procurer encore à l'abbaye la dîme de la Forêt Sainte et des biens alentours est probablement un faux du XIIe siècle. Seltz bénéficia d'un avantage économique particulier en recevant de l'empereur à Merseburg le 2 juillet 993 le privilège de tenir marché, de battre monnaie et de prélever des péages, car ces revenus affluaient à l'abbaye. Il n'était pas négligeable non plus que l'abbé pût faire battre ses pièces selon les modèles de Spire et de Strasbourg appréciés par la population et les commerçants. Mais l'importance de ce document provient surtout de l'illustre série

burg schlagen lassen konnte. Deutlich wird die Bedeutung dieser Urkunde nicht zuletzt durch die illustre Reihe von Mitwirkenden, auf deren Intervention hin der Rechtsakt vollzogen wurde. Der Text nennt neben Adelheid den Erzbischof Willigis von Mainz, Bischof Hildibald von Worms und die Herzöge Heinrich von Bayern, Otto von Kärnten sowie Konrad von Elsass und Alemannien. Nach menschlichem Ermessen war das Kloster fortan gut genug ausgestattet, um die kommenden Jahrhunderte mit St. Adelheids Eigen in Wohlstand zu bestehen. Kaiserin Adelheid selbst konnte hochbetagt getrost zur Ruhe gehen. Sie verbrachte ihre letzten Lebensjahre in Seltz, wo sie am 16. oder 17. Dezember des Jahres 999 starb. Ihr Leichnam wurde im Kloster beigesetzt, das der neue Kaiser Heinrich II. am 28. September 1002 in Speyer unter seinen Schutz nahm und ihm all seinen Besitz und seine Rechte bestätigte.[14] Die Klosterkirche zerstörte 1307 ein Hochwasser. Zwar konnte der Schrein mit Adelheids wundertätigen Gebeinen zunächst gerettet werden, doch ging auch er im Laufe der Jahre verloren. Nur ihre Urkunden sollten die Zeit überdauern.

d'intervenants ayant pris une part active à la réalisation de l'acte juridique. En plus d'Adélaïde, le texte cite l'archevêque Willigis de Mayence, l'évêque Hildibald de Worms et les ducs Henri de Bavière, Otton de Carinthie ainsi que Conrad d'Alsace et d'Alémanie. Autant que l'on puisse en juger, l'abbaye était dorénavant suffisamment dotée pour passer dans l'aisance les siècles à venir avec le *propre d'Adélaïde*. L'impératrice Adélaïde ellemême, parvenue à un âge avancé, pouvait aller prendre du repos en toute tranquillité. Elle passa les dernières années de sa vie à Seltz où elle mourut le 16 ou 17 décembre 999. Son corps fut enterré dans l'abbaye que le nouvel empereur, Henri II, prit sous sa protection le 28 septembre 1002 à Spire et dont il confirma toutes les propriétés et tous les droits. L'église de l'abbaye fut détruite par une inondation en 1307. Le reliquaire avec les ossements miraculeux d'Adélaïde put, certes, être sauvé tout d'abord, mais il fut, lui aussi, perdu au fil des ans. Seuls ses actes ont résisté au temps.

1. Vgl. zum folgenden hauptsächlich Schwarzmaier, Hansmartin: Das "salische Hausarchiv", in: Weinfurter, Stefan u. Kluger, Helmuth (Hg.): Die Salier und das Reich. Bd. 1: Salier, Adel und Reichsverfassung, Sigmaringen 1991. S. 97-115. Unverrückbar für alle Zeiten. Tausendjährige Schriftzeugnisse in Baden-Württemberg, hrsg. vom Generallandesarchiv Karlsruhe, bearb. von Wilfried Rößling u. Hansmartin Schwarzmaier, Karlsruhe 1992, S. 30-36 u. 42-44.
2. Vgl. zum Kloster Seltz Wollasch, Joachim: Das Grabkloster der Kaiserin Adelheid in Selz am Rhein, in: Frühmittelalterliche Studien 2 (1968), S. 135-143. Bannasch, Hermann: Zur Gründung und älteren Geschichte des Benediktinerklosters Selz im Elsaß, in: Zeitschrift für die Geschichte des Oberrheins 117 (1969), S. 97-160. Artikel "Seltz", in: Encyclopédie de l'Alsace, Bd. 11, Strasbourg 1985, S. 6855-6859.
3. Vgl. zur Kaiserin Adelheid Odilo von Cluny: Das Leben der Kaiserin Adelheid. Nach der Ausgabe der *Monumenta Germaniae* übersetzt von Hermann Hütter, in: Die Geschichtsschreiber der deutschen Vorzeit. 10. Jahrhundert, Bd. 8, Berlin 1856. Frommer, Hansjörg: Spindel, Kreuz und Krone. Herrscherinnen des Mittelalters, Karlsruhe 1993, S. 13-110. Hlawitschka, Eduard: Kaiserin Adelheid und Kaiserin Theophanu, in: Schnith, Karl (Hg.): Frauen des Mittelalters in Lebensbildern, Graz etc. 1997, S. 27-71. Goez, Werner: Lebensbilder aus dem Mittelalter. Die Zeit der Ottonen, Salier und Staufer, 2. überarb. u. erw. Auflage Darmstadt 1998, S. 66-82.
4. Vgl. GLA, A 34, A 43, A 44, A 46, A 49, A 50, A 53, A 54a+b, A 55a-d, A 56, A 57, A 59, A 60, A 64, A 65a+b, A 66, A 67. GLA, A 34. Vgl. Unverrückbar für alle Zeiten, S. 42. Abdruck des Textes in: Zeitschrift f. Geschichte d.Oberrheins 6 (1855), S. 125f.
5. Vgl. Goez: Lebensbilder, S. 67f.
6. Vgl. Erkens, Franz-Reiner: Die Frau als Herrscherin in ottonisch-salischer Zeit, in: Euw, Anton von u. Schreiner, Peter (Hg.): Kaiserin Theophanu. Begegnung des Ostens und Westens um die Wende der ersten Jahrtausends, Bd. 2, Köln 1991, S. 245-259.
7. Vgl. Bannasch, S. 105.
8. GLA, A 43 u. A 44. Monumenta Germaniae Historica. Diplomatum Regum et Imperatorum Germaniae, Bd. 1: Die Urkunden Konrads I., Heinrichs I. und Ottos I., Hannover 1879-1884, Otto I. Nr. 368 u. Nr. 369 (im folgenden MGH, DO I).
9. GLA A 46. MGH, Bd. 2: Die Urkunden Ottos II. und Ottos III., Hannover 1893, Otto II., Nr. 109 (im folgenden MGH, DO II u. DO III). 10. GLA, A 50. MGH, DO III, Nr. 36.
11. GLA, A 54a+b. MGH, DO III, Nr. 79.
12. GLA, A 66. MGH, DO III, Nr. 430.
13. GLA, A 59. MGH, DO III, Nr. 130.
14. GLA, A 73. MGH , Bd. 3: Die Urkunden Heinrichs II. und Arduins, Hannover 1900-1903, Nr. 18.

HANSJÖRG FROMMER

Adelheid als Heilige

In der alten Kirche und im frühen Mittelalter waren Heilige zunächst lokale Größen, deren Verehrung sich ausbreitete, wenn sie ihre Wirksamkeit durch Segnungen für die Gemeinde und durch Wunder unter Beweis stellten. So wurde etwa der Heilige Mauritius zuerst in St. Maurice d'Agaune und im Walliser Umland verehrt, dann auch in Italien, am Niederrhein und schließlich in Magdeburg, wo Otto I. sich ihm in besonderer Weise verbunden fühlte. Für einen Heiligen waren drei Dinge wichtig: eine Lebensbeschrei-

Adélaïde, la sainte

Dans l'Eglise antique et au début du Moyen Âge, les saints étaient d'abord des personnalités locales, dont la vénération se propageait lorsque les bienfaits apportés à leur paroisse et les miracles accomplis faisaient la preuve de leurs aptitudes. Ainsi, saint Maurice fut d'abord vénéré à St-Maurice-d'Agaune et dans la région du Valais, puis en Italie et dans le Rhin inférieur, et enfin à Magdebourg où Otton Ier se sentait lié à lui d'une façon particulière. Trois choses étaient importantes pour un saint: d'abord une

Odilo von Cluny. Epitaphium
Handschrift 11. Jh. / Manuscrit XIe siècle

Universitätsbibliothek Würzburg M.p.th.f.34, 147v und 148r

bung, die die besondere Verbindung zu dem Ort herstellte, an dem der Heilige verehrt wurde, eine Hinterlassenschaft, die als Reliquie dienen konnte, im idealen Fall ein Sarg und ein Grab, aber bei Übertragungen auch nur ein Stück Knochen oder Bekleidung, das die besondere Kraft dieses Heiligen weitertransferierte, und schließlich ein Bericht über die Wunder, die sich am Grab oder vor der Reliquie ereignet hatten. Es gab kein öffentliches Verfahren der Gesamtkirche für die Heiligsprechung. Der erste vom Papst offiziell Heiliggesprochene war Bischof Ulrich von Augsburg, der Mitkämpfer Ottos I. bei der Schlacht auf dem Lechfeld 955, der sicher in seiner Bischofsstadt schon gleich nach seinem Tod 973 als Heiliger Verehrung fand. Er wurde 993, wohl nicht ohne Zutun der Kaiserin Adelheid, die ja für ihren Enkel Otto III. die Regentschaft führte, in Rom von Johannes XV. in einem feierlichen Akt "kanonisiert", in das offizielle Verzeichnis (canon) der Heiligen aufgenommen. Erst seit 1171 behielt sich durch ein Dekret Alexanders III. der päpstliche Stuhl die Heiligsprechung vor.

So waren auch für Adelheid alle Voraussetzungen gegeben, dass sie schon bald nach ihrem Tod unter die Heiligen aufgenommen wurde. Das Kloster in Seltz sah in ihr eine starke Patronin, die die regierende Familie über den Tod der Kaiserin hinaus zur großzügigen Förderung und Unterstützung verpflichtete, und auch Cluny, das Mutterkloster für die von Adelheid gegründeten und unterstützten Klöster, war an der Erhöhung dieser Frau interessiert, die als Herrscherin die Anliegen der Kirche und speziell Clunys immer großzügig gefördert und unterstützt hatte. Sie konnte nachfolgenden Herrschern gegenüber als positives Beispiel vorgestellt werden. Deshalb kümmerte sich auch der Abt von Cluny selbst um diese Angelegenheit. Odilo nutzte seine Begegnungen mit Adelheid zu intensiven Gesprächen, aus denen bald nach ihrem Tod eine sehr persönliche Lebensbeschreibung entstand: *Odilonis Cluniacensis abbatis Epitaphium domine Adelheide Auguste.* Das Werk ist uns in 16 Handschriften überliefert. Die wichtigste liegt heute in der Universitätsbibliothek von Würzburg. Sie stammt aus dem 11. Jahrhundert und gehörte ursprünglich nach St. Peter in Weißenburg, dem Nachbarort von Seltz. Sicher gab es auch in Seltz eine Handschrift davon, ver-

biographie qui établissait la relation avec la localité où le saint était vénéré, ensuite un vestige qui puisse servir de relique (l'idéal était un cercueil ou une tombe, mais dans le cas de translations, il pouvait aussi s'agir d'un simple morceau d'os ou de vêtement qui retransmettait la force particulière de ce saint), et enfin un compte-rendu des miracles qui s'étaient produits sur sa tombe ou devant sa relique. Il n'y avait pas de procédure publique de l'Eglise universelle pour la canonisation. Le premier saint officiellement canonisé par le pape fut l'évêque Ulrich d'Augsbourg, le compagnon de lutte d'Otton Ier lors de la bataille du Lechfeld en 955, et il fut sûrement vénéré comme saint dans sa ville épiscopale juste après sa mort en 973. Il fut "canonisé", donc inscrit dans le registre officiel (canon) des saints, à Rome en 993 par Jean XV au cours d'une cérémonie solennelle, et ce ne fut probablement pas sans l'intervention de l'impératrice Adélaïde qui assumait alors la régence pour son petit-fils Otton III. Le Saint-Siège ne se réserva la canonisation qu'après 1171 par un décret d'Alexandre III.

Donc, dans le cas d'Adélaïde, toutes les conditions étaient également réunies pour qu'elle fût accueillie parmi les saints peu après sa mort. L'abbaye de Seltz voyait en elle une puissante patronne qui obligeait la famille régnante à assister et à soutenir généreusement la fondation même après la mort de l'impératrice; et Cluny, l'abbaye mère des monastères créés et soutenus par Adélaïde, s'intéressait aussi à l'élévation de cette femme qui, en tant que souveraine, avait toujours encouragé et soutenu généreusement les requêtes de l'Eglise et de Cluny en particulier. Elle pouvait être présentée comme un exemple positif aux souverains qui suivirent. Aussi l'abbé de Cluny s'occupa-t-il lui-même de cette affaire. Odilon profita de ses rencontres avec Adélaïde pour avoir avec elle des entretiens intenses qui donnèrent naissance à une biographie très personnelle peu après la mort de l'impératrice: *Odilonis Cluniacensis abbatis Epitaphium domine Adelheide Auguste*. Cette oeuvre nous est transmise en 16 manuscrits. Le plus important est conservé aujourd'hui à la Bibliothèque Universitaire de Würzburg. Il date du XIe siècle et appartenait à l'origine à St-Pierre à Wissembourg, une localité voisine de Seltz. Il y avait certainement un manuscrit aussi à Seltz, probablement même le

mutlich sogar die Vorlage für den Weißenburger Text, aber sie ist nicht erhalten.

Schon Odilo nahm die ersten Wunder auf, die Adelheid als Heilige auswiesen. Sein Bericht endet mit den folgenden Sätzen:

An ihrem Grab erhalten Blinde das verlorene Augenlicht, vom Schlage Gelähmte den Gebrauch ihrer Glieder zurück, Fieberkranke werden dort geheilt. Viele an mannigfachen Gebrechen Siechende gesunden durch die Gnade und das Erbarmen unseres Herrn Jesu Christi.

Etwa fünfzig Jahre später entstand ein eigener Wunderbericht, der bei einigen Handschriften direkt angefügt ist. Hier werden Wunder beschrieben, die sich am Grab Adelheids in Seltz ereignet haben, so zum Beispiel eine Auseinandersetzung mit Herzog Hermann von Schwaben, der auf das Privaterbe der gestorbenen Kaiserin verzichtet, nachdem sein blinder Knecht wieder sehend geworden ist. Seltz hatte also seine bedeutende und wundertätige Heilige, aber auch andere Orte, die mit Adelheid in Verbindung gestanden hatten, versuchten jetzt, von Glanz dieses Heiligenscheins zu profitieren. Die offizielle Kanonisierung Adelheids 1097 durch Papst Urban II., der 1095 in Clermont-Ferrand zum ersten Kreuzzug aufgerufen hatte, war aber wohl vor allem aktuell politisch zu verstehen. Urban II. war Prior in Cluny gewesen und dann unter Gregor VII. als Kardinalbischof von Ostia in den engeren Führungskreis der Kurie aufgestiegen. Dem Salier Heinrich IV. gegenüber vertrat er den Macht- und Führungsanspruch der Kirche, und Adelheid als große Kaiserin, die sich dem geistlichen Führungsanspruch von Cluny ganz untergeordnet hatte, eignete sich als Vorbild einer guten Herrscherin, von der die Salier sich nur negativ abheben konnten. Vielleicht hat dieser politische Aspekt, der schon in der Lebensbeschreibung Odilos mitschwingt, auch dazu beigetragen, dass Adelheid als Heilige im allgemeinen nicht sehr populär wurde. Das zeigt sich in der verhältnismäßig geringen Verbreitung der Handschriften der Lebensbeschreibung.

Stifterstatuen
Kaiser Otto und Kaiserin Adelheid
Dom zu Meißen um 1270

Foto: Achim Bednorz, Köln

modèle du texte de Wissembourg, mais il n'a pas été conservé.

Odilon recueillit déjà les premiers miracles qui faisaient d'Adélaïde une sainte. Son compte-rendu se termine sur les phrases suivantes:

Sur sa tombe, les aveugles recouvrent la vue, les paralysés l'usage de leurs membres, les fiévreux sont guéris. De nombreux malades souffrant de diverses infirmités recouvrent la santé par la grâce et la miséricorde de notre Seigneur Jésus-Christ.

Le compte-rendu des miracles d'Adélaïde apparut environ cinquante ans plus tard, et il est joint à quelques manuscrits. On y décrit les miracles qui se produisirent sur la tombe d'Adélaïde à Seltz; on y trouve par exemple une discussion avec le duc Hermann de Souabe, qui renonce à l'héritage personnel de l'impératrice défunte, après que son valet aveugle ait recouvré la vue. Ainsi, Seltz avait sa grande sainte faiseuse de miracles, et d'autres villes qui avaient été en relations avec Adélaïde, essayèrent aussi de profiter de l'éclat de son auréole. Mais la canonisation officielle d'Adélaïde en 1097 par le pape Urbain II, qui avait appelé à la première croisade à Clermont-Ferrand en 1095, devait sans doute être vue aussi dans le contexte de la politique de l'époque. Urbain II avait été prieur à Cluny, puis, sous Grégoire VII, il était parvenu dans le cercle restreint des milieux dirigeants de la curie en tant que cardinal-évêque d'Ostia. A l'égard du Salien Henri IV, il incarnait les revendications de pouvoir et d'hégémonie de l'Eglise, et Adélaïde qui, en tant que grande impératrice, s'était complètement soumise à l'autorité spirituelle de Cluny, était l'exemple idéal d'une bonne souveraine, avec laquelle les Saliens ne pouvaient que contraster défavorablement. Cet aspect politique, qui est déjà sous-jacent dans la biographie d'Odilon, a peut-être aussi contribué à ce qu'Adélaïde ne soit pas très populaire dans l'ensemble; la diffusion relativement faible des manuscrits de sa biographie le montre.

Statues des fondateurs
L'empereur Otton et limpératrice Adélaïde
Cathédrale de Meißen vers 1270

Photo: Achim Bednorz, Köln

Steinskulptur Heilige Adelheid
Im Hohen Dom zu Augsburg
um 1360

Sculpture en pierre
Cathédrale d'Augsbourg
vers 1360

Eine der ältesten bekannten Darstellungen Adelheids ist die frühgotische Statue im Dom von Meißen. Der von Otto I. und Adelheid gestiftete Dom wurde nach 1260 großzügig gotisch aus- und umgebaut, und zur Erinnerung an die Stifter wurden im Chor vier Meter über dem Boden überlebensgroße Figuren errichtet. Dreihundert Jahre nach dem Tod Ottos I. haben sie keine Porträtähnlichkeit mehr, aber sie sagen einiges über die Vorstellung, die man sich am Ende der Stauferzeit von einem Kaiser und einer Kaiserin machte. Die beiden Statuen sind einander zugewandt, in der Bewegung und Drehung aufeinander bezogen und scheinen zu kommunizieren. Die Herrschaftsattribute, Kronen, Reichsapfel und Zepter, sind mächtig, aber ohne jeden realen Bezug. Die starren Gewänder und die reiche Bemalung verstärken den unindividuell-pathetischen Eindruck der Figuren.

L'une des plus anciennes représentations connues d'Adélaïde est la statue de style ogival primaire qui se trouve dans la cathédrale de Meißen. Cette cathédrale fondée par Otton Ier et Adélaïde fut amplement aménagée et transformée en style gothique après 1260, et en souvenir de ses fondateurs, des personnages plus grands que nature furent dressés dans le choeur, à quatre mètres au-dessus du sol. Trois cents ans après la mort d'Otton Ier, ils ne sont pas ressemblants comme des portraits, mais ils sont éloquents quant à l'idée qu'on se faisait d'un empereur et d'une impératrice à la fin de l'époque des Staufen. Les deux statues sont tournées l'une vers l'autre, en corrélation dans le mouvement et la rotation, et elles semblent communiquer. Les attributs du pouvoir, les couronnes, le globe impérial et le sceptre, sont énormes, mais sans référence réelle. Les habits figés et la peinture riche renforcent l'aspect pathétique et impersonnel de ces personnages.

Eine weitere bedeutende Adelheidstatue findet sich im Augsburger Dom am Nordportal des Ostchors. Auf dem Mittelpfeiler zwischen den beiden Türen steht eine Muttergottes, und auf jeder Seite sind zwei Heiligenstatuen. Die äußere linke Figur gilt als heilige Elisabeth, die innere ist die Kaiserin Adelheid mit Zepter und einem Kirchenmodell. Das Kirchenmodell scheint ein häufiges Attribut für Adelheid zu sein. Es ist entweder eine Anspielung auf Seltz oder auf ihren Beitrag zum Ausbau des Augsburger Doms. Von den beiden rechten Figuren ist die innere nicht identifiziert, die äußere Bischof Ulrich von Augsburg. Damit ist der Zusammenhang der Figurenfolge deutlich, denn Ulrich und Adelheid gehören in die gleiche Zeit und haben beide zum Ansehen Augsburgs viel beigetragen. Die hochgotischen Figuren stammen aus der Mitte des 14. Jahrhunderts. Am Portal sind heute nur noch Kopien zu sehen, die Originale sind im Dom untergebracht.

Une autre statue importante d'Adélaïde se trouve dans la cathédrale d'Augsbourg, au portail nord du choeur est. Sur le trumeau entre les deux portes se trouve une madone, et de chaque côté il y a deux statues de saints. Le premier personnage en partant de la gauche est considéré comme étant sainte Elisabeth, le deuxième personnage de gauche est l'impératrice Adélaïde avec un sceptre et une maquette d'église. La maquette d'église semble être un attribut fréquent d'Adélaïde. C'est une allusion soit à Seltz, soit au rôle qu'elle joua dans l'aménagement de la cathédrale d'Augsbourg. Quant aux deux personnages de droite, le deuxième en partant de la droite n'est pas identifié, celui qui est tout à droite est l'évêque Ulrich d'Augsbourg. Le rapport entre ces statues est donc évident, car Ulrich et Adélaïde appartiennent à la même époque et ils ont fortement contribué tous les deux au prestige d'Augsbourg. Ces personnages en gothique classique datent du milieu du XIVe siècle. Aujourd'hui, on ne peut voir que des copies au portail, les originaux sont dans la cathédrale.

In Seltz selber ist vom Adelheid-Kloster nichts erhalten. Es fiel 1307 einem Rheinhochwasser zum Opfer. Vermutlich wurde einiges gerettet, unter anderem die Urkunden, und vielleicht auch der Sarkophag, aber er ist verschollen. In Seltz vermutet man ihn gern unter dem Chor der Kirche,

A Seltz même, il ne reste rien de l'abbaye d'Adélaïde. Elle fut détruite en 1307 par une crue du Rhin. Certaines choses purent probablement être sauvées, par exemple les actes, et peut-être aussi le sarcophage, mais il a disparu. A Seltz, on suppose volontiers qu'il est sous le choeur de l'église, mais

aber das ist eher unwahrscheinlich, weil er ja ein Schmuckstück und eine besondere Reliquie gewesen wäre, die man nicht "verbuddelt" hätte. Die älteste Seltzer Erinnerung an Adelheid ist ein Schlussstein im Netzgewölbe der Seitenkapelle der Seltzer Kirche, die nach 1481 spätgotisch umgebaut wurde. Er zeigt in der Mitte Adelheid mit Krone, Reichsapfel und Kirchenmodell, flankiert von einem knienden Engel und einer kleineren stehenden Figur mit einem Buch in der rechten und einem Modell in der linken Hand. Von diesem Schlussstein gibt es im Museum in Pavia eine alte Schwarz-Weiß-Fotografie aus der Zeit um 1900.

Dass das Andenken an Adelheid am Oberrhein noch lebendig war, zeigt die lateinische Vita Sancte Adelhaydis eines unbekannten Verfassers, die 1517 von Nicolaus Keibs in Durlach gedruckt wurde. Von diesem Druck sind nur zwei Exemplare erhalten, eines in der Bayerischen Staatsbibliothek in München und eines in Oxford. Der Titelholzschnitt zeigt Adelheid mit Krone, Zepter und Reichsapfel neben einer realistisch dargestellten Kirche, wahrscheinlich der Kirche von Seltz. Mindestens weist sie eine gewisse Ähnlichkeit mit einer Fotografie der Seltzer Kirche aus dem 19. Jahrhundert auf. In Payerne wurde Adelheid in

oben: Schlussstein in der Adelheid-Kapelle der Kirche von Seltz, etwa 1481

unten: Fotografie des Schlusssteins Ende 19. Jahrhundert im Museum in Pavia, Musei Civici, Pavia

en haut: Clef de voûte, chapelle latérale Eglise de Seltz, vers 1481

en bas: Photographie de la clef de voûte, fin XIXe siècle, Musée de Pavie

c'est plutôt invraisemblable, parce qu'il aurait été un joyau, une relique particulière et on ne l'aurait pas "enfoui". Le plus ancien souvenir d'Adélaïde se trouvant à Seltz est une clef de voûte de la chapelle latérale de l'église de Seltz, qui fut transformée après 1481 en gothique tardif. Au milieu de cette clef de voûte, on peut voir Adélaïde avec la couronne, le globe impérial et la maquette d'église, à côté d'elle un ange agenouillé et un plus petit personnage debout avec un livre dans la main droite et une maquette dans la main gauche. Au musée de Pavie se trouve une vieille photographie en noir et blanc datant d'environ 1900 et représentant cette clef de voûte.

Le souvenir d'Adélaïde était encore vivant dans le Rhin supérieur, c'est ce que montre la Vita Sancte Adelhaydis écrite en latin par un auteur inconnu et imprimée en 1517 à Durlach par Nicolaus Keibs. Seuls deux exemplaires de cette impression sont conservés: un à la Bayerische Staatsbibliothek de Munich et un à Oxford. La gravure sur bois du frontispice montre Adélaïde avec la couronne, le sceptre et le globe impérial à côté d'une église représentée avec réalisme, sans doute celle de Seltz. Elle présente du moins une certaine ressemblance avec une photographie de l'église de Seltz du XIXe siècle. A Payerne, Adélaïde fut très tôt remplacée

der volkstümlichen Erinnerung schon früh durch ihre Mutter Bertha ersetzt. Am Oberrhein haben das Hochwasser, die Krise der Kirche und des Klosterwesens und schließlich die Reformation die Tradition der Verehrung Adelheids ziemlich abreißen lassen. Nur in Pavia blieb Adelheid als junge Frau, als Herrscherin und als Heilige in ständiger und lebendiger Erinnerung. Auch Einsiedeln im Kanton Schwyz, eine von Otto I. privilegierte Abtei, war ein Zentrum der Verehrung der heiligen Adelheid. Dorthin gehört eine der 16 Handschriften mit der Lebensbeschreibung Adelheids durch Odilo von Cluny. Johann Wolfgang von Goethe, dessen 250. Geburtstag wir in diesem Jahr auch feiern, beschrieb seine dortige Begegnung mit ihr (zitiert nach Wilhelm Bode, Goethes Schweizer Reise, Leipzig 1922, S. 35):

Wie zu erwarten, fehlte es in dieser Schatzkammer auch nicht an goldnen und silbernen Dankzeichen nach geschehenen Wundertaten, an nachgebildeten Gliedmaßen, Kindern usw. Auch nicht an "gräßlich schön aufgeputzten Gerippen und Gebeinen von Heiligen beiderlei Geschlechts: unter diesen Gerippen fand sich die heilige Adelheid, Gemahlin jenes ersten Kaisers Otto, der das Heilige Römische Reich Deutscher Nation begründet hat; auf ihrer Brust war ein Türchen angebracht, das man öffnen und alsdann in das Innerste der Heiligen hineinschauen konnte".

par sa mère Berthe dans la mémoire populaire. Dans la région du Rhin supérieur, l'inondation, la crise de l'Eglise et des monastères, et enfin la Réforme ont vraiment provoqué une cassure dans la tradition de vénération d'Adélaïde. Il n'y eut qu'à Pavie qu'Adélaïde resta dans les mémoires de façon constante et vivante en tant que jeune femme, souveraine et sainte. Einsiedeln dans le canton de Schwyz, une abbaye privilégiée par Otton Ier, était aussi un centre de vénération de sainte Adélaïde. C'est de là que vient l'un des 16 manuscrits avec la biographie d'Adélaïde écrite par Odilon de Cluny. Johann Wolfgang von Goethe, dont nous fêtons aussi le deux-cent-cinquantième anniversaire cette année, décrivit sa rencontre avec Adélaïde à Einsiedeln en ces termes (extrait de Wilhelm Bode, Goethes Schweizer Reise, Leipzig 1922, p. 35):

Comme on pouvait s'y attendre, cette chambre de trésors ne manquait pas de marques de remerciement en or et en argent après l'accomplissement des miracles, ni de reproductions de membres, d'enfants, etc. Il y avait aussi "des squelettes et des ossements de saints des deux sexes, à la fois affreusement et joliment pimpants: parmi ces squelettes se trouvait celui de sainte Adélaïde, épouse de ce premier empereur Otton qui fonda le Saint-Empire romain germanique; sur sa poitrine, il y avait une petite porte que l'on pouvait ouvrir pour regarder au plus profond de la sainte".

Vita sancte Adelhaydis.

Sancte Adelhaydis Epithaphium.

Respiee quisquis ades in me nunc chare viator
Si que sim cupidus/quantaq; nosse velis
Sum mortalis eram nitidis diadema smaragdis
Ornabatq; caput infula dupla meum
Nomen Adelhaydis/coniunx Lotharius/ illum
Otto successit primus/et orbis heros
Nuncq; meis opibus passim constructa per orbem
Templa nitent/miseris sum vocitata parens/
Nam mihi pro meritis/tali et pro munere/celum
Contulit/in cuius nomine cuncta dedi
Ergo meis precibus poteris consurgere/quisquis
Humana nimium labe grauatus ades
Mente pia fateare deum:peccata relinquens
Et nomen demum tu venerare meum/
Sic delictorum duro te fasce leuabo
Speratamq; feram sic tibi semper opem.

Vita sancte Adelhaydis Imperatricis /
heroico hexametro contexta carmine.

a Ethereo sator omnipotens moderator in orbe
Sub pedibus cui terra iacet/quo celsius vsq;
Est nihil/extremo resides qui summus in axe
Adsis/et exili noua da preconia vati
In sanctis qui magnus ades vt viribus equis
Carmen Adelhaydi valeam deducere diue/
Hystoriamq; sua pangens ab origine/quantus
Huic merito dandus sit honos/ que gloria fando
Experiar/quamuis non sim qui singula possit
Condigno recitare modo/tragicone beatum
Tam sanctum celebrare decus / stellamq; nitentem
Suam deus elegit/teneroq; ascripsit in euo
Hinc tamen exorsus pelagus deducar in altum
Inclita regali virgo de stēmate nata
Relligione deum sacro veneratur amore
Corporea multum sub nobilitate choruscans
Sceptrigeri fuit hec Rudolphi filia regis
Qui Burgundiaco moderator prefuit orbi
Moribus ingenuis virgo ornatissima vultu/
Virgineum sine fastu humilis confessa pudorem
Et nulli ingenita cordis virtute secunda
Etatis cum bis nunc octo peregerat annos
Lothario italie regi nupsisse potenti
Traditur/Hugonis nato qui sceptra regebat
Ingenti quesita manu:dominatus auitis.
At trinas vbi iam messor natu rabat ariscas
Felici pregnata sinu/gremioq; tumente
Edidit eximiam forme superamine natam
Et matrem Ludouice tuam/rex maxime francos
Occiduos inquam merito qui iure tenebas

ij

At deus omnipotens vite et necis vnicus auctor
Anno Lotharium terno super astra locauit
Coniugis optato postq; frueretur amore
Suus Adelhayden sanctam tunc obruit ardor
Prorsus et ethereo sic irrigata liquore
Cunctos post habuit mundi labentis honores
In solum conuersa deum/quem suplice voto
Noctes inq; dies fletu pulsauit amaro
Semper elemosinis palmas extendit vtrasq;
Et regale bonum mites conuertit in vsus
Nec planctu et lachrimis caruit / gemituq; latenti
Est varijs etenim/multisq; doloribus aucta
Vt foret electe maior pacientia mentis
Filiolos duro castigat verbere charos
Quos deus elegit/celi et quibus annuit arcem
Vt turris tamen est nullo hoc deiecta labore
Sed forte stabilita fide/nam coniuge vita
Functo suscepit fasces/ et ditia regni
Iura Berengerus willa comitante thorali
A quibus et patrio vidua hec venerabilis aruo
Explosa/et crebris dure est affecta querelis
Obscuris abstrusa locis/ac carcere tetro
Quam deus eripuit/superasq; eduxit ad auras
Huic piscator oportunus subuenit egene
Desertam famem studio saciauit hamatus
Et quesita diu fasces repetiuit auitos
Imperijq; sacri celso diademate cincta est
Constans/iusta/humilis/paciens/dilecta/benigna/
Prudens/ac fortis/larga/et iucunda/modesta/
In tanta rerum sic maiestate refulgens
Ieiuno tenerum/macerauit corpus amictu
Cilicio hispidulo tincto pro murice tecta

Multorum in laudem regum venerabilis vxor
Ottonis primi toto regnantis in orbe
Quem rapuit postq; terras mors dura sub umbras
Induperatricem gessit se rite colendam
Sustinuit variis tamen hec incommoda rebus
Multa/nec e voto quicq; successit auito
Hinc socru minitante malum/proprioq; nepote
In regnum elato/regaliq; omine fulto
Est tamen ulta nihil/summe quia pacis amatrix/
Nec tulit indigne stimulos/irasq; nephandas
At Christum potius dominum pro osoribus orat
Vindictamq; illi defert qui criminis ultor
Non oblita locum nobis non esse manentem
In terra/et hereos cumulauit mente thesauros
Quos humilis non vermiculus/necq; tinca rodit
Nec fur lucifuga hos medio valet abdere somno
Largifluis igitur diuinas sumptibus edes
Edificat/Christiq; domos ita comiter ornat
Vt celi credas mulierem vertice missam
Jamq; paterniata Rudolphi patris in vrbe
In qua Berchta prius genitrix sua chara sepulta est
Nobile constituit prisco de marmore templum
Virginis et Marie genitricis honore dicauit
Maiolus et primus abbas Cenobia rexit
Hinc Vicinensem festinans sancta sub vrbem
Jecit Adelhaydis clari fundamina templi
Hoc monasterium regali munere fulcit
Sensit largifluas felix Saxonia dextras
Illius eximie vidue sumptusq; decoros
Subsidium quoniam sanctimonialibus almu͂
Contulit. imperiali et dono templa beauit
Ante duodenum tandem/seu circiter annum
iij

Quam prius humane liquisset vincula vite
Vrbem rhomana sub libertate locauit
Que salsa antiquo Rhenana a nomine fertur
Egregio dotata situ nitidoq; decore
Corniger hanc vitreis rhenus perlabitur vndis
Extra huius portas claro Cenobia cultu
Ampliter extruxit/tituloq; recondidit alto
Clauigeri sub honore Petri/regnante nepote
Ottone a primo qui tertius extitit/atq;
Extremi mensis deno quartoq; calendas
Argentina Wilderaldus episcopus vrbe
Consecrat hoc/sacraq; locum ditione gubernat
Primus Ezemannus fuit abbas. qui Benedicti
Regulam/et obtectos in fratres duxit amictus
Huncq; locum sacrum gemmis ditauit/et auro
Ex varijs comptam reddens ornatibus aulam
Nec minor in miseros hec munificentia/nam quis
Humana valeat satis edocuisse loquela
Qua pietate inopes/cunctosq; excepit egenos
Nam deus ostendit quanta bonitate niteret
Pauperibus quoniam nu͂mos prestante ministro
Induperatricis iussu/cum copia maior
Fors hominum q̃ nu͂morum foret/ille verendo
Marsupij sensit mira incrementa referti
Hec igitur veneranda dei: mitisq; ministra
Assiduum pietatis opus peragebat/et instar
Formice/est questus hoc tempore nacta futuros/
Nulla diserti satis vox est/que famine digno
Numen Adelhaydis summu͂ depromat ad vnguem
Tempus erat quo iam mortalia linqueret ora
Scanderet et solium terreno e carcere celi
Premia virtutum sic conceptura suarum.

Quod dum sensit ouans/fletu resoluta cupito
Orabat/tacitoq; gemens inclusa cubili
Deuota Christi sumens libamina mente
Angelico presente choro migrauit in astra
In salsa exequiis est Imperialibus vsa/
Virgineo vt partu fluxit millesimus annus/
At deus omnipotens quanto veneranda fauore
Esset Adelhaydis/diuo et quo munere digna/
Exhibuit signis mirabilibus attamen eius
Que passim digne credentibus acta sepulchro
Vaticinata suo queq; ipsa effamine dixit
Quadam nempe die sua sacra conuiuia luce
Instituens animo grandem prescisse ruinam
Dicitur ecclesie Augustensis indeq; casu
Presenti dixit duodeni (presul in vrbe hac
Ille fuit) pater o celebrande tuus ruit ecce
Nunc paries/templiq; cadit pia machina sacri/
Territus hic/diuam cum mox parasset in vrbem
Veridicam vidue mentem cognouit et horam.
Tempore hinc alio grecum cum felius orbem
Cogeret ad bellum multis protectus ephebus
Illa crucem venerans pro chari vota salute
Soluebat nati/lachrimasq; et munia fudit
Extasis hanc subito terre prostrauit/et instar
Extincte/nullo sensus viguere calore
Ipsa oculis mentis rubicundam cede nephanda/et
Sanguinolentam aciem cernebat/et improba bella
Hec semel occluso residebat sola cubili
Astabat vir ei claudo pede natus/et illa
Affer ait malum (malum nam forte tenebat
Quod digitis lapsum fuerat sed inutilis ille
Non poterat fecisse quidem/commotaq; Christi

Famula/restituit dando (pia munera) gressus
Tempore adhuc nostro cuius quidam Nicolaus
Nomine Lemenkher/Catherina coniuge natum
Concepit/proprio Bernhardum nomine dictum
Et mutum/et surdum/hii sacro sed vota sepulchro
Dum fecere/plum extemplo sensere leuamen
Auditu natus rediit saluatus et ore
Non tamen hanc primo labem contraxit ab ortu
Vndenos etenim superauit mitius annos
Bisq; octo fuit hec menses incommoda passus
Deniq; plura quidem nobis miracla supersunt
Non vno scribenda libro/nam lumina cecis
Et gressum claudis reddit: mutisq; loquelam:
Auditum surdis: variis languoribus obstat
Precipue febres releuat vocitata gelatas/
Estq; patrona potens celi venerabilis arce
Hanc igitur votis diuam veneremur et hymnis
Semper Adelhayden/nobis sua numina prosint/
Auxiliumq; ferat miseris mortalibus, Amen.

Finis.

Impressum in Durlach.

Vita Sancte Adelhaydis
Druck von Nicolaus Keib, Durlach 1517

Exemplar der Bayerischen Staatsbibliothek München

Vita Sancte Adelhaydis
imprimé par Nicolaus Keib, Durlach 1517

Exemplaire de la Bayrische Staatsbibliothek München

Die Kirche von Seltz *L'église de Seltz*

Fotografie, 19. Jahrhundert Photographie, XIXᵉ siècle

Das Kloster Seltz

Orthographie und Herkunft des Namens

Wer ein wenig über Seltz und seine Geschichte nachliest, stellt bald fest, dass die deutsche Literatur von der französischen Form "Seltz" abweicht und stattdessen "Selz" schreibt – aber warum? Mit der Entwicklung des Namens hat sich bereits der berühmte elsässische Humanist Beatus Rhenanus (um 1485-1547) befasst. Als erster erkannte er, dass aus dem antiken "saletio" nach dem Untergang des römischen Reiches in germanischem Munde "Selz" wurde. Er selbst gebrauchte sowohl die Schreibweise mit einfachem z, als auch die mit tz.[1] Der alte Name "saletio" ist keltischen Ursprungs, entweder vom Namen des Seltzbachs abgeleitet, oder von dem wort "sal" für Salz, was auf einen prähistorischen Salzhandel hinweisen kann.[2] Die moderne Form entstand durch die Assimilation zwischen a und i zu e, durch die althochdeutsche Lautverschiebung des t zu ts (deutsch z) und das Verstummen der Endung. Der Unterschied in der heutigen Schreibweise beruht auf mehreren Möglichkeiten, den Laut ts wiederzugeben. Während im 13. und 14. Jahrhundert sogar die Form "Selse" möglich war, genügt im Deutschen und Italienischen heute ein einfaches z, und dies benützten schon Beatus Rhenanus oder Johann Daniel Schoepflin (1694-1771). Im Spätmittelalter und Barock wurden jedoch die Konsonanten f, n, s, t und z in der deutschen Schriftsprache durch Verdoppelung oder Beisetzung eines zweiten Konsonanten verstärkt. In dieser Zeit wurde die form Seltz gebräuchlich, die sich im Französischen gut für die Wiedergabe des Lautes ts eignet.

Warum ein Kloster gerade in Seltz?

Da Seltz heute nur mehr eine Kleinstadt ist, stellt sich die Frage, was Kaiserin Adelheid veranlasst hat, gerade hier ein gut ausgestattetes Kloster zu

L'abbaye de Seltz

Orthographe et origine du nom

En lisant divers documents sur Seltz et sur son histoire, on constate rapidement que la littérature allemande utilise une orthographe différente de la forme française de Seltz et qu'elle écrit Selz; mais pourquoi? Le célèbre humaniste alsacien Beatus Rhenanus (vers 1485-1547) s'est déjà penché sur l'évolution de ce nom. Il fut le premier à découvrir que le Saletio antique était devenu Selz dans le parler germanique après le déclin de l'Empire romain. Il employait lui-même les deux orthographes: avec un z seulement, ou avec tz. L'ancien nom Saletio est d'origine celtique, il est soit dérivé du nom du Seltzbach, soit du mot 'sal' pour le sel, ce qui peut laisser supposer le commerce du sel à une époque préhistorique. La forme moderne résulta de l'assimilation entre le a et le i, de la mutation consonantique du vieux haut-allemand de t en ts (allemand z) et de la disparition de la terminaison. Les différentes formes actuelles résultent des diverses orthographes pouvant rendre le son ts. Alors qu'aux XIII et XIVe siècles, même la forme Selse était possible, un seul z suffit de nos jours en allemand et en italien, et c'était cette orthographe qu'utilisaient déjà Beatus Rhenanus ou Johann Daniel Schöpflin (1694-1771). Mais à la fin du Moyen Âge et pendant la période baroque, les consonnes f, n, s, t et z furent renforcées dans la langue allemande: elles furent doublées ou une seconde consonne fut ajoutée. La forme de Seltz date de cette époque, et cette orthographe convient bien en français pour rendre le son ts.

Pourquoi une abbaye à Seltz?

Comme Seltz n'est aujourd'hui qu'une petite commune sans fonction centrale, on peut se demander ce qui a précisément pu inciter l'impéra-

gründen.[3] Schon der im vorigen Abschnitt erörterte alte Ortsname zeigt aber eine wichtige Rolle des Ortes in früherer Zeit an. Unter Archäologen ist die Gegend zwischen Hagenau und Seltz bekannt für ihre eindrucksvollen Hügelgräber der mittleren Bronzezeit (1300-1500 v.Chr.), die eine besondere Hagenauer Gruppe bilden.[4] Die römerzeitliche Gründung der Siedlung Seltz wird zu Beginn des 1. Jahrhunderts n.Chr. angenommen[5] und würde dann im Zusammenhang mit der von den Römern nach Caesars Eroberung Galliens veranlassten Veränderung der hiesigen Siedlungsstruktur zusammenhängen. Die Kelten wurden gezwungen, ihre befestigten oppida auf den Bergen aufzugeben. Der Rhein war nun Grenze geworden und musste von den Römern mit großem Aufwand gesichert werden, zunächst mit einer Kette von Militärlagern, begleitet von Zivilsiedlungen. Daneben wuchs die Bedeutung des Stroms als Verkehrsstraße auch für die Versorgung der Truppen. In der Gegend von Seltz war er wegen der ständigen Verlagerung seines Bettes von alters her kaum ohne Hilfe von Einheimischen schiffbar. Auch das Umladen für den Straßenverkehr, in dem Seltz als wichtige Station figurierte, musste örtliche Schröter, Schiffer, Fähr- und Fuhrleute sowie Händler beschäftigen und führte zu einem beachtlichen Reichtum am Ort, den Siedlungs- und Depotfunde dokumentieren, darunter eine Serie von kleinen Götterfiguren aus Bronze, welche die Römer gerne in ihren Häusern aufstellten.[6]

trice Adélaïde à y fonder une abbaye richement dotée. Le vieux nom de la ville, comme nous l'avons expliqué dans le paragraphe précédent, montre le rôle important joué autrefois par cette localité. Les archéologues connaissent la région comprise entre Haguenau et Seltz pour ses tumulus impressionnants de l'Âge du Bronze Moyen (1500-1300 avant Jésus-Christ), qui constituent un groupe particulier, celui de Haguenau. On suppose que la fondation de la colonie de Seltz à l'époque romaine date du début du Ier siècle après J.-C. et qu'elle se placerait dans le contexte de la restructuration de la colonisation du pays par les Romains après la conquête de la Gaule par César. Les Celtes furent contraints d'abandonner leurs oppida fortifiées dans les montagnes. Maintenant le Rhin était devenu la frontière, et les Romains devaient la protéger en utilisant de grands moyens, tout d'abord avec une chaîne de camps militaires, accompagnés de colonies civiles. En outre, l'importance du fleuve s'accrut en tant que voie de communication pour le ravitaillement des troupes. Depuis toujours, à cause du déplacement constant de son lit, il n'était guère navigable dans la région de Seltz sans l'aide des habitants. De même, le transbordement pour le transport routier, dont Seltz représentait une importante station, devait employer des cochers, des bateliers, des passeurs, des charretiers, ainsi que des commerçants locaux, ce qui apporta à la ville une richesse considérable que documentent les découvertes de colonies et de collections: parmi celles-ci se trouve une série de statuettes de dieux en bronze que les Romains aimaient placer dans leurs maisons.

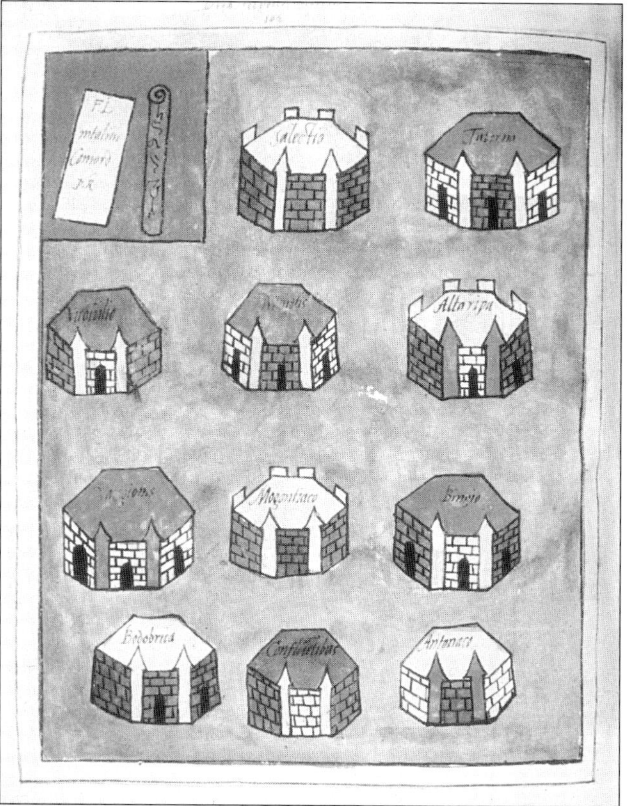
Notitia dignitatum (Kopie 16. J. / Copie du XVIe siècle)

In der letzten Phase der römischen Herrschaft, im frühen 5. Jahrhundert n.Chr., war nach dem Mi-

Le manuel militaire de la Notitia Dignitatum mentionne que, dans la dernière phase de la domina-

litärhandbuch der notitia dignitatum in Seltz, im hier beginnenden Kommandobezirk des dux von Mainz, die Einheit der pacenses stationiert, wie bereits Beatus Rhenanus mehrmals herausstellte.[7] Zu dieser Stationierung gehörte notwendigerweise ein Kastell, eine Versorgungsstruktur im Hinterland und ein Brückenkopf auf dem rechten Rheinufer. Funde, welche diesem Komplex eindeutig zugeordnet werden könnten, sind allerdings bisher nur ungenügend bekannt. Insbesondere bedarf die genaue Ausdehnung des Kastells noch der Erforschung.

tion romaine, au début du Ve siècle après J.-C., l'unité des Pacenses avait été stationnée à Seltz, dans le district de commandement du Dux de Mayence qui commençait ici; Beatus Rhenanus l'a déjà souligné aussi à plusieurs reprises. Ce stationnement impliquait nécessairement l'existence d'un castel, d'une structure de ravitaillement dans l'arrière-pays et d'une tête de pont sur la rive droite du Rhin. Mais jusqu'à nos jours, on ne connaît pas assez de découvertes qui pourraient être attribuées sans ambiguïté à ce complexe. En particulier, l'étendue exacte du castel doit encore faire l'objet de recherches.

Seit Beatus Rhenanus wurde angenommen, dass Seltz mit dem großen Barbareneinfall vom Neujahrstag des Jahres 407 alamannisch wurde, dann durch die Ausbreitung des Frankenreiches unter Chlodwig I. (482-511) fränkisch.[8] Eine neue Gesamtbetrachtung der schriftlichen und archäologischen Überlieferung erbrachte jedoch 1996 als Ergebnis, dass von einer Besiedlung des Elsass unter alamannischer Regie vor Chlodwig I. nicht die Rede sein kann, sondern die römische Kontrolle im Großen und Ganzen erhalten blieb, bis sie vom fränkischen Großreich, das seinerseits in das Vertragssystem des oströmischen Reiches integriert war, nach 496/97 abgelöst und zugleich von einer großangelegten Aufsiedlung des Landes flankiert wurde.[9]

Depuis Beatus Rhenanus, on a supposé que Seltz était devenue alémanique lors de la grande invasion barbare du 1er janvier de l'an 407, puis franque après l'extension du royaume franc de Clovis Ier (482-511). Toutefois, un nouvel examen général de la tradition écrite et archéologique montra, en 1996, qu'il ne peut être question d'une colonisation de l'Alsace sous la régie des Alamans avant Clovis Ier, mais que le contrôle romain se maintint dans l'ensemble, jusqu'à ce que le grand royaume franc, lui-même intégré dans le système d'accords de l'Empire romain d'Orient, prît la relève après 496/497 et qu'en même temps, une colonisation de grande envergure eût lieu dans le pays.

In fränkischer Zeit geriet der römische Militärkomplex von Seltz in die Hand des Königs. Nachdem hier 609/610 Theudebert II. seinem Bruder Theuderich II. mit einer militärischen Machtdemonstration das Elsass, das Saintois, den Kembs- und Thurgau abgerungen hatte, das gesamte Austrasien aber nach dem schmählichen Untergang der feindlichen Brüder 613 doch an Chlothar II. (584-629) gefallen war[10], wurde es still um Seltz. Einige spätere Erwähnungen der fränkischen Zeit, aus denen Beatus Rhenanus allzu lobrednerisch auf "viele Versammlungen" der Könige am Ort schloss[11], sind, bis auf eine vergebliche Unterredung der Königin Berthrada[12] mit ihrem Sohn Karlmann zur Beilegung des Zwistes mit seinem Bruder Karl dem Großen im Jahr 770, bei genauer Beachtung der Namensformen und der Itinerare – wie bereits von dem klugen Schoepflin 1751 festgestellt, später allerdings nicht immer beachtet

A l'époque franque, le complexe militaire romain de Seltz passa sous l'autorité du roi. Après qu'ici, en 609/610, Théodebert II eut, dans une démonstration de force militaire, arraché à son frère Théodoric II l'Alsace, le Saintois, le Kembsgau et la Thurgovie, mais que toute l'Austrasie fut revenue à Clotaire II (584-629) après la disparition ignominieuse des frères ennemis, le silence s'établit autour de Seltz. Quelques mentions ultérieures de l'époque franque amenèrent Beatus Rhenanus à déduire de façon trop élogieuse qu'il y avait eu "de nombreuses réunions" de rois dans la localité; mais à part un entretien infructueux entre la reine Bertrade et son fils Carloman pour régler la querelle de ce dernier avec son frère Charlemagne en 770, ces références ne se rapportent pas à Seltz en Alsace, si on observe bien les formes des noms et les itinéraires (comme l'avait déjà constaté judicieusement Schöpflin en 1751, mais ce ne fut pas

– nicht auf Seltz im Elsass, sondern auf andere Orte dieses Namens, vor allem Salz (heute verlassen) an der fränkischen Saale zu beziehen.[13]

toujours pris en considération par la suite), mais à d'autres villes de ce nom, et en particulier à Salz (aujourd'hui disparue) sur la Saale franque.

Gründung der Abtei

Um so höher ist das Verdienst der Kaiserin Adelheid um Seltz zu bewerten. Nachdem ihr zweiter Gemahl Otto I. sein 56. Lebensjahr vollendet hatte und nach den Zeitverhältnissen in nicht allzu weiter Zukunft mit seinem Ableben rechnen musste, schenkte er Adelheid – zusätzlich zu früheren Güterübertragungen – am 16. November 968 als erblichen Besitz einige königliche Höfe in Hochfelden, Sermersheim, Schweighausen, Merzweiler und Seltz mit allem Zubehör, darunter mehrere Kirchen, Mühlen, Fisch- und Jagdrechte.[14] Der Kern dieses Komplexes scheint die Versorgungsstruktur des alten römischen Kastells gewesen zu sein.

Als die Kaiserin ebenfalls die Fünfzig überschritten hatte, leitete sie mit großer Umsicht ihre Klostergründung in Seltz ein. Nach dem Zeugnis von Odilo von Cluny hatte sie dort vor, eine Stadt (urbs) und ein Kloster (monasterium) zu gründen.[15] Zunächst beauftragte sie mit der geschäftlichen Umsetzung ihren jüngeren Verwandten Manegold, der jedoch bereits im Sommer des Jahres 991 starb.[16] Da auch ihre Schwiegertochter Theophanu am 15. Juni 991 heimgerufen wurde, fiel Adelheid im Alter die alleinige Last der Vormundschaft über Otto III. zu, wobei sie aber doch zielstrebig ihren Gründungsplan weiter verfolgte. Das Kloster war nach dem Wortlaut der Urkunden bereits gegründet[17], und Ende Dezember 991 ließ sie sich von ihrem königlichen Enkel hierfür rheinabwärts Güter in Alsheim, Wiesbaden-Biebrich, Mosbach (bei Biebrich) und Mainz-Kastel schenken.[18] Am 4. Januar 992 erhielt das neue Institut ein großes Privileg, das ihm freie Abtwahl, königlichen Schutz und Immunität gewährte.[19] Am 11. März folgte die Übertragung der Höfe in Sermersheim und Steinweiler, die Manegold vorbereitet, aber noch nicht durchgeführt hatte, sowie die Schenkung weiterer südpfälzischer Güter in Ober- und Niederotterbach sowie in Dörrenbach.[20] In den Jahren 993 und 994 wurde die Stiftung wirtschaftlich weiter abgestützt:

Fondation de l'abbaye

Les services rendus par l'impératrice Adélaïde à Seltz n'en sont que plus méritoires. Lorsque son second époux, Otton Ier, eut atteint l'âge de 56 ans et que, vu les conditions de vie de l'époque, sa mort devenait probable dans un proche avenir, il offrit à Adélaïde (en plus d'autres cessions de biens antérieures), le 16 novembre 968, en tant que propriété héréditaire quelques cours royales à Hochfelden, Sermersheim, Schweighouse, Merzweiler et Seltz avec toutes les annexes, dont plusieurs églises, des moulins, des droits de pêche et de chasse. Le centre de ce complexe semble avoir été la structure de ravitaillement du vieux castel romain.

Lorsque l'impératrice eut également dépassé la cinquantaine, elle mit en oeuvre la fondation du monastère de Seltz en faisant preuve d'une grande circonspection. Selon le témoignage d'Odilon de Cluny, elle avait l'intention d'y fonder une ville (urbs) et un monastère (monasterium). La réalisation du négoce fut d'abord confiée à Manegold, son parent plus jeune qu'elle, mais qui mourut déjà au cours de l'été 991. Comme sa belle-fille Théophano fut aussi rappelée auprès du Seigneur le 15 juin 991, Adélaïde dut, malgré son âge, assumer seule le poids de la tutelle d'Otton III, ce qui ne l'empêcha pas de poursuivre son projet de fondation avec détermination. Le monastère était déjà fondé aux termes des actes, et à la fin de décembre 991, elle se fit offrir par le roi, son petit-fils, des biens en aval du Rhin pour sa fondation, à Alsheim, Wiesbaden-Biebrich, Mosbach (près de Biebrich) et Mayence-Kastel. Le 4 janvier 992, la nouvelle institution reçut un grand privilège qui lui octroyait le libre choix de l'abbé, la protection royale et l'immunité. Le 11 mars eut lieu la cession des cours de Sermersheim et de Steinweiler, que Manegold avait préparée, mais pas encore réalisée, ainsi que le don d'autres biens dans le sud du Palatinat à Oberotterbach, Niederotterbach et Dörrenbach. Au cours des années 993 et 994, la fondation fut encore étayée économiquement: le 2

am 2. Juli 993 mit einem Markt- und Münzprivileg, am 27. August 993 mit der Schenkung von sieben Hufen in Nierstein, am zweiten Weihnachtstag 994 durch Kirchen und Wälder in Lupstein, Schweighausen, Wittersheim, Reichshofen und Umgegend, aber auch mit Höfen in der heutigen Schweiz in Kirchberg, Ütendorf und Wimmis.[21] Im Blick auf die Abrundung des Besitzes und die Bedeutung des Salzhandels in dieser Zeit mag noch erwähnt werden, dass Herzog Hermann von Schwaben (997-1003) nach Adelheids Tod und nach einem Streit über Besitzrechte den Mönchen zur Entschädigung eine Salzsiederei in Marsal bei Metz schenkte.[22]

juillet 993 par le privilège de tenir marché et de battre monnaie, le 27 août 993 par le don de sept 'Hufen' à Nierstein, le 26 décembre 994 par des églises et des forêts à Lupstein, Schweighouse, Wittersheim, Reichshoffen et les environs, mais aussi par des cours dans la Suisse actuelle à Kirchberg, Ütendorf et Wimmis. Pour compléter les biens du monastère et pour souligner l'importance du commerce du sel à cette époque, il faut encore mentionner qu'après la mort d'Adélaïde et après une querelle sur les droits de possession, le duc Hermann de Souabe (997-1003) offrit aux moines, en dédommagement, une saline à Marsal près de Metz.

Wirtschaftlich erhielt das Kloster insgesamt gesehen einen großen, bewaldeten Kernbereich um Seltz, das spätere "St. Adelheid eigen"[23] , in dem, wie auch in den Gegenden der beiden Otterbach, von Dörrenbach und Steinweiler, Landesausbau durch Rodung möglich war. Die entfernteren Güter, im Süden bis in den Kanton Bern und im Norden bis in die Gegend von Mainz, bildeten eine lange Kette von Produktionsstützpunkten, die auf dem Rhein ihre Waren zum internen Markt nach Seltz bringen konnten. Damit war bewusst der Grund für eine Stadtentwicklung gelegt, wie Odilo von Cluny sehr klar gesehen hat. Ein Vorbild für diese Organisation kann bei der Abtei Lorsch beobachtet werden, die im 10. Jahrhundert auf ihrem Besitz mehrere Märkte einrichtete und im nahen Brumath eines ihrer Wirtschaftszentren besaß, das im Jahre 1000 ebenfalls Münzrecht erhielt.[24]

Sur le plan économique, l'abbaye reçut globalement un grand domaine boisé autour de Seltz, le futur "propre d'Adélaïde", dans lequel, comme dans les régions des deux Otterbach, de Dörrenbach et de Steinweiler, il était possible d'aménager les terres en les défrichant. Les biens plus éloignés, au sud jusque dans le canton de Berne et au nord jusque dans la région de Mayence, formaient une longue chaîne de centres de production qui pouvaient faire parvenir à Seltz leurs marchandises pour le marché intérieur en utilisant le Rhin comme voie de transport. Ainsi, les fondements du développement de la ville étaient sciemment posés, comme Odilon de Cluny l'a très bien vu. On peut observer un exemple de cette même organisation à l'abbaye de Lorsch qui installa plusieurs marchés sur ses biens au Xe siècle et qui avait tout près, à Brumath, l'un de ses centres économiques lequel reçut aussi le droit de battre monnaie en l'an 1000.

Es fällt bei der Gründung des Klosters Seltz auf, dass die Interessen des Königtums, ganz im Gegensatz zu dem, was man in der neueren Literatur über Adelheid lesen kann[25], entschieden gewahrt wurden. Mit der Unterstellung des Klosters unter seinen Schutz hatte der König die Möglichkeit, einen oder mehrere Vögte zu ernennen; seit 1139 auf Vorschlag von Abt und Konvent.[26] Im Münz- und Marktprivileg von 993 wurde festgelegt, dass die Münzen in Seltz von Seiten des Klosters nach Straßburger und Speyerer Vorbild zu schlagen waren und sowohl den Einheimischen wie den Fremden zur Verfügung gestellt werden sollten. Aber der Zoll (eine Art Verkaufssteuer) befand sich nicht im Besitz der Abtei, wie öfter behauptet wur-

Ce qui frappe dans la fondation de l'abbaye de Seltz, c'est que les intérêts de la royauté furent résolument sauvegardés, contrairement à ce qu'on peut lire dans la littérature actuelle sur Adélaïde. En plaçant l'abbaye sous sa protection, le roi avait la possibilité de nommer un ou plusieurs avoués, à partir de 1139 sur la proposition de l'abbé et de l'assemblée conventuelle. Dans le privilège de monnayage et de marché de 993, il fut établi que les monnaies devaient être battues à Seltz par l'abbaye selon le modèle de Strasbourg et de Spire et qu'elles devaient être mises à la disposition des autochtones ainsi que des gens de l'extérieur. Mais le péage (une sorte d'impôt sur la vente) n'était pas la propriété de l'abbaye, comme ce fut souvent

de[27], sondern war in der üblichen Weise zu entrichten, d. h. in die königliche Kasse.[28] An den Abgaben des mit der Gründung der Abtei Seltz geförderten Wirtschaftslebens sollten sich also Mönche und König gemeinsam erfreuen können. Hiermit ist die Regelung im nahen Brumath zu vergleichen, wo die Abtei Lorsch, wie bereits erwähnt, im Jahre 1000 die Münze erhielt, aber ebenfalls nicht den Zoll, ja nicht einmal den Markt.[29]

In monastischer – nicht in vermögensrechtlicher – Hinsicht ordnete Adelheid das Kloster der burgundischen Reformabtei Cluny unter. Bereits ihre früheren Gründungen in Payerne und San Salvatore in Pavia hatte sie an Abt Majolus von Cluny übertragen.[30] Die Weihe der nach Odilo in staunenswerter Arbeit ausgeführten Kirche nahm am 18. November 996 auf ihren Wunsch Bischof Widerold von Straßburg in Gegenwart Ottos III. vor.[31] An die Feierlichkeiten schloss sich eine Kirchenversammlung – kein Fürstentag[32] – an, wahrscheinlich jener Bischöfe, die zur Weihe der Kirche gekommen waren.[33] Noch im Oktober war der Hof in Bruchsal gewesen, und jene hohen Geistlichen, die dort Urkunden erhielten, Abt Gregor von Einsiedeln, Bischof Gottschalk von Freising und Erzbischof Willigis von Mainz[34], dürften auch an der Kirchweihe in Seltz teilgenommen haben. Erster Abt wurde der bis dahin am Hof tätige Cluniazenser Eceman.[35] Nach einem Wunderbericht der offensichtlich aus Seltz stammenden Version des Epos *Herzog Ernst*, die im 13. Jahrhundert entstand, sollte der Bau an das Vorbild in Jerusalem erinnern[36]. Gemeint war die aus einer Unter- und Oberkirche bestehende Rotunde der hl. Grabkirche Konstantins des großen, die später mit variierten Grundrissen, Kreis, regelmäßiges Vieleck oder Quadrat, nachgeahmt wurde. Damit wäre die Abteikirche in Seltz ungefähr der von Otmarsheim vergleichbar gewesen.

Das Frauenkloster Mirmelberg

Wenn auch Adelheid nur wenige Jahre des Aufenthalts in ihrer Stiftung vergönnt waren, so bedingte dies doch die Einrichtung einer speziellen Frauenwohnung außerhalb des Mannsklosters, die vielleicht der Anfang des späteren Frauenklosters

prétendu; il devait être versé de la manière habituelle, c.a.d. dans la caisse royale. Les moines et le roi devaient donc pouvoir bénéficier ensemble des taxes provenant de la vie économique qui était stimulée par la fondation de l'abbaye de Seltz. Cette réglementation est comparable à celle de Brumath, non loin de là, où l'abbaye de Lorsch reçut, comme nous l'avons déjà mentionné, le droit de monnayage en l'an 1000, mais elle n'eut pas non plus le péage, ni même le marché.

Sur le plan monastique (et non patrimonial), Adélaïde plaça le monastère sous les ordres de l'abbaye réformatrice de Bourgogne à Cluny. Elle avait déjà cédé à l'abbé Maïeul de Cluny ses fondations antérieures de Payerne et de San Salvatore à Pavie. L'église qui, selon Odilon, était réalisée de façon admirable, fut consacrée, le 18 novembre 996, à la demande de l'impératrice par l'évêque Widerold de Strasbourg et en présence d'Otton III. Les festivités furent suivies d'une réunion ecclésiastique (et non d'une assemblée de princes), à laquelle assistèrent probablement les évêques qui étaient venus pour la consécration de l'église. En octobre, la cour avait encore séjourné à Bruchsal, et les grands hommes d'Eglise qui y reçurent des actes, l'abbé Grégoire d'Einsiedeln, l'évêque Gottschalk de Freising et l'archevêque Willigis de Mayence, ont probablement aussi assisté à la consécration de l'église à Seltz. Le premier abbé fut le clunisien Eceman, qui était jusque là actif à la cour. D'après un compte-rendu des miracles dans la version (provenant apparemment de Seltz) de l'épopée du *Duc Ernest* qui apparut au XIIIe siècle, la construction devait rappeler le modèle de Jérusalem. On faisait allusion à la rotonde de la sainte église sépulcrale de Constantin le Grand, qui comprenait une église inférieure et une église supérieure et qui fut imitée plus tard avec des plans différents: cercle, polygone régulier ou carré. Ainsi, l'abbatiale de Seltz aurait été approximativement comparable à celle d'Ottmarsheim.

Le couvent de femmes de Mirmelberg

Même si Adélaïde ne put passer que quelques années dans sa fondation, ce séjour fut pourtant à l'origine de l'aménagement d'une habitation spéciale pour les femmes, en dehors du monastère pour les hommes, et ce fut peut-être le début du

Mirmelberg am Rheinufer war. Nebengeordnete Frauenkonvente sind für die Cluniazenser nicht ungewöhnlich. Die erhaltene urkundliche Überlieferung für das Nonnenkloster Mirmelberg setzt zwar erst zu Beginn des 14. Jahrhundert ein, beweist jedoch, dass es mindestens ins 13. Jahrhundert zurückgehen muss.[37] Vom Rhein schwer beschädigt, wurde es 1469 mit Erlaubnis des Straßburger Bischofs Rupert von Abt Johann IV. aufgehoben.[38]

futur couvent de femmes de Mirmelberg sur la rive du Rhin. La création de couvents annexes pour les femmes n'est pas inhabituelle pour les Clunisiens. Certes, la tradition des actes encore conservés pour le couvent de religieuses de Mirmelberg ne commence qu'à partir du début du XIVe siècle, mais cela prouve que son existence doit remonter au moins au XIIIe siècle. Sérieusement endommagé par le Rhin, le couvent fut supprimé par l'abbé Johann IV en 1469 avec l'autorisation de l'évêque de Strasbourg Rupert.

Entwicklung von Kloster und Stadt bis in 17. Jahrhundert

Nachdem das lebhafte Sprudeln der historischen Quellen für die Abtei Seltz, wie es am Ende des 10. Jahrhunderts zu beobachten ist, aufgehört hat, mag es scheinen, dass seine Entwicklung hinter den Erwartungen bei der Gründung weit zurückblieb. Es entsteht der Eindruck, sie sei "im landschaftlich gebundenen Streit mit benachbarten Klöstern" versunken und "vollends in den Schatten" geraten, "als im nahegelegenen Heiligen Forst um Hagenau eine Schlüsselstellung der Staufer entstand".[39] Diese Wahrnehmung beruht aber weitgehend auf dem Verlust der hauseigenen Überlieferung. Er ist auf die Reformation in der Kurpfalz zurückzuführen, die viermal die Konfession wechselte und in den 1560er und 1570er Jahren die Klöster und Stifte auf ihrem Territorium in einer Weise auflöste, dass deren kulturelles Erbe fast restlos beseitigt wurde.[40] Wie auch für andere pfälzische Klöster besitzen wir für Seltz nur Urkunden und Akten, keine Abtsliste, kein Nekrolog, keine Historiographie, keine Bibliothek. Dass es dies einmal gegeben haben muss, zeigen neben der ersten Erwähnung von Büchern[41] 995 die schon genannten, anderwärts überlieferten, aber ehemals in Seltz vorauszusetzenden Werke: Odilos epitaphium, die daran angehängten miracula des 11. Jahrhunderts, die auf Seltz zugeschnittene Version der Dichtung *Herzog Ernst* des 13. Jahrhunderts. Trotz der Verluste lässt sich beim zugegebenermaßen mühsamen Zusammentragen des übrigen Quellenmaterials eine sehr beachtliche Entwicklung des Klosters erkennen, die erst in der frühen Neuzeit ihr Ende fand.

Développement de l'abbaye et de la ville jusqu'au XVIIe siècle

Après que le flot intense des sources historiques sur l'abbaye de Seltz (tel qu'on peut l'observer à la fin du Xe siècle) se soit tari, il peut sembler que son développement soit resté bien en deçà des espérances placées en elle au moment de la fondation. On a l'impression qu'elle ait été engloutie "dans la querelle régionale avec des monastères voisins" et qu'elle se soit "complètement éclipsée", "lorsque, dans la Forêt Sainte de Haguenau, toute proche, une position clé des Staufen fut mise en place". Mais cette appréciation repose surtout sur le fait que toute tradition de documents propres à l'abbaye ait été perdue. Cette perte est due à la Réforme dans le Palatinat électoral, qui changea quatre fois de religion et qui supprima les monastères, couvents et maisons religieuses sur son territoire entre 1560 et 1580, de telle sorte que leur héritage culturel disparut presque complètement. Nous ne possédons pour Seltz, de même que pour d'autres monastères du Palatinat, que des actes et des documents, nous n'avons ni liste des abbés, ni nécrologue, ni historiographie, ni bibliothèque. Tout cela a bien dû exister, c'est ce que montre, outre la première mention de livres en 995, les oeuvres déjà citées, transmises ailleurs, mais présentes probablement à Seltz autrefois: l'Epitaphium d'Odilon, en appendice les Miracula du XIe siècle, la version conçue pour Seltz de l'oeuvre poétique du *Duc Ernest* du XIIIe siècle. Bien que tant d'éléments soient perdus, en réunissant les sources restantes, une tâche certes difficile, on peut remarquer un développement considérable de l'abbaye, qui ne prit fin qu'au début de l'époque moderne.

Ein wichtiger Erfolg der Abtei und auch des Mutterklosters Cluny war die Heiligsprechung Adelheids durch Papst Urban II. im Jahre 1097.[42] Im 12. Jahrhundert folgte dann eine Blütezeit, in der die Äbte häufig auch am Hof des Kaisers erschienen, wenn er sich am Oberrhein aufhielt.[43] Eingeleitet wurde diese Blüte durch Abt Otto. Er erlangte von Konrad III. am 28. Mai 1139 nicht allein die Bestätigung der alten Privilegien, sondern auch nach dem Vorbild der Stadt Speyer die Befreiung seiner Hintersassen in Seltz von allen Vogteiabgaben mit Ausnahme des Kopfzinses.[44] Er tat damit einen folgenreichen Schritt in der Entwicklung von Seltz zur Stadt. Der noch vorhandene, sehr lange Grabstein mit Rundbogendekor und einer gereimten Inschrift im Museum von Seltz vermittelt einen schönen Eindruck von der Bedeutung dieses Mannes. Sein Nachfolger Walther I. verteidigte bei Konrad III. am 10. Juli 1143 in Straßburg mit Erfolg das Markt- und Münzprivileg Ottos III. gegen die konkurrierenden Forderungen des Straßburger Bischofs Burchard und erreichte aufgrund eines Fürstenurteils die Erneuerung seines Privilegs.[45] Zum gleichen Datum erhielt er auch für die Ausgliederung der Pfarrkirche von Hagenau (St. Georg) aus der seiner Abtei gehörigen *Terminei* von Schweighausen als Entschädigung eine Kirche in Nierstein und verstärkte damit diesen Stützpunkt im Wirtschaftsnetz seiner Abtei. Das geschah allerdings nur formalrechtlich, denn die Niersteiner Kirche (St. Peter) gelangte entgegen dem Wortlaut der Urkunde offensichtlich nicht auf Dauer in seine direkte Verfügung, sondern wurde von Abt Walther I. an Herzog Friedrich II. von Schwaben, den Gründer von Hagenau, zu Lehen gegeben.[46] Aber selbst das darf man nicht gering veranschlagen, denn auf diese Weise wurde dieser Vasall des Abtes von Seltz.

Auch wenn durch die Gründung von Hagenau eine Konkurrenz für die Stadtentwicklung von Seltz entstand und das Benediktinerkloster St. Walburg, sowie die Klöster der Zisterzienserinnen von Königsbrück und der Zisterzienser von Neuburg im Heiligen Forst in einen monastischen Wettbewerb mit der Abtei Seltz traten[47], so wäre es falsch[48], die Abtei Seltz und ihre heranwachsende Stadt sogleich im Nachteil sehen zu wollen. Gerade im Vergleich zur Abtei Lorsch, die ihren Stützpunkt in Brumath bereits unter Lothar III. (1125-1137)

La canonisation d'Adélaïde par le pape Urbain II en 1097 fut un succès important pour l'abbaye, ainsi que pour l'abbaye mère de Cluny. Il s'ensuivit une apogée au XIIe siècle: à cette époque, les abbés faisaient souvent leur apparition à la cour de l'empereur quand celui-ci séjournait dans le Rhin supérieur. L'abbé Otton fut à l'origine de cette apogée. Il obtint de Conrad III, le 28 mai 1139, non seulement la confirmation des anciens privilèges, mais aussi, à l'exemple de la ville de Spire, l'exonération des taxes d'avouerie à l'exception de la redevance par tête pour tous ses manants de Seltz. Ce fut une étape déterminante pour l'évolution de Seltz vers le statut de ville. La pierre tombale très longue, qui existe encore et se trouve dans le musée de Seltz, avec la décoration de l'arc en plein cintre et une inscription en vers, reflète bien l'importance de cet homme. Son successeur, Walther Ier, défendit avec succès, le 10 juillet 1143 auprès de Conrad III à Strasbourg, le privilège de marché et de monnayage d'Otton III contre les revendications concurrentes de l'évêque de Strasbourg Burchard, et il obtint le renouvellement de son privilège en vertu d'un jugement princier. A la même date, il reçut aussi une église à Nierstein en contrepartie pour le détachement de l'église paroissiale de Haguenau (St-Georges) du *finage* de Schweighouse qui appartenait à son abbaye, et il renforça ainsi ce point d'appui dans le réseau économique de son abbaye. Toutefois, ce ne fut qu'un droit formel, car apparemment l'église de Nierstein (St-Pierre), contrairement aux termes de l'acte, ne fut pas placée à demeure sous son autorité directe; l'abbé Walther Ier la donna en fief au duc Friedrich II de Souabe, fondateur de Haguenau. Mais ce fait ne doit pas non plus être sous-estimé, car le duc de Souabe devint ainsi un vassal de l'abbé de Seltz.

Même si la fondation de Haguenau fit concurrence au développement de la ville de Seltz et même si le monastère de bénédictins de St-Walbourg, ainsi que les couvents des cisterciennes de Kœnigsbruck et des cisterciens de Neubourg dans la Forêt Sainte entrèrent en compétition monastique avec l'abbaye de Seltz, il serait faux de vouloir y voir immédiatement un préjudice pour l'abbaye de Seltz et pour sa ville en cours de croissance. En effet, en comparaison avec l'abbaye de Lorsch qui avait déjà perdu son point d'appui à Brumath sous Lothaire

verloren hatte[49] und 1147 ihren blühenden Marktort Oppenheim (unmittelbar bei Nierstein gelegen) sowie die Höfe Gingen und Wieblingen an das Reich zurückgeben musste,[50] war die Lage von Seltz in dieser Epoche noch sehr vorteilhaft.

Selbst im 13. Jahrhundert verlief die Entwicklung für Abtei und Stadt Seltz im Ganzen positiv. Dass als Stadtherren vorübergehend die Vögte galten, die Markgrafenbrüder Hermann und Rudolf von Baden, zog Seltz in die Kämpfe des Interregnum hinein. 1269/73, 1274 und 1281 wurde es belagert und schwer beschädigt.[51] Am 5. Mai 1281 entschlossen sich die beiden Markgrafen in Hagenau, ihre Stadt Seltz von Bischof Konrad III. zu Lehen zu nehmen.[52] Dabei wurden ältere lehnsherrliche Rechte des Abtes von Seltz ohne Zweifel übergangen, der in den kriegerischen Auseinandersetzungen aber auch zum Ausgleich nicht an vorderster Front hatte stehen müssen. Als der König am 6. Mai 1283, wieder in Hagenau, den Bürgern von Seltz die Rechte der Stadt Hagenau verlieh, tat er es jedoch mit ausdrücklichem Vorbehalt der hergebrachten Rechte *des ehrwürdigen Klosters in Seltz*.[53] 1299 konnte die Abtei zwei Höfe in Steinweiler und Kandel aufkaufen.[54] Den Rang des Klosters betont am 30. Oktober 1309 Heinrich VII. mit der Verwendung des Titels eines Reichsfürsten für Abt Johann I.[55] Allerdings war dieser wegen der Schulden des Klosters auch schon gezwungen, am 21. Februar 1316 den einst von Otto III. geschenkten Hof in Sermersheim, in dem sich mittlerweile eine Adelheidkapelle befand, an Bischof Johann von Straßburg zu veräußern.[56]

Krisen des Spätmittelalters und der frühen Neuzeit, Aufhebung

Die Nöte des 14. Jahrhunderts hatten mit der Naturkatastrophe der schweren Beschädigung des Klosters durch den Rhein um 1307 begonnen.[57] Wenn auch die Effekten und die Reliquien der hl. Adelheid gerettet werden konnten, wurde doch ein Neubau notwendig. Er brauchte eine lange Zeit und verschlang viel Geld, welches die Mönche offensichtlich nicht alleine aufbringen konnten. Auch dass Papst Clemens V. schon am 3. August 1307 die Pfarrkirche (St. Stephan) in Seltz und die von Kirchberg im schweizerischen Aargau mit deren Einkünften dem Kloster inkorporier-

III (1125-1137) et qui avait dû rendre à l'Empire en 1147 son marché florissant d'Oppenheim (tout près de Nierstein), ainsi que les cours de Gingen et de Wieblingen, la situation de Seltz à cette époque était encore très favorable.

Au XIIIe siècle, le développement de l'abbaye et de la ville de Seltz fut encore positif dans l'ensemble. Comme, provisoirement, les maîtres de la ville furent les avoués, les frères margraves Hermann et Rodolphe de Bade, Seltz fut entraînée dans les combats de l'interrègne. En 1269/73, 1274 et 1281, la ville fut assiégée et gravement endommagée. Le 5 mai 1281, les deux margraves décidèrent à Haguenau de prendre leur ville de Seltz en fief de l'évêque Conrad III. Ce faisant, on ignora sans aucun doute d'anciens droits suzerains de l'abbé de Seltz, qui n'avait pas eu non plus à être sur la ligne de front dans les combats. Lorsque le 6 mai 1283, encore à Haguenau, le roi octroya aux habitants de Seltz les mêmes droits qu'à la ville de Haguenau, il le fit avec l'expresse réserve des droits traditionnels *de l'honorable monastère de Seltz*. En 1299, l'abbaye put acheter deux cours à Steinweiler et à Kandel. Le 30 octobre 1309, Henri VII souligna le rang du monastère en utilisant le titre de prince d'Empire pour l'abbé Johann Ier. Toutefois, en raison des dettes du monastère, cet abbé se vit bientôt obligé, le 21 février 1316, de vendre à l'évêque Johann de Strasbourg la cour de Sermersheim offerte jadis par Otton III et dans laquelle se trouvait entre-temps une chapelle d'Adélaïde.

Crise de la fin du Moyen Âge et du début des temps modernes

Les soucis du XIVe siècle avaient commencé vers 1307 avec la catastrophe naturelle causée par le Rhin qui avait gravement endommagé le monastère. Même si les titres et les reliques de sainte Adélaïde purent être sauvés, une nouvelle construction s'avéra nécessaire. Elle demanda beaucoup de temps et engloutit beaucoup d'argent que les moines, apparemment, ne furent pas en mesure de fournir seuls. Bien que le pape Clément V eût incorporé au monastère, dès le 3 août 1307, l'église paroissiale (St-Stéphane) de Seltz et celle de Kirchberg dans l'Argovie suisse avec ses reve-

te,[58] reichte nicht aus. Karl IV. musste darüber hinaus am 25. Mai 1372 einen Anteil am kaiserlichen Zoll in Seltz gewähren: *daz sie mit sulchem gelde ... ir munster, daz grozzlich päwfellig ist, furbas vollbringen und päwen sullen.*[59] Dies verlängerte König Wenzel am 5. Mai 1389 noch einmal für Abt Ulrich von Magenheim: *sunderlichen doruff, das dasselb closter, das gentzlichen abgangen was, wieder gebauwet und wiederbracht werden mochte.*[60] Aber nicht allein Geldmangel verzögerte den Wiederaufbau, sondern auch die Plünderung des Elsass durch marodierende Söldner des Hundertjährigen Krieges zwischen England und Frankreich. In den Chroniken künden davon die Berichte über die "böse Gesellschaft" 1362, über die "Englischen", die 1365 sogar mit 12000 Pferden Straßburg belagert haben sollen, so dass Kaiser Karl IV. von Seltz aus, wo er sich vom 1. bis 18. Juli aufhielt, deren Vertreibung organisieren musste. Endlich kamen die "Gügler", die erst im Dezember 1375 von den Schweizern so empfindlich geschlagen wurden, dass sie im Januar 1376 das Elsass verließen.[61] Abt Johann II. markiert einen letzten Höhepunkt der Entwicklung der Abtei, denn er konnte 1423 zum Bischof von Basel aufsteigen.

Aber es war bereits die Axt an die Wurzel gelegt, denn 1408 erhielt die Kurpfalz die Stadt Seltz zusammen mit der Ortenau als Reichspfandschaft[62] und gewann so den Rechtstitel für die spätere Demontage von Stadt und Abtei. Während Karl IV. noch am 18. Januar 1358 versprochen hatte, das mittlerweile zur Reichsstadt aufgestiegene, zum Kreis der elf elsässischen Städte neben Straßburg gehörige Seltz nie zu versetzen oder auf andere Weise dem Reich zu entfremden,[63] war der Boden seit 1408 vorbereitet für die an Missgeschick kaum zu überbietende kurpfälzische Politik der frühen Neuzeit: die übermäßig reglementierende Einschränkung städtischer Freiheiten und die Vernichtung wirtschaftlich-kultureller Infrastruktur durch die Aufhebung der Klöster und Stifte.

Im Lauf des 15. Jahrhunderts intensivierte sich noch einmal der Austausch des Klosters mit der Mutterabtei Cluny,[64] aber es trat auch ein Rückgang ein, wie er viele andere Konvente ebenfalls erfasste und unter Walter III. von Gemmingen 1481 zur Umwandlung in ein Kollegiatstift unter der Leitung eines Propstes und zur Verlegung in

nus, cela ne fut pas suffisant. Le 25 mai 1372, Charles IV dut encore octroyer une part du péage impérial à Seltz: *daz sie mit sulchem gelde ... ir munster, daz grozzlich päwfellig ist, furbas vollbringen und päwen sullen.* Le roi Wenzel prolongea encore une fois cette mesure le 5 mai 1389 pour l'abbé Ulrich de Magenheim: *sunderlichen doruff, das dasselb closter, das gentzlichen abgangen was, wieder gebauwet und wiederbracht werden mochte.* Mais la reconstruction n'était pas seulement retardée à cause du manque d'argent, elle l'était aussi en raison du pillage de l'Alsace par des mercenaires maraudeurs de la guerre de Cent Ans entre l'Angleterre et la France. Dans les chroniques, des passages mentionnent la "mauvaise société" en 1362, les "Anglais", qui auraient même fait le siège de Strasbourg en 1365 avec 12000 chevaux, obligeant l'empereur Charles IV, depuis Seltz où il se trouvait du 1er au 18 juillet, à organiser leur expulsion. Enfin, il y eut aussi les "Gügler", qui ne furent battus par les Suisses qu'en décembre 1375, mais si sévèrement qu'ils quittèrent l'Alsace en janvier 1376. L'abbé Johann II marque une dernière apogée dans le développement de l'abbaye, car il put être promu évêque de Bâle en 1423.

Mais c'était déjà le début de la fin, parce qu'en 1408, le Palatinat électoral reçut la ville de Seltz avec l'Ortenau en tant que gage impérial, et il obtint ainsi la compétence pour la future dissolution de la ville et de l'abbaye. Alors que Charles IV avait encore promis le 18 janvier 1358 de ne jamais donner en gage Seltz, qui comptait entre-temps avec Strasbourg parmi les onze autres villes alsaciennes ayant le statut de villes impériales, ni de l'aliéner à l'Empire d'une autre façon, le terrain était préparé depuis 1408 pour la politique, on ne peut plus maladroite, du Palatinat électoral au début des temps modernes: la restriction des libertés des villes et la destruction de l'infrastructure économico-culturelle par la suppression des monastères, couvents et maisons religieuses.

Au cours du XVe siècle, les échanges entre le monastère et l'abbaye mère de Cluny s'intensifièrent encore, mais il y eut aussi un ralentissement, qui toucha aussi de nombreux autres couvents et qui aboutit sous Walther IV de Gemmingen, en 1481, à la conversion de l'abbaye en une collégiale sous la direction d'un prieur et à son transfert dans

die neu und größer zu erbauende Pfarrkirche in der Stadt führte.[65] Hier erfolgte aber der Einbau der Mittelschiffgewölbe und die Verlängerung des Mittelschiffs erst im 19. Jahrhundert,[66] um im II. Weltkrieg wieder zerstört zu werden. Indem Kurfürst Friedrich III. von der Pfalz dem Propst Franz von Galen nicht allein die Einführung der Reformation, sondern 1575 auch die Einrichtung einer Ritterakademie für 60 Adelszöglinge abverlangte,[67] war das Restinstitut in Seltz nur mehr ein Schatten der früheren, weitblickenden Stiftung der Kaiserin Adelheid. Die offizielle Aufhebung[68] durch Ludwig XIV. im Jahr 1692 bedeutete dann wenig mehr als eine Formsache.

l'église paroissiale qui devait être reconstruite et agrandie dans la ville. Cependant, la mise en place de la voûte de la nef centrale et la prolongation de la nef centrale ne furent réalisées qu'au XIXe siècle, pour être ensuite détruites pendant la Deuxième Guerre mondiale. Le prince électoral Friedrich III du Palatinat ayant exigé du prieur Franz von Galen non seulement l'introduction de la Réforme, mais aussi la création d'une académie pour 60 jeunes nobles en 1575, ce qui restait de l'institution de Seltz n'était plus que l'ombre de l'ancienne fondation prometteuse d'Adélaïde. Et sa suppression officielle par Louis XIV en 1692 ne fut guère plus qu'une simple formalité.

1.) Beatus Rhenanus 1531 p. 149, 167.
2.) Cf. Greule 1973 p. 85-90; Moers-Messmer 1989 p. 59-60.
3.) Cf. Wollasch 1968 p. 135; Bannasch 1969 p. 97-104.
4.) Archéologie en Alsace 1991 p. 45-46.
5.) Ibidem p. 86 (Literatur).
6.) Ibidem p. 86 (Literatur); Schnitzler 1995 p. 94-105 no. 106, 109-111, 116, 120; p. 133-134 no. 167.
7.) Oldenstein 1994 p. 82, 93; Beatus Rhenanus 1531 p. 13, 137, 151; p. 167: "Liber de Palatinis officijs".
8.) Beatus Rhenanus 1531 p. 137; Archéologie en Alsace 1991 p. 86; cf. Staab 1988 p. 156-160.
9.) Staab 1996 p. 237-240; Wieczorek 1996 p. 248.
10.) Jan 1892 p. 233; Regesta Alsatiae no. 23, 26; cf. Ewig 1953/1976 p. 148-151, Bachrach 1972 p. 81-82.
11.) Beatus Rhenanus 1531 p. 167: "... primi illi Francorum reges multos hic saepe conuentus celebrauere"; Hertzog 1592, 3 p. 63.
12.) Jan 1892 p. 233; Regesta Imperii 12 no. 126 a; Regesta Alsatiae no. 222 ad a. 770.
13.) Regesta Imperii I no. 104 x, Regesta Alsatiae no. 206 ad a. 768; Regesta Imperii I no. 832 a, Regesta Alsatiae no. 468 ad a. 826; Regesta Imperii I no. 1555 f, Regesta Alsatiae no. 600, ad a. 878. Cf. Bannasch 1969 p. 103, contra: Schöpflin 1751 p. 226, 706-707.
14.) Regesta Imperii II,1 no. 488. Für Merzweiler (statt Morschweiler) cf. Barth 1960/63 p. 828-829.
15.) Epitaphium c. 10, ed. Paulhart 1962 p. 37.
16.) Cf. Zeittafel.
17.) Contra: M. Uhlirz 1954 p. 150.
18.) Regesta Imperii II,2 no. 1041, 1042.
19.) Regesta Imperii II,2 no. 1043, 1045.
20.) Regesta Imperii II,2 no. 1052-1054; cf. Uhlirz 1954 p. 150. Dörrenbach statt Dierbach (so irrtümlich die MGH-Edition) cf. Frey 1836 p. 402-406.
21.) Regesta Imperii II,2 no. 1098, 1106, 1129-1131; cf. Regesta Imperii XI no. 1023 ad 14 VII 1414.
22.) Miracula c. 4, Paulhart 1962 p. 51.
23.) Cf. Bannasch 1969 p. 131-148.
24.) Staab 1994 p. 50.
25.) M. Uhlirz 1954 p. 42, 105, 142, 149-150; cf. Bannasch 1969 p. 105-107, Wolf 1991 p. 391-392.
26.) Hausmann 1969 p. 36 (Diplom Konrads III. no. 21).
27.) Bannasch 1969 p. 111, Seiler 1995 p. 128.
28.) Sickel 1893 no. 130; cf. Schoepflin 1775 p. 286-287 no. 1213, Mone 1850 p. 176-177, Mone 1851/II p. 398-399, Spach 1868 p. 137-144, Müller 1990 p. 629, 631.
29.) Staab 1994 p. 50.
30.) Wollasch 1968 p. 135-139.
31.) Epitaphium cap. 10, ed. Paulhart 1962 p. 37, cf. Wimpheling 1660 p. 37-39, Sackur 1892 p. 313, M. Uhlirz 1954 p. 324, Bornscheuer 1968 p. 57.
32.) M. Uhlirz 1954 p. 223, 224: "Leider sind uns keine Nachrichten über die Beratungen der Fürsten in Selz erhalten".
33.) Epitaphium c. 10, Paulhart 1962 p. 37: ... cum prefato cesare est etiam episcoporum conventus a sepe dicta et sepe dicenda Adalheida augusta ipsius cesaris avia convocatus.
34.) M. Uhlirz 1954 p. 223.
35.) Wollasch 1968 p. 136-137; cf. Liste der Äbte.
36.) Ehlen 1996 p. 390.
37.) Mone 1854 p. 424-428.
38.) Schöpflin 1775 p. 405 no. 1380, Mone 1854 p. 428, Ristelhuber 1869 p. 79.
39.) Wollasch 1968 p. 143.
40.) Schaab 1992 p. 42-43.
41.) Zimmermann 1988 p. 633 no. 324 (JL. 3857).
42.) Paulhart 1956.
43.) Cf. Bannasch 1969 p. 127 n. 130.
44.) Cf. Liste der Äbte: Otto.
45.) Cf. Liste der Äbte: Walther I., cf. Mone 1851/II p. 398-399; Missverständnis bei Bannasch 1969 p. 124-125, Seiler 1995 p. 130-131.
46.) Staab 1992 p. 48.
47.) Seiler 1995 p. 121-143, Seiler 1999 p. 163-175.
48.) Seiler 1995 p. 127-132.
49.) Staab 1989 p. 18, 35 n. 88.
50.) Staab 1992 p. 47-48, Staab 1994 p. 52-54, 56-58.
51.) Regesten Bischöfe Straßburg 1 no. 1944, 2 no. 2079.
52.) Ibidem 2 no. 2084.
53.) Schöpflin 1775 p. 26 no. 734, Regesta Imperii VI,1 no. 1782.
54.) Würdtwein 1794 p. 89; Regesten Bern Klöster p. 28 no. 2.
55.) Ristelhuber 1869 p. 78, Weech 1886 p. 83 no. 157 a.
56.) Barth 1960/63 col. 1298.
57.) Barth 1960/63 col. 1285-1286, Bannasch 1969 p. 111.
58.) Barth 1960/63 col. 1285-1286.
59.) Mone 1851/I p. 49 no. 6, Regesta Imperii VIII no. 5045.
60.) Schöpflin 1775 p. 287 no. 1213.
61.) Regesta Imperii VIII no. 4188-4196; Wimpheling 1660 p. 90, Schoepflin 1761 p. 182, Topf 1883 p. 5, 18-22. – Tuchman 1978 p. 227-228, 247-248, 271-281, Schaab 1988 p. 98.
62.) Schoepflin 1761 p. 182,Schaab 1988 p. 136-137, cf. Regesta Imperii XI no. 3-4, 1266-1267.
63.) Schoepflin 1775 p. 217 no. 1079, Regesta Imperii VIII no. 2739.
64.) Gallia Christiana 5 col. 836, Ristelhuber 1869 p. 79.
65.) Hertzog 1592, 3 p. 63, Schoepflin 1775 p. 414-416 no. 1398, Mone 1857 p. 183 no. 52, Ristelhuber 1869 p. 79.
66.) Kraus 1876 p. 293.
67.) Struve 1721 p. 261-262, 302, Schoepflin 1761 p. 182; Gmelin 1875.
68.) Schoepflin 1761 p. 183, Schoepflin 1775 p. 507 no. 1548, cf. p. 513-515 no. 1555; Ristelhuber 1869 p. 79.

Liste der Äbte und Pröpste

Liste des abbés et des prévôts

Vorbemerkung: die älteren Zusammenstellungen von Würdtwein 1794, Ristelhuber 1869 und Gallia Christiana 5 sind sehr lückenhaft und enthalten Irrtümer. Der Hauptgrund für diese Mängel ist der Verlust einer Listen- und Nekrologüberlieferung des Klosters Seltz. Deshalb ist hier der Versuch einer Rekonstruktion aus fremden Nekrologien und aus gedruckten Urkunden gemacht worden. Die von Schoepflin 1775 und Ristelhuber 1869 offenbar herangezogenen spätmittelalterlichen und frühneuzeitlichen Archivalien konnten hierfür nicht überprüft werden.

Eceman † 5 IX
Necrologium Münchenwiler p. 67: ecemannus abbas, cf. Synopse 1982, 2 p. 496.
urkundlich: 1002 IX 28.
Bresslau 1900/03 p. 21 no. 18 (erhält in Speyer von Heinrich II. ein Schutz- und Wahlprivileg); cf. epitaphium cap. 10, ed. Paulhart 1962 p. 37.
Lit.: Würdtwein 1794 p. 90-91, Ristelhuber 1869 p. 78, Gallia Christiana 5 col. 835, Wollasch 1968 p. 136-137.

Gerbert † 24 IV
Necrologium Münchenwiler p. 33: obiit girbertus abbas, Nekrologium Weißenburg p. 15: gerbertus abbas ob'; cf. Synopse 1982, 2 p. 228 (25 iv).
urkundlich: 1025
Schieffer 1977 p. 284 (Diplom Rudolfs III. no. 116).
Lit.: Ristelhuber 1869 p. 78, Gallia Christiana 5 col. 835.

Ercanbold † 4 VI
Nekrologium Weißenburg p. 19: ercanboldus abbas salsensis ob'.
urkundlich bezeugt: --.

Libo --
urkundlich: 1084
Brackmann 1935 p. 73 no. 2, Bannasch 1969 p. 149-150 no. 1 (Urkunde von Gegenpapst Clemens III., jl. 5326).
Lit.: Würdtwein 1794 p. 91, Ristelhuber 1869 p. 78.

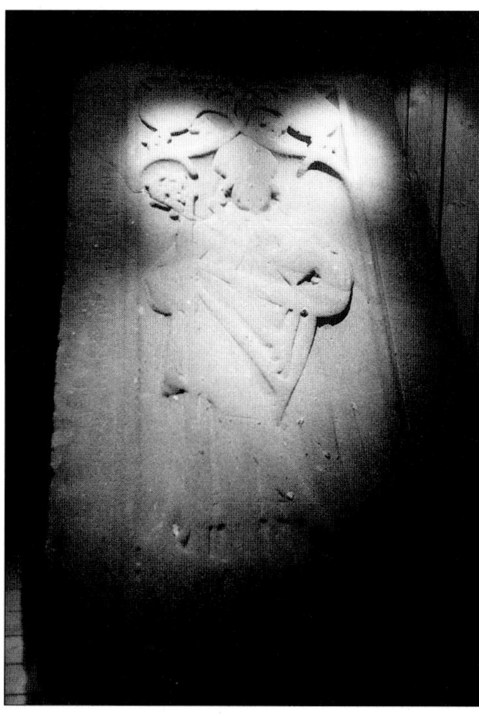

Otto I.: Grabstein, Museum Seltz
Pierre tombale, Musée de Seltz

Stephan † 24 III
Obituar Echternach p. 42: stephanus pbr. et abbas wizenburgensis cenobii; Grafen 1985 p. 394, 420 (24 i !).
urkundlich: --.
Lit.: Ristelhuber 1869 p. 78, Regesten Bischöfe Straßburg 1 nr. 410, Engels 1988 p. 126, Engels 1992 p. 127, 133-134 (Abt von Weißenburg, Klingenmünster, Limburg und Seltz ca. 1100).

Otto I. --.
Grabstein im Museum von Seltz: + pavsat.in.hoc.hvmili.pivs.abbas.otto.cvbili. / ergo.dicatis.qvicumq'.pivm.sapiatis. / vtere .iam. letis.q.sit.tibi.svmma.qvietis.amen (es ruht in dieser niederen Kammer der fürsorgliche Abt Otto. also sage jeder, der den fürsorglichen kannte: genieß bei den glückseligen die ewige ruhe, die dir beschieden sei. amen).
Kraus 1876 p. 294.
Urkundlich: a) 1138, b) 28 V 1139, c) [X] 1139, d) [X] 1139. e) 1143 VII 8, f) 1143 VII 10
Regesten Bischöfe Straßburg 1 no. 466 (a: Zeuge in einer Urkunde Bischof Gebhards für Kloster Hugshofen), Hausmann 1969 p. 37 no. 21 (b: erhält in Straßburg von Konrad III. eine Privilegienbestätigung und die Befreiung seiner Hintersassen von der Zinspflicht gegenüber dem Vogt [dem Markgrafen Hermann von baden] nach Speyerer Vorbild), p. 59 no. 36 (c: in Seltz neben Herzog Friedrich vom Elsass [dem Bruder des Königs] und Markgraf Hermann von Baden Zeuge eines Privilegs Konrads III. für Stift Zwettl), p. 61 no. 37 (d: in Seltz neben den Brüdern des Königs, Herzog Friedrich vom Elsass und Konrad, sowie neben Markgraf Hermann von Baden Zeuge eines Privilegs Konrads III. für Stift Klosterneuburg).
Lit.: Würdtwein 1794 p. 92, Ristelhuber 1869 p. 78.

Walther I. --.
urkundlich: a) 1143 VII 8, b) 1143 VII 10, c) 1143 VII 11, d) 1150 [II].
Hausmann 1969 p. 160 no. 89 (a: in Straßburg neben Herzog Friedrich vom Elsass [dem Bruder des Königs] und Markgraf Hermann von Baden Zeuge eines Privilegs Konrads III. für Kloster Einsiedeln), p. 162 no. 91 (b: in Straßburg beurkundet Konrad III. für ihn die Übertragung der Kirche in Nierstein seitens des Herzogs Friedrich von Schwaben und Elsass, des Bruders des Königs, als Entschädigung für die Abtretung von Zehntrechten an die neu errichtete Pfarrkirche von Hagenau), p. 164 no. 92 (c: in Straßburg neben Herzog Friedrich von Schwaben und Elsass [Bruder des Königs] und Markgraf Hermann von Baden Zeuge eines Privilegs Konrads III. für das Spital vor dem Münster in Straßburg), p. 393 no. 221 (in Speyer mit seinen Ministerialen neben Herzog Friedrich von Schwaben und Elsass [dem Bruder des Königs] und Markgraf Hermann von Baden Zeuge eines Privilegs Konrads III. für Abt Wibald von Corvey).
Lit.: Würdtwein 1794 p. 92, Ristelhuber 1869 p. , Gallia Christiana 5 col. 835-836.

Albero --.
urkundlich: 1151 IX 14
Hausmann 1969 p. 446 no. 257 (in Worms neben Abt Wibald von Stablo [und Corvey] Zeuge eines Privilegs Konrads III. für Erzbischof Wilhelm von Embrun).

Reginold --.
urkundlich: a) 7 IX 1162, b) 1163, c) 8 VII 1163
Appelt 1979 p. 259 no. 388 (a: in Saint-Jean de-Losne zusammen mit den Äbten von Murbach, Weißenburg, Lorsch -- aber ohne Namensnennung -- Zeuge eines Gerichtsentscheids Friedrichs I. für den Bischof von Genf), Bannasch 1969 p. 150 no. 2 (b: verpachtet ein gut in Eberbach an die Zisterzienserinnen von Königsbrück), Appelt 1979 p. 278 no. 400 (c: in Seltz zusammen mit Abt Hugo von Cluny Zeuge eines Privilegs Friedrichs I. für Maursmünster).
Lit.: Würdtwein 1794 p. 92-93, Ristelhuber 1869 p. 78.

Helwich --.
urkundlich: a) 1190, b) 15 VI 1196, c) 12 IV 1197, d) 31 VII 1197, e) 29 IV 1200
Scheffer-Boichorst 1888 p. 213-214, cf. Regesta Imperii IV,3 no. 96 (a: beurkundet die Beilegung eines Zehntstreits mit dem Kloster St. Walburg, der seit Abt Otto anhängig war), Regesta Imperii IV, 3 no. 521 (b: in Seltz Zeuge eines Privilegs Heinrichs VI. für die Klöster Bellevaux, La Charité und Grâce-dieu), Regesten Markgrafen Baden 1 no. 147 (c: lässt sich von Markgraf Hermann von Baden die vom Reich lehnbare Vogtei in Seltz verpfänden), Regesta Imperii IV,3 no. 604 (d: Heinrich VI. bestätigt diese Verpfändung), Regesta Imperii V,1 no. 47 (e: bei Hördt ohne Nennung des Namens Zeuge eines Privilegs Philipps von Schwaben für Kloster Hördt).
Lit.: Würdtwein 1794 p. 93.

Heinrich I. --.
urkundlich: 1208
Würdtwein 1788 p. 239 no. 87 (beurkundet die Veräußerung eines Gutes in Lienowe beim Hof Frankenheim an die Zisterzienserinnen von Königsbrück).
Lit.: Würdtwein 1794 p. 93.

Walther II. --.
urkundlich: a) 1214, b) 8 VII 1215
Würdtwein 1788 p. 278 no. 106 (a: vermittelt einen Vergleich zwischen Kloster Neuburg und Eberhard, Sohn des Schultheißen Billung von Hagenau über Zehnte), Regesta Imperii V,1 no. 808 (b: in Hagenau ohne Namensnennung Zeuge eines Privilegs Friedrichs II. für Kloster Hirsau).
Lit.: Würdtwein 1794 p. 93.

g. --.
urkundlich: a) 12 XI 1227, b) 15 III 1235, c) 1243
Regesta Imperii V,1 no. 4089 (a: in Basel ohne Namensnennung Zeuge der Verleihung eines Privilegs Heinrichs [VII.] für die Bürger von Basel), Regesta Imperii V, 2 no. 14776 (b: erhält in Hagenau als Fürst und Abt von Seltz den Schutz Heinrichs [VII.] gegen den Markgrafen von Baden), Würdtwein 1789 p. 152 no. 59 (c: beurkundet die Ersatzauftragung eines Lehens in Merlheim).
Lit.: Würdtwein 1794 p. 94

h. (Heinrich II.) --.
urkundlich: a) II 1271, b) 1272
Dambacher 1856 p. 203-205 (a: besiegelt ein Seelgerät für Kloster Lichtenthal auf Gütern bei Kandel), Mone1857 p. 173-174, cf. Müller 1990 p. 176 (bewilligt den Verkauf fleckensteinischer Güter, erhält Lehnsauftragung in Beinheim); nur im Siegel von 1271 ist der Name ausgeschrieben.

g. (gottfried) --.
urkundlich: a) 10 XI 1275, b) 26 X 1277, c) IV 1282, d) 27 I 1284
Mone1857 p. 174-175 no. 38 (a: regelt Waldrechte in Steinweiler), Mone1857 176 no. 40 (b: regelt Zehntstreitigkeiten zwischen den Kirchen von Schweighausen und Hagenau), Mone1857 p. 184-185 no. 53 (c: besiegelt einen Güterverkauf an das Kloster Mirmelberg), Gmelin 1874 p. 455 (d: beurkundet eine Schenkung in Minfeld für Kloster Frauenalb); nur im Siegel von 1282 ist der Name ausgeschrieben.

Johannes I. --.
urkundlich: a) 16 I 1309, b) 3 VI 1311, c) 2 XI 1311, d) 1 X 1313, e) 21 II 1316
Mone1854 p. 425-426 (a: Kauf eines Hofs in der Gemarkung Seltz durch das Kloster Mirmelberg), p. 426 (b: Kauf einer Wiese in Hoerdt durch das Kloster Mirmelberg), Mone1859 p. 306-308 no. 2 (c: verpachtet den Wald Mittelowe), Mone1857 p. 177 no. 42 (d: beurkundet eine Messstiftung im Kloster), Barth 1960/63 col. 1298 (e: Verkauf von Sermersheim an den Bischof von Straßburg).
Lit.: Ristelhuber 1869 p. 78.

Hugo von Burgheim --.
urkundlich: a) 5 VII 1329, b) 12 VI 1346, c) 26 V 1347, d) 14 VIII 1347, e) 20 V 1348, f) 17 II 1349, g) 14 XI 1353, h) 15 IX 1354, i) 17 VI 1356, j) 27 VIII 1356
Mone1851/I p. 42-43 no. 2 (a: Aussöhnung mit den Markgrafen Rudolf III. und Hesso II. von Baden), Mone1854 p. 427 (b: verleiht dem Kloster Mirmelberg das Waltmannes Rot bei der Abtei), p. 427 (c: genehmigt einen Pachtvertrag des Klosters Mirmelberg), Mone1857 p. 179 no. 44 (d: Beilegung eines Streites mit Heinrich von Fleckenstein), Mone1857 p. 179-180 no. 45 (e: Beilegung des Streits mit dem Gegenabt Peter von Seebach), Mone1857 p. 180-181 no. 46 (f: Regelung der Einkünfte der Michaelskapelle im Kloster), Mone1865 p. 45-46 no. 64 (g: beurkundet die Stiftung einer Frühmesse in der Pfarrkirche von Seltz durch die Zünfte), Mone1857 p. 182 no. 49 (h: informiert den Dompropst von Speyer über die Einrichtung einer Messe in der Kapelle St. Ulrich in Steinweiler), Mone1851/I p. 47-48 (i: Vertrag mit der Stadt), Mone1857 p. 182 no. 152 (j: beurkundet die Einrichtung von vier Messen in der St. Benedikt-Kapelle des Klosters, davon drei ad altare s. adilheidis).
Peter von Seebach --.
urkundlich: a) 10 III 1341, b) 20 V 1348
Mone1857 p. 178-179 no. 43 (a: erhält von Heinrich von Fleckenstein einen Revers über dessen Lehen an der Moder), Mone1857 p. 179-180 no. 45 (b: Aussöhnung, Resignation zugunsten von Abt Hugo).

Ulrich von Magenheim --.
urkundlich: a) 20 VI 1375, b) 16 VII 1382, c) 5 V 1389
GLA Karlsruhe Ottersdorf 3393 conv. 187 (a: erlaubt die Errichtung einer Kapelle in Ottersdorf), Schoepflin 1775 p. 281-283 no. 1205 (b: erhält von König Wenzel eine Bestätigung des 1356 mit der Stadt abgeschlossenen Vertrags), p. 286-287 no. 1213 (c: erhält von König Wenzel die Verlängerung der 1372 verliehenen Verschreibung auf den Zoll von Seltz).
Lit.: Ristelhuber 1869 p. 79.

Johannes II. von Fleckenstein † 20 XII 1436
(als Bischof von Basel, der er seit 1422 war)
Müller 1990 p. 465.
urkundlich: a) 6 VI 1400, b) 8 X 1400, c) 12 VII 1405, d) 1 VIII 1418, e) 6 IV 1423
Regesten Markgrafen Baden 1 no. 1942, cf. müller 1990 p. 466 (a: Vertrag mit Baden), p. 609 (b: überträgt Heinrich dem Jungen von Fleckenstein das Schultheißenamt in Oberotterbach), Regesten Fraubrunnen p. 82 no. 341 (c: verkauft dem Kloster Fraubrunn ein Gut in der Pfarrei Jegenstorf im Berner Oberland), Regesta Imperii 11 no. 3389 (d: Beisitzer eines Fürstengerichtes), Mone1854 p. 328-329, cf. Müller 1990 p. 609 (e: überträgt Heinrich und Friedrich von Fleckenstein das Schultheißenamt in Oberotterbach).
Lit.: Hertzog 1592 lib. 3 p. 63, Ristelhuber 1869 p. 79, Gallia Christiana 5 col. 836, Müller 1990 p. 465-466.

Heinrich II. von Dugesheim --.
urkundlich: --.
wird von Graf Heinrich von Kirburg 1434 ermordet.
Lit.: Hertzog 1592 lib. 3 p. 69, lib. 6 p. 161, Ristelhuber 1869 p. 79, Gallia Christiana 5 col. 836.

Johannes III. Groets --.
urkundlich: 1442.
Würdtwein 1794 p. 94, Ristelhuber 1869 p. 79 (Untersuchung seiner Misswirtschaft durch Bischof Friedrich von Worms und Abt Bernhard von Klingenmünster)
Lit.: Würdtwein 1794 p. 94, Ristelhuber 1869 p. 79, Gallia Christiana 5 col. 836.

Diemar --.
urkundlich: 11 V 1457
Mone1865 p. 167-169 no. 14 (vidimiert eine Urkunde vom 16 X 1313 für den Abt von Klingenmünster).

Johannes IV. Harder von Gertringen --.
urkundlich: a) 1458 XII 4, b) 18 IV 1469, c) 2 III 1470, d) 1475-1476
Mone1851/I p. 49-51 no. 7 (a: Huldigung der Stadt für den Abt), Schoepflin 1775 p. 405 no. 1380, cf. Mone1854 p. 428 (b: erhält die Erlaubnis, das Kloster Mirmelberg aufzuheben), Schoepflin 1775 p. 405 no. 1381 (c: erhält von Friedrich III. die Bestätigung der Privilegien), Müller 1990 p. 172 (d: Schlichtungsverfahren im Streit zwischen Friedrich von Fleckenstein und der Abtei).

Walther III. von Gemmingen, seit 1481 Propst + 29 VIII 1501
Hertzog 1592 lib. 3 p. 63
urkundlich: 29 VI 1481
Mone1 854 p. 322-323 (regelt den Anteil der Bürgerschaft an der Verwaltung der Pfarrei des in die Stadt zu verlegenden Stiftes).
Lit.: Hertzog 1592 lib. 3 p. 63, Dambacher 1859 p. 358, Ristelhuber 1869 p. 79, Gallia Christiana 5 col. 836.

Hubert von Wilsperg † 15 V 1505
Lit.: Hertzog 1592 lib. 3 p. 63, Ristelhuber 1869 p. 79.

Johannes von Wittersheim † 3 II 1523
urkundlich: 6 VII 1505
Schoepflin 1775 p. 444-445 no. 1438 (Erhebung zum Propst durch Papst Julius II.)
Lit.: Hertzog 1592 lib. 3 p. 63, Ristelhuber 1869 p. 79.

Diether von Fleckenstein † 26 X 1548
Lit.: Hertzog 1592 lib. 3 p. 63, Ristelhuber 1869 p. 79.

Georg von Wickersheim † 21 V 1566
Lit.: Hertzog 1592 lib. 3 p. 63, Ristelhuber 1869 p. 79.

Franz von Galen † 24 II 1576, urkundlich: 1574
Mone1850/II p. 448 no. 24 (Almendordnung für Seltz).
Lit.: Hertzog 1592 lib. 3 p. 63, Ristelhuber 1869 p. 79.

Andreas von Wickersheim --.
urkundlich: 3 V 1576
Schoepflin 1775 p. 474-475 no. 1487 (Ernennung zum Propst durch Kurfürst Friedrich von der Pfalz)
Lit.: Hertzog 1592 lib. 3 p. 63, Ristelhuber 1869 p. 79.

Johann-Georg Poeblisheim 1623
Lit.: Ristelhuber 1869 p. 79.

Erzherzog Leopold, Bischof von Straßburg 1624
Lit.: Ristelhuber 1869 p. 79.

Johann-Georg Dietrich 1624
Lit.: Ristelhuber 1869 p. 79.

Nikolaus Dez 1684-1691
Lit.: Ristelhuber 1869 p. 79.

Zeittafel

Tableau chronologique

911
Rudolf I. von Burgund (888-911), Adelheids Großvater, stirbt. Ludwig III. das Kind (900-911) stirbt, Ende der Karolinger im Ostfrankenreich, Übergang des Königtums auf Konrad I. (911-918). – *Mort de Rodolphe Ier de Bourgogne (888-911), grand-père d'Adélaïde. Mort de Louis III l'Enfant (900-911), fin de l'ère carolingienne dans le royaume de Francie orientale, la royauté passe à Conrad Ier (911-918).*

912
Otto I. wird geboren. – *Naissance d'Otton Ier.*

919 Fritzlar
Königserhebung Heinrichs I. (919-936) im Ostfrankenreich. – *Accession au trône de Henri Ier (919-936) dans le royaume de Francie orientale.*

922
Rudolf II. von Burgund (911-937) heiratet Bertha, die Tochter des Herzogs Burkhard II. von Schwaben. – *Rodolphe II de Bourgogne (911-937) épouse Berthe, fille du duc Bouchard II de Souabe.*

930
Otto I. heiratet Edgitha. – *Otton Ier épouse Edith.*

931
Adelheid wird geboren. – *Naissance d'Adélaïde.*

935 Chiers
Rudolf II. von Burgund übergibt Heinrich I. die Heilige Lanze. – *Rodolphe II de Bourgogne remet la Sainte Lance à Henri Ier.*

2 VII 936 Memleben
Heinrich I. stirbt und wird in Quedlinburg begraben. – *Henri Ier meurt et est enterré à Quedlinburg.*

26 I 946
Edgitha stirbt und wird in Magdeburg begraben. – *Edith meurt et est enterrée à Magdebourg.*

947
Lothar von Italien (931-950) heiratet Adelheid. – *Lothaire d'Italie (931-950) épouse Adélaïde.*

um 949 / vers 949
Adelheids Tochter Emma wird geboren. – *Naissance d'Emma, fille d'Adélaïde.*

22 XI 950 Turin
Lothar von Italien stirbt. – *Mort de Lothaire d'Italie.*

20 IV 951 Como / Côme
Berengar von Ivrea nimmt Adelheid gefangen. – *Bérenger d'Ivrée capture Adélaïde.*

20 VIII 951 Rocca di Garda (?)
Adelheid gelingt die Flucht. – *Adélaïde réussit à s'enfuir.*

23 IX 951 Pavia /Pavie
Otto I. übernimmt die Herrschaft über das Langobardenreich. – *Otton Ier place le royaume de Lombardie sous son autorité.*

IX 951 Pavia /Pavie
Adelheid und Otto I. vermählen sich. – *Mariage d'Adélaïde et d'Otton Ier.*

10 III 952 Erstein
Adelheid und Otto I. halten sich erstmals zusammen im Elsass auf. – *Adélaïde et Otton Ier séjournent ensemble en Alsace pour la première fois.*

25 XII (Weihnachten / Noël) 952 Frankfurt / Francfort
Otto I. und Adelheid feiern das erste gemeinsame Weihnachtsfest in Deutschland. – *Otton Ier et Adélaïde fêtent leur premier Noël en Germanie.*

gegen Ende / vers la fin de 952
Adelheids Sohn Heinrich wird geboren. – *Naissance de Henri, fils d'Adélaïde.*

II 953 Erstein
Otto I. verleiht Adelheids Mutter Bertha die Abtei Erstein. – *Otton Ier octroie l'abbaye d'Erstein à Berthe, mère d'Adélaïde.*

III 953 bis / à VI 954
Aufstand von Herzog Liudolf von Schwaben, Ottos I. Sohn aus erster Ehe und Thronfolger zusammen mit Konrad dem Roten, seinem Schwager. – *Soulèvement du duc Liudolf de Souabe, fils du premier mariage d'Otton Ier et héritier du trône, avec Conrad le Roux, son beau-frère.*

953/954
Adelheids Sohn Brun wird geboren. – *Naissance de Brunon, fils d'Adélaïde.*

ca. 954 und 957 / env. 954 et 957
Adelheids Söhne Heinrich und Brun sterben. – *Mort des fils d'Adélaïde, Henri et Brunon.*

954/55
Adelheids Kinder Otto (II.) und Mathilde werden geboren. – *Naissance d'Otton (II) et de Mathilde, enfants d'Adélaïde.*

9 VIII 955 bei Augsburg / près d'Augsbourg
Schlacht auf dem Lechfeld bei Augsburg, Konrad der Rote, Schwiegersohn Ottos I., fällt und wird im Wormser Dom begraben. Konrads Sohn Otto (von Kärnten) wird am Hof Ottos I. erzogen. Er ist Ahnherr der Salier und Staufer. – *Bataille du Lechfeld près d'Augsbourg, Conrad le Roux, gendre d'Otton Ier, meurt et est enterré dans la cathédrale de Worms. Le fils de Conrad, Otton (de Carinthie) est élevé à la cour d'Otton Ier. Il est l'ancêtre des Saliens et des Staufen.*

6 IX 957 Pombia südlich des Lago Magiore / au sud du lac Majeur
Ottos I. ältester Sohn Liudolf aus der ersten Ehe mit Edgitha stirbt. Dadurch erhält Adelheids Sohn Otto (II.) die

Anwartschaft auf den Thron. – *Mort de Liudolf, fils aîné d'Otton Ier issu du premier mariage avec Edith. Otton (II), fils d'Adélaïde, devient ainsi prétendant au trône.*

um / vers 957/961 Payerne
Adelheid gründet ein Kloster zu Ehren der hl. Maria, um ihre Mutter Bertha dort zu begraben, und überträgt es Abt Majolus von Cluny. – *Adélaïde fonde un monastère en l'honneur de la Ste Vierge pour y enterrer sa mère Berthe, et elle le cède à l'abbé Maïeul de Cluny.*

16 V 960 Wiesbaden-Kloppenheim
Adelheid trifft ihren Bruder, König Konrad von Burgund (937-993), und ihren Verwandten, Herzog Burkhard III. von Schwaben (954-973). – *Adélaïde rencontre son frère, le roi Conrad de Bourgogne (937-993) et son parent, le duc Bouchard III de Souabe (954-973).*

2 II (Mariä Lichtmess / Chandeleur) 962 Rom /Rome
Otto I. wird von Papst Johannes XII. zum Kaiser gesalbt, auch Adelheid erhält die Salbung. – *Otton Ier est sacré empereur par le pape Jean XII, Adélaïde reçoit aussi l'onction du sacre.*

965
Adelheids Tochter Emma (aus erster Ehe) wird mit Lothar III. von Frankreich vermählt. – *Emma, fille d'Adélaïde (de son premier mariage), est mariée à Lothaire III de France.*

25 XII (Weihnachten / Noël) 967 Rom / Rome
Adelheids Sohn Otto II. wird von Papst Johannes XIII. zum (Mit-) Kaiser gekrönt; Adelheid ist anwesend. – *Le fils d'Adélaïde Otton II est couronné empereur (associé) par le pape Jean XIII; Adélaïde est présente.*

16 XI 968 Pescara (Aternum)
Adelheid erhält von Otto I. ihre Güterausstattung im Elsass verbrieft (Hochfelden, Merzweiler, Schweighausen, Seltz und Sermersheim). – *Otton Ier atteste par écrit à Adélaïde ses biens en Alsace (Hochfelden, Merzweiler, Schweighouse, Seltz et Sermersheim).*

16 XI 968 Pescara
Adelheid erhält von Otto I. den Hof Steinweiler in der Pfalz. – *Adélaïde reçoit d'Otton Ier la cour de Steinweiler dans le Palatinat.*

969 Pavia / Pavie
Adelheid gründet das Kloster San Salvatore in Pavia und unterstellt es dem Abt Majolus von Cluny. – *Adélaïde fonde le monastère San Salvatore à Pavie et le place sous l'autorité de l'abbé Maïeul de Cluny.*

971 Ravenna / Ravenne
Bischof Ulrich von Augsburg kehrt von einer Romwallfahrt zurück und besucht seine Verwandte Adelheid und Otto I., um Zusicherungen wegen seiner Nachfolge zu erhalten. – *L'évêque Ulrich d'Augsbourg rentre d'un pélerinage à Rome et rend visite à sa parente Adélaïde et à Otton Ier pour recevoir des garanties sur sa succession.*

7 I (Sonntag nach Epiphanie / dimanche après l'Epiphanie) 972 Ravenna /Ravenne
Otto I. beschenkt auf Bitten Adelheids den (mit ihr verwandten) Venetianer Vitalis Candianus (später Patriarch von Grado). – *A la demande d'Adélaïde, Otton Ier fait une donation au Vénitien (parent d'Adélaïde) Vitalis Candianus (plus tard patriarche de Grado).*

14 IV (Weißer Sonntag / 1er dimanche après Pâques) 972 Rom / Rome
Theophanu wird mit Otto II. vermählt und von Papst Johannes XIII. zur Kaiserin gesalbt. – *Théophano est mariée à Otton II et sacrée impératrice par le pape Jean XIII.*

18 VIII 972 Konstanz / Constance
Adelheid, Otto I., Otto II. und Theophanu zurück in Deutschland. – *Adélaïde, Otton Ier, Otton II et Théophano sont de retour en Germanie.*

7 V 973 Memleben
Otto I. stirbt und wird in Magdeburg an der Seite Edgithas, seiner ersten Gemahlin, begraben. – *Otton Ier meurt et est enterré à Magdebourg à côté d'Edith, sa première épouse.*

974/75
Zerwürfnis zwischen Adelheid und Otto II. – *Discorde entre Adélaïde et Otton II.*

977
Theophanu bringt eine Tochter zur Welt, die nach der Großmutter Adelheid genannt wird. – *Théophano donne le jour à une fille, prénommée Adélaïde comme la grand-mère.*

vor / avant X 977 Piacenza / Plaisance
Adelheid leitet eine Gerichtsverhandlung wegen der Ermordung des Dogen Petrus Candianus IV. von Venedig. – *Adélaïde dirige une audience en raison de l'assassinat du doge Petrus Candianus IV de Venise.*

20 X 977 Altstedt
Adelheid wieder zurück in Deutschland. – *Adélaïde est à nouveau de retour en Germanie.*

978
Neues Zerwürfnis zwischen Adelheid und Otto II. – *Nouvelle discorde entre Adélaïde et Otton II.*

980
Adelheid geht nach Burgund und Italien. – *Adélaïde se rend en Bourgogne et en Italie.*

Anfang / début VII 980 Kessel am Niederrhein
Theophanu bringt Otto III. zur Welt. – *Théophano met au monde Otton III.*

XII 980 Pavia / Pavie
Adelheid sucht zusammen mit Abt Majolus von Cluny und ihrem Bruder König Konrad von Burgund ihren Sohn Otto II. auf und versöhnt sich mit ihm und Theophanu. Zum ersten Mal trifft hier Gerbert von Aurillac, später Papst Silvester II. (999-1003), mit dem Hof zusammen. – *Adélaïde, accompagnée de l'abbé Maïeul de Cluny et de son frère Conrad de Bourgogne, rend visite à son fils Otton II et se réconcilie avec lui et Théophano. Gerbert d'Aurillac, plus tard pape sous le nom de Sylvestre II (999-1003), rencontre la cour ici pour la première fois.*

13 VII 982 Cotrone
Otto II. fällt nach gewonnener Schlacht mit seinem Heer in einen Hinterhalt der Sarazenen und kann nur mit Mühe entkommen. – *Après avoir gagné la bataille, Otton II tombe*

avec son armée dans une embuscade des Sarrasins et il en échappe de justesse.

VI 983 Verona / Vérone
Reichstag zur Stabilisierung des Reiches und Vorbereitung eines neuen Zuges nach Süditalien. Auch Adelheid ist anwesend. – *Diète pour stabiliser le royaume et préparer une nouvelle expédition en Italie méridionale. Adélaïde est aussi présente.*

7 XII 983 Rom / Rome
Otto II. stirbt und wird in St. Peter begraben; gemeinsame Regentschaft Adelheids mit Theophanu, Erzbischof Willigis von Mainz, Bischof Hildebald von Worms und einigen anderen. – *Otton II meurt et est enterré à St-Pierre; régence conjointe d'Adélaïde avec Théophano, l'archevêque Willigis de Mayence, l'évêque Hildebald de Worms et quelques autres personnes.*

21 V 987
König Ludwig V. von Frankreich, Enkel Adelheids stirbt, das westfränkische Königtum fällt an die Kapetinger. – *Le roi Louis V de France, petit-fils d'Adélaïde, meurt; la royauté en Francie occidentale échoit aux Capétiens.*

987
Adelheid beginnt mit der Hilfe ihres Verwandten Manegold mit der Gründung des Klosters Seltz. – *Adélaïde commence la fondation de l'abbaye de Seltz avec l'aide de son parent Manegold.*

12 VI 991 Sachsen / Saxe
Manegold stirbt, wird von Adelheid nach Quedlinburg überführt und dort im Stift ihrer Tochter Mathilde begraben. *Manegold meurt. Adélaïde le fait transférer à Quedlinburg où elle le fait enterrer dans la maison religieuse de sa fille Mathilde.*

15 VII 991 Nimwegen / Nimègue
Theophanu stirbt; Adelheid führt die Regentschaft bis 994 weiter und lässt die wegen Manegolds Tod steckengebliebenen Güterübertragungen für das Kloster Seltz von Otto III. beurkunden. – *Mort de Théophano; Adélaïde continue d'assumer la régence jusqu'en 994 et fait attester officiellement par Otton III les cessions de biens pour l'abbaye de Seltz, freinées par la mort de Manegold.*

IX 994 Sohlingen
Otto III. übernimmt vierzehnjährig die Regierung. – *Otton III, âgé de quatorze ans, accède au pouvoir.*

3 V 996 Rom / Rome
Brun, Nachkomme von Edgithas Tochter Liutgard und Konrad dem Roten, wird als Gregor V. zum Papst erhoben. – *Brunon, descendant de la fille d'Edith Liutgarde et de Conrad le Roux, est élu pape sous le nom de Grégoire V.*

21 V 996 Rom / Rome
Otto III. wird von Papst Gregor V. zum Kaiser gesalbt und berichtet Adelheid darüber brieflich. – *Otton III est sacré empereur par le pape Grégoire V et il informe Adélaïde de cet événement dans une lettre.*

18 XI 996 Seltz
Bischof Widerold von Straßburg weiht in Gegenwart Adelheids und Ottos III. das neue Kloster zu Ehren des hl. Petrus. – *L'évêque Widerold de Strasbourg consacre la nouvelle abbaye en l'honneur de st Pierre en présence d'Adélaïde et d'Otton III.*

Ende / fin 997 bis / à 1000
Zweiter Italienzug Ottos III. – *Deuxième campagne d'Italie d'Otton III.*

7 II 999 Quedlinburg
Adelheids Tochter Mathilde, Äbtissin von Quedlinburg, stirbt; ihre Nachfolgerin wird Ottos III. Schwester Adelheid. – *Mort de Mathilde, fille d'Adélaïde et abbesse de Quedlinburg; Adélaïde, soeur d'Otton III, lui succède.*

12 III 999 Rom / Rome
Papst Gregor V. stirbt; sein Nachfolger wird Gerbert von Aurillac als Silvester II. (999-1003). – *Mort du pape Grégoire V; son successeur est Gerbert d'Aurillac sous le nom de Sylvestre II (999-1003).*

Herbst / automne 999
Letzte Reise Adelheids nach Payerne, St. Maurice, Genf, Lausanne, Orbe. – *Dernier voyage d'Adélaïde à Payerne, St-Maurice, Genève, Lausanne, Orbe.*

7 XII 999 Seltz
Adelheid feiert das Totengedächtnis Ottos II., die Messe wird von Erzbischof Willigis von Mainz zelebriert. – *Adélaïde commémore la mort d'Otton II, la messe est célébrée par l'archevêque Willigis de Mayence.*

16 XII 999 Seltz
Adelheid stirbt und wird tags darauf in ihrem Kloster in Seltz begraben. – *Adélaïde meurt et est enterrée dès le lendemain dans son abbaye de Seltz.*

Bibliographie

L'Abbatiale de Payerne (Bibliothèque historique vaudoise). Lausanne 1966. <L'Abbatiale 1966>

Althoff, Gerd: Adels- und Königsfamilien im Spiegel ihrer Memorialüberlieferung. Studien zum Totengedenken der Billunger und Ottonen (Münstersche Mittelalterschriften 47). München 1984. <Althoff 1984>

Appelt, Heinrich unter Mitwirkung von Rainer Maria Herkenrath und Walter Koch (Ed.): Die Urkunden Friedrichs I. 1158-1167 (Monumenta Germaniae Historica, Diplomata regum et imperatorum Germaniae 10/2). Hannover 1979. <Appelt 1979>

L'Archéologie en Alsace, sous la direction de Geneviève Baud, Monique Voegtlin, Christian Jeunesse, Christian Voegtlin (Association pour la promotion de la recherche archéologique en Alsace). Riedisheim 1992. <Archéologie en Alsace 1992>

Bachrach, Bernard S.: Merovingian Military Organization 481-751. Minneapolis 1972. <Bachrach 1972>

Barth, Médard: Handbuch der elsässischen Kirchen im Mittelalter, in: Archives de l'Église d'Alsace 27 [N. S. 11] (1960) col. 1-518, 28 [N. S. 12] (1961) col. 519-1190, 29 [N. S. 13] (1962/63) col. 1191-2015. <Barth 1960/63>

Bäumer, Gertrud: Adelheid. Mutter der Königreiche. Tübingen 1936. <Bäumer 1936>

Bäumer, Gertrud: Krone und Kreuz. Tübingen o. J. [um 1936]. <Bäumer o. J.>

Beatus Rhenanus: Rerum Germanicarum libri tres. Basel 1531. <Beatus Rhenanus 1531>

Bernward von Hildesheim und das Zeitalter der Ottonen. Katalog zur Ausstellung in Hildesheim 1993, Band 2. Mainz 1993. <Bernward 1993>

Beyreuther, Gerald: Kaiserin Adelheid, 'Mutter der Königreiche', in: Herrscherinnen und Nonnen. Frauengestalten von der Ottonenzeit bis zu den Staufern, ed. Erika Uitz, Barbara Pätzold, Gerald Beyreuther. Berlin 1990, S. 43-79. <Beyreuther 1990>

Bornscheuer, Lothar: Miseriae regum. Untersuchungen zum Krisen- und Todesgedanken in den herrschaftstheologischen Vorstellungen der ottonisch-salischen Zeit (Arbeiten zur Frühmittelalterforschung der Universität Münster 4). Berlin 1968. <Bornscheuer 1968>

Boshof, Egon: Das Erzstift Trier und seine Stellung zu Königtum und Papsttum im ausgehenden 10. Jahrhundert. Der Pontifikat des Theoderich (Studien und vorarbeiten zur Germania Pontificia 4). Köln, Wien 1972. <Boshof 1972>

Brackmann, Albert: Dioeceses Strassburgensis, Spirensis. Wormaciensis, Wirciburgensis. Bambergensis (Regesta pontificum romanorum, Germania pontificia 3/3). Berlin 1935. <Brackmann 1935>

Bresslau, Harry und Hermann Bloch, Max Meyer, Robert Holtzmann, Heinrich Wibel (Ed.): Die Urkunden Heinrichs II. und Arduins (Monumenta Germaniae Historica, Diplomata regum et imperatorum Germaniae 3). Hannover 1900-1903 (Repr. 1980) <Bresslau 1900/03>

Die Briefsammlung Gerberts von Reims, ed. Fritz Weigle (Monumenta Germaniae Historica, Die Briefe der deutschen Kaiserzeit 2) Berlin, Zürich, Dublin 1966. <Briefsammlung Gerberts 1966>

Brower, Christoph – Masen, Jacob: Antiquitatum et annalium Trevirensium libri XXV, duobus tomis comprehensis ... Lüttich 1670. <Brower – Masen 1670>

Bruel, v. Recueil des chartes de l'abbaye de Cluny

Bumke, Joachim: Höfische Kultur (Literatur und Gesellschaft im hohen Mittelalter 2). München 1986. <Bumke 1986>

Corbet, Patrick: Adélaïde, in: Les saintetés dans les empires rivaux <815-1053>, sous la direction de Pierre Riché (Histoire des saints et de la sainteté chrétienne 5). Paris 1986, pp. 70-74. <Corbet 1986/I>

Corbet, Patrick: Les saints ottoniens. Sainteté dynastique, sainteté royale et sainteté féminine autour de l'an mil (Beihefte der Francia 15). Sigmaringen 1986. <Corbet 1986/II>

Coutaz, Gilbert: Les rois rodolphiens (888-1032), in Les pays romands au Moyen Age. Territoires). Lausanne 1998. <Coutaz 1998>

Dambacher, Joseph: Urkundenarchiv des Klosters Lichtenthal 13. und 14. Jahrhundert Fortsetzung, in: Zeitschrift f. die Geschichte des Oberrheins 7 (1856) p. 195-128. <Dambacher 1856>

Dambacher, Joseph: Urkundenlese zur Geschichte fränkischer Klöster, in. Zeitschrift für die Geschichte des Oberrheins 10 (1859) p. 341-358. <Dambacher 1859>

Döblin, Alfred: Die literarische Situation. Baden-Baden 1947. <Döblin 1947>

Durussel, Viviane und Jean-Daniel Morerod: Le pays de Vaud aux sources de son histoire. La mémoire du lieu. Lausanne 1990. <Durussel/Morerod 1990>

Ehlen, Thomas: Hystoria ducis Bauarie Ernesti. Kritische Edition des "Herzog Ernst" C und Untersuchungen zu Struktur und Darstellung des Stoffes in den volkssprachlichen und lateinischen Fassungen (ScriptOralia 96). Tübingen 1996. <Ehlen 1996>

Engels, Renate: Das Landdekanat Herxheim (Quellen und Abhandlungen zur mittelrheinischen Kirchengeschichte 61/3, Palatia Sacra 1/3). Mainz 1988. <Engels 1988>

Engels, Renate: Das Landdekanat Böhl (Quellen und Abhandlungen zur mittelrheinischen Kirchengeschichte 61/5). Palatia Sacra 1/5). Mainz 1992. <Engels 1992>

Ennen, Edith: Politische, kulturelle und karitative Wirksamkeit mittelalterlicher Frauen in Mission, Kloster, Stift, Konvent, in: Religiöse Frauenbewegung und mystische Frömmigkeit im Mittelalter, ed. Peter Dinzelbacher, Dieter R. Bauer (Beihefte zum Archiv für Kulturgeschichte 28). Köln, Wien 1988, p. 59-82. <Ennen 1988>

Erkens, Franz-Reiner: Die Frau als Herrscherin in ottonisch-salischer Zeit, in: Kaiserin Theophanu. Begegnung des Ostens und Westens um die Wende des ersten Jahrtausends. Gedenkschrift des Kölner Schnütgen-Museums zum 1000. Todesjahr der Kaiserin, ed. Anton von Euw und Peter Schneider, 1-2. Köln 1991; hier 2, pp. 245-259. <Erkens 1991>

Ewig, Eugen: Die fränkischen Teilungen und Teilreiche (511-613), in: Ders.: Spätantikes und fränkisches Gallien, gesammelte Schriften (1952-1973) 1, ed. Hartmut Atsma (Beihefte der Francia 3/1). München 1976, p. 114-171 (früher in: Akademie der Wissenschaften und der Literatur Mainz. Abhandlungen der geistes- und sozialwissenschaftlichen Klasse 9, Wiesbaden 1953). <Ewig 1953/1976>

Fechter, Johannes: Cluny, Adel und Volk. Studien über das Verhältnis des Klosters zu den Ständen (910-1156). Stuttgart 1966 [Diss. Freiburg 1965]. <Fechter 1966>

Folz, Robert: Les saintes reines du moyen âge en occident <VIe - XIIIe siècles> (Subsidia hagiographica 76). Brüssel 1993. <Folz 1993>

Frey, Michael: Versuch einer geographisch-historisch-statistischen Beschreibung des kön. bayer. Rheinkreises 4. Speyer 1836 (Repr. Pirmasens 1975). <Frey 1836>

Frommer, Hansjörg: Spindel, Kreuz und Krone. Herrscherinnen des Mittelalters: Adelheid, Theophanu, Gisela, Agnes, Richenza, Konstanze. Karlsruhe 1993. <Frommer 1993>

Gallia Christiana in provincias ecclesiasticas distributa qua series et historia archiepiscoporum, episcoporum et abbatum Franciae vicinarumque ditionum ab origine ecclesiarum ad nostra tempora deducitur...editio altera 5, ed. Dionysius Sammarthanus, Paul Piolin. Paris, Brüssel 1877. <Gallia Christiana 5>

<GLA = Generallandesarchiv Karlsruhe

Gmelin, Moriz: Urkundenarchiv des Klosters Frauenalb (Fortsetzung),

in: Zeitschrift für die Geschichte des Oberrheins 26 (1874) p. 445-468. <Gmelin 1874>

Gmelin, Moriz: Zwei Urkunden zur Geschichte der Ritteracademie zu Selz, in: Zeitschrift für die Geschichte des Oberrheins 27 (1875) p. 149-154. <Gmelin 1875>

Goez, Werner: Gestalten des Hochmittelalters. Personengeschichtliche Essays im allgemeinhistorischen Kontext. Darmstadt 1983. <Goez 1983>

Goez, Werner: Lebensbilder aus dem Mittelalter. Die Zeit der Ottonen, Salier und Staufer. Darmstadt 1998. <Goez 1998>

Grafen, Hansjörg: Spuren der ältesten Speyerer Nekrologüberlieferung. Ein verlorenes Totenbuch aus dem 11. Jahrhundert, in: Frühmittelalterliche Studien 19 (1985) p. 379-431. <Grafen 1985>

Greule, Albrecht: Vor- und frühgermanische Flußnamen am Oberrhein. Ein Beitrag zur Gewässernamengebung des Elsaß, der Nordschweiz und Südbadens (Beiträge zur Namenforschung N. F., Beiheft 10). Heidelberg 1973. <Greule 1973>

Grewen-Aschoff, Barbara: Gertrud Bäumer (1873-1954), in: Westfälische Lebensbilder 12. Münster 1979, pp. 162-190. <Grewen-Aschoff 1979>

Hartmann, Wilfried: Rhetorik und Dialektik in der Streitschriftenliteratur des 11./12. Jahrhunderts, in: Dialektik und Rhetorik im frühen und hohen Mittelalter. Rezeption, Überlieferung und gesellschaftliche Wirkung antiker Gelehrsamkeit vornehmlich im 9. und 12. Jahrhundert, ed. Johannes Fried (Schriften des Historischen Kollegs 27). München 1997 p. 73-96.

Hattemer, Heinrich: Denkmale des Mittelalters 2: Sankt Gallens altdeutscher Sprachschatz. 1847, Nachdruck Graz 1970. <Hattemer 1847>

Hausmann, Friedrich (Ed.): Die Urkunden Konrads III. und seines Sohnes Heinrich (Monumenta Germaniae Historica, Diplomata regum et imperatorum Germaniae 9). Wien, Köln, Graz 1969. <Hausmann 1969>

Heinzer, Felix: Ein Spitzenstück ottonischer Buchmalerei und seine Irrfahrten, v. Unverrückbar für alle Zeiten

Die Heiratsurkunde der Kaiserin Theophanu 972 April 14, Rom. Eine Ausstellung des Niedersächsischen Staatsarchivs in Wolfenbüttel. Mit 21 Abbildungen (Veröffentlichungen der niedersächsischen Archivverwaltung, Beiheft 16). Göttingen 1972. <Heiratsurkunde 1972>

Herrin, Judith: Theophano. Considerations on the education of Byzantine princess, in: The empress Theophano. Byzantium and the West at the turn of the first millennium, ed. Adelbert Davids. Cambridge 1995 p. 64-85. <Herrin 1995>

Hertzog, Bernhard: Chronicon Alsatiae. Edelsasser Chronick vnd außführliche beschreibung des vuntern Elsasses am Rhein strom / auch desselben fürnemmer Stätt / als Straßburg / Schletstatt / Hagenaw / Weissenburg / vnd anderer ... Straßburg 1592. <Hertzog 1592>

Hlawitschka, Eduard: Kaiserin Adelheid und Kaiserin und Theophanu, in: Frauen des Mittelalters in Lebensbildern, ed. Karl Schnith. Graz etc. 1997 p. 27-71. <Hlawitschka 1997>

Hlawitschka, Eduard: Kontroverses aus dem Umfeld von König Heinrichs I. Gemahlin Mathilde, in: Deus qui mutat tempora. Menschen und Institutionen im Wandel des Mittelalters, Festschrift für Alfons Becker zu seinem fünfundsechzigsten Geburtstag, ed. Ernst-Dieter Hehl, Hubertus Seibert, Franz Staab. Sigmaringen 1987, p. 33-54. <Hlawitschka 1987>

Holtzmann, Walther: König Heinrich I. und die Heilige Lanze. Bonn 1947. <Holtzmann 1947>

Hrotsvit von Gandersheim: Sämtliche Dichtungen, ed. Bert Nagel (Die Fundgrube). München 1966. <Hrotsvit 1966>

Jan, Hermann Ludwig von: Das Elsass zur Karolingerzeit. Nachweise zur Ortskunde und Geschichte des Besitzes der reichsländischen Vorzeit [mit 1 Karte], in: Zeitschrift für die Geschichte des Oberrheins [N.F. 7] (1892) p. 193-248. <Jan 1892>

Jotsaldus monachus Cluniacensis: De vita et virtutibus sancti Odilonis abbatis, ed. Jean Mabillon, in: Jean Paul Migne, Patrologiae latinae cursus completus t. 142, Paris 1880, Sp. 897-940. <Jotsaldus, Vita s. Odilonis>

Killy, Walter: Gertrud Bäumer, in: Deutsche Biographische Enzyklopädie 1, ed. Walther Killy. München, New Providence etc. 1995, p. 265. <Killy 1995>

Kötzsche, Dietrich (Ed.), Der Quedlinburger Schatz. Berlin 1993. <Kötzsche>

<Konrad III. Diplome, v. Hausmann 1969

Kraus, Franz Xaver: Kunst und Alterthum im Unter-Elsass (Kunst und Alterthum in Elsass-Lothringen. Beschreibende Statistik 1). Straßburg 1876. <Kraus 1876>

Loffl-Haag, Elisabeth: Hört ihr die Kinder lachen? Zur Kindheit im Spätmittelalter. Pfaffenweiler 1991. <Loffl-Haag 1991>

[Lupoldus Bebenburgensis, i. e. Lupold von Bebenburg:] De veterum principum Germanorum zelo et fervorem in christianam religionem et dei ministros, liber Lupoldi Bebenburgij. Ad illustriss. principem Rudolphum ducem Saxonie scriptus quidem ante annos ducentos, sed praesentibus temporibus perquàm accommodus, et lectu necessarius. Köln 1564. <Lupold von Bebenburg 1564>

Matthes, Dieter: Die Heiratsurkunde der Kaiserin Theophanu 972 April 14 (Sonderveröffentlichung der Niedersächsischen Archivverwaltung). Wolfenbüttel 1984. <Matthes 1984>

Merian, Mattheus: Topographia Palatinatus Rheni et vicinarum regionum, Das ist Beschreibung und eigentliche Abbildung der Vornemsten Statte & Plätz der Vntern Pfaltz am Rhein ...Frankfurt 1672, neue Ausgabe mit einem Nachwort von Wolfgang Medding. Kassel 1963. <Merian 1672>

<MGH Bd. 3, v. Bresslau 1900/1903
<MGH DO I, v. Sickel 1879/1884
<MGH DO II, v. Sickel 1888
<MGH DO III, v. Sickel 1893
<MGH Rudolfinger, v. Schieffer 1966

Mischiati, Oscar: Antonio Sartorio, in: Musik in Geschichte und Gegenwart 11. Mainz 1963, col. 1418f. <Mischiati 1963>

Moers-Messmer, Wolfgang von: Die vordeutschen geographischen Namen des Kraichgaues und des unteren Neckarlandes, in: Kraichgau. Beiträge zur Landschafts- und Heimatforschung 10 (1987) p. 67-90, 11 (1989) p. 49-75. <Moers-Messmer 1987, 1989>

Mone, Franz Joseph: Zur Geschichte des pfälzischen Zollwesens von 1379 bis 1539, in: Zeitschrift für die Geschichte des Oberrheins 1 (1850) p. 171-179. <Mone 1850/I>

Mone, Franz Joseph: Ueber die Almenden vom 12. bis 16. Jahrhundert, in: Zeitschrift für die Geschichte des Oberrheins 1 (1850) p. 385-451. <Mone 1850/II>

Mone, Franz Joseph: Beiträge zur elsäßischen Geschichte. Gebweiler, Stadt und Abtei Selz, Stadt Weißenburg, in: Zeitschrift für die Geschichte des Oberrheins 2 (1851) p. 33-55. <Mone 1851/I>

Mone, Franz Joseph: Ueber das Münzwesen vom 13. bis 17. Jahrhundert, in: Zeitschrift für die Geschichte des Oberrheins 2 (1851) p. 385-431. <Mone 1851/II>

Mone, Franz Joseph: Beiträge zur Geschichte des linken Rheinufers vom 13. bis 15. Jahrhundert, in: Zeitschrift für die Geschichte des Oberrheins 5 (1854) p. 310-330, 424-440. <Mone 1854>

Mone, Franz Joseph: Urkunden und Auszüge über Elsaß und Lothringen vom 13. bis 16. Jahrhundert, in: Zeitschrift für die Geschichte des Oberrheins 8 (1857) p. 160-195. <Mone 1857>

Mone, Franz Joseph: Zur Geschichte der Volkswirtschaft, in: Zeitschrift für die Geschichte des Oberrheins 10 (1859) p. 3-96, 257-316. <Mone 1859>

Mone, Franz Joseph: Zunftorganisation (Fortsetzung), in: Zeitschrift für die Geschichte des Oberrheins 17 (1865) p. 30-68. <Mone 1865>

Müller, Peter: Die Herren von Fleckenstein im späten Mittelalter. Untersuchungen zur Geschichte eines Adelsgeschlechts im pfälzisch-elsässischen Grenzgebiet (Geschichtliche Landeskunde 34). Stuttgart 1990. <Müller 1990>

Müller, Rainer A.: Geschichte der Universität. Von der mittelalterlichen Universitas zur dt. Hochschule. München 1990. <R. Müller 1990>

Nagel 1966, v. Hrotsvit 1966

Das Necrologium des Cluniacenser-Priorates Münchenwiler (Villars-les-Moines), ed. Gustav Schnürer (Collectanea Friburgensia N.F. 10). Freiburg (Schweiz) 1909. <Necrologium Münchenwiler>

Nekrologium des Klosters Weißenburg, ed. Ernst F. Mooyer, in: Archiv des historischen Vereins für Unterfranken und Aschaffenburg 13,3 (1855) p. 1-67. <Nekrologium Weißenburg>

Das älteste erhaltene Obituar der Abtei Echternach, ed. Albert Steffen, in: Hémecht. Zeitschrift für Luxemburgische Geschichte 14 (1961) p. 5-102. <Obituar Echternach>

<Odilo von Cluny, Epitaphium Adalheidae, v. Paulhart

Odilo von Cluny: Das Leben der Kaiserin Adelheid. Nach der Ausgabe der Monumenta Germaniae übersetzt von Hermann Hütter (Die Geschichtsschrieber der deutschen Vorzeit 8). Berlin 1856. <Odilo von Cluny>

Odilo von Cluny: De vita beati Maioli abbatis libellus, ed. André Duchesnes, in: Jean Paul Migne, Patrologiae latinae cursus completus t. 142, Paris 1880, Sp. 943-962. <Odilo, Vita b. Maioli>

Oldenstein, Jürgen: Die letzten Jahrzehnte des römischen Limes zwischen Andernach und Selz unter besonderer Berücksichtigung des Kastells Alzey und der Notitia Dignitatum, in: Zur Kontinuität zwischen Antike und Mittelalter am Oberrhein, ed. Franz Staab (Oberrheinische Studien 11). Sigmaringen 1994, p. 69-112. <Oldenstein 1994>

<Otto I., II., III. Diplome, v. Sickel

Paulhart, Herbert: Zur Heiligsprechung der Kaiserin Adelheid, in: Mitteilungen des Instituts für österreichische Geschichtsforschung 64 (1956). <Paulhart 1956>

Paulhart, Herbert (Ed.): Die Lebensbeschreibung der Kaiserin Adelheid von Abt Odilo von Cluny <Odilonis Cluniacensis abbatis Epitaphium domine Adelheide auguste> (Mitteilungen des Instituts für österreichische Geschichtsforschung, Ergänzungsband 20/2). Graz, Köln 1962 [Leben Adelheids mit Miracula und Fortsetzung der Miracula im 11. Jahrhundert]. <Paulhart 1962>

Pernoud, Régine: Leben der Frauen im Hochmittelalter, übersetzt von Roswitha Schmid (Frauen in Geschichte und Gesellschaft 8). Pfaffenweiler 1991. <Pernoud 1991>

Raffelt, Albert: Das Markus-Blatt in St. Peter/Schwarzwald. St. Peter o. J. <Raffelt>

Reble, Albert: Geschichte der Pädagogik, 18. Auflage. Stuttgart 1995. <Reble 1995>

Recueil des chartes de l'abbaye de Cluny, formé par Auguste Bernard, complété, revisé et publié par Alexandre Bruel, t. 3. Paris 1884. <Bruel 1884>

Regesta Alsatiae aevi nerowingici et karolini 496-918, 1: Quellenband, ed. Albert Bruckner. Strasbourg, Zürich 1949. <Regesta Alsatiae>

Regesta archiepiscoporum Maguntinensium, Regesten zur Geschichte der Mainzer Erzbischöfe von Bonifatius bis Heinrich II. 742?--1288, Band 1, mit Benützung des Nachlasses von Johann Friedrich Böhmer ed. Cornelius Will. Innsbruck 1877 (Nachdruck Aalen 1966). <Regesta archiep. Magunt. 1>

Regesta imperii I. Die Regesten des Kaiserreichs unter den Karolingern 751-918, nach Johann Friedrich Böhmer neubearbeitet von Engelbert Mühlbacher, nach Mühlbachers Tode vollendet von Johann Lechner, mit einem Geleitwort von Leo Santifaller, mit einem Vorwort, Konkordanztabellen und Ergänzungen von Carlrichard Brühl und Hans H. Kaminsky. Hildesheim 1966. <Regesta Imperii I>

Regesta Imperii II,1. Sächsisches Haus 919-1024. Erste Abteilung: Die Regesten des Kaiserreichs unter Heinrich I. und Otto I. 919-973, nach Johann Friedrich Böhmer neubearbeitet von Emil von Ottenthal, mit Ergänzungen von Hans H. Kaminsky. Hildesheim 1967. <Regesta Imperii II,1>

Regesta Imperii IV,3. Die Regesten des Kaiserreiches unter Heinrich VI., 1165 (1190)-1197, nach Johann Friedrich Böhmer neubearbeitet von Gerhard Baaken. Köln, Wien 1972. <Regesta Imperii IV,3>

Regesta Imperii V,1. Die Regesten des Kaiserreichs unter Philipp, Otto IV, Friedrich II, Heinrich (VII). Conrad IV, Heinrich Raspe, Wilhelm und Richard, 1178-1272, nach d. Neubearbeitung u. dem Nachlasse Johann Friedrich Böhmer's neu hrsg. und ergänzt v. Julius Ficker, 1. Band. Innsbruck 1881-1882 (Repr. Hildesheim 1971). <Regesta Imperii V,1>

Regesta Imperii V,2. Die Regesten des Kaiserreichs unter Philipp, Otto IV, Friedrich II, Heinrich (VII). Conrad IV, Heinrich Raspe, Wilhelm und Richard, 1178-1272, nach der Neubearbeitung und dem Nachlasse Johann Friedrich Böhmer's neu herausgegeben und ergänzt von Julius Ficker und Eduard Winkelmann, Zweiter Band, Päpste und Reichssachen. Innsbruck 1892-1894 (Repr. Hildesheim 1971, mit einem Initienverzeichnis von Hans Martin Schaller). <Regesta Imperii V,2>

Regesta Imperii VI,1. Die Regesten des Kaiserreichs unter Rudolf, Adolf, Albrecht, Heinrich VII. 1273-1313, nach der Neubearbeitung und dem Nachlasse Johann Friedrich Böhmer's neu herausgegeben und ergänzt von Oswald Redlich. Innsbruck 1898 (Repr. Hildesheim 1969, mit einem Anhang von Carlrichard Brühl). <Regesta Imperii VI,1>

Regesta Imperii VIII. Die Regesten des Kaiserreichs unter Kaiser Karl IV. 1346-1378, aus dem Nachlasse Johann Friedrich Böhmers herausgegeben und ergänzt von Alfons Huber. Innsbruck 1877 (Repr. Hildesheim 1968). <Regesta Imperii VIII>

Regesta Imperii XI. Die Urkunden Kaiser Sigmunds (1410-1437), verzeichnet von Wilhelm Altmann 1-2. Innsbruck 1896 1900 (Repr. Hildesheim 1968). <Regesta Imperii XI>

Die Regesten der von der Reformation im Gebiet des alten Kantonstheils von Bern bestandenen Klöster und kirchlichen Stifte, ed. Friedrich Stettler (Die Regesten der Archive in der schweizerischen Eidgenossenschaft 1/2). Chur 1849. <Regesten Bern Klöster>

Regesten der Bischöfe von Straßburg, 1 (bis 1202) ed. Hermann Bloch, Paul Wentzke, 2 (1202-1305) ed. Alfred Hessel, Manfred Krebs. Innsbruck 1908-1928. <Regesten Bischöfe Straßburg>

Die Regesten des Frauenklosters Fraubrunnen im Kanton Bern, ed. J. J. Amiet (Die Regesten der Archive in der schweizerischen Eidgenossenschaft 2/1). Chur 1851. <Regesten Fraubrunnen>

Regesten der Markgrafen von Baden und Hachberg 1050-1515, ed. Ernst Vogt, Heinrich Witte, Albert Krieger, 1-4. Inssbruck 1892-1915. <Regesten Markgrafen Baden>

Regino abbas Prumiensis, Chronicon cum continuatione Treverensi, ed. Friedrich Kurze (Monumenta Germaniae Historica, Scriptores rerum Germanicarum in usum scholarum ... excusi). Hannover 1890. <Regino 1890>

Riché, Pierre: Gerbert d'Aurillac. Le pape de l'an mil. Paris 1987. <Riché 1987>

Ristelhuber, P.: Les abbés de Seltz, in: Bulletin de la société pour la conservation des monuments historiques d'Alsace, 2e série t. 7 (1869) p. 77-79. <Ristelhuber 1869>

Rivera Garretas, Maria-Milagros: Orte und Worte von Frauen. Eine Spurensuche im europäischen Mittelalter. München 1997. <Rivera-Garretas 1997>

Rudolf III., Diplome, v. Schieffer 1977.

Sackur, Ernst: Die Cluniacenser in ihrer kirchlichen und allgemeingeschichtlichen Wirksamkeit bis zur Mitte des elften Jahrhunderts 1. Halle 1892 (Repr. Darmstadt 1965). <Sackur 1892>

Schaab, Meinrad: Geschichte der Kurpfalz, 1: Mittelalter. Stuttgart, Berlin, Köln 1988. <Schaab 1988>

Schaab, Meinrad: Geschichte der Kurpfalz, 2: Neuzeit. Stuttgart, Berlin, Köln 1992. <Schaab 1992>

Scheffer-Boichorst, Paul: Drei ungedruckte Beiträge zu den Regesten Friedrichs I. und Heinrichs VI. aus elsässischen Urkunden, in: Mitteilungen des Instituts für österreichische Geschichtsforschung 9 (1888) p. 208-215. <Scheffer-Boichorst 1888>

Schieffer, Theodor, unter Mitarbeit von Hans Eberhard Mayer (Ed.): Die Urkunden der burgundischen Rudolfinger (Monumenta Germaniae Historica, Regum Burgundiae e stirpe Rudolfina diplomata et acta). München 1977 (Repr. 1983). <Schieffer 1977>

Schiffler, Horst und Rolf Winkeler: Tausend Jahre Schule. Eine Kutlurgeschichte des Lernens in Bildern, 5. Auflage. Stuttgart, Zürich 1998. <Schiffler/Winkeler 1998>

Schoepflin, Johann Daniel: Alsatia illustrata Celtica, Romana, Francica. Colmar 1751. <Schoepflin 1751>

Schoepflin, Johann Daniel: Alsatia illustrata Germanica, Gallica. colmar 1761. <Schoepflin 1761>

Schoepflin, Johann Daniel: Alsatia periodi regum et imperatorum Habsburgicae, Lutzelburgicae, Austriacae tandemque Gallicae diplomatica, operis pars altera, ed. Andreas Lamey. Mannheim 1775. <Schoepflin 1775>

Schramm, Percy Ernst und Florentine Mütherich: Die deutschen Kaiser und Könige in Bildnissen ihrer Zeit. München 1983. <Schramm/Mütherich 1983>

Schubert, Ernst: Stätten sächsischer Kaiser. Leipzig, Jena, Berlin 1990. <Schubert 1990>

Schultz, Alwin: Das höfische Leben zur Zeit der Minnesänger, Band 1. 1880, Nachdruck Kettwig 1991. <Schultz 1991>

Schwarzmaier, Hansmartin: Das "salische Hausarchiv", in: Salier, Adel und Reichsverfassung, ed. Stefan Weinfurter und Helmuth Kluger (Die Salier und das Reich 1), Sigmaringen 1991 p. 97-115. <Schwarzmaier 1991>

Seiler, Thomas: Die frühstaufische Territorialpolitik im Elsaß [Diss. Saarbrücken]. Hamburg 1995. <Seiler 1995>

Seiler, Thomas: Das Zisterzienserinnenkloster Königsbrück im 12. und 13. Jahrhundert. Ein Beitrag zur staufischen Territorialpolitik im Unterelsaß, in: Grenzen erkennen -- Begrenzungen überwinden. Festschrift für Reinhard Schneider zur vollendung seines 65. Lebensjahrs, ed. Wolfgang Haubrichs, Kurt-Ulrich Jäschke, Michael Oberweis. Sigmaringen 1999, p. 163-175.

"Seltz", in: Encyclopédie de l'Alsace, Band 11. Straßburg 1985, p. 6855-5859. <Seltz 1985>

Sickel, Theodor (Ed.): Die Urkunden Konrad I., Heinrich I. und Otto I. (Monumenta Germaniae Historica, Diplomata regum et imperatorum Germaniae 2/1). Hannover 1879-1884 (Repr. 1980). <Sickel 1879/1884>

Sickel, Theodor (Ed.): Die Urkunden Otto des II. (Monumenta Germaniae Historica, Diplomata regum et imperatorum Germaniae 2/2). Hannover 1888 (Repr. 1980). <Sickel 1888>

Sickel, Theodor (Ed.): Die Urkunden Otto des III. (Monumenta Germaniae Historica, Diplomata regum et imperatorum Germaniae 2/2). Hannover 1893 (Repr. 1980). <Sickel 1893>

Staab, Franz: Quellenkritik im deutschen Humanismus am Besipiel des Beatus Rhenanus und des Wilhelm Eisengrein, in: Historiographie am Oberrhein im späten Mittelalter und in der frühen Neuzeit, ed. Kurt Andermann (Oberrheinische Studien 7). Sigmaringen 1988, p. 155-164. <Staab 1988>

Staab, Franz: Die wirtschaftliche Bedeutung der Reichsabtei Lorsch (8. bis 12. Jahrhundert), in: Geschichtsblätter Kreis Bergstraße 22 (1989) p. 5-36. <Staab 1989>

Staab, Franz: Reich und Mittelrhein um 1000, in: 1000 Jahre St. Stephan in Mainz, Festschrift, ed. Helmut Hinkel (Quellen und Abhandlungen zur mittelrheinischen Kirchengeschichte 63). Mainz 1990, p. 59-100. <Staab 1990>

Staab, Franz: Nierstein im Mittelalter (bis 1375), in: Nierstein. Beiträge zur Geschichte und Gegenwart eines alten Reichsdorfes, ed. Hildegard Frieß-Reimann, Sigrid Schmitt. Alzey 1992, p. 36-58. <Staab 1992>

Staab, Franz: Markt, Münze, Stadt -- Zur Förderung der Wirtschaftsstruktur am Oberrhein durch die Abtei Lorsch im 10. und 11. Jahrhundert, in: Geschichtsblätter Kreis Bergstraße 27 (1994) p. 31-69. <Staab 1994>

Staab, Franz: Die Rheinfranken und das Reich von Köln, in: Die Franken, Wegbereiter Europas. Vor 1500 Jahren: König Chlodwig und seine Erben 1-2 [Ausstellungskatalog des Reiss-Museums Mannheim]. Mainz 1996, 1 p.237-240. <Staab 1996>

Struve, Burcard Gotthelf: Ausführlicher Bericht von der pfältzischen Kirchen-Historie ... Frankfurt 1721. <Struve 1721>

Synopse der cluniacensischen Necrologien 1-2, unter Mitwirkung von Wolf-Dieter Heim, Joachim Mehne, Franz Neiske und Dietich Poeck ed. Joachim Wollasch (Münstersche Mittelalter-Schriften 39/1-2). München 1982. <Synopse>

Topf, H.: Zur Kritik Königshofens, in: Zeitschrift für die Geschichte des Oberrheins 36 (1883) p. 1-48, 170-211. <Topf 1883>

Tuchman, Barbara W.: A Distant Mirror. The Calamitous 14th Century. New York 1978. <Tuchman 1978>

Unverrückbar für alle Zeiten. Tausendjährige Schriftzeugnisse in Baden-Württemberg, ed. Wilfried Rößling und Hansmartin Schwarzmaier. Karlsruhe 1992. <Unverrückbar für alle Zeiten>

Van Winter, Johanna Maria: The education of the daughters of the nobility in the Ottonian Empire, in: The empress Theophano. Byzantium and the West at the turn of the first millennium, ed. Adelbert Davids. Cambridge 1995, p. 86-98. <Van Winter 1995>

Weitlauff, Manfred: Bischof Ulrich von Augsburg (929-973). Leben und Wirken eines Reichsbischofs der ottonischen Zeit, in: Bischof Ulrich von Augsburg 890-973. Seine Zeit, sein Leben, seine Verehrung. Festschrift aus Anlaß des tausendjährigen Jubiläums seiner Kanonisation im Jahre 993, ed. Manfred Weitlauff (Jahrbuch d. Vereins f. augsburger Bistumsgeschichte 26/27). Weißenhorn 1993, p. 69-142. <Weitlauff 1993>

Wieczorek, Alfried: Die Ausbreitung der fränkischen Herrschaft in den Rheinlanden vor und seit Chlodwig I., in: Die Franken, Wegbereiter Europas. Vor 1500 Jahren: König Chlodwig und seine Erben 1-2 [Ausstellungskatalog des Reiss-Museums Mannheim]. Mainz 1996, 1 p.241-260. <Wieczorek 1996>

Wimmer, Franz Paul: Kaiserin Adelheid, Gemahlin Ottos I. des Großen (Programm zum Jahresberichte über das k. neue Gymnasium zu Regensburg für das Schuljahr 1888/89). Regensburg 1889. <Wimmer 1889>

Wimpheling, Jacob: Catalogus episcoporum Argentinensium, ad sesquiseculum desideratus restituit Johannes Michael Moscherosch. Straßburg 1660. <Wimpheling 1660>

Wolf, Gunther: Wer war Theophanu?, in: Kaiserin Theophanu. Begegnung des Ostens und Westens um die Wende des ersten Jahrtausends. Gedenkschrift des Kölner Schnütgen-Museums zum 1000. Todesjahr der Kaiserin, ed. Anton von Euw und Peter Schneider, 1-2. Köln 1991; hier 2, p. 385-396.

Würdtwein, Stephan Alexander (Ed.): Nova subsidia diplomatica ad selecta juris ecclesiastici Germaniae et historiarum capita elucidanda ... 10. Heidelberg 1788 (Repr. Frankfurt 1969). <Würdtwein 1788>

Würdtwein, Stephan Alexander (Ed.): Nova subsidia diplomatica ad selecta juris ecclesiastici Germaniae et historiarum capita elucidanda ... 12. Heidelberg 1789 (Repr. Frankfurt 1969). <Würdtwein 1789>

Würdtwein, Stephan Alexander: Monasticon Palatinum chartis et diplomatibus instructum, notitiis athenticis illustratum 2. Mannheim 1794. <Würdtwein 1794>

Zimmermann, Harald (Ed.): Papsturkunden 896-1046, Band 3 (Österr. Akademie der Wissenschaften, philos.-histor. Klasse, Denkschriften 174/3). Wien 21988. <Zimmermann 1988>

Die Ottonen in Deutschland und Italien

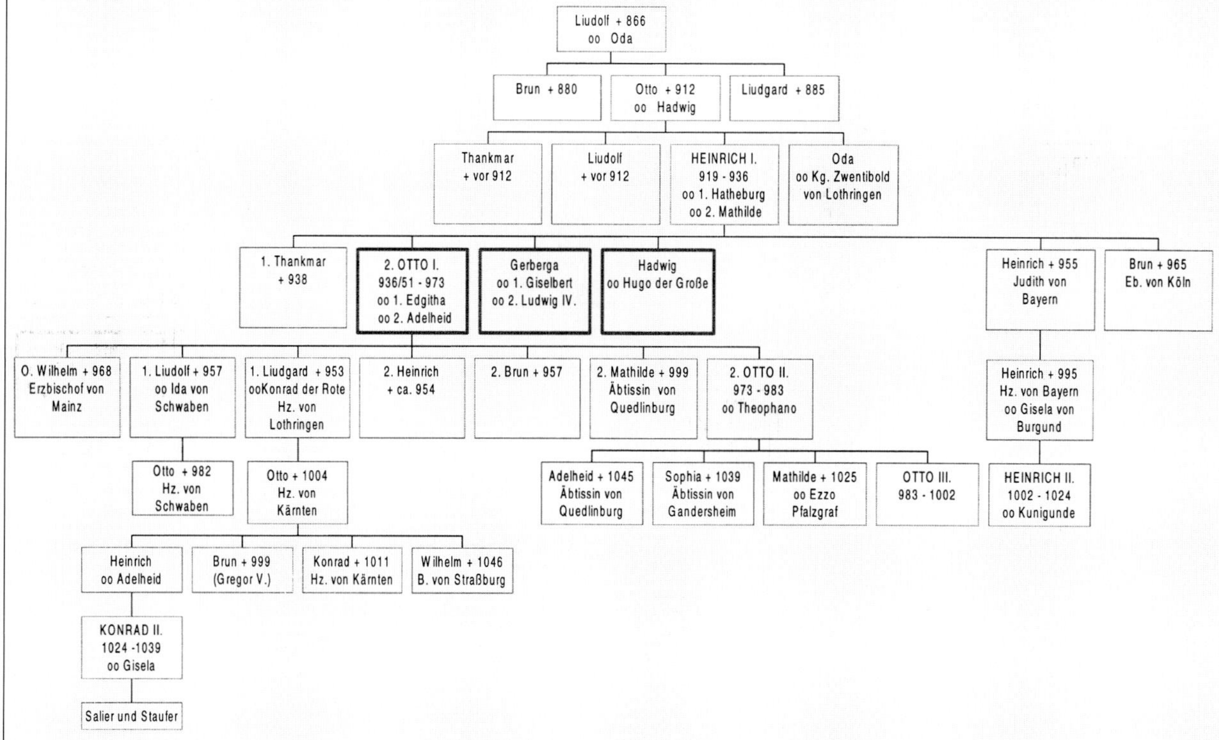

Liudolf + 866 oo Oda

Brun + 880 | Otto + 912 oo Hadwig | Liudgard + 885

Thankmar + vor 912 | Liudolf + vor 912 | HEINRICH I. 919 - 936 oo 1. Hatheburg oo 2. Mathilde | Oda oo Kg. Zwentibold von Lothringen

1. Thankmar + 938 | 2. OTTO I. 936/51 - 973 oo 1. Edgitha oo 2. Adelheid | Gerberga oo 1. Giselbert oo 2. Ludwig IV. | Hadwig oo Hugo der Große | Heinrich + 955 Judith von Bayern | Brun + 965 Eb. von Köln

O. Wilhelm + 968 Erzbischof von Mainz | 1. Liudolf + 957 oo Ida von Schwaben | 1. Liudgard + 953 ooKonrad der Rote Hz. von Lothringen | 2. Heinrich + ca. 954 | 2. Brun + 957 | 2. Mathilde + 999 Äbtissin von Quedlinburg | 2. OTTO II. 973 - 983 oo Theophano | Heinrich + 995 Hz. von Bayern oo Gisela von Burgund

Otto + 982 Hz. von Schwaben | Otto + 1004 Hz. von Kärnten | Adelheid + 1045 Äbtissin von Quedlinburg | Sophia + 1039 Äbtissin von Gandersheim | Mathilde + 1025 oo Ezzo Pfalzgraf | OTTO III. 983 - 1002 | HEINRICH II. 1002 - 1024 oo Kunigunde

Heinrich oo Adelheid | Brun + 999 (Gregor V.) | Konrad + 1011 Hz. von Kärnten | Wilhelm + 1046 B. von Straßburg

KONRAD II. 1024 -1039 oo Gisela

Salier und Staufer

Les Ottoniens en Allemagne et en Italie

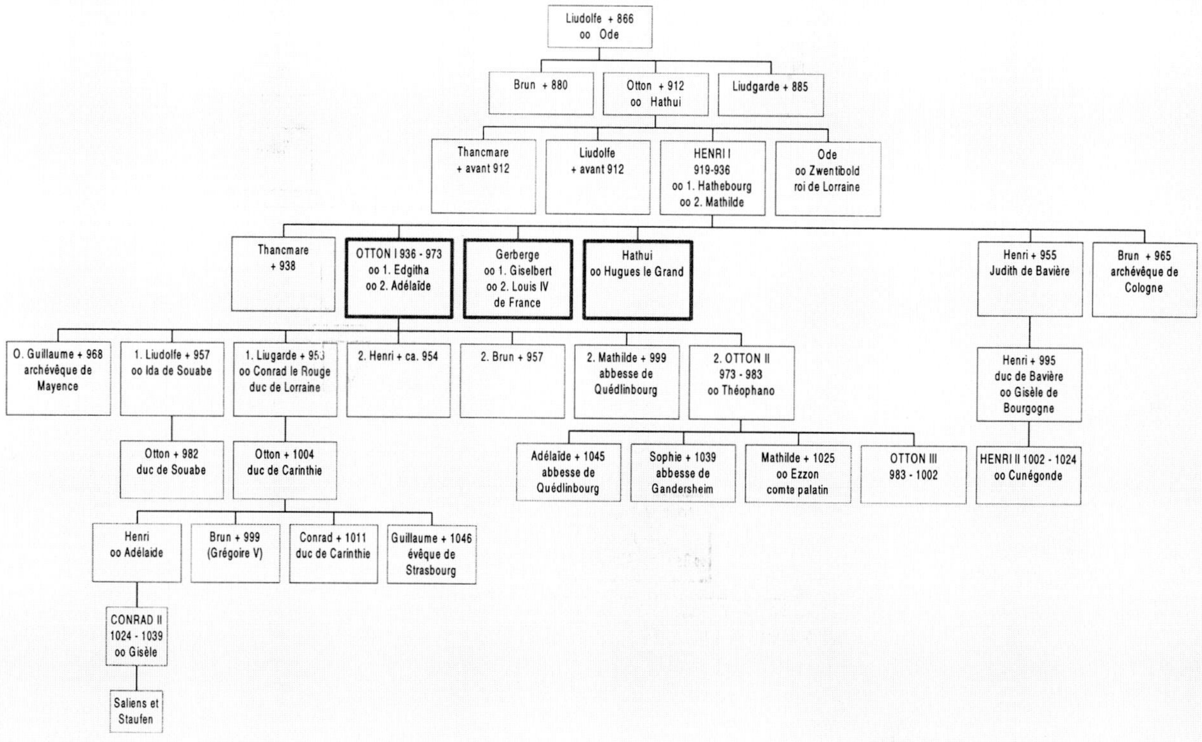

Liudolfe + 866 oo Ode

Brun + 880 | Otton + 912 oo Hathui | Liudgarde + 885

Thancmare + avant 912 | Liudolfe + avant 912 | HENRI I 919-936 oo 1. Hathebourg oo 2. Mathilde | Ode oo Zwentibold roi de Lorraine

Thancmare + 938 | OTTON I 936 - 973 oo 1. Edgitha oo 2. Adélaïde | Gerberge oo 1. Giselbert oo 2. Louis IV de France | Hathui oo Hugues le Grand | Henri + 955 Judith de Bavière | Brun + 965 archévêque de Cologne

O. Guillaume + 968 archévêque de Mayence | 1. Liudolfe + 957 oo Ida de Souabe | 1. Liugarde + 953 oo Conrad le Rouge duc de Lorraine | 2. Henri + ca. 954 | 2. Brun + 957 | 2. Mathilde + 999 abbesse de Quédlinbourg | 2. OTTON II 973 - 983 oo Théophano | Henri + 995 duc de Bavière oo Gisèle de Bourgogne

Otton + 982 duc de Souabe | Otton + 1004 duc de Carinthie | Adélaïde + 1045 abbesse de Quédlinbourg | Sophie + 1039 abbesse de Gandersheim | Mathilde + 1025 oo Ezzon comte palatin | OTTON III 983 - 1002 | HENRI II 1002 - 1024 oo Cunégonde

Henri oo Adélaide | Brun + 999 (Grégoire V) | Conrad + 1011 duc de Carinthie | Guillaume + 1046 évêque de Strasbourg

CONRAD II 1024 - 1039 oo Gisèle

Saliens et Staufen

Die Karolinger und Kapetinger in Frankreich

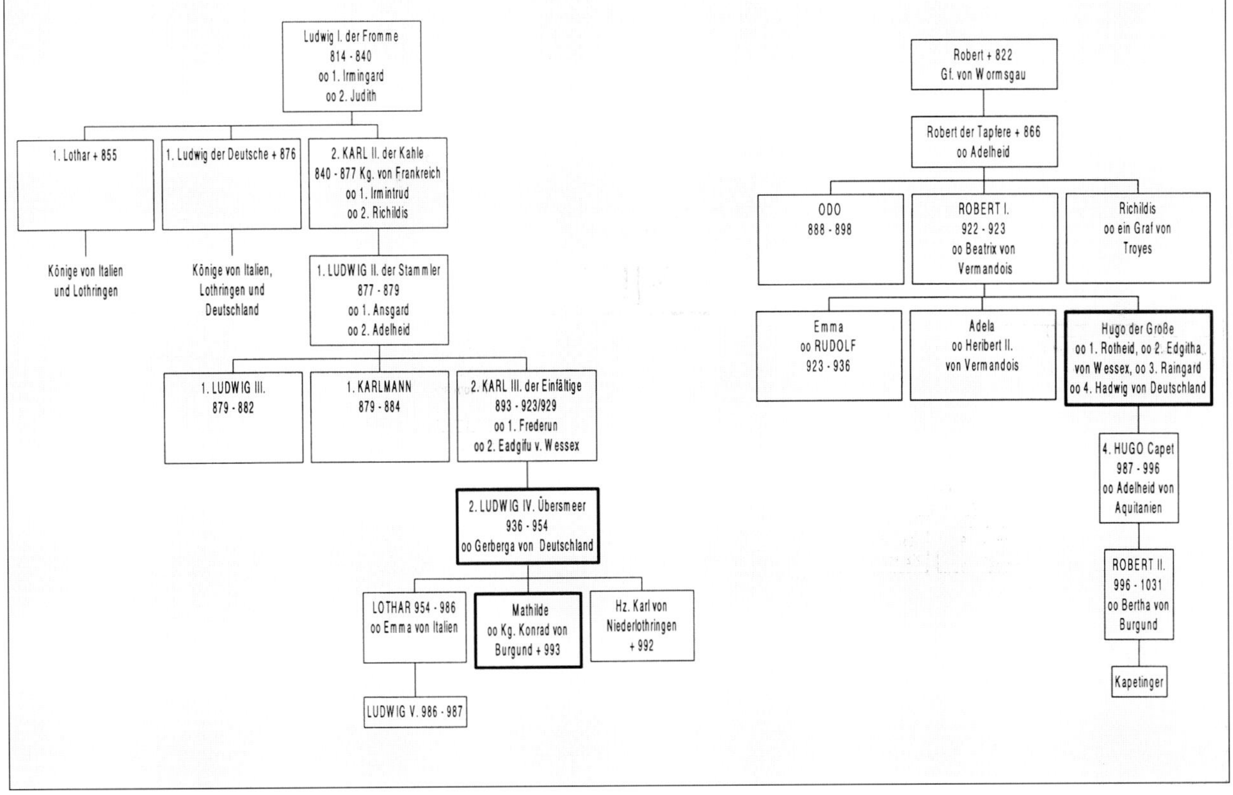

Ludwig I. der Fromme
814 - 840
oo 1. Irmingard
oo 2. Judith

1. Lothar + 855

Könige von Italien
und Lothringen

1. Ludwig der Deutsche + 876

Könige von Italien,
Lothringen und
Deutschland

2. KARL II. der Kahle
840 - 877 Kg. von Frankreich
oo 1. Irmintrud
oo 2. Richildis

1. LUDWIG II. der Stammler
877 - 879
oo 1. Ansgard
oo 2. Adelheid

1. LUDWIG III.
879 - 882

1. KARLMANN
879 - 884

2. KARL III. der Einfältige
893 - 923/929
oo 1. Frederun
oo 2. Eadgifu v. Wessex

2. LUDWIG IV. Übersmeer
936 - 954
oo Gerberga von Deutschland

LOTHAR 954 - 986
oo Emma von Italien

LUDWIG V. 986 - 987

Mathilde
oo Kg. Konrad von
Burgund + 993

Hz. Karl von
Niederlothringen
+ 992

Robert + 822
Gf. von Wormsgau

Robert der Tapfere + 866
oo Adelheid

ODO
888 - 898

ROBERT I.
922 - 923
oo Beatrix von
Vermandois

Richildis
oo ein Graf von
Troyes

Emma
oo RUDOLF
923 - 936

Adela
oo Heribert II.
von Vermandois

Hugo der Große
oo 1. Rotheid, oo 2. Edgitha
von Wessex, oo 3. Raingard
oo 4. Hadwig von Deutschland

4. HUGO Capet
987 - 996
oo Adelheid von
Aquitanien

ROBERT II.
996 - 1031
oo Bertha von
Burgund

Kapetinger

Les Carolingines et les Capétiens en France

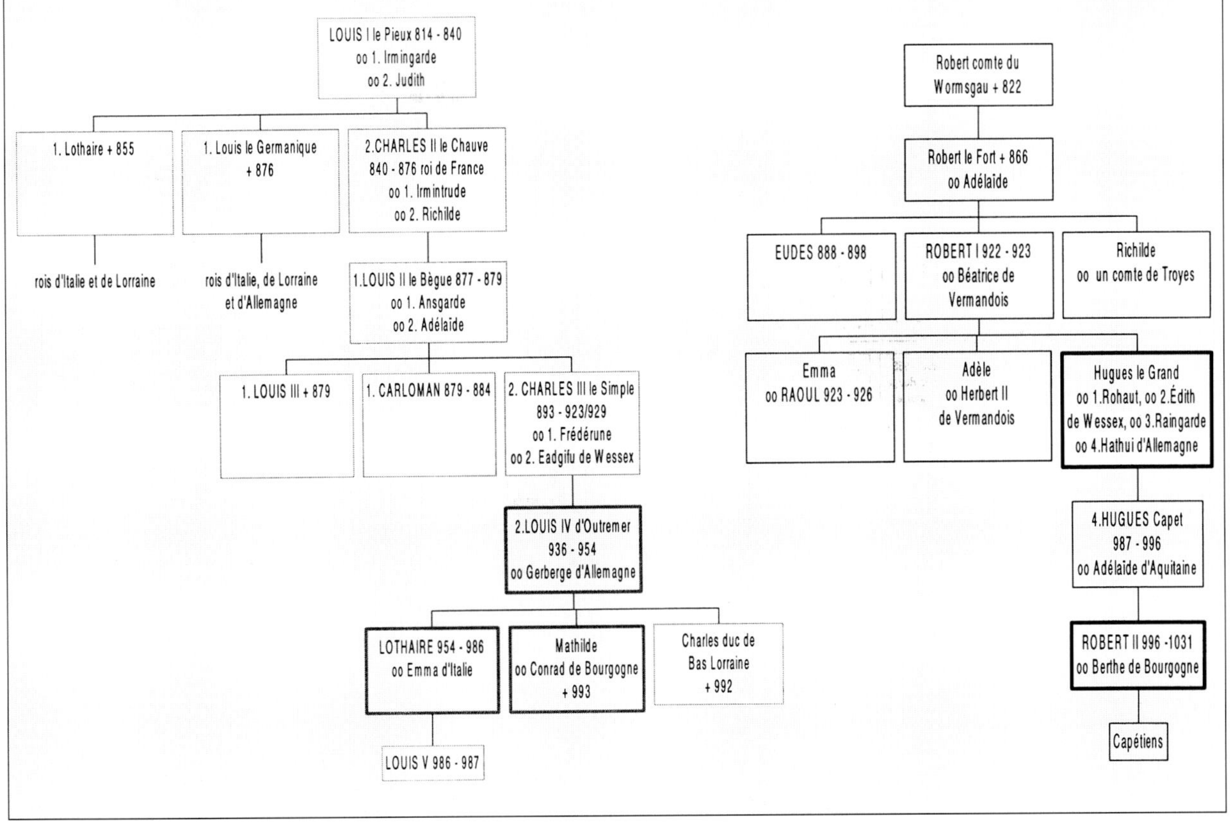

LOUIS I le Pieux 814 - 840
oo 1. Irmingarde
oo 2. Judith

1. Lothaire + 855

rois d'Italie et de Lorraine

1. Louis le Germanique
+ 876

rois d'Italie, de Lorraine
et d'Allemagne

2.CHARLES II le Chauve
840 - 876 roi de France
oo 1. Irmintrude
oo 2. Richilde

1.LOUIS II le Bègue 877 - 879
oo 1. Ansgarde
oo 2. Adélaïde

1. LOUIS III + 879

1. CARLOMAN 879 - 884

2. CHARLES III le Simple
893 - 923/929
oo 1. Frédérune
oo 2. Eadgifu de Wessex

2.LOUIS IV d'Outremer
936 - 954
oo Gerberge d'Allemagne

LOTHAIRE 954 - 986
oo Emma d'Italie

LOUIS V 986 - 987

Mathilde
oo Conrad de Bourgogne
+ 993

Charles duc de
Bas Lorraine
+ 992

Robert comte du
Wormsgau + 822

Robert le Fort + 866
oo Adélaïde

EUDES 888 - 898

ROBERT I 922 - 923
oo Béatrice de
Vermandois

Richilde
oo un comte de Troyes

Emma
oo RAOUL 923 - 926

Adèle
oo Herbert II
de Vermandois

Hugues le Grand
oo 1.Rohaut, oo 2.Édith
de Wessex, oo 3.Raingarde
oo 4.Hathui d'Allemagne

4.HUGUES Capet
987 - 996
oo Adélaïde d'Aquitaine

ROBERT II 996 -1031
oo Berthe de Bourgogne

Capétiens

Das burgundische Könighaus

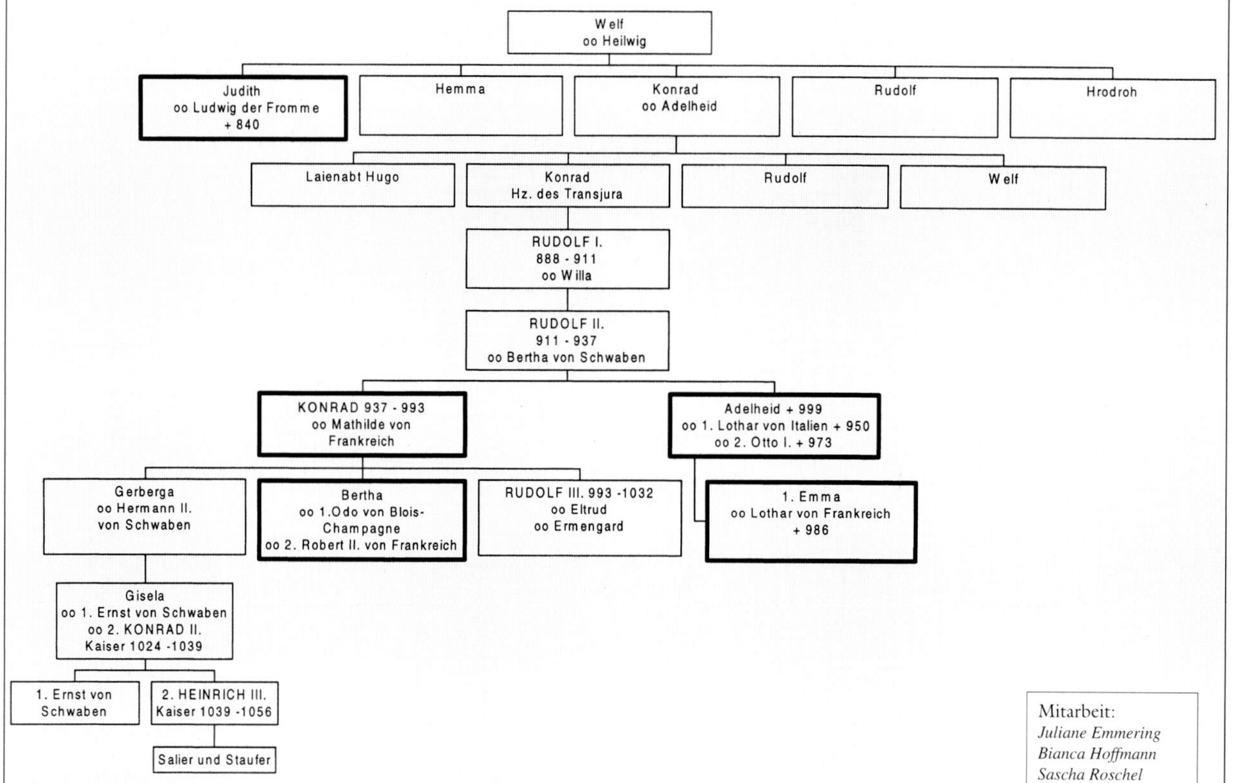

Welf
oo Heilwig

Judith
oo Ludwig der Fromme
+ 840

Hemma

Konrad
oo Adelheid

Rudolf

Hrodroh

Laienabt Hugo

Konrad
Hz. des Transjura

Rudolf

Welf

RUDOLF I.
888 - 911
oo Willa

RUDOLF II.
911 - 937
oo Bertha von Schwaben

KONRAD 937 - 993
oo Mathilde von Frankreich

Adelheid + 999
oo 1. Lothar von Italien + 950
oo 2. Otto I. + 973

Gerberga
oo Hermann II. von Schwaben

Bertha
oo 1.Odo von Blois-Champagne
oo 2. Robert II. von Frankreich

RUDOLF III. 993 -1032
oo Eltrud
oo Ermengard

1. Emma
oo Lothar von Frankreich
+ 986

Gisela
oo 1. Ernst von Schwaben
oo 2. KONRAD II.
Kaiser 1024 -1039

1. Ernst von Schwaben

2. HEINRICH III.
Kaiser 1039 -1056

Salier und Staufer

Mitarbeit:
Juliane Emmering
Bianca Hoffmann
Sascha Roschel

La famille royale de Bourgogne

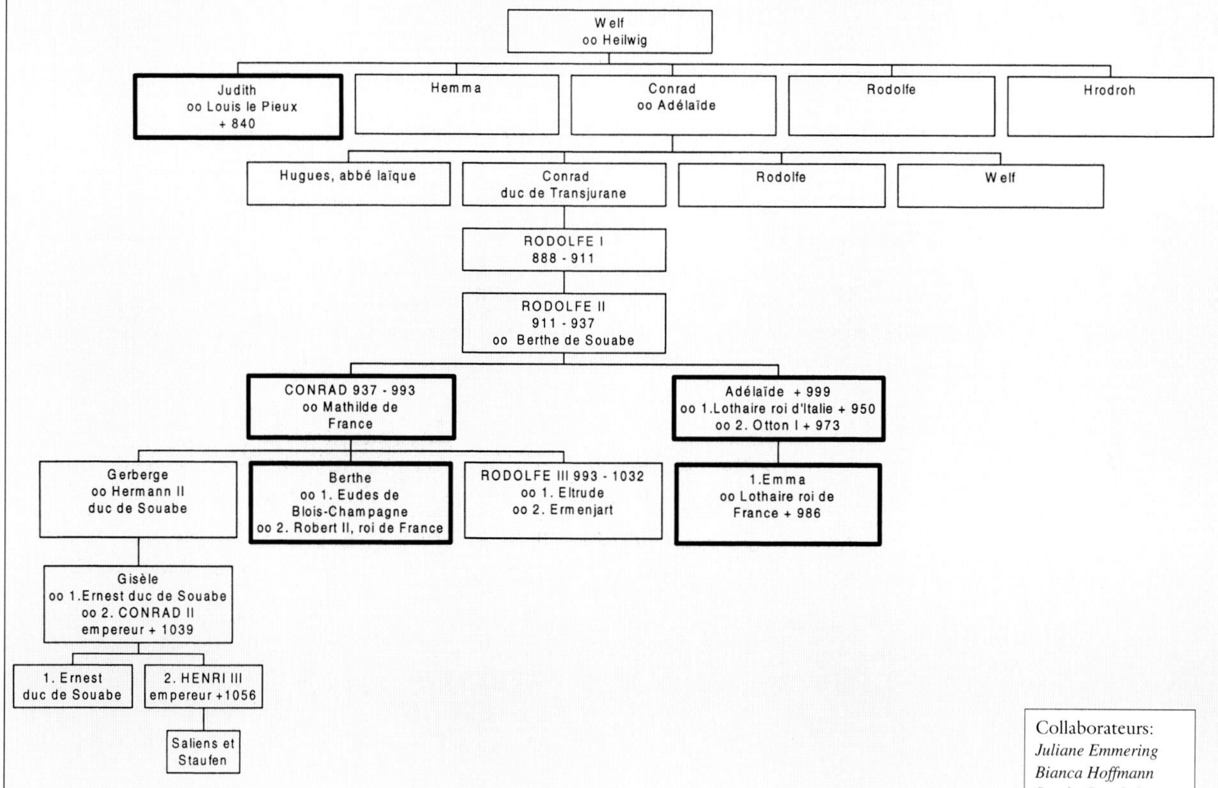

Welf
oo Heilwig

Judith
oo Louis le Pieux
+ 840

Hemma

Conrad
oo Adélaïde

Rodolfe

Hrodroh

Hugues, abbé laïque

Conrad
duc de Transjurane

Rodolfe

Welf

RODOLFE I
888 - 911

RODOLFE II
911 - 937
oo Berthe de Souabe

CONRAD 937 - 993
oo Mathilde de France

Adélaïde + 999
oo 1.Lothaire roi d'Italie + 950
oo 2. Otton I + 973

Gerberge
oo Hermann II
duc de Souabe

Berthe
oo 1. Eudes de Blois-Champagne
oo 2. Robert II, roi de France

RODOLFE III 993 - 1032
oo 1. Eltrude
oo 2. Ermenjart

1.Emma
oo Lothaire roi de France + 986

Gisèle
oo 1.Ernest duc de Souabe
oo 2. CONRAD II
empereur + 1039

1. Ernest
duc de Souabe

2. HENRI III
empereur +1056

Saliens et Staufen

Collaborateurs:
Juliane Emmering
Bianca Hoffmann
Sascha Roschel